Das Ausscheiden des einzigen Komplementärs aus einer Kommanditgesellschaft

Europäische Hochschulschriften

European University Studies

Publications Universitaires Européennes

Reihe II **Rechtswissenschaft**

Series II Law

Série II Droit

Band/Volume **5436**

Alexander Kriebel

Das Ausscheiden des einzigen Komplementärs aus einer Kommanditgesellschaft

PL ACADEMIC RESEARCH

Bibliografische Information der Deutschen Nationalbibliothek
Die Deutsche Nationalbibliothek verzeichnet diese Publikation in der Deutschen Nationalbibliografie; detaillierte bibliografische Daten sind im Internet über http://dnb.d-nb.de abrufbar.

Zugl.: Trier, Univ., Diss., 2012

D 385
ISSN 0531-7312
ISBN 978-3-631-62609-2

PL Academic Research ist ein Imprint der Peter Lang GmbH

www.peterlang.de

Vorwort

Die vorliegende Arbeit wurde im Sommersemester 2012 vom Fachbereich Rechtswissenschaft der Universität Trier als Dissertation angenommen.

Mein herzlicher Dank gilt meinem Doktorvater Herrn Prof. Dr. Peter Reiff, dessen offenen und freundlichen Umgang bei der Betreuung meiner Arbeit ich sehr zu schätzen weiß. Herrn Prof. Dr. Hans-Friedrich Müller, LL.M. danke ich für die Erstellung des Zweitgutachtens.

Besonderer Dank gebührt den Menschen, die mir während der Entstehung der Arbeit den Rücken gestärkt haben. Vor allem der Unterstützung meiner lieben Familie konnte ich mir stets sicher sein.

Hamburg, im November 2012 Alexander Kriebel

Inhaltsübersicht

Inhaltsverzeichnis

Literaturverzeichnis

Albertus, Marc/Fischer, Tobias: Gesellschaftsrechtliche Folgen der Eröffnung eines Insolvenzverfahrens über das Vermögen eines Gesellschafters in der zweigliedrigen GmbH & Co. KG im Fall der sog. „Simultaninsolvenz" mit der KG – zugleich Besprechung von BGH, Urt. v. 15.3.2004 – II ZR 247/01, ZInsO 2004, 615, in: ZInsO 2005, S. 246 - 251

Ammon, Ludwig: Gesellschaftsrechtliche und sonstige Neuerungen im Handelsrechtsreformgesetz – Ein Überblick, in: DStR 1998, S. 1474 - 1480

Andres, Dirk/Leithaus, Rolf: Insolvenzordnung (InsO), Kommentar, 2. Aufl., München 2011 (zitiert: Andres/Leithaus/*Bearbeiter*, InsO)

Arnold, Anne Maria: Die erbrechtliche Nachfolge in der Partnerschaftsgesellschaft unter besonderer Berücksichtigung berufsrechtlicher Implikationen, zugleich Diss. iur. (Bochum 2005), Frankfurt a.M. et al. 2006 (zitiert: *Arnold*, Erbrechtliche Nachfolge in Partnerschaftsgesellschaft)

Bachmann, Gregor: Private Ordnung, Grundlagen ziviler Regelsetzung, zugleich Habilitationsschrift (Berlin 2004), Tübingen 2006 (zitiert: *Bachmann*, Private Ordnung)

Barz, Carl Hans: Verschmelzung von Personengesellschaften, in: Beiträge zum Zivil- und Wirtschaftsrecht, Festschrift für Kurt Ballerstedt zum 70. Geburtstag am 24. Dezember 1975, hrsg. von Werner Flume et al., Berlin 1975, S. 143 - 155 (zitiert: *Barz*, FS-Ballerstedt)

Barz, Carl Hans: Das Ende der GmbH & Co. KG, in: NJW 1972, S. 465 - 468

Baßler, Frank: Die Haftung des Kommanditisten insbesondere bei Erweiterung seiner gesetzlichen Befugnisse sowie bei strukturellen Veränderungen des Gesellschafterbestandes, zugleich Diss. iur. (Konstanz 2008), Hamburg 2009 (zitiert: *Baßler*, Kommanditistenhaftung)

Battes, Robert: Rechtsformautomatik oder Willensherrschaft? Die Unzulässigkeit der gewählten Rechtsform und ihr Einfluß auf Bestand und Rechtsverhältnisse der Personengesellschaften, in: AcP 174 (1974), S. 429 - 464

Baumann, Wolfgang: Mehrfachbeteiligungen an Gesamthandsgemeinschaften oder die Eine-Person-Erbengemeinschaft (im Vergleich zur Einmann-Personengesellschaft), in: Gesetz, Recht, Rechtsgeschichte, Festschrift für Gerhard Otte zum 70. Geburtstag, hrsg. von Wolfgang Baumann et al., München 2005, S. 15 - 38 (zitiert: *Baumann*, FS-Otte)

Baumann, Wolfgang: Der Nießbrauch am Anteil einer Einmann-Personengesellschaft, in: NZG 2005, S. 919 - 920

Baumann, Wolfgang: Die Einmann-Personengesellschaft, in: BB 1998, S. 225 - 232

Baumbach, Adolf/Hopt, Klaus J.: Handelsgesetzbuch mit GmbH & Co., Handelsklauseln, Bank- und Börsenrecht, Transportrecht (ohne Seerecht), 35. Aufl., München 2012 (zitiert: Baumbach/*Bearbeiter*, HGB)

Baumbach, Adolf/Hopt, Klaus J.: Handelsgesetzbuch mit GmbH & Co., Handelsklauseln, Bank- und Börsenrecht, Transportrecht (ohne Seerecht), 32. Aufl., München 2006 (zitiert: Baumbach/*Bearbeiter*, HGB^{32})

Baumbach, Adolf/Hueck, Alfred: GmbHG, Gesetz betreffend die Gesellschaften mit beschränkter Haftung, 19. Aufl., München 2010 (zitiert: Baumbach/Hueck/*Bearbeiter*, GmbHG)

Baur, Fritz/Grunsky, Wolfgang: Eine „Einmann-oHG“, zugleich ein Beitrag zur Vor- und Nacherbschaft an einem oHG-Anteil, in: ZHR 133 (1970), S. 209 - 228

Bayer, Walter: Moderner Kapitalschutz, in: ZGR 2007, S. 220 - 240

Becker, Benjamin: Die Zulässigkeit von Hinauskündigungsklauseln nach freiem Ermessen im Gesellschaftsvertrag, zugleich eine Besprechung von *Russian Roulette-*, *Texan Shoot Out-* und *Drag-along-*Klauseln, zugleich Diss. iur. (Düsseldorf 2009), Frankfurt a.M. et al. 2010 (zitiert: *B. Becker*, Hinauskündigungsklauseln)

Becker, Matthias: Die Übertragung eines Personengesellschaftsanteils durch Rechtsgeschäft unter Lebenden auf den Todesfall, zugleich ein Beitrag zum Verhältnis von § 161 Abs. 1 BGB und § 723 Abs. 3 BGB, in: AcP 201 (2001), S. 629 - 661

Beck'sches Handbuch der Personengesellschaften, Gesellschaftsrecht, Steuerrecht: hrsg. von Welf Müller und Wolf-Dieter Hoffmann, 3. Aufl., München 2009 (zitiert: BeckPersGesHdb/*Bearbeiter*)

Bergmann, Alfred: Die Verwaltungsbefugnis des Insolvenzverwalters über einen zur Insolvenzmasse gehörenden GmbH-Geschäftsanteil, in: ZInsO 2004, S. 225 - 229

Bergmann, Andreas: Die fremdorganschaftlich verfasste offene Handelsgesellschaft, Kommanditgesellschaft und BGB-Gesellschaft als Problem des allgemeinen Verbandsrechts, ein Beitrag zur Überwindung des Dualismus von Personengesellschaften und Körperschaften, zugleich Diss. iur. (Saarbrücken 2002), Berlin 2002 (zitiert: *An. Bergmann*, Fremdorganschaftlich verfasste Gesellschaft)

Betti, Emilio: Der Typenzwang bei den römischen Rechtsgeschäften und die sogenannte Typenfreiheit des heutigen Rechts, in: Festschrift für Leopold Wenger zu seinem 70. Geburtstag dargebracht von Freunden, Fachgenossen und Schülern, Band 1, hrsg. von Leopold Wenger und Mariano San Nicolò, München 1944, S. 249 - 283 (zitiert: *Betti*, FS-Wenger, Bd. 1)

Beuthien, Volker: Zur Grundlagenungewissheit des deutschen Gesellschaftsrechts, in: NJW 2005, S. 855 - 860

Beyerle, Konrad: Gesetzliche Umwandlung einer oHG und KG in eine Gesellschaft bürgerlichen Rechts, zugleich eine Besprechung des Urteils des BGH v. 10.5.1971 in NJW 71, 1698, in: NJW 1972, S. 229 - 232

Binz, Mark K./Sorg, Martin H.: Die GmbH & Co. KG im Gesellschafts- und Steuerrecht, Handbuch für Familienunternehmen, 11. Aufl., München 2010 (zitiert: *Binz/Sorg*, GmbH & Co. KG)

Bippus, Birgit Elsa: Einheitlichkeit der Mitgliedschaft und Selbständigkeit der Beteiligung in der Personengesellschaft, in: AcP 195 (1995), S. 13 - 34

Bitter, Georg: Gesellschafterhaftung für materielle Unterkapitalisierung – Betrachtungen aus ökonomischer und juristischer Perspektive –, in: Steuerungsfunktionen des Haftungsrechts im Gesellschafts- und Kapitalmarktrecht, hrsg. von Gregor Bachmann et al., Baden-Baden 2007, S. 57 - 90 (zitiert: *Bitter*, Steuerungsfunktionen des Haftungsrechts)

Blaurock, Uwe: Einfluß im Unternehmen und die gesellschaftsrechtliche Haftungsstruktur, in: Festschrift für Walter Stimpel zum 68. Geburtstag am 29. November 1985, hrsg. von Marcus Lutter et al., Berlin, New York 1985, S. 553 - 569 (zitiert: *Blaurock*, FS-Stimpel)

Blaurock, Uwe/Suttmeyer, Johannes: Kommanditeinlage und negatives Kapitalkonto – BGHZ 101, 123, in: JuS 1989, S. 96 - 102

Blenske, Holger: Die Haftung der Gesellschafter einer GbR mbH, in: NJW 2000, S. 3170 - 3174

Boerner, Annette: Die Haftung des herrschenden Kommanditisten, zugleich Diss. iur. (Frankfurt a.M. 1985), Frankfurt a.M. et al. 1985 (zitiert: *Boerner*, Kommanditistenhaftung)

Bokelmann, Gunther: Die Neuregelungen im Firmenrecht nach dem Regierungsentwurf des Handelsrechtsreformgesetzes, in: GmbHR 1998, S. 57 - 63

Bokelmann, Gunther: Anm. zu LG Köln, Beschluss vom 4.6.1976 – 29 T 12/76, in: Rpfleger 1977, S. 63 - 64

Bork, Reinhard/Jacoby, Florian: Das Ausscheiden des einzigen Komplementärs nach § 131 Abs. 3 HGB, in: ZGR 2005, S. 611 - 653

Boujong, Karlheinz: Das GmbH-Recht in den Jahren 2000 bis 2002, in: NZG 2003, S. 497 - 509

Brandenburg, Hans-Friedrich: Die teleologische Reduktion, Grundlagen und Erscheinungsformen der auslegungsunterschreitenden Gesetzeseinschränkung im Privatrecht, zugleich Diss. iur. (Göttingen 1982), Göttingen 1983 (zitiert: *Brandenburg*, Teleologische Reduktion)

Braun, Eberhard (Hrsg.): Insolvenzordnung, 5. Aufl. München 2012 (zitiert: Braun/*Bearbeiter*, InsO)

Broichmann, Alice/Burmeister, Julian: Konzernvertrauenshaftung – zahnloser Tiger oder tragfähiges Haftungskonzept?, in: NZG 2006, S. 687 - 691

Bruns, Alexander: Haftungsbeschränkung und Mindesthaftung, zugleich Habilitationsschrift (Freiburg 2002), Tübingen 2003 (zitiert: *Bruns*, Haftungsbeschränkung)

Buchberger, Horst: Gibt es eine „Einmann-OHG"?, in: Rpfleger 1994, S. 54 - 56

Buchda, Gerhard: Geschichte und Kritik der deutschen Gesamthandslehre, Marburg 1936 (zitiert: *Buchda*, Gesamthandlehre)

Buchner, Herbert: Zur rechtlichen Struktur der Personengesellschaften, in: AcP 169 (1969), S. 483 - 512

Buchwald, N.N.: Ausschluß und Entziehung der Vertretungsmacht des einzigen vertretungsberechtigten Gesellschafters einer Personengesellschaft?, in: BB 1961, S. 1342 - 1344

Büchel, Helmut (Hrsg.)/*Freiherr von Rechenberg, Wolf-Georg* (Hrsg.): Handbuch des Fachanwalts Handels- und Gesellschaftsrecht, 2. Aufl., Köln 2011 (zitiert: FA-HGR/*Bearbeiter*)

Bülow, Peter/Artz, Markus: Neues Handelsrecht, in: JuS 1998, S. 680 - 684

Bundesministerium der Justiz (Hrsg.): Bericht über die Verhandlungen der Unternehmensrechtskommission, Köln 1980 (zitiert: Bericht Unternehmensrechtskommission)

Bunnemann, Jan: Das Ausscheiden des letzten Komplementärs aus der Kommanditgesellschaft auf Aktien, zugleich Diss. iur. mit dem Untertitel „Entwicklung eines Lösungsansatzes durch automatisch kraft Gesetzes wirkenden Rechtsformwechsel in eine Aktiengesellschaft" (Würzburg 2008), Aachen 2008 (zitiert: *Bunnemann*, Ausscheiden aus KGaA)

Burkholz, Richard/Hartmann, Georg: Grundzüge des Privatrechts, bürgerliches Recht, Handels- und Gesellschaftsrecht, 6. Aufl., Herne, Berlin 1992 (zitiert: *Burkholz/Hartmann*, PrivatR)

Bydlinski, Peter: Zentrale Änderungen des HGB durch das Handelsrechtsreformgesetz, Kaufmannsbegriff – Personengesellschaften – Firmenbildung, in: ZIP 1998, S. 1169 - 1178

Bydlinski, Franz: Privatautonomie und objektive Grundlagen des verpflichtenden Rechtsgeschäftes, Wien, New York 1967 (zitiert: *F. Bydlinski*, Privatautonomie)

Canaris, Claus-Wilhelm: Handelsrecht, 24. Aufl., München 2006 (zitiert: *Canaris*, HandelsR)

Canaris, Claus-Wilhelm: Unternehmenskontinuität als Haftungs- und Enthaftungsgrund im Rahmen von § 25 HGB?, in: Aktuelle Probleme des Unternehmensrechts, Festschrift Gerhard Frotz zum 65. Geburtstag, hrsg. von Michael Enzinger et al., Wien 1993, S. 11 - 43 (zitiert: *Canaris*, FS-Frotz)

Canaris, Claus-Wilhelm: Die Feststellung von Lücken im Gesetz, eine methodologische Studie über Voraussetzungen und Grenzen der richterlichen Rechtsfortbildung praeter legem, zugleich Diss. iur. (München 1965), 2. Aufl., München 1983 (zitiert: *Canaris*, Lücken im Gesetz)

Canaris, Claus-Wilhelm: Die Vertrauenshaftung im deutschen Privatrecht, München 1971 (zitiert: *Canaris*, Vertrauenshaftung)

Canter, Karl: Das Recht auf Übernahme des Geschäfts bei der bürgerlich-rechtlichen Zweimanngesellschaft, in: NJW 1965, S. 1553 - 1561

Casper, Matthias: Anm. zu BGH, Urteil vom 21.1.2002 – II ZR 2/00, in: JZ 2002, S. 1112 - 1114

Claussen, Lorenz: Gesamtnachfolge und Teilnachfolge, zugleich Diss. iur. (Berlin 1994), Baden-Baden 1995 (zitiert: *Claussen*, Gesamtnachfolge und Teilnachfolge)

Coing, Helmut: Das Privatrecht und die Probleme der Ordnung des Verbandswesens, in: Festschrift für Werner Flume zum 70. Geburtstag, 12. September 1978, Band 1, hrsg. von Horst Heinrich Jakobs et al., Köln 1978, S. 429 - 442 (zitiert: *Coing*, FS-Flume, Bd. 1)

Commandeur, Gert: Betriebs-, Firmen- und Vermögensübernahme, eine Gesamtdarstellung der haftungsrechtlichen Probleme bei Einzelrechtsnachfolge (§§ 613a, 419 BGB; § 25 HGB; § 75 AO), 1. Aufl., München 1990 (zitiert: *Commandeur*, Vermögensübernahme[1])

Crezelius, Georg: Unternehmenserbrecht, Erbrecht, Gesellschaftsrecht, Steuerrecht, 2. Aufl., München 2009 (zitiert: *Crezelius*, Unternehmenserbrecht)

Dauner-Lieb, Barbara: Das Ende der BGB-Gesellschaft mit beschränkter Haftung – was nun?, in: DStR 1999, S. 1992 - 1998

Dauner-Lieb, Barbara: Die BGB-Gesellschaft im System der Personengesellschaften, in: Die Reform des Handelsstandes und der Personengesellschaften, Fachtagung der Bayer-Stiftung für deutsches und internationales Arbeits- und Wirtschaftsrecht am 30. Oktober 1998 mit Beiträgen von Meinrad Dreher, Erich Schaefer, Wulf-Henning Roth, Doris Möller, Mathias Habersack, Barbara Dauner-Lieb, Ulrich Seibert, Peter Krebs und Holger Fleischer, München 1999, S. 95 - 117 (zitiert: *Dauner-Lieb*, Reform des Handelsstandes und der Personengesellschaften)

Dauner-Lieb, Barbara: Unternehmen in Sondervermögen, Haftung und Haftungsbeschränkung, zugleich ein Beitrag zum Unternehmen im Erbgang, zugleich Habilitationsschrift (Mainz 1997), Tübingen 1998 (zitiert: *Dauner-Lieb*, Unternehmen in Sondervermögen)

Deckert, Martina R.: Vererbung von Anteilen an Personengesellschaften, in: NZG 1998, S. 43 - 49

Deiß, Johannes: Die Verlustdeckungshaftung der Gesellschafter einer Vor-GmbH, Diss. iur. (Freiburg 2006) (zitiert: *Deiß*, Verlustdeckungshaftung)

Dellinger, Markus: Rechtsfähige Personengesellschaften in der Liquidation, zugleich Habilitationsschrift (Wien 2000), Wien 2001 (zitiert: *Dellinger*, Personengesellschaften in Liquidation)

Dellmann, Klaus: Die Einräumung von Vertretungs- und Geschäftsführungsbefugnissen in Personenhandelsgesellschaften an gesellschaftsfremde Personen, in: Freundesgabe für Hans Hengeler zum 70. Geburtstag am 1. Februar 1972, hrsg. von Wolfgang Bernhardt et al., Berlin et al. 1972, S. 64 - 75 (zitiert: *Dellmann*, FG-Hengeler)

Demuth, Björn: Unternehmensnachfolge: Folgen des Ausscheidens eines Gesellschafters und Anwachsung bei Kommanditgesellschaften, in: BB 2007, S. 1569 - 1573

Dietrich, Joachim: Möglichkeiten und Grenzen einer vertraglichen „Entrechtung" der Komplementäre zu Gunsten der Kommanditisten im Bereich der Geschäftsführung und Vertretung der Gesellschaft, Diss. iur. (Mainz 1998) (zitiert: *Jo. Dietrich*, Vertragliche Entrechtung der Komplementäre)

Dietrich, Jürgen: Die Publikums-Kommanditgesellschaft und die gesellschaftsrechtlich geschützten Interessen, zugleich Diss. iur. (Berlin 1988), Köln 1988 (zitiert: *Jü. Dietrich*, Publikums-KG)

Dißars, Björn-Axel: Geschäftsübernahme eines Gesellschafters bei der OHG bzw. KG, in: DStR 1996, S. 345 - 350

Dreyer, Gunda: Rechtsnachfolge in „höchstpersönliche" Rechte von Verbänden, in: JZ 2007, S. 606 - 615

Drygala, Tim: Zweifelsfragen im Regierungsentwurf zum MoMiG, in: NZG 2007, S. 561 - 565

Drygala, Tim: Für eine alternative Rechtsform neben einer reformierten GmbH – Leipziger Entwurf einer Kommanditgesellschaft mit beschränkter Haftung (KmbH), in: ZIP 2006, S. 1797 - 1805

Düringer, Adelbert/Hachenburg, Max: Das Handelsgesetzbuch vom 10. Mai 1897 (unter Ausschluß des Seerechts) auf der Grundlage des Bürgerlichen Gesetzbuchs, Band 2, 2. Hälfte, §§ 105 - 177, 335 - 342, 3. Aufl., Mannheim et al. 1932 (zitiert: Düringer/Hachenburg/*Bearbeiter*, HGB)

Ebenroth, Carsten Thomas/Boujong, Karlheinz/Joost, Detlev (Hrsg.)/*Strohn, Lutz* (Hrsg.): Handelsgesetzbuch, Band 1, §§ 1 - 342 e, 2. Aufl., München 2008 (zitiert: E/B/J/S/*Bearbeiter*, HGB)

Eckardt, Diederich: Das Ausscheiden des Komplementärs aus der zweigliedrigen KG – Zugleich eine Besprechung der Entscheidung BGH, NZG 2000, 474 –, in: NZG 2000, S. 449 - 458

Ehses, Stefan: Die Gründerhaftung in der Vorgesellschaft, eine Untersuchung von Vor-GmbH, Vor-AG, Vorverein und Vorgenossenschaft, zugleich Diss. iur. (Trier 2000), Regensburg 2000 (zitiert: *Ehses*, Gründerhaftung)

Eickmann, Dieter: Die Gesellschaft bürgerlichen Rechts im Grundbuchverfahren, in: Rpfleger 1985, S. 85 - 94

Eidenmüller, Horst: Die GmbH im Wettbewerb der Rechtsformen, in: ZGR 2007, S. 168 - 211

Eisenhardt, Ulrich/Wackerbarth, Ulrich: Gesellschaftsrecht I, Recht der Personengesellschaften, Mit Grundzügen des GmbH- und des Aktienrechts, 15. Aufl., Heidelberg et al. 2011 (zitiert: *Eisenhardt/Wackerbarth*, GesR I)

Elsing, Siegfried: Kommanditistenhaftung und Gläubigergefährdung bei der unterkapitalisierten Kommanditgesellschaft, in: GmbHR 1978, S. 103 - 107

Eltermann, Dieter: Der verdeckte Kapitalentzug in der GmbH & Co. KG, Diss. iur. (Köln 1972) (zitiert: *Eltermann*, Verdeckter Kapitalentzug)

Emmerich, Volker: Die Haftung des Gesellschaftererben nach § 139 HGB, in: ZHR 150 (1986), S. 193 - 221

Engelhardt, Hanns: Die Wirkung der Beendigung einer OHG, die Gesellschafterin einer anderen OHG ist, in: NJW 1962, S. 1489 - 1490

Engler, Hartmut: Die Haftung des kapitalanlegenden Kommanditisten einer Publikums-KG unter den Aspekten des Gläubiger- und Anlegerschutzes, Diss. iur. (Bielefeld 1997) (zitiert: *Engler*, Haftung des kapitalanlegenden Kommanditisten)

Enneccerus, Ludwig/Nipperdey, Hans Carl: Allgemeiner Teil des Bürgerlichen Rechts, Zweiter Halbband: Entstehung, Untergang und Veränderung der Rechte, Ansprüche und Einreden, Ausübung und Sicherung der Rechte, 15. Aufl., Tübingen 1960 (zitiert: *Enneccerus/Nipperdey*, BGB AT, Hbbd. 2)

Enneccerus, Ludwig/Nipperdey, Hans Carl: Allgemeiner Teil des Bürgerlichen Rechts, Erster Halbband: Allgemeine Lehren, Personen, Rechtsobjekte, 15. Aufl., Tübingen 1959 (zitiert: *Enneccerus/Nipperdey*, BGB AT, Hbbd. 1)

Ensthaler, Jürgen (Hrsg.): Gemeinschaftskommentar zum Handelsgesetzbuch mit UN-Kaufrecht, 7. Aufl., Neuwied 2007 (zitiert: Ensthaler/*Bearbeiter*, HGB)

Ensthaler, Jürgen: Die Liquidation von Personengesellschaften, Gewinn- und Verlustverteilung bei der Liquidation der Gesellschaft und beim Ausscheiden eines Gesellschafters, Berlin 1985 (zitiert: *Ensthaler*, Liquidation)

Entwurf eines Handelsgesetzbuches für die Preussischen Staaten, nebst Motiven, zweiter Theil, Motive, Berlin 1857 (zitiert: Motive zum Entwurf eines Handelsgesetzbuches für die preußischen Staaten)

Entwurf eines Handelsgesetzbuchs mit Ausschluß des Seehandelsrechts nebst Denkschrift, Berlin 1896 (Guttentag Verlag) (zitiert: Guttentag-Denkschrift zum HGB-Entwurf 1896)

Entwurf eines Handelsgesetzbuchs und Entwurf eines Einführungsgesetzes nebst Denkschrift zu dem Entwurf eines Handelsgesetzbuchs und eines Einführungsgesetzes in der Fassung der dem Reichstag gemachten Vorlage, Berlin 1897 (Guttentag Verlag) (zitiert: Guttentag-Denkschrift zum HGB-Entwurf 1897)

Erman, Walter: Bürgerliches Gesetzbuch, Handkommentar mit AGG, EGBGB (Auszug), ErbbauRG, HausratsVO, LPartG, ProdHaftG, UKlaG, VAHRG und WEG, Band 1, hrsg. von Harm Peter Westermann, 12. Aufl., Köln 2008 (zitiert: Erman/*Bearbeiter*, BGB)

Esch, Günter: Einheitlichkeit der Personengesellschaftsbeteiligung, in: BB 1993, S. 664 - 668

Eucken, Walter: Grundsätze der Wirtschaftspolitik, hrsg. von Edith Eucken und K. Paul Hensel, 7. Aufl. mit einem Gespräch zwischen Ernst-Joachim Mestmäcker und Walter Oswalt, Tübingen 2004 (zitiert: *Eucken*, Wirtschaftspolitik)

Europäische Kommission: Empfehlungen zur Übertragung von kleinen und mittleren Unternehmen, ABl. L 385 vom 31.12.1994, S. 14 - 17

Felsner, Marcus: Fortführung der Firma bei Ausscheiden des namensgebenden Gesellschafters nach dem Handelsrechtsreformgesetz, in: NJW 1998, S. 3255 - 3257

Fenn, Herbert: Arbeitsverhältnisse und sonstige Beschäftigungsverhältnisse, eine Skizze zur Freiheit der Rechtsformwahl und zum Rechtsformzwang im Arbeitsrecht, in: Festschrift für Wilhelm Bosch zum 65. Geburtstag, 2. Dezember 1976, hrsg. von Walther J. Habscheid et al., Bielefeld 1976, S. 171 - 189 (zitiert: *Fenn*, FS-Bosch)

Fett, Torsten/Brand, Dominik: Die sog. „Einmann-Personengesellschaft", über die Vereinbarkeit des Grundsatzes vom Mehrpersonenverhältnis im Personengesellschaftsrecht mit den Besonderheiten des Erb- und Sachenrechts, in: NZG 1999, S. 45 - 55

Fischer, Robert: Fortführung eines Handelsgeschäfts durch eine Erbengemeinschaft?, in: ZHR 144 (1980), S. 1 - 17

Fischer, Robert: Identitätswahrende Umwandlung der Erbengemeinschaft in eine Personalgesellschaft?, in: DNotZ 1955, S. 182 - 186

Fleischer, Holger: Gesetz und Vertrag als alternative Problemlösungsmodelle im Gesellschaftsrecht, Prolegomena zu einer Theorie gesellschaftsrechtlicher Regelsetzung, in: ZHR 168 (2004), S. 673 - 707

Flume, Werner: Allgemeiner Teil des Bürgerlichen Rechts, Zweiter Band, das Rechtsgeschäft, 4. Aufl., Berlin et al. 1992 (zitiert: *Flume*, BGB AT, Bd. 2)

Flume, Werner: Allgemeiner Teil des Bürgerlichen Rechts, Erster Band, Erster Teil, Die Personengesellschaft, Berlin et al. 1977 (zitiert: *Flume*, BGB AT, Bd. 1, Teil 1)

Flume, Werner: Gesellschaft und Gesamthand, in: ZHR 136 (1972), S. 177 - 207

Flume, Werner: Das Rechtsgeschäft und das rechtlich relevante Verhalten, in: AcP 161 (1962), S. 52 - 76

Formularbuch Recht und Steuern: Gesellschaftsverträge, sonstige Verträge, Besteuerungsverfahren, Rechtsmittelverfahren, Steuerstrafverfahren, 7. Aufl., München 2011 (zitiert: FB-RechtSteuern/*Bearbeiter*)

Freund, Lydia Jo: Der Rechtsformwechsel zwischen Personengesellschaften, zugleich Diss. iur. (Tübingen 2004), Baden-Baden 2005 (zitiert: *Freund*, Rechtsformwechsel)

Frey, Kaspar: Gesellschaftsrecht als Systembaukasten, in: NZG 2004, S. 169 - 177

Frey, Kaspar: Tod des einzigen Komplementärs – Besprechung der Entscheidung BGHZ 101, 123 –, in: ZGR 1988, S. 281 - 292

Frey, Kaspar/Bredow, Felix v.: Der Wegfall des einzigen Komplementärs nach der HGB-Reform, in: ZIP 1998, S. 1621 - 1625

Frey, Kaspar/Schumann, Bernd: Anm. zu BayObLG, Beschluss vom 10.3.2000 – 3Z BR 385/99, in: EWiR § 24 HGB 2/2000, S. 677 - 678

Fromm, Rüdiger: Gläubigerschutz durch Kapitalaufbringung und Kapitalerhaltung in Kommanditgesellschaft und Gesellschaft mit beschränkter Haftung, zugleich eine kritische Würdigung der Tendenz, für die GmbH & Co KG ein Kapitalisierungsmodell zu entwickeln, Diss. iur. (Bonn 1979) (zitiert: *Fromm*, Gläubigerschutz in KG und GmbH)

Gänzle, Thomas: Die Rechtsstellung des Kommanditisten in der nicht personengleichen GmbH & Co. KG, zugleich Diss. iur. (Tübingen 2001), Frankfurt a.M. et al. 2001 (zitiert: *Gänzle*, Rechtsstellung des Kommanditisten)

Ganssmüller, Helmut: Wieder einmal: Zur Vor-GmbH, zugleich eine Besprechung des BGH-Urt. II ZR 216/66 vom 24.10.1968, in: GmbHR 1970, S. 170 - 173

Ganssmüller, Helmut: Zum Recht der Vor-GmbH, insbesondere im Falle der Liquidation, in: GmbHR 1963, S. 101 - 105

Ganßmüller, Helmut: Identitätswahrende Umwandlung der Erbengemeinschaft in eine Personalgesellschaft?, in: DNotZ 1955, S. 172 - 182

Gehb, Jürgen/Drange, Günter/Heckelmann, Martin: Gesellschaftsrechtlicher Typenzwang als Zwang zu neuem Gesellschaftstyp, Gemeinschaftsrecht fordert deutsche UGG, in: NZG 2006, S. 88 - 96

Geiger, L.: Zur Auslegung des § 139 Absatz 4 HGB, in LZ 1910, Sp. 120 - 126

Geßler, Ernst: Anm. zu BGH, Urteil vom 14.5.1952 – II ZR 40/51, in: JZ 1952, S. 530

Giehl, Christoph: Auswirkungen des Handelsregisterreformgesetzes auf die notarielle Praxis, in: MittBayNot 1998, S. 293 - 308

Gierke, Otto: Deutsches Privatrecht, Band 1, Allgemeiner Teil und Personenrecht, Leipzig 1895 (zitiert: *Gierke*, PrivatR, Bd. 1)

Gierke, Otto: Die Genossenschaftstheorie und die deutsche Rechtsprechung, Berlin 1887 (zitiert: *Gierke*, Genossenschaftstheorie)

Glaser, Hans: Haftungsfragen bei einer mit Erben fortgesetzten offenen Handelsgesellschaft, in: DB 1956, S. 933 - 934.

Göcke, Torsten: Fortsetzung von Publikumsgesellschaften unter Einschluss insolventer Kommanditisten?, in: NZG 2009, S. 211 - 212

Görg, Klaus Hubert: Offene Fragen der Simultaninsolvenz von Personengesellschaft und Gesellschafter – Oder, lieber Peter: kann ein gemeiner Schuldner einfach verschwinden?, in: Festschrift für Hans Peter Runkel, hrsg. von Norbert Weber und Jens M. Schmidt, Köln 2009, S. 313 - 330 (zitiert: *Görg*, FS-Runkel)

Goette, Wulf: Einführung in das neue GmbH-Recht mit Materialien zum Gesetz zur Modernisierung des GmbH-Rechts und zur Bekämpfung von Missbräuchen (MoMiG), München 2008 (zitiert: *Goette*, GmbH-Recht)

Goette, Wulf: Fehlerhafte Personengesellschaftsverhältnisse in der jüngeren Rechtsprechung des Bundesgerichtshofs, in: DStR 1996, S. 266 - 271

Goutier, Klaus (Hrsg.)/*Knopf, Rüdiger* (Hrsg.)/*Tulloch, Anthony* (Hrsg.): Kommentar zum Umwandlungsrecht, Umwandlungsgesetz, Umwandlungssteuergesetz, Heidelberg 1996 (zitiert: Goutier/Knopf/Tulloch/*Bearbeiter*, UmwG)

Gronau, Franz-Stephan v./Konold, Robert: Die „GmbH & Co. GbR mbH“ – Ende einer Rechtsform?, in: DStR 1999, S. 1965 - 1970

Grunewald, Barbara: Gesellschaftsrecht, 8. Aufl., Tübingen 2011 (zitiert: *Grunewald*, GesR)

Grunewald, Barbara: Der Ausschluß aus Gesellschaft und Verein, zugleich Habilitationsschrift (Bonn 1987), Köln et al. 1987 (zitiert: *Grunewald*, Ausschluss aus Gesellschaft und Verein)

Grunewald, Barbara: Anm. zu OLG Hamburg, Urteil vom 13.3.1987 – 11 U 184/86, in: EWiR Art. 12 GmbHÄndG 1/1987, S. 599 - 600.

Grziwotz, Herbert: Die Liquidation von Personengesellschaften, in: DStR 1992, S. 1365 - 1369

Gundlach, Ulf/Frenzel, Volkhard/Schmidt, Nikolaus: Die Simultaninsolvenz einer GmbH & Co. KG und ihrer Komplementär-GmbH, in: DStR 2004, S. 1658 - 1662

Gundlach, Ulf/Schmidt, Nikolaus/Schirrmeister, André: Die Gesellschaft ohne Rechtspersönlichkeit im Anwendungsbereich von § 11 Abs. 2 und 3 InsO, in: DZWIR 2004, S. 449 - 452

Gustavus, Eckhart: Die Neuregelungen im Gesellschaftsrecht nach dem Regierungsentwurf eines Handelsrechtsreformgesetzes, in: GmbHR 1998, S. 17 - 22

Haag, Oliver (Hrsg.)/*Löffler, Joachim* (Hrsg.): Praxiskommentar zum Handelsrecht, Münster 2010 (zitiert: Haag/Löffler/*Bearbeiter*, HGB)

Haas, Ulrich/Holla, Matthias: Insolvenzrecht: Unzulässigkeit eines Insolvenzantrags gegen eine aufgelöste GbR, in: DStR 2001, S. 1264

Haase, Gerhard: Gesellschafts- und Kartellrecht, 2. Aufl., Wiesbaden 1990 (zitiert: *Haase*, GesR und KartellR)

Habersack, Mathias: Die Reform des Rechts der Personenhandelsgesellschaften, in: Die Reform des Handelsstandes und der Personengesellschaften, Fachtagung der Bayer-Stiftung für deutsches und internationales Arbeits- und Wirtschaftsrecht am 30. Oktober 1998 mit Beiträgen von Meinrad Dreher, Erich Schaefer, Wulf-Henning Roth, Doris Möller, Mathias Habersack, Barbara Dauner-Lieb, Ulrich Seibert, Peter Krebs und Holger Fleischer, München 1999, S. 73 - 94 (zitiert: *Habersack*, Reform des Handelsstandes und der Personengesellschaften)

Habersack, Mathias: Zur Rechtsnatur der Gesellschaft bürgerlichen Rechts – BAG, NJW 1989, 3034, in: JuS 1990, S. 179 - 184

Hartmann, Bernhard: Der ausscheidende Gesellschafter in der Wirtschaftspraxis, gesellschaftsrechtliche, steuerrechtliche und betriebswirtschaftliche Darstellung, insbesondere der Ausschließung und Abfindung, 4. Aufl., Köln 1983 (zitiert: *Hartmann*, Gesellschafterausscheiden)

Hasenkamp, Annabel: Die Haftungsbeschränkungen bei der Gesellschaft bürgerlichen Rechts, eine Untersuchung unter Einbeziehung der Rechtslage beim nichtrechtsfähigen Verein und bei der werdenden GmbH, zugleich Diss. iur. (Bremen 2003), Baden-Baden 2003 (zitiert: *Hasenkamp*, Haftungsbeschränkungen)

Haupt, Günter: Über faktische Vertragsverhältnisse, in: Festschrift der Leipziger Juristenfakultät für Dr. Heinrich Siber zum 10. April 1940, Band 2, hrsg. von der Leipziger Juristenfakultät, Leipzig 1943, S. 1 - 37 (zitiert: *Haupt*, FS-Siber, Bd. 2)

Haupt, Günter/Reinhardt, Rudolf: Gesellschaftsrecht, 4. Aufl., Tübingen 1952 (zitiert: *Haupt/Reinhardt*, GesR)

Heckschen, Heribert: Gründungserleichterungen nach dem MoMiG – Zweifelsfragen in der Praxis, in: DStR 2009, S. 166 - 174

Heerma, Per Hendrik: Der (insolvente) Kommanditist als Risiko für eine KG?, Fortführung der Gesellschaft trotz Insolvenz des Kommanditisten oder Kündigung durch dessen Privatgläubiger – Liquiditätsschutz durch Fortsetzungsklausel im Gesellschaftsvertrag, in: ZIP 2011, S. 981 - 988

Hefermehl, Wolfgang: Vor- und Nacherbfolge bei der Beteiligung an einer Personenhandelsgesellschaft, in: Festschrift für Harry Westermann zum 65. Geburtstag, hrsg. von Wolfgang Hefermehl et al., Karlsruhe 1974, S. 223 - 240 (zitiert: *Hefermehl*, FS-H. Westermann)

Heidelberger Kommentar: Umwandlungsgesetz, hrsg. von Hans-Christoph Maulbetsch et al., Heidelberg 2009 (zitiert: HK/*Bearbeiter*, UmwG)

Heidelberger Kommentar zum Handelsgesetzbuch: Handelsrecht, Bilanzrecht, Steuerrecht, 7. Aufl., Heidelberg et al. 2007 (zitiert: HK/*Bearbeiter*, HGB)

Heidemann, Georg: Der zwingende oder dispositive Charakter des Prinzips der Selbstorganschaft bei Personengesellschaften, Diss. iur. (Bayreuth 1999) (zitiert: *Heidemann*, Prinzip der Selbstorganschaft)

Heidinger, Andreas: Die Haftung und die Vertretung in der Gründungsphase der GmbH im Vergleich zur (kleinen) Aktiengesellschaft, in: GmbHR 2003, S. 189 - 198

Heil, Henning: Die Rechtsnatur der Einpersonen-Vor-GmbH und ihre Folgen für die Probleme des Gründungsvorgangs, zugleich Diss. iur. (Heidelberg 2006), Frankfurt a.M. 2007 (zitiert: *Heil*, Einpersonen-Vor-GmbH)

Hennrichs, Joachim: Formwechsel und Gesamtrechtsnachfolge bei Umwandlungen einschließlich Verschmelzung und Spaltung, zugleich Diss. iur. (Mainz 1994), Berlin 1995 (zitiert: *Hennrichs*, Umwandlungen)

Henssler, Martin (Hrsg.)/*Strohn, Lutz* (Hrsg.): Gesellschaftsrecht, BGB, HGB, PartGG, GmbHG, AktG, UmwG, GenG, IntGesR, München 2011 (zitiert: Henssler/Strohn/*Bearbeiter*, *Gesetz*)

Herchen, Axel: Anm. zu OLG Hamm, Urteil vom 30.3.2007 – 30 U 13/06, in: EWiR § 93 InsO 2/2007, S. 527 - 528

Hess, André: Auswirkungen des Handelsrechtsreformgesetzes auf die Ausscheidens- und Auflösungsgründe im Personengesellschaftsrecht, zugleich Diss. iur. (Osnabrück 2006), Bielefeld 2006 (zitiert: *Hess*, HRefG)

Hesselmann, Malte/Tillmann, Bert/Mueller-Thuns, Thomas: Handbuch GmbH & Co. KG, Gesellschaftsrecht, Steuerrecht, 20. Aufl., Köln 2009 (zitiert: Hesselmann/Tillmann/Mueller-Thuns/*Bearbeiter*, Hdb.GmbH&Co.KG)

Hey, Felix: Freie Gestaltung in Gesellschaftsverträgen und ihre Schranken, zugleich Habilitationsschrift (München 2001), München 2004 (zitiert: *Hey*, Freie Gestaltung in Gesellschaftsverträgen)

Heymann, Ernst: Handelsgesetzbuch (ohne Seerecht), Kommentar, Band 2, Zweites Buch, §§ 105 - 237 HGB, hrsg. von Norbert Horn, 2. Aufl., Berlin, New York 1996 (zitiert: Heymann/*Bearbeiter*, HGB)

Hillers, Klaus: Personengesellschaft und Liquidation, die Auswirkung der Liquidation auf die vermögensrechtliche Stellung der Gesellschafter, zugleich Diss. iur. (Bielefeld 1987), Köln et al. 1988 (zitiert: *Hillers*, Personengesellschaft und Liquidation)

Hintzen, Maria A.: Auflösung und Liquidation von Personengesellschaften, Neuwied, Berlin 1965 (zitiert: *Hintzen*, Auflösung und Liquidation)

Hirte, Heribert: Die Entwicklung des Personengesellschaftsrechts in Deutschland in den Jahren 2003 bis 2004, in: NJW 2005, S. 718 - 721

Hönn, Günther: Zur Problematik der Privatautonomie, in: Jura 1984, S. 57 - 74

Hörtnagl, Robert: Das Handelsrechtsreformgesetz – ein Überblick, in: INF 1998, S. 750 - 755

Hofmann, Paul: Die Haftung des Kommanditisten aus § 176 HGB bei der GmbH & Co. KG, in: GmbHR 1970, S. 182 - 187

Hofmann, Paul: Unbeschränkte Kommanditistenhaftung und gesetzliche Wertung, in: NJW 1969, S. 577 - 582

Hohloch, Gerhard: Anm. zu BayObLG, Beschluss vom 9.2.2000 – 1Z BR 149/99, in: JuS 2000, S. 815 - 817

Hohner, Georg: Subjektlose Rechte unter besonderer Berücksichtigung der Blankozession, zugleich Diss. iur. (Frankfurt a.M. 1969), Bielefeld 1969 (zitiert: *Hohner*, Subjektlose Rechte)

Howaldt, Jens: Gefahren der GmbH & Co., KG, Diss. iur. (Hamburg 1965) (zitiert: *Howaldt*, GmbH & Co. KG)

Huber, Ulrich: Vermögensanteil, Kapitalanteil und Gesellschaftsanteil an Personalgesellschaften des Handelsrechts, zugleich Habilitationsschrift (Heidelberg 1968), Heidelberg 1970 (zitiert: *Huber*, Vermögensanteil)

Hübner, Heinrich/Maurer, Martin: Erbschaft- und schenkungsteuerliche Folgen gesellschaftsvertraglicher Abfindungsbeschränkungen für die verbleibenden Gesellschafter (Teil 1), in: ZEV 2009, S. 361 - 366

Hueck, Alfred: Das Recht der offenen Handelsgesellschaft, 4. Aufl., Berlin, New York 1971 (zitiert: *A. Hueck*, oHG)

Hueck, Götz: Drei Fragen zur Gesamthandsgesellschaft, in: Festschrift für Wolfgang Zöllner zum 70. Geburtstag, Band 1, hrsg. von Manfred Lieb et al., Köln et al. 1998, S. 275 - 294 (zitiert: *G. Hueck*, FS-Zöllner, Bd. 1)

Hueck, Götz/Lutter, Marcus/Mertens, Hans-Joachim/Rehbinder, Eckard/Ulmer, Peter/Wiedemann, Herbert/Zöllner, Wolfgang: Arbeitskreis GmbH-Reform, die Handelsgesellschaft auf Einlagen – eine Alternative zur GmbH & Co. KG –, Heidelberg 1971 (zitiert: *G. Hueck*, Arbeitskreis GmbH-Reform)

Hüffer, Uwe: Aktiengesetz, 10. Aufl., München 2012 (zitiert: *Hüffer*, AktG)

Hunscha, Axel: Die GmbH & Co. KG als Alleingesellschafterin ihrer GmbH-Komplementärin, Möglichkeiten und Grenzen der wechselseitigen Beteiligung von GmbH und KG, zugleich Diss. iur. unter dem Titel „Die wechselseitige Beteiligung zwischen Personen- und Kapitalgesellschaft dargestellt am Beispiel der GmbH & Co. KG“ (Köln 1972), Köln 1974 (zitiert: *Hunscha*, GmbH & Co. KG)

Jahnke, Volker: Rechtsformzwang und Rechtsformverfehlung bei der Gestaltung privater Rechtsverhältnisse, in: ZHR 146 (1982), S. 595 - 624

Jander, Heiko: Komplementär und Kommanditist in der verbandrechtlich verselbständigten Kommanditgesellschaft, zur Rollenverteilung zwischen Komplementär und Kommanditist nach der verbandsrechtlichen Verselbständigung der Kommanditgesellschaft und dem Aufstieg des Kommanditisten zu einem vollwertigen Gesellschafter, zugleich Diss. iur. (Hamburg 2008), Köln 2010 (zitiert: *Jander*, Komplementär und Kommanditist)

Jauernig, Othmar (Hrsg.): Bürgerliches Gesetzbuch mit Allgemeinem Gleichbehandlungsgesetz (Auszug), Kommentar, 14. Aufl., München 2011 (zitiert: Jauernig/*Bearbeiter*, BGB)

Jhering, Rudolf: Passive Wirkungen der Rechte. Ein Beitrag zur Theorie der Rechte, in: JJb 10 (1871), S. 387 - 580

John, Uwe: Die organisierte Rechtsperson, System und Probleme der Personifikation im Zivilrecht, zugleich Habilitationsschrift (Mannheim 1976), Berlin 1977 (zitiert: *John*, Rechtsperson)

Joost, Detlev: Unternehmergesellschaft, Unterbilanz und Verlustanzeige, in: ZIP 2007, S. 2242 - 2248

Joussen, Edgar: Die einheitliche Mitgliedschaft in Personengesellschaften, Mehrfachmitgliedschaft bei Anteilserwerb aus verschiedenen Gesellschafterstämmen?, in: DB 1992, S. 1173 - 1175

Junck, Johannes: Über Umwandlung von Gesellschaften, in: JJb 77 (1927), S. 297 - 319

Jung, Peter: Firmen von Personenhandelsgesellschaften nach neuem Recht, in: ZIP 1998, S. 677 - 684

Just, Clemens: Die englische Limited in der Praxis einschließlich Ltd. & Co. KG mit Formularteil, 4. Aufl., München 2012 (zitiert: *Just*, Limited)

Kammergruber, Richard: Divergenzen der Innen- und Außenhaftung des Kommanditisten, zugleich Diss. iur. (Regensburg 2001), Frankfurt a.M. et al. 2003 (zitiert: *Kammergruber*, Innen- und Außenhaftung des Kommanditisten)

Kammeter, Roland/Geißelmeier, Werner: Der Rangrücktritt – Bestandsaufnahme und Auswirkungen des MoMiG im Handelsbilanz- und Steuerrecht –, in: NZI 2007, S. 214 - 220

Kanzleiter, Rainer: „Mehrfach-Beteiligung" einer Person an Gesamthand oder Rechtsgemeinschaft? „Einmann-Gesamthand"?!, Beiträge zum Gesellschafts- und Notarrecht, Freundesgabe für Willi Weichler zum 70. Geburtstag, hrsg. für die Rheinische Notarkammer von Walter Schmitz-Valckenberg et al., Köln et al. 1997, S. 39 - 52 (zitiert: *Kanzleiter*, FG-Weichler)

Karsten, Lars: Einheitlichkeit der Mitgliedschaft in Personengesellschaften, zugleich Diss. iur. (Köln 2002), Berlin 2002 (zitiert: *Karsten*, Einheitlichkeit der Mitgliedschaft)

Kauffer, Thomas: Der Schutz des Vermögensübernehmers gemäß § 419 BGB, Diss. iur. (Bonn 1991) (zitiert: *Kauffer*, Schutz des Vermögensübernehmers)

Kick, Sabine: Die Haftung des Erben eines Personenhandelsgesellschafters, zugleich Diss. iur. (Tübingen 1996), Köln et al. 1997 (zitiert: *Kick*, Haftung des Erben eines Personenhandelsgesellschafters)

Kießling, Erik: Der Rechtsformwechsel zwischen Personalgesellschaften, in: WM 1999, S. 2391 - 2401

Kießling, Erik: Die Struktur der Vorgründungs- und der Vorgesellschaft zu AG, GmbH, e. G. und e. V. sowie die Kontinuität der Entstehungsphasen, zugleich Diss. iur. (Mainz 1998), Berlin, New York 1999 (zitiert: *Kießling*, Vorgründungs- und Vorgesellschaft)

Kindler, Peter: Grundfragen der Kommanditistenhaftung, in: JuS 2006, S. 865 - 869

Kirchdörfer, Rainer/Lorz, Rainer: Freiwilliges und erzwungenes Ausscheiden von Gesellschaftern aus Familienunternehmen, in: Familienunternehmen in Recht, Wirtschaft, Politik und Gesellschaft, Festschrift für Brun-Hagen Hennerkes zum 70. Geburtstag, hrsg. von Rainer Kirchdörfer et al., München 2009, S. 343 - 368 (zitiert: *Kirchdörfer/Lorz*, FS-Hennerkes)

Klauss, Herbert/Mittelbach, Rolf: Die Kommanditgesellschaft, Gesellschaftsrecht, Steuerrecht, 4. Aufl., Ludwigshafen 1984 (zitiert: *Klauss/Mittelbach*, KG)

Kleindiek, Detlef: Zur Gründerhaftung in der Vor-GmbH – Besprechung der Entscheidung BGH ZIP 1997, 679 –, in: ZGR 1997, S. 427 - 448

Klingberg, Dietgard: Mitarbeitende Kommanditisten im Gesellschaftsrecht, zugleich Diss. iur. (Berlin 1989), Köln 1990 (zitiert: *Klingberg*, Mitarbeitende Kommanditisten)

Klöhn, Lars: Der praktische Fall – Gesellschaftsrecht: Wenn der Komplementär stirbt…, in: JuS 2003, S. 360 - 365

Knittel, Wilhelm: Besteht ein verfassungsrechtlicher Anspruch auf Konzessionierung eines wirtschaftlichen Vereins nach § 22 BGB i.V. mit Art. 9 Abs. 1 GG?, in: DB 1965, S. 243 - 244

Knobbe-Keuk, Brigitte: Zum Erdbeben „Video“, in: DB 1992, S. 1461 - 1465

Koch, Hans-Joachim/Rüßmann, Helmut: Juristische Begründungslehre, eine Einführung in Grundprobleme der Rechtswissenschaft, München 1982 (zitiert: *Koch/Rüßmann*, Juristische Begründungslehre)

Kögel, Steffen: Entwurf eines Handelsrechtsreformgesetzes, in: BB 1997, S. 793 - 804

Köhler, Claus: Die Kommanditistenhaftung in der zweigliedrigen Kommanditgesellschaft nach Ausscheiden des Komplementärs, in: Festschrift für Sebastian Spiegelberger zum 70. Geburtstag, Vertragsgestaltung im Zivil- und Steuerrecht, hrsg. von Thomas Wachter, Bonn 2009, S. 791 - 795 (zitiert: *Köhler*, FS-Spiegelberger)

Koller, Arnold: Grundfragen einer Typuslehre im Gesellschaftsrecht, Freiburg (Schweiz) 1967 (zitiert: *A. Koller*, Grundfragen Typuslehre)

Koller, Ingo/Roth, Wulf-Henning/Morck, Winfried: Handelsgesetzbuch, Kommentar, 7. Aufl., München 2011 (zitiert: Koller/Roth/Morck/*Bearbeiter*, HGB)

Konietzko, Eva-Maria: Zur Haftung des Kommanditisten, zugleich Diss. iur. (Köln 1979), Frankfurt a.M. et al. 1979 (zitiert: *Konietzko*, Kommanditistenhaftung)

Konzen, Horst: Arbeitsrechtliche Drittbeziehungen – Gedanken über Grundlagen und Wirkungen der „gespaltenen Arbeitgeberstellung" –, in: ZfA 1982, S. 259 - 310

Kornblum, Udo: Offenlegung der Rechtsform der normalen KG, Erfordernis eines Firmenzusatzes?, in: Rpfleger 1986, S. 77 - 81

Kornblum, Udo: Die Haftung der Gesellschafter für Verbindlichkeiten von Personengesellschaften, Frankfurt a.M. 1972 (zitiert: *Kornblum*, Gesellschafterhaftung)

Kornblum, Udo: Die Auswirkungen der „gesetzlichen" Umwandlung einer Kommanditgesellschaft in eine BGB-Gesellschaft auf die Geschäftsführungs- und Vertretungsbefugnis der Gesellschafter, in: BB 1972, S. 1032 - 1036

Krämer, Sven: Der Wechsel von Gesellschaftern bei Personen- und Kapitalgesellschaften in Deutschland, England und Frankreich, eine rechtsvergleichende Untersuchung zur Ermittlung gemeinsamer gesellschaftsrechtlicher Prinzipien, zugleich Diss. iur. (Hamburg 2004), Frankfurt a.M. et al. 2004 (zitiert: *Krämer*, Gesellschafterwechsel)

Kraft, Alfons/Kreutz, Peter: Gesellschaftsrecht, 11. Auflage, Neuwied, Kriftel 2000 (zitiert: *Kraft/Kreutz*, GesR)

Krampe, Christoph: Die Konversion des Rechtsgeschäfts, zugleich Habilitationsschrift (Mannheim 1978), Frankfurt a.M. 1980 (zitiert: *Krampe*, Konversion)

Kraus, Bernd: Fragen der Rechtsformverfehlung und des automatischen Rechtsformwechsels bei den Personengesellschaften. Dargestellt insbesondere am Beispiel der eingetragenen Vermögensverwaltungs-"Kommanditgesellschaft", Diss. iur. (Bayreuth 1990) (zitiert: *Kraus*, Rechtsformverfehlung)

Krebs, Peter: Reform oder Revolution? – Zum Referentenentwurf eines Handelsrechtsreformgesetzes, in: DB 1996, S. 2013 - 2020

Krieger, Albrecht: Die Regierungsentwürfe zur GmbH-Reform, in: BB 1972, S. 717 - 724

Kriele, Martin: Wirtschaftsfreiheit und Grundgesetz, Rückblick und Bilanz am Verfassungstag, in: ZRP 1974, S. 105 - 111

Krings, Hannah/Otte, Daniel: Die Insolvenz der Komplementär-GmbH, in: NZG 2012, S. 761 - 765

Krüger, Dirk: Wechsel der Unternehmensform im Wege der Anwachsung, Gestaltungsmöglichkeiten und Steuerfolgen, in: NJW 1982, S. 2847 - 2851

Kübler, Friedrich/Assmann, Heinz-Dieter: Gesellschaftsrecht, die privatrechtlichen Ordnungsstrukturen und Regelungsprobleme von Verbänden und Unternehmen, 6. Aufl., Heidelberg et al. 2006 (zitiert: *Kübler/Assmann*, GesR)

Kuhn, Georg: Die Rechtsprechung des BGH zur Kommanditgesellschaft (Fortsetzung zu WM 1974, 674), in: WM Sonderbeilage 1/1978, S. 3 - 22

Kuhn, Ottmar: Strohmanngründung bei Kapitalgesellschaften, zugleich Diss. iur. (Tübingen 1964), Tübingen 1964 (*O. Kuhn*, Strohmanngründung)

Kulka, Michael: Die gleichzeitige Ausschließung mehrerer Gesellschafter aus Personengesellschaften und GmbH, zugleich Diss. iur. (Freiburg 1983), Köln 1983 (zitiert: *Kulka*, Ausschließung mehrerer Gesellschafter)

Lamprecht, Philipp: Die Zulässigkeit der mehrfachen Beteiligung an einer Personengesellschaft, ein Beitrag zur Bedeutung des Personengesellschaftsanteils als Vermögensgegenstand, zugleich Diss. iur. (Freiburg 2000), Berlin 2002 (zitiert: *Lamprecht*, Mehrfachbeteiligung)

Lamprecht, Philipp: Fortsetzung der OHG bei Ausscheiden eines Gesellschafters? Zu den Auswirkungen der geplanten HGB-Reform auf Abfindungsansprüche wegen Kündigung, Tod oder Konkurs eines Gesellschafters, in: ZIP 1997, S. 919 - 923

Langner, Julian: Vor- und Nacherbschaft an Personengesellschaftsanteilen, zugleich Diss. iur. (Erlangen-Nürnberg 1998), Köln et al. 1999 (zitiert: *Langner*, Vor- und Nacherbschaft)

Larenz, Karl: Methodenlehre der Rechtswissenschaft, 6. Aufl., Berlin et al. 1991 (zitiert: *Larenz*, Methodenlehre der Rechtswissenschaft)

Larenz, Karl: Richtiges Recht, Grundzüge einer Rechtsethik, München 1979 (zitiert: *Larenz*, Richtiges Recht)

Lauber-Nöll, Achim: Die Rechtsfolgen fehlerhafter Unternehmensverträge, zugleich Diss. iur. (Münster 1992), Berlin 1993 (zitiert: *Lauber-Nöll*, Rechtsfolgen fehlerhafter Unternehmensverträge)

Lehmann, Heinrich: Gesellschaftsrecht, 2. Aufl., Berlin, Frankfurt a.M. 1959 (zitiert: *Lehmann*, GesR)

Lehmann, Heinrich/Dietz, Rolf: Gesellschaftsrecht, 3. Aufl., Berlin, Frankfurt a.M. 1970 (zitiert: *Lehmann/Dietz*, GesR)

Lehmann, Karl: Umwandlungen handelsrechtlicher Unternehmungsformen, in: ZHR 50 (1901), S. 1 - 55

Lehmann, Karl/Ring, Viktor: Das Handelsgesetzbuch für das Deutsche Reich, Band 1, Berlin 1902 (zitiert: Lehmann/Ring/*Bearbeiter*, HGB, Bd. 1)

Lieb, Manfred: Zu den Grundgedanken der §§ 25 ff. HGB, in: Europarecht, Energierecht, Wirtschaftsrecht, Festschrift für Bodo Börner zum 70. Geburtstag, hrsg. von Jürgen F. Baur et al., Köln et al. 1992, S. 747 - 762 (zitiert: *Lieb*, FS-Börner)

Lieb, Manfred: Haftungsprobleme beim Übergang des Gesellschaftsvermögens auf einen Kommanditisten – Besprechung der Entscheidung BGH, Urt. v. 10.12.1990 – II ZR 256/89 –, in: ZGR 1991, S. 572 - 578

Lieb, Manfred: Rechtsformzwang und Rechtsformverfehlung im Arbeitsrecht, in: RdA 1975, S. 49 - 53

Lieb, Manfred: Die Ehegattenmitarbeit im Spannungsfeld zwischen Rechtsgeschäft, Bereicherungsausgleich und gesetzlichem Güterstand, zugleich ein Beitrag zur Rechtsfortbildung im Familienrecht, zugleich Habilitationsschrift (Tübingen 1970), Tübingen 1970 (zitiert: *Lieb*, Ehegattenmitarbeit)

Liebs, Rüdiger: Offene Fragen der Insolvenz einer zweigliedrigen GmbH & Co. KG, in: ZIP 2002, S. 1716 - 1718

Limbach, Jutta: Die beschränkte Haftung in Theorie und Wirklichkeit, in: GmbHR 1967, S. 71 - 75

Limmer, Peter: Die identitätswahrende Umwandlung einer BGB-Gesellschaft in eine GmbH und Co. KG, in: DStR 2000, S. 1230 - 1234

Lindner, Josef Franz: Die gleichheitsgebotene Doppelanalogie bei § 79 II BVerfGG, in: NWvZ 2008, S. 170 - 173

Liu, Hanfu: Geschichte und Aufgabe der beschränkten Haftung im deutschen Recht, zugleich Diss. iur. (Münster 1994), Münster, Hamburg 1994 (zitiert: *Liu*, Geschichte und Aufgabe der beschränkten Haftung)

Löser, Arne: Erstreckt sich die Insolvenzantragspflicht des GmbH-Gesellschafters bei Führungslosigkeit einer Komplementär-GmbH auf das Vermögen der GmbH & Co. KG?, in: ZInsO 2010, S. 799 - 802

Löw, Hans-Peter: Die Abhängigkeit der Personenhandelsgesellschaft – Voraussetzungen und Entstehungskontrolle, Diss. iur. (Mainz 1987) (zitiert: *Löw*, Abhängigkeit der Personenhandelsgesellschaft)

Looschelders, Dirk/Roth, Wolfgang: Juristische Methodik im Prozeß der Rechtsanwendung, zugleich ein Beitrag zu den verfassungsrechtlichen Grundlagen von Gesetzesauslegung und Rechtsfortbildung, Berlin 1996 (zitiert: *Looschelders/Roth*, Juristische Methodik)

Lousanoff, Oleg de: Partei- und Prozessfähigkeit der unechten und fehlgeschlagenen Vor-GmbH, in: NZG 2008, S. 490 - 493

Lübtow, Ulrich von: Zur Theorie des Rechtssubjektes und ihrer geschichtlichen Entwicklung, in: Recht und Rechtserkenntnis, Festschrift für Ernst Wolf zum 70. Geburtstag, hrsg. von Dietrich Bickel et al., Köln et al. 1985, S. 421 - 433 (zitiert: *v. Lübtow*, FS-Wolf)

Lüttge, Jörg W.: Das neue Umwandlungs- und Umwandlungssteuerrecht, in: NJW 1995, S. 417 - 424

Lüttge, Jörg W.: Die zulässige Mehrfachbeteiligung an einer Personengesellschaft, in: NJW 1994, S. 5 - 11

Lutter, Marcus (Hrsg.)/*Winter, Martin* (Hrsg.): Umwandlungsgesetz, Kommentar mit systematischer Darstellung des Umwandlungssteuerrechts, Band 1: §§ 1 - 134 UmwG, 4. Aufl., Köln 2009; Band

2: §§ 135 - 325 UmwG, SpruchG, 4. Aufl., Köln 2009 (zitiert: Lutter/*Bearbeiter*, UmwG)

Maiberg, Hermann: Gesellschaftsrecht, 7. Aufl., München, Wien 1990 (zitiert: *Maiberg*, GesR)

Marotzke, Wolfgang: Sonderinsolvenz und Nachlassverwaltung über das Vermögen einer erloschenen Personengesellschaft, in: ZInsO 2009, S. 590 - 596

Marotzke, Wolfgang: Weitestmögliche Sicherung des Fortbestands von Unternehmen? – Ein Zwischenruf zum geplanten § 131 Abs. 2 Satz 1 Nr. 1 HGB –, in: ZEV 1997, S. 389 - 391

Marotzke, Wolfgang: Haftungsverhältnisse und Probleme der Nachlaßverwaltung bei der Beerbung des einzigen Komplementärs durch den einzigen Kommanditisten, Bemerkungen zum Urteil BGHZ 113, 132, in: ZHR 156 (1992), S. 17 - 44

Marotzke, Wolfgang: Die Nachlaßzugehörigkeit ererbter Personengesellschaftsanteile und der Machtbereich des Testamentsvollstreckers nach dem Urteil des Bundesgerichtshofs vom 14. Mai 1986, in: AcP 187 (1987), S. 223 - 246

Maunz, Theodor/Dürig, Günter: Grundgesetz, Kommentar, Lieferungen 1 bis 66, München 2012 (zitiert: Maunz/Dürig/*Bearbeiter*, GG, ... [Stand])

Maunz, Theodor/Schmidt-Bleibtreu, Bruno/Klein, Franz/Bethge, Herbert: Bundesverfassungsgerichtsgesetz, Kommentar, Lieferungen 1 bis 38, München 2012 (zitiert: Maunz/Schmidt-Bleibtreu/Klein/Bethge/*Bearbeiter*, BVerfGG, ... [Stand])

Mayer-Maly, Theo: Die Umwandlung der Gesellschafterstellung, in: Festschrift für Harry Westermann zum 65. Geburtstag, hrsg. von Wolfgang Hefermehl et al., Karlsruhe 1974, S. 369 - 382 (zitiert: *Mayer-Maly*, FS-H. Westermann)

Meilicke, Wienand/Graf von Westphalen, Friedrich/Hoffmann, Jürgen/Lenz, Tobias/Wolff, Reinmar: Partnerschaftsgesellschaftsgesetz, Gesetz über Partnerschaftsgesellschaften Angehöriger freier Berufe, 2. Aufl., München 2006 (zitiert: Meilicke/*Bearbeiter*, PartGG)

Melichar, Ferdinand: Die Auslegung des HGB in Deutschland und in Österreich, in: ZHR 127 (1965), S. 280 - 303

Mertens, Hans-Joachim: Die Einmann-GmbH & Co. KG und das Problem der gesellschaftsrechtlichen Grundtypenvermischung, in: NJW 1966, S. 1049 - 1055

Mertens, Kai: Umwandlung und Universalsukzession, die Reform von Verschmelzung, Spaltung, Vermögensübertragung und Formwechsel. Rechtsdogmatische Betrachtungen zum Referentenentwurf eines Gesetzes zur Bereinigung des Umwandlungsrechts, zugleich Diss. iur. (Kiel 1992), Heidelberg 1993 (zitiert: *K. Mertens*, Umwandlung und Universalsukzession)

Meyer, André: Der Grundsatz der unbeschränkten Verbandsmitgliederhaftung, zugleich Diss. iur. (Osnabrück 2005/2006), Köln et al. 2006 (zitiert: *Meyer*, Unbeschränkte Verbandsmitgliederhaftung)

Michalski, Lutz (Hrsg.): Kommentar zum Gesetz betreffend die Gesellschaften mit beschränkter Haftung (GmbH-Gesetz), Band 1, Systematische Darstellungen, §§ 1-34 GmbHG, 2. Aufl., München 2010; Band 2, §§ 35 - 85 GmbHG, §§ 1 - 4 EGGmbHG, 2. Aufl., München 2010 (zitiert: Michalski/*Bearbeiter*, GmbHG)

Michalski, Lutz: OHG-Recht, Kommentar zum Recht der offenen Handelsgesellschaften, §§ 105 - 160 HGB, Köln et al. 2000 (zitiert: *Michalski*, HGB)

Mock, Sebastian: Anwendbarkeit des § 139 HGB auf die GbR, in: NZG 2004, S. 118 - 120

Mögele, Michael: Die atypische Ausgestaltung der OHG und KG, Diss. iur. (München 1970) (zitiert: *Mögele*, Atypische Ausgestaltung)

Mönnig, Hans: Gesellschaftsrecht, Köln et al. 1989 (zitiert: *Mönnig*, GesR)

Möschel, Wernhard: Das Aussenverhältnis der fehlerhaften Gesellschaft, in: Strukturen und Entwicklungen im Handels-, Gesellschafts- und Wirtschaftsrecht, Festschrift für Wolfgang Hefermehl zum 70. Geburtstag am 18. September 1976, hrsg. von Robert Fischer et al., München 1976, S. 171 - 188 (zitiert: *Möschel*, FS-Hefermehl)

Mossmann, Axel: Die Haftung des Kommanditisten in der unterkapitalisierten KG, Diss. iur. (Heidelberg 1978) (zitiert: *Mossmann*, Unterkapitalisierte KG)

Müller-Erzbach, Rudolf: Das Erfassen des Rechts aus den Elementen des Zusammenlebens, veranschaulicht am Gesellschaftsrecht, in: AcP 154 (1955), S. 299 - 343

Müller-Graff, Peter-Christian: Die Außenhaftung des Kommanditisten bei fehlerhaftem KG-Eintritt – BGH, NJW 1977, 1820, in: JuS 1979, S. 24 - 29

Müller-Gugenberger, Christian: EWIV – Die neue europäische Gesellschaftsform, in: NJW 1989, S. 1449 - 1458

Müller-Laube, Hans-Martin: Der Einfluß von Personenwechsel und Gestaltwandel auf die Identität der Personengesellschaft, in: Recht und Rechtserkenntnis, Festschrift für Ernst Wolf zum 70. Geburtstag, hrsg. von Dietrich Bickel et al., Köln et al. 1985, S. 501 - 533 (zitiert: *Müller-Laube*, FS-Wolf)

Münchener Anwaltshandbuch: Personengesellschaftsrecht, hrsg. von Hans Gummert, München 2005 (zitiert: MAHPersG/*Bearbeiter*)

Münchener Handbuch des Gesellschaftsrechts: Band 1: BGB-Gesellschaft, offene Handelsgesellschaft, Partnerschaftsgesellschaft, Partenreederei, EWIV; Band 2: Kommanditgesellschaft, GmbH & Co. KG, Publikums-KG, Stille Gesellschaft, hrsg. von Hans Gummert und Lutz Weipert, 3. Aufl., München 2009 (zitiert: MünchHdb/*Bearbeiter*)

Münchener Kommentar zum Aktiengesetz: Band 1: §§ 1 - 75 AktG, hrsg. von Wulf Goette und Mathias Habersack, 3. Aufl., München 2008; Band 2: §§ 76 - 117 AktG, MitbestG, DrittelbG, hrsg. von Wulf

Goette und Mathias Habersack, 3. Aufl., München 2008, (zitiert: MünchKomm-AktG/*Bearbeiter*)

Münchener Kommentar zum Bürgerlichen Gesetzbuch: hrsg. von Franz Jürgen Säcker und Roland Rixecker, Band 1: §§ 1 - 240, 6. Aufl., München 2012; Band 5: §§ 705 - 853, 5. Aufl., München 2009; Band 9: §§ 1922 - 2385, §§ 27 - 35 BeurkG, 5. Aufl., München 2010 (zitiert: MünchKomm-BGB/*Bearbeiter*)

Münchener Kommentar zum Bürgerlichen Gesetzbuch: Band 2: §§ 241 - 432, hrsg. von Kurt Rebmann und Franz Jürgen Säcker, 3. Aufl., München 1994 (zitiert: MünchKomm-BGB^3/*Bearbeiter*)

Münchener Kommentar zum Handelsgesetzbuch: hrsg. von Karsten Schmidt, Band 1: erstes Buch, Handelsstand, §§ 1 - 104a, 3. Aufl., München 2010; Band 2: §§ 105 - 160, 3. Aufl., München 2011; Band 3: §§ 161 - 237, 3. Aufl., München 2012 (zitiert: Münch-Komm-HGB/*Bearbeiter*)

Münchener Kommentar zur Insolvenzordnung: Band 1: §§ 1 - 102 InsO, hrsg. von Hans-Peter Kirchhof et al., 2. Aufl., München 2007 (zitiert: MünchKomm-InsO/*Bearbeiter*)

Müther, Peter-Hendrik: Vor-GmbH – Die häufigsten Praxisprobleme, in: MDR 2001, S. 366 - 371

Mugdan, Benno: Die gesammten Materialien zum Bürgerlichen Gesetzbuch für das Deutsche Reich, Band 1, Einführungsgesetz und Allgemeiner Theil, Berlin 1899 (zitiert: *Mugdan*, Materialien zum BGB, Bd. 1)

Murawo, Maximilian: Die unechte Vorgesellschaft im GmbH- und Aktienrecht, zugleich Diss. iur. (Berlin 2005), Baden-Baden 2006 (zitiert: *Murawo*, Unechte Vorgesellschaft)

Muscheler, Karlheinz: Universalsukzession und Vonselbsterwerb, die rechtstechnischen Grundlagen des deutschen Erbrechts, Tübingen 2002 (zitiert: *Muscheler*, Universalsukzession)

Musielak, Hans-Joachim (Hrsg.): Kommentar zur Zivilprozessordnung mit Gerichtsverfassungsgesetz, 9. Aufl., München 2012 (zitiert: Musielak/*Bearbeiter*, ZPO)

Mutius, Albert von: Die Vereinigungsfreiheit gem. Art. 9 Abs. 1 GG, in: Jura 1984, S. 193 - 203

Nägel, Werner: Einmanngesellschaften im deutschen und europäischen Gesellschaftsrecht, Diss. rer. soc. oec. (Erlangen-Nürnberg 2002), Berlin 2004 (zitiert: *Nägel*, Einmanngesellschaften)

Nieder, Heinrich/Kössinger, Reinhard/Kössinger, Winfried: Handbuch der Testamentsgestaltung, Grundlagen und Gestaltungsmittel für Verfügungen von Todes wegen und vorbereitende Erbfolgemaßnahmen, 4. Aufl., München 2011 (zitiert: Nieder/*Bearbeiter*, Hdb-Testamentsgestaltung)

Nitschke, Manfred: Die körperschaftlich strukturierte Personengesellschaft, zugleich Habilitationsschrift unter dem Titel „Die Bedeutung von Rechtsform, Verbandszweck und einzelnen Strukturelementen für die rechtliche Behandlung von Verbänden – Dargestellt am Beispiel der „körperschaftlich strukturierten Personengesellschaft““ (Münster 1967), Bielefeld 1970 (zitiert: *Nitschke*, Personengesellschaft)

Nitzsche, Artur: Die Fortsetzung der offenen Handelsgesellschaft mit dem Erben eines Gesellschafters und dessen Rechtsstellung im Falle des § 139 HGB, Diss. iur. (Leipzig 1914) (zitiert: *Nitzsche*, Fortsetzung der oHG mit dem Erben)

Oechsler, Jürgen: Die Geschichte der Lehre von der fehlerhaften Gesellschaft und ihre Stellung im europäischen Gesellschaftsrecht, in: NJW 2008, S. 2471 – 2475

Oetker, Hartmut (Hrsg.): Kommentar zum Handelsgesetzbuch (HGB), 2. Aufl., München 2011 (zitiert: Oetker/*Bearbeiter*, HGB)

Oetker, Hartmut: Das Dauerschuldverhältnis und seine Beendigung, Bestandsaufnahme und kritische Würdigung einer tradierten Figur der

Schuldrechtsdogmatik, zugleich Habilitationsschrift (Kiel 1994), Tübingen 1994 (zitiert: *Oetker*, Dauerschuldverhältnis)

Oppenländer, Frank (Hrsg.)/*Trölitzsch, Thomas* (Hrsg.): Praxishandbuch der GmbH-Geschäftsführung, 2. Aufl., München 2011 (zitiert: Oppenländer/Trölitzsch/*Bearbeiter*, GmbH-Geschäftsführung)

Ott, Claus: Typenzwang und Typenfreiheit im Recht der Personengesellschaft, Diss. iur. (Tübingen 1966) (zitiert: *Ott*, Typenzwang)

Palandt, Otto: Bürgerliches Gesetzbuch, Kommentar, 71. Aufl., München 2012 (zitiert: Palandt/*Bearbeiter*, BGB)

Paschke, Marian: Die fehlerhafte Korporation, zwischen korporationsrechtlicher Tradition und europarechtlicher Rechtsentwicklung, in: ZHR 155 (1991), S. 1 - 23

Paul, W.: Ausschluß aus der zweigliedrigen Vor-GmbH, in: NJW 1947/48, S. 417 - 419.

Paulick, Heinz: Die eingetragene Genossenschaft als Beispiel gesetzlicher Typenbeschränkung, zugleich ein Beitrag zur Typenlehre im Gesellschaftsrecht, zugleich Habilitationsschrift (Münster 1952), Tübingen 1954 (zitiert: *Paulick*, Genossenschaft)

Paulus, Christoph C./*Zenker, Wolfgang*: Grenzen der Privatautonomie, in: JuS 2001, S. 1 - 9

Paura, Jörg: Liquidation und Liquidationspflichten, Pflichten von Organen und Mitgliedern nach Auflösung der Gesellschaft, Diss. iur. (Hamburg 1996) (zitiert: *Paura*, Liquidation)

Peetz, Carsten: Die Vor-GmbH und der gewissenhafte Gründer, in: GmbHR 2003, S. 933 - 937

Peifer, Karl-Nikolaus: Rechtsfähigkeit und Rechtssubjektivität der Gesamthand – die GbR als oHG?, in: NZG 2001, S. 296 - 300

Peifer, Karl-Nikolaus: Der BGH und die GbR mbH – Rückschlag oder Fortschritt auf dem Weg zum Verständnis der Gesamthand?, in: NZG 2001, S. 193 - 202

Pentz, Andreas: Anm. zu BGH, Urteil vom 15.3.2004 – II ZR 247/01, in: BGH-Report 2004, S. 1092

Peters, Sönke: Der gesellschaftsrechtliche Grundsatz der Einheitlichkeit der Mitgliedschaft, zugleich Diss. iur. (Kiel 2000), Frankfurt a.M. et al. 2000 (zitiert: *S. Peters*, Grundsatz der Einheitlichkeit der Mitgliedschaft)

Peters, Tillmann J.: Die Gesellschaft bürgerlichen Rechts und das System der Personengesellschaften nach der Reform des Handelsrechts, zugleich Diss. iur. (Köln 2002), Lohmar, Köln 2003 (zitiert: *T. Peters*, GbR)

Pfister, Wolfgang: Die Einmann-Personengesellschaft, ein interdisziplinärer Ansatz, zugleich Diss. iur. (Siegen 1998), Frankfurt a.M. et al. 1999 (zitiert: *Pfister*, Einmann-Personengesellschaft)

Picker, Eduard: Privatautonomie und Kollektivautonomie – Arbeitsrecht als Freiheitsproblem –, in: Recht und Freiheit, Symposion zu Ehren von Herrn Professor Dr. Reinhard Richardi, hrsg. von Eduard Picker und Bernd Rüthers, München 2003, S. 25 - 98 (zitiert: *Picker*, Symposion-Richardi)

Pleyer, Klemens/Pesch, Günter: Gesellschaftsrecht, Tübingen, Düsseldorf 1975 (zitiert: *Pleyer/Pesch*, GesR)

Priester, Hans-Joachim: Personengesellschaften im Umwandlungsrecht – Praxisrelevante Fragen und offene Posten, in: DStR 2005, S. 788 - 794

Priester, Hans-Joachim: Handelsrechtsreformgesetz – Schwerpunkte aus notarieller Sicht, in: DNotZ 1998, S. 691 - 711

Priester, Hans-Joachim: Die zwingende Einheitlichkeit des Personengesellschaftsanteils – ein überholtes Prinzip, in: DB 1998, S. 55 - 60

Quittnat, Joachim/Schauwecker, Hans-Peter/Streckel, Siegmar: Handels- und Gesellschaftsrecht, München, Wien 1988 (zitiert: *Quittnat/Schauwecker/Streckel*, Handels- und GesR)

Raab, Thomas: Die Haftung der Gesellschafter der Vor-GmbH im System des Gesellschaftsrechts, in: WM 1999, S. 1596 - 1612

Radbruch, Gustav: Rechtsphilosophie, 6. Aufl., Stuttgart 1963 (zitiert: *Radbruch*, Rechtsphilosophie)

Raisch, Peter: Zur Analogie handelsrechtlicher Normen, in: Festschrift für Walter Stimpel zum 68. Geburtstag am 29. November 1985, hrsg. von Marcus Lutter et al., Berlin, New York 1985, S. 29 - 46 (zitiert: *Raisch*, FS-Stimpel)

Raisch, Peter: Handelsgesellschaft auf Einlagen als neue Gesellschaftsform für Vereinigungen von Handelsgewerbetreibenden, Landwirten und Angehörigen freier Berufe, in: Festschrift für Alexander Knur, hrsg. von Werner Flume und Richard Hamm, München 1972, S. 165 - 182 (zitiert: *Raisch*, FS-Knur)

Raiser, Thomas: Gesamthand und juristische Person im Licht des neuen Umwandlungsrechts, in: AcP 194 (1994), S. 495 - 512

Reck, Irene: Das Ausscheiden eines Gesellschafters aus der „zweigliedrigen" Kommanditgesellschaft, Diss. rer. pol. (Erlangen-Nürnberg 1966) (zitiert: *Reck*, Ausscheiden aus zweigliedriger KG)

Regenfus, Thomas: Die „doppelte Analogie" – Erscheinungsformen und Voraussetzungen, in: JA 2009, S. 579 - 584

Reiff, Peter: Anm. zu BGH, Urteil vom 7.4.2003 – II ZR 56/02, in: VersR 2003, S. 773 - 775

Reiff, Peter: Die unbeschränkte Gesellschafterhaftung in der (Außen-) Gesellschaft bürgerlichen Rechts und ihre Ausnahmen, Besprechung des Urteils BGHZ 150, 1, in: ZGR 2003, S. 550 - 576

Reiff, Peter: Wider die unternehmenstragende Gesellschaft bürgerlichen Rechts ohne Gesellschafterhaftung, zugleich ein Plädoyer für die Akzessorietätstheorie, in: ZIP 1999, S. 517 - 528

Reiff, Peter: Die Haftungsverfassung der GbR nach dem Urteil des BGH vom 27.9.1999 (II ZR 371/98), in: NZG 2000, S. 281 - 285

Reiff, Peter: Die Haftungsverfassungen nichtrechtsfähiger unternehmenstragender Verbände, zugleich Habilitationsschrift (Mannheim 1995), Tübingen 1996 (zitiert: *Reiff*, Haftungsverfassungen)

Reimann, Wolfgang: Testamentsvollstreckung an Gesellschaftsanteilen jetzt möglich? Anmerkung zum Urteil des BGH vom 14.5.1986 – IVa ZR 155/84 – MittBayNot 1986, 191, in: MittBayNot 1986, S. 232 - 234

Reindl, Peter: Zur Haftung des fehlerhaft eingetretenen Gesellschafters, in: Festschrift Heinrich Demelius zum 80. Geburtstag, erlebtes Recht in Geschichte und Gegenwart, hrsg. von Gerhard Frotz und Werner Ogris, Wien 1973, S. 427 - 438 (zitiert: *Reindl*, FS-Demelius)

Reinhardt, Rudolf: Die Umwandlung, ein Gegenstand zum Nachdenken, in: Entwicklungstendenzen im Wirtschafts- und Unternehmensrecht, in: Festschrift für Horst Bartholomeyczik zum 70. Geburtstag, hrsg. von Wolfgang Harms et al., Berlin 1973, S. 307 - 317 (zitiert: *Reinhardt*, FS-Bartholomeyczik)

Reinhardt, Rudolf/Schultz, Dietrich: Gesellschaftsrecht, ein Lehrbuch, 2. Aufl., Tübingen 1981 (zitiert: *Reinhardt/Schultz*, GesR)

Reiswich, Patrick: Doppelinsolvenz von OHG und Gesellschafter, in: ZInsO 2010, S. 1809 - 1818

Reul, Adolf: Grundrechte und Vertragsfreiheit im Gesellschaftsrecht, in: DNotZ 2007, S. 184 – 210

Reuter, Dieter: Die Mitbestimmung als Bestandteil des Normativsystems für die juristischen Personen des Handelsrechts, eine Theorie der Mitbestimmung im Unternehmen nach geltendem Recht, Vortrag gehalten vor der Juristischen Gesellschaft zu Berlin am 21. Januar 1987, Berlin, New York 1987 (zitiert: *Reuter*, Mitbestimmung)

Reuter, Dieter: Zur Abgrenzung von Vereins- und Gesellschaftsrecht – Besprechung der Entscheidung des BGH vom 2. 4. 1979 –, in: ZGR 1981, S. 364 - 376

Reuter, Dieter: Die handelsrechtliche Erbenhaftung (§ 27 HGB), in: ZHR 135 (1971), S. 511 - 527

Reymann, Christoph: Vorsorgevollmachten von Berufsträgern, in: ZEV 2005, S. 457 - 463

Rieble, Volker: Verschmelzung und Spaltung von Unternehmen und ihre Folgen für Schuldverhältnisse mit Dritten, in: ZIP 1997, S. 301 - 314

Rieckers, Oliver: Nochmals: Konzernvertrauenshaftung, in: NZG 2007, S. 125 - 128

Rieckers, Oliver: Werbung mit der Konzernzugehörigkeit als Haftungsrisiko?, in: BB 2006, S. 277 - 282

Riegger, Bodo: Zum Schicksal von Beteiligungen an Drittgesellschaften bei Verschmelzungen, in: Festschrift für Gerold Bezzenberger zum 70. Geburtstag am 13. März 2000, Rechtsanwalt und Notar im Wirtschaftsleben, hrsg. von Harm Peter Westermann und Klaus Mock, Berlin, New York 2000, S. 379 - 391 (zitiert: *Riegger*, FS-Bezzenberger)

Riegger, Bodo: Die Rechtsfolgen des Ausscheidens eines Gesellschafters aus einer zweigliedrigen Personalgesellschaft, zugleich Diss. iur. (Tübingen 1969), Karlsruhe 1969 (zitiert: *Riegger*, Ausscheiden aus zweigliedriger Personalgesellschaft)

Rieker, Petra: Die Mehrfachbeteiligung einer Person an einer Personengesellschaft, zugleich Diss. iur. (Düsseldorf 1998), Aachen 1998 (zitiert: *Rieker*, Mehrfachbeteiligung an einer Personengesellschaft)

Rödig, Jürgen: Bereicherung ohne Rechtfertigung durch Gesellschaftsvertrag, Berlin 1972 (zitiert: *Rödig*, Bereicherung durch Gesellschaftsvertrag)

Röhricht, Volker/Graf von Westphalen, Friedrich: Handelsgesetzbuch Kommentar zu Handelsstand, Handelsgesellschaften, Handelsgeschäften und besonderen Handelsverträgen (ohne Bilanz-, Transport- und Seerecht), 3. Aufl., Köln 2008 (zitiert: Röhricht/v. Westphalen/*Bearbeiter*, HGB)

Römermann, Volker: Insolvenzrecht im MoMiG, in: NZI 2008, S. 641 - 646

Römermann, Volker/Passarge, Malte: Die GmbH & Co. KG ist tot – es lebe die UG & Co. KG!, in: ZIP 2009, S. 1497 - 1504

Rötelmann, N.N.: Der Wegfall unentbehrlicher Gesellschafter bei der OHG und KG, in: NJW 1956, S. 1617 - 1621

Roth, Günter H./Altmeppen, Holger: Gesetz betreffend die Gesellschaften mit beschränkter Haftung Kommentar, 7. Aufl., München 2012 (zitiert: Roth/Altmeppen/*Bearbeiter*, GmbHG)

Rüber, Bernd: Die GmbH & Co. KG, ihre gesellschaftsrechtlichen Vorzüge und ihre Gefahr für die Gesellschaftsgläubiger, Diss. iur. (Tübingen 1973) (zitiert: *Rüber*, GmbH & Co. KG)

Sachau, Gerhard: Der nicht rechtsfähige Verein als Unternehmer eines Handelsgewerbes, in: ZHR 56 (1905), S. 444 - 481

Sack, Rolf: Typusabweichung und Institutsmißbrauch im Gesellschaftsrecht, dargestellt am Beispiel der GmbH & Co. KG, in: DB 1974, S. 369 - 373

Salomon, Richard: Die unbemerkte Entstehung einer nicht vollkaufmännischen Schein-KG und ihre Folgen, Diss. iur. (Münster 1988) (zitiert: *Salomon*, Schein-KG)

Sames, Hugo: Die Rechtsstellung der Erben eines Gesellschafters im Falle des Paragraphen 139 H. G. B., Diss. iur. (Marburg 1903) (zitiert: *Sames*, Rechtsstellung der Erben)

Saßenrath, Gerd Philipp: Die Umwandlung von Komplementär- in Kommanditbeteiligungen, zugleich Diss. iur. (Bonn 1987), Heidelberg 1988 (zitiert: *Saßenrath*, Umwandlung)

Schäfer, Carsten: Das bedingte Austrittsrecht nach § 139 HGB in der GbR, in: NJW 2005, S. 3665 - 3669

Schäfer, Carsten: Die Vererbung von Personengesellschaftsanteilen durch Nachfolgeklauseln, in: BB-Special 05/2004, S. 14 - 18

Schäfer, Carsten: Offene Fragen der Haftung des BGB-Gesellschafters, in: ZIP 2003, S. 1225 - 1234

Schäfer, Carsten: Die Lehre vom fehlerhaften Verband, Grundlagen, Verhältnis zum allgemeinen Vertragsrecht und Anwendung auf Strukturänderungen, zugleich Habilitationsschrift (Heidelberg 2001), Tübingen 2002 (zitiert: *Schäfer*, Fehlerhafter Verband)

Schaefer, Erich: Handelsrechtsreformgesetz, erläuternde Darstellung des neuen Rechts anhand der Materialien, Köln 1999 (zitiert: *Schaefer*, HRefG)

Schaefer, Erich: Der neue Handelsstand, zu Geschichte und Motiven des neuen Kaufmannsbegriffs nach der Handelsrechtsreform 1998, in: Die Reform des Handelsstandes und der Personengesellschaften, Fachtagung der Bayer-Stiftung für deutsches und internationales Arbeits- und Wirtschaftsrecht am 30. Oktober 1998 mit Beiträgen von Meinrad Dreher, Erich Schaefer, Wulf-Henning Roth, Doris Möller, Mathias Habersack, Barbara Dauner-Lieb, Ulrich Seibert, Peter Krebs und Holger Fleischer, München 1999, S. 23 - 29 (zitiert: *Schaefer*, Reform des Handelsstandes und der Personengesellschaften)

Schaefer, Erich: Das Handelsrechtsreformgesetz nach dem Abschluß des parlamentarischen Verfahrens, in: DB 1998, S. 1269 - 1275

Schaffner, Petra: Die Vorgesellschaft als Gesellschaft sui generis, eine vergleichende Untersuchung von Struktur- und Haftungsfragen bei Vor-GmbH und Vor-Partnerschaftsgesellschaft, zugleich Diss. iur. (Köln 2001), Berlin 2003 (zitiert: *Schaffner*, Vorgesellschaft)

Schall, Alexander: Anspruchsgrundlagen gegen Direktoren und Gesellschafter einer Limited nach englischem Recht, in: DStR 2006, S. 1229 - 1238

Schaub, Bernhard: Die Rechtsnachfolge von Todes wegen im Handelsregister bei Einzelunternehmen und Personenhandelsgesellschaften, in: ZEV 1994, S. 71 - 78

Scheibe, Roland: Mehr Freiheit bei der Firmenbildung – Zum Referentenentwurf für ein Handelsrechtsreformgesetz (HRefG), in: BB 1997, S. 1489 - 1494

Scherer, Stephan: Erfolgreiche Unternehmensnachfolge – Beratungsaspekte und Störfelder, in: BB-Special 05/2004, S. 2 - 8

Schilling, Wolfgang: Die Handelsgesellschaft auf Einlagen, die GmbH & Co. KG und die GmbH-Reform, in: BB 1972, S. 1 - 4

Schilmar, Boris: Verlustausgleich im GmbH-Vertragskonzern, zugleich Besprechung BGH v. 10.7.2006 – II ZR 238/04, ZIP 2006, 1488, in: ZIP 2006, S. 2346 - 2351

Schlegelberger, Franz: Handelsgesetzbuch Kommentar, Band 3, 1. Halbband, §§ 105 - 160, 5. Aufl., München 1992 (zitiert: Schlegelberger/*Bearbeiter*, HGB)

Schlegelberger, Franz: Handelsgesetzbuch in der seit dem 1. Oktober 1937 geltenden Fassung (ohne Seerecht), Band 2, §§ 105 - 342, 4. Aufl., Berlin, Frankfurt a.M. 1963 (zitiert: Schlegelberger/*Bearbeiter*, HGB[4])

Schlitt, Michael: Die GmbH & Co. KG in der Insolvenz nach neuem Recht (1. Teil), in: NZG 1998, S. 701 - 709

Schlitt, Michael: Auswirkungen des Handelsrechtsreformgesetzes auf die Gestaltung von GmbH & Co. KG-Verträgen, in: NZG 1998, S. 580 - 586

Schlottmann, Dennis: Wegfall und Entmachtung des einzigen Komplementärs, zugleich Diss. iur. (Bonn 2009), Köln 2009 (zitiert: *Schlottmann*, Komplementärwegfall)

Schmidt, Karsten: Vermeidung des Sperrjahrs bei der Auskehrung von Gesellschaftsvermögen aus der Kapitalgesellschaft und Co., in: BB 2011, S. 707 - 712

Schmidt, Karsten: Führungslosigkeit der GmbH oder GmbH & Co. KG im Prozess – Grenzen der MoMiG-Neuregelung nach dem BGH-Urteil vom 25.10.2010 –, in: GmbHR 2011, S. 113 - 116

Schmidt, Karsten: Der Verwaltungsrechtsstreit in der Simultaninsolvenz einer Kapitalgesellschaft & Co. – ein chaotischer Fall und ein nachdenkenswertes Urteil, in: ZIP 2010, S. 1621 - 1627

Schmidt, Karsten: Zur Einheits-GmbH & Co. KG, Kautelarjurisprudenz an ihren Grenzen oder Triumph der Typizität des Atypischen?, in: Festschrift für Harm Peter Westermann zum 70. Geburtstag, hrsg. von Lutz Aderhold et al., Köln 2008, S. 1425 - 1445 (zitiert: *K. Schmidt*, FS-H. P. Westermann)

Schmidt, Karsten: Konsolidierte Abwicklung von Personengesellschaften bei simultaner Gesellschafterinsolvenz?, Bemerkungen aus Anlass des BGH-Urteils v. 7.7.2008 – II ZR 37/07, ZIP 2008, 1677, in: ZIP 2008, S. 2337 - 2347

Schmidt, Karsten: Die GmbH & Co. KG als Lehrmeisterin des Personengesellschaftsrechts, 18 Leitsätze zum gewandelten Rechtsbild der Kommanditgesellschaft, in: JZ 2008, S. 425 - 436

Schmidt, Karsten: Brüderchen und Schwesterchen für die GmbH? – Eine Kritik der Vorschläge zur Vermehrung der Rechtsformen –, in: DB 2006, S. 1096 - 1099

Schmidt, Karsten: „Anwachsung“: Was ist das, und … gibt es das noch? Gedanken zu § 738 Abs. 1 Satz 1 BGB vor dem Hintergrund der „Gesamthandsdiskussion“, in: Festschrift für Ulrich Huber zum siebzigsten Geburtstag, hrsg. von Theodor Baums et al., Tübingen 2006, S. 969 - 995 (zitiert: *K. Schmidt*, FS-Huber)

Schmidt, Karsten: Zur Binnenverfassung der GmbH & Co. KG – Wer ist Herr im Haus: die GmbH oder die Kommanditisten?, in: Festschrift für Volker Röhricht zum 65. Geburtstag, Gesellschaftsrecht, Rechnungslegung, Sportrecht, hrsg. von Georg Crezelius et al., Köln 2005, S. 511 - 540 (zitiert: *K. Schmidt*, FS-Röhricht)

Schmidt, Karsten: Ausschließungs- und Entziehungsklagen gegen den einzigen Komplementär, Regeln für den geordneten Staatsstreich in der Kommanditgesellschaft, in: ZGR 2004, S. 227 - 243

Schmidt, Karsten: Insolvenzabwicklung bei der Simultaninsolvenz der Gesellschaften in der GmbH & Co. KG, Nachtrag zu den Ausführungen in GmbHR 2002, 1209 ff. und Bemerkungen zum Beschluß des OLG Hamm v. 3.7.2003 – 15 W 375/02, GmbHR 2003, 1361, in: GmbHR 2003, S. 1404 - 1406

Schmidt, Karsten: Fünf Jahre „neues Handelsrecht“, Verdienste, Schwächen und Grenzen des Handelsrechtsreformgesetzes von 1998, in: JZ 2003, S. 585 - 597

Schmidt, Karsten: Gesellschaftsrecht, 4. Aufl., Köln et al. 2002 (zitiert: *K. Schmidt*, GesR)

Schmidt, Karsten: Insolvenz und Insolvenzabwicklung bei der typischen GmbH & Co. KG, Thesen und Fragen zur Verzahnung von Insolvenzverwaltung und -abwicklung bei der GmbH & Co. KG, in: GmbHR 2002, S. 1209 - 1217

Schmidt, Karsten: Alte Kündigungsklauseln und neue Kündigungsfolgen bei Personengesellschaften – Auslegungs- und Vertragsgestaltungsprobleme um § 131 HGB n. F., in: BB 2001, S. 1 - 6

Schmidt, Karsten: Handelsrecht, 5. Aufl., Köln et al. 1999 (zitiert: *K. Schmidt*, HandelsR)

Schmidt, Karsten: Das Handelsrechtsreformgesetz, in: NJW 1998, S. 2161 - 2169

Schmidt, Karsten: HGB-Reform und gesellschaftsrechtliche Gestaltungspraxis, in: DB 1998, S. 61 - 65

Schmidt, Karsten: HGB-Reform im Regierungsentwurf, in: ZIP 1997, S. 909 - 918

Schmidt, Karsten: Woher – wohin? ADHGB, HGB und die Besinnung auf den Kodifikationsgedanken, in: ZHR (161) 1997, S. 2 - 12

Schmidt, Karsten: Die Freiberufliche Partnerschaft, zum neuen Gesetz zur Schaffung von Partnerschaftsgesellschaften, in: NJW 1995, S. 1 - 7

Schmidt, Karsten: Zur Ablösung des Löschungsgesetzes, was ändert die Insolvenzrechtsreform für GmbH bzw. GmbH & Co.?, in: GmbHR 1994, S. 829 - 835

Schmidt, Karsten: Handelsrechtliche Erbenhaftung als Bestandteil des Unternehmensrechts, für ein neues Verständnis des § 27 HGB im Systemzusammenhang mit §§ 130, 139 HGB, in: ZHR 157 (1993), S. 600 - 620

Schmidt, Karsten: Gesellschaftsrecht, 2. Aufl., Köln et al. 1991 (zitiert: *K. Schmidt*, $GesR^2$)

Schmidt, Karsten: Anm. zu BGH, Urteil vom 10.12.1990 – II ZR 256/89, in: JZ 1991, S. 733 - 734

Schmidt, Karsten: Universalsukzession kraft Rechtsgeschäfts, Bewährungsproben eines zivilrechtsdogmatischen Rechtsinstituts im Unternehmensrecht, in: AcP 191 (1991), S. 495 - 525

Schmidt, Karsten: Fehlerhafte Verschmelzung und allgemeines Verbandsrecht – Eine Analyse nach geltendem und kommendem Recht –, in: ZGR 1991, S. 373 - 393

Schmidt, Karsten: Wege zum Insolvenzrecht der Unternehmen, Befunde, Kritik, Perspektiven, Köln 1990 (zitiert: *K. Schmidt*, Insolvenzrecht der Unternehmen)

Schmidt, Karsten: Zur kombinierten Nachfolge- und Umwandlungsklausel bei OHG- oder Komplementäranteilen, in: BB 1989, S. 1702 - 1709

Schmidt, Karsten: Kommanditisteneinlage und Haftsumme des Gesellschaftererben – Scheinprobleme, Probleme und Problemlösungen zu § 139 HGB –, in: ZGR 1989, S. 445 - 472

Schmidt, Karsten: Die Handels-Personengesellschaft in Liquidation, ein neues Bild des Liquidationsrechts der Gesamthandsgesellschaften, in: ZHR 153 (1989), S. 270 - 299

Schmidt, Karsten: Zur Haftung und Enthaftung der persönlich haftenden Gesellschafter bei Liquidation und Konkurs der Personengesellschaft, Korrekturen im Rechtsbild der §§ 128, 159, 160 HGB, in: ZHR 152 (1988), S. 105 - 122

Schmidt, Karsten: „Fehlerhafte Gesellschaft" und allgemeines Verbandsrecht – Grundlagen und Grenzen eines verbandsrechtlichen Instituts –, in: AcP 186 (1986), S. 421 - 452

Schmidt, Karsten: Insolvenzrisiko und gesellschaftsrechtliche Haftung – Die Unternehmensinsolvenz als Bewährungsprobe des Gesellschaftsrechts –, in: JZ 1985, S. 301 - 308

Schmidt, Karsten: Verbandszeck und Rechtsfähigkeit im Vereinsrecht, eine Studie über Erwerb und Verlust der Rechtsfähigkeit nichtwirtschaftlicher Vereine, Heidelberg, 1984 (zitiert: *K. Schmidt*, Verbandszweck)

Schmidt, Karsten: Gesellschaft bürgerlichen Rechts, welche Änderungen und Ergänzungen sind im Recht der BGB-Gesellschaft geboten?, in: Gutachten und Vorschläge zur Überarbeitung des Schuldrechts, Band 3, hrsg. vom Bundesminister der Justiz, Köln 1983, S. 413 - 569 (zitiert: *K. Schmidt*, Gutachten und Vorschläge zur Überarbeitung des Schuldrechts)

Schmidt, Karsten: Der bürgerlich-rechtliche Verein mit wirtschaftlicher Tätigkeit, in: AcP 1982 (1982), S. 1 - 59

Schmidt, Karsten: Zum Liquidationsrecht der GmbH & Co., in: GmbHR 1980, S. 261 - 266

Schmidt, Karsten: Löschungsgesetz und GmbH & Co., zugleich über die Auflösung der Komplementär-GmbH als Auflösungsgrund der KG, in: BB 1980, S. 1497 - 1501

Schmidt, Karsten: Geschäftsführungs- und Vertretungsbefugnis der Gesellschafter bei gesetzlicher Umwandlung einer Kommanditgesellschaft in eine BGB-Gesellschaft, in: BB 1973, S. 1612 - 1614

Schmidt, Karsten: Zur „Kaufmannfähigkeit" von Gesamthandsgemeinschaften, in: JZ 1973, S. 299 - 304

Schmidt, Karsten: Zur Stellung der oHG im System der Handelsgesellschaften, eine Untersuchung des gesellschaftsrechtlichen Grundsatzes der unbeschränkten Haftung, zugleich Diss. iur. (Bonn 1971/72), Bonn 1972 (zitiert: *K. Schmidt*, oHG)

Schmidt, Karsten/Schneider, Christian: Haftungserhaltende Gläubigerstrategien beim Ausscheiden von Gesellschaftern bei Unternehmensübertragung, Umwandlung und Auflösung, in: BB 2003, S. 1961 - 1971

Schmidt, Thorsten: Einmann-Personengesellschaften, zugleich Diss. iur. (Kiel 1997), Baden-Baden 1998 (zitiert: *T. Schmidt*, Einmann-Personengesellschaften)

Schmidt, Thorsten Ingo: Grundlagen des wissenschaftlichen Arbeitens, in: JuS 2003, S. 649 - 654

Schmitt, Joachim/Hörtnagl, Robert/Stratz, Rolf-Christian: Umwandlungsgesetz, Umwandlungssteuergesetz, 5. Aufl., München 2009 (zitiert: Schmitt/Hörtnagl/Stratz/*Bearbeiter*, UmwG)

Schmitt, Ralph: Der Entwurf eines Handelsrechtsreformgesetzes, in: WiB 1997, S. 1113 - 1125

Schmittmann, Jens M.: Besonderheiten bei der insolventen GmbH & Co. KG, in: ZInsO 2005, S. 1314 - 1316

Schneider, David: Singularia non sunt extendenda – Zur Analogiefähigkeit von Ausnahmevorschriften –, in: JA 2008, S. 174 - 177

Schnorbus, York: Gestaltungsfreiheit im Umwandlungsrecht, das Verhältnis des UmwG zu Strukturmaßnahmen außerhalb seines Anwendungsbereiches im System des deutschen und europäischen Umwandlungsrechts, zugleich Diss. iur. (Mainz 2000), Baden-Baden 2001 (zitiert: *Schnorbus*, Gestaltungsfreiheit im Umwandlungsrecht)

Schön, Wolfgang: Die vermögensverwaltende Personenhandelsgesellschaft – Ein Kind der HGB-Reform –, in: DB 1998, S. 1169 - 1177

Schöne, Torsten: Der unbekannte Kommanditist, in: Festschrift für Marcus Lutter zum 70. Geburtstag, deutsches und europäisches Gesellschafts-, Konzern- und Kapitalmarktrecht, hrsg. von Uwe H. Schneider et al., Köln 2000, S. 905 - 919 (zitiert: *Schöne*, FS-Lutter)

Scholz, Franz: Kommentar zum GmbH-Gesetz mit Anhang Konzernrecht, Band 1, §§ 1 - 34, Anh. § 13 Konzernrecht, Anh. § 34 Austritt und Ausschließung eines Gesellschafters, 10. Aufl., Köln 2006; Band 3, §§ 53 - 85, Nachtrag MoMiG, §§ 1 - 4 EGGmbHG, 10. Aufl., Köln 2010 (zitiert: Scholz/*Bearbeiter*, GmbHG)

Scholz, Franz: Die Rechtssicherheit, Berlin 1955 (zitiert: *F. Scholz*, Rechtssicherheit)

Scholz, Kai-Steffen: Akzessorietätstheorie und Formwechsel, in: NZG 2002, S. 414 - 415

Scholz, Michael: Die Haftung im Gründungsstadium der GmbH, zugleich Diss. iur. (Tübingen 1978), Königstein 1979 (zitiert: *M. Scholz*, Haftung im GmbH-Gründungsstadium)

Schöpflin, Martin: Der nichtrechtsfähige Verein, zugleich Habilitationsschrift (Marburg 2001), Köln et al. 2003 (zitiert: *Schöpflin*, Nichtrechtsfähiger Verein)

Schörnig, Michael: Die Bedeutung des § 139 HGB bei der Gesellschafternachfolge, in: ZEV 2001, S. 129 - 136

Schröder, Albert: Die Einmann-Vorgesellschaft, Rechtsträgerschaft und Gläubigerschutz, zugleich Diss. iur. (Köln 1989), Baden-Baden 1990 (zitiert: *A. Schröder*, Einmann-Vorgesellschaft)

Schröder, Wolfram: Der geschäftsleitende Kommanditist und seine Haftung, ein Beitrag zu den Grenzen gesellschaftlicher Vertragsfreiheit, Diss. iur. (Kiel 1969) (zitiert: *W. Schröder*, Geschäftsleitender Kommanditist)

Schünemann, Wolfgang B.: Grundprobleme der Gesamthandsgesellschaft unter besonderer Berücksichtigung des Vollstreckungsrechts, zugleich Diss. iur. (Frankfurt a.M. 1974), Bielefeld 1975 (zitiert: *Schünemann*, Gesamthandsgesellschaft)

Schultze-v. Lasaulx, Hermann: Die unechte Vorgesellschaft, in: JZ 1952, S. 390 - 395

Schulze, Erich: Mitgliedsausschluß aus einem wirtschaftlichen Verein am Beispiel der GEMA, in: NJW 1991, S. 3264 - 3265

Schulze-Osterloh, Joachim: Das Prinzip der gesamthänderischen Bindung, zugleich Habilitationsschrift (Hamburg 1971), München 1972 (zitiert: *Schulze-Osterloh*, Prinzip der gesamthänderischen Bindung)

Schumacher, Silvia: Handelsrechtsreformgesetz (HRefG), Einführung und Praxishinweise, Gesetzestext und -materialien, synoptische Gegenüberstellung der wichtigsten geänderten HGB-Normen, Herne, Berlin 1998 (zitiert: *Schumacher*, HRefG)

Schwarz, Günter Christian: Offene Fragen bei der sogenannten unechten Vor-GmbH, in: ZIP 1996, S. 2005 - 2008

Schwerdtfeger, Armin (Hrsg.): Fachanwaltskommentar Gesellschaftsrecht, 2. Aufl., Köln 2010 (zitiert: FaK GesR/*Bearbeiter*)

Schwintowski, Hans-Peter: Das Konzept des deutschen Gesellschaftsrechts – Funktionen, Entwicklung, offene Fragen –, in: JA 1993, S. 97 - 104

Schwintowski, Hans-Peter: Grenzen der Anerkennung fehlerhafter Gesellschaften, in: NJW 1988, S. 937 - 942

Seeger, Marc: Das Ausscheiden des einzigen Komplementärs, zugleich Diss. iur. (Mannheim 2010), Baden-Baden 2010 (zitiert: *Seeger*, Komplementärausscheiden)

Seibert, Konrad: Die Haftung wegen Vermögensübernahme (§ 419 BGB) und Sicherungsrechte, Diss. iur. (Frankfurt a.M. 1987) (zitiert: *K. Seibert*, Haftung wegen Vermögensübernahme)

Seibert, Ulrich: Die Entwicklung des Personengesellschaftsrechts in der Gesetzgebung, in: Die Reform des Handelsstandes und der Personengesellschaften, Fachtagung der Bayer-Stiftung für deutsches und internationales Arbeits- und Wirtschaftsrecht am 30. Oktober 1998 mit Beiträgen von Meinrad Dreher, Erich Schaefer, Wulf-Henning Roth, Doris Möller, Mathias Habersack, Barbara Dauner-Lieb, Ulrich Seibert, Peter Krebs und Holger Fleischer, München 1999, S. 119 - 127 (zitiert: *U. Seibert*, Reform des Handelsstandes und der Personengesellschaften)

Seibt, Christoph H.: Gesamtrechtsnachfolge beim gestalteten Ausscheiden von Gesellschaftern aus Personengesellschaften: Grundfragen des Gesellschafter-, Gläubiger- und Arbeitnehmerschutzes, in: Festschrift für Volker Röhricht zum 65. Geburtstag, Gesellschaftsrecht, Rechnungslegung, Sportrecht, hrsg. von Georg Crezelius et al., Köln 2005, S. 603 - 632 (zitiert: *Seibt*, FS-Röhricht)

Seifert, Fedor: Postmortaler Schutz des Persönlichkeitsrechts und Schadensersatz – Zugleich ein Streifzug durch die Geschichte des allgemeinen Persönlichkeitsrechts, in: NJW 1999, S. 1889 - 1897

Semler, Johannes (Hrsg.)/*Stengel, Arndt* (Hrsg.): Umwandlungsgesetz mit Spruchverfahrensgesetz, 3. Aufl., München 2012 (zitiert: Semler/Stengel/*Bearbeiter*, UmwG)

Servatius, Wolfgang: Der Anfang vom Ende der unechten Vorgesellschaft? – Zur Anwendbarkeit von § 28 HGB bei der Gründung von Kapitalgesellschaften, in: NJW 2001, S. 1696 - 1699

Sethe, Rolf: Die Wirkung und dogmatische Einordnung von Fortsetzungs- und Nachfolgeklauseln im Lichte der HGB-Reform, in: JZ 1997, S. 989 - 995

Siebert, Wolfgang: Die „faktische" Gesellschaft, ein rechtsvergleichender Beitrag zur Systematik des Rechts der Handelsgesellschaften und der Gesellschaft des bürgerlichen Gesetzbuchs, in: Festschrift Justus Wilhelm Hedemann zum sechzigsten Geburtstag am 24. April 1938, hrsg. von George Anton Löning et al., Jena 1938, S. 266 - 289 (zitiert: *Siebert*, FS-Hedemann)

Siegmann, Matthias: Personengesellschaftsanteil und Erbrecht, eine Beitrag zu Grundlagen und Einzelfragen des Rechts der Anteilsvererbung, zugleich Diss. iur. (Freiburg 1991), Berlin 1992 (zitiert: *Siegmann*, Personengesellschaftsanteil)

Sieveking, Arnold: Keine Mehrfachbeteiligung an Personengesellschaften, in: Festschrift für Helmut Schippel zum 65. Geburtstag, hrsg. von der Bundesnotarkammer, München 1996, S. 505 - 518 (zitiert: *Sieveking*, FS-Schippel)

Simitis, Spiros: Die faktischen Vertragsverhältnisse als Ausdruck der gewandelten sozialen Funktion der Rechtsinstitute des Privatrechts, zugleich Diss. iur. (Marburg 1956), Frankfurt a.M. 1957 (zitiert: *Simitis*, Faktische Vertragsverhältnisse)

Simon, Peter: Nochmals: „Umwandlung" der GmbH & Co. GbR mbH in eine KG, in: DStR 2000, S. 578 - 580

Söring, Kai: Die Zulässigkeit der Mehrfachbeteiligung an einer Personengesellschaft, zugleich Diss. iur. (Bonn 1997), Frankfurt a.M. et al. 1997 (zitiert: *Söring*, Mehrfachbeteiligung an einer Personengesellschaft)

Spliedt, Jürgen D.: Die Kündigungs- und Abfindungsrechte des Personengesellschafters und die Zulässigkeit ihrer Beschränkungen durch gesellschaftsvertragliche Vereinbarungen – zugleich ein Beitrag zum Minderheitenschutz, zugleich Diss. iur. (Hohenheim 1989), Frankfurt a.M. et al. 1990 (zitiert: *Spliedt*, Kündigungs- und Abfindungsrechte)

Staub, Hermann: Handelsgesetzbuch Großkommentar, Band 3, §§ 105 - 160, 5. Aufl., Berlin 2009 (zitiert: Staub/*Bearbeiter*, HGB)

Staub, Hermann: Handelsgesetzbuch Großkommentar, Band 2, §§ 105 - 237, 4. Aufl., Berlin 2004 (zitiert: Staub/*Bearbeiter*, HGB^4)

Staub, Hermann: Handelsgesetzbuch Großkommentar, Zweiter Band, 1. Halbband, §§ 105 - 144, 3. Aufl., Berlin, New York 1973 (zitiert: Staub/*Bearbeiter*, HGB^3)

Steding, Rolf: Das Gesellschaftsrecht der EU zwischen Erwartung und Enttäuschung, in: NZG 2000, S. 913 - 918

Steding, Rolf: Verstärkung der Atypizität – Entwicklungstrend des typisierten Gesellschaftsrechts? – Gedanken zur Architektur des Gesellschaftsrechts –, in: NZG 2000, S. 182 – 185

Steding, Rolf: Gesellschaftsrecht, Grundzüge, 1. Aufl., Baden-Baden 1997 (zitiert: *Steding*, GesR^1)

Steinbeck, Anja: Zur „Einheitlichkeit" der Mitgliedschaft in einer Personengesellschaft, in: DB 1995, S. 761 - 765

Stelkens, Paul/Bonk, Heinz Joachim/Sachs, Michael: Verwaltungsverfahrensgesetz, 7. Aufl., München 2008 (zitiert: Stelkens/Bonk/Sachs/*Bearbeiter*, VwVfG)

Stenzel, Igor: Die Pflicht zur Bildung einer gesetzlichen Rücklage bei der UG (haftungsbeschränkt) und die Folgen für die Wirksamkeit des

Gesellschaftsvertrags einer UG (haftungsbeschränkt) & Co. KG, in: NZG 2009, S. 168 - 172

Stimpel, Walter: Der Gesellschafter als Vorerbe des verstorbenen einzigen Mitgesellschafters einer offenen Handelsgesellschaft – Grundzüge eines dafür geltenden Vor- und Nacherbschaftsrechts – in: Festschrift für Heinz Rowedder zum 75. Geburtstag, hrsg. von Gerd Pfeiffer et al., München 1994, S. 477 - 502 (zitiert: *Stimpel*, FS-Rowedder)

Stimpel, Walter: Unbeschränkte oder beschränkte, Außen- oder Innenhaftung der Gesellschafter der Vor-GmbH?, in: Festschrift für Hans-Joachim Fleck zum 70. Geburtstag am 30. Januar 1988, hrsg. von Reinhard Goerdeler et al., Berlin/New York 1988, S. 345 - 364 (zitiert: *Stimpel,* FS-Fleck)

Stimpel, Walter: Aus der jüngeren Rechtsprechung des Bundesgerichtshofes zum Gesellschaftsrecht, in: ZGR 1973, S. 73 - 104

Stoll, Heinrich: Gegenwärtige Lage der Vereine ohne Rechtsfähigkeit (Rückblick und Ausblick), in: Die Reichsgerichtspraxis im deutschen Rechtsleben, Festgabe der juristischen Fakultäten zum 50jährigen Bestehen des Reichsgerichts (1. Oktober 1929) in 6 Bänden, Zweiter Band Zivil- und Handelsrecht, hrsg. von Otto Schreiber, Berlin und Leipzig 1929, S. 49 - 81 (zitiert: *Stoll*, FG-Reichsgericht)

Straube, Manfred (Hrsg.): Kommentar zum Handelsgesetzbuch mit einschlägigen Rechtsvorschriften in zwei Bänden, Band 1: §§ 1 - 188, §§ 343 - 453, 2. Aufl., Wien 1995 (zitiert: Straube/*Bearbeiter*, HGB^2)

Sudhoff, Heinrich: Personengesellschaften, 8. Aufl., München 2005 (zitiert: Sudhoff/*Bearbeiter*, PersGes)

Sudhoff, Heinrich: GmbH & Co. KG, 6. Aufl., München 2005 (zitiert: Sudhoff/*Bearbeiter*, GmbH & Co. KG)

Sudhoff, Heinrich: Die bürgerlich-rechtliche Gesellschaft im Risikobereich, in: DB 1979, S. 437 - 440

Technau, Konstantin: Das Anwachsungsmodell zur Umwandlung von Personen- in Kapitalgesellschaften, zugleich Diss. iur. (Berlin 1999), Frankfurt a.M. et al. 2001 (zitiert: *Technau*, Anwachsungsmodell)

Teichmann, Arndt: Gestaltungsfreiheit in Gesellschaftsverträgen, zugleich Habilitationsschrift (Göttingen 1969), München 1970 (zitiert: *Teichmann*, Gestaltungsfreiheit)

Theobald, Wolfgang: Vor-GmbH und Gründerhaftung, zugleich Diss. iur. (Gießen 1983), Köln et al. 1984 (zitiert: *Theobald*, Vor-GmbH und Gründerhaftung)

Thielemann, Michael: Gesellschaftsrecht, Band 1: Personengesellschaften, Bonn 2005 (zitiert: *Thielemann*, GesR, Bd. 1)

Thünnesen, Dieter: Gesetzliche und vertragliche Kündigungsbeschränkungen bei der GdbR, OHG und KG, zugleich Diss. iur. (Darmstadt 1988), Darmstadt 1988 (zitiert: *Thünnesen*, Kündigungsbeschränkungen)

Tielmann, Jörgen: Die Vor- und Nacherbschaft als langfristige erbrechtliche Nachfolgeregelung eines persönlich haftenden Gesellschafters, Diss. iur. Göttingen 2001 (zitiert: *Tielmann*, Vor- und Nacherbschaft)

Tillmann, Bert: Ausschluß des Gesellschafters einer GmbH & Co. KG wegen Überschreitens der Geschäftsführungsbefugnis, in: DB 1974, S. 1705 - 1710

Timmann, Jan: Vor- und Nacherbschaft innerhalb der zweigliedrigen OHG oder KG, zugleich Diss. iur. (Heidelberg 1999), Heidelberg 2000 (zitiert: *Timmann*, Vor- und Nacherbschaft)

Tuhr, Andreas v.: Der Allgemeine Teil des Deutschen Bürgerlichen Rechts, Band 1, Allgemeine Lehren und Personenrecht, unveränderter Nachdruck der 1910 erschienen ersten Aufl., Berlin 1957 (zitiert: *v. Tuhr*, BGB AT)

Uhlenbruck, Wilhelm/Hirte, Heribert/Vallender, Heinz (Hrsg.): Insolvenzordnung Kommentar, 13. Aufl., München 2010 (zitiert: Uhlenbruck/*Bearbeiter*, InsO)

Ulmer, Peter: Die vertragliche Beschränkung des Austrittsrechts und der Abfindungsansprüche ausscheidenswilliger Gesellschafter in der großen, generationsübergreifenden Familien-KG, in: ZIP 2010, S. 805 - 816

Ulmer, Peter: Gesetz betreffend die Gesellschaften mit beschränkter Haftung (GmbHG), Großkommentar, Band 1, Einleitung, §§ 1 - 28, hrsg. von Peter Ulmer et al., Tübingen 2005 (zitiert: Ulmer/*Bearbeiter*, GmbHG)

Ulmer, Peter: Die Haftungsverfassung der BGB-Gesellschaft, Stand und Perspektiven im Lichte neuer BGH-Urteile, in: ZIP 2003, S. 1113 - 1122

Ulmer, Peter: Die Einheitlichkeit der Mitgliedschaft in einer Personengesellschaft – ein überholtes Dogma?, in: ZHR 167 (2003), S. 103 - 116

Ulmer, Peter: Gesellschafterhaftung in der Gesellschaft bürgerlichen Rechts: Durchbruch der Akzessorietätstheorie?, in: ZIP 1999, S. 554 - 565

Ulmer, Peter: Hundert Jahre Personengesellschaftsrecht: Rechtsfortbildung bei OHG und KG, in: ZHR 161 (1997), S. 102 - 132

Ulmer, Peter: Zur Haftungsverfassung in der Vor-GmbH, Erwiderung auf Karsten Schmidt, ZIP 1996, 353 und ZIP 1996, 593, in: ZIP 1996, S. 733 - 739

Ulmer, Peter: Testamentsvollstreckung am Kommanditanteil – Voraussetzungen und Rechtsfolgen, in: NJW 1990, S. 73 - 83

Ulmer, Peter: Die Lehre von der fehlerhaften Gesellschaft – gesicherter Bestand des Gesellschaftsrechts oder methodischer Irrweg?, in: Festschrift für Werner Flume zum 70. Geburtstag, 12. September

1978, Band 2, hrsg. von Horst Heinrich Jakobs et al., Köln 1978, S. 301 - 321 (zitiert: *Ulmer*, FS-Flume, Bd. 2)

Veil, Rüdiger: Die Unternehmergesellschaft nach dem Regierungsentwurf des MoMiG, Regelungsmodell und Praxistauglichkeit, in: GmbHR 2007, S. 1080 - 1086

Veismann, Josef: Anm. zu OLG Frankfurt a.M., Beschluss vom 24.5.1971 – 6 W 158/71, in: BB 1971, S. 975 - 976

Voigt, Daniel: Fortsetzung der KG unter Einschluss des insolventen Kommanditisten?, in: NZG 2007, S. 695 - 698

Vossius, Oliver/Wachter, Thomas: BB-Forum: Entwurf eines GmbH-Reformgesetzes, in: BB 2005, S. 2539 - 2540

Wagner, Klaus: Gesellschaftsrecht, Göttingen 1970 (zitiert: *Wagner*, GesR)

Weber, Dolf/Jacob, Ulrich: Zum Referentenentwurf des Handelsrechtsreformgesetzes, in: ZRP 1997, S. 152 - 156

Weber, Hansjörg: Zur Lehre von der fehlerhaften Gesellschaft, Berlin 1978 (zitiert: *H. Weber*, Lehre von der fehlerhaften Gesellschaft)

Weimar, Robert: Einmann-Personengesellschaften – ein neuer Typ des Gesellschaftsrechts?, in: ZIP 1997, S. 1769 – 1778

Weippert, Walter: Die Umwandlung der offenen Handelsgesellschaft in die bürgerlich-rechtliche Gesellschaft, Diss. iur. (Würzburg 1966) (zitiert: *Weippert*, Umwandlung)

Wellmann, Carl R.: Die Kommanditgesellschaft mit beschränkter Haftung, in: BB 1976, S. 254 - 255

Wenninger, Josef: Personengesellschaften mit körperschaftlichen Strukturelementen, Diss. iur. (Köln 1969) (zitiert: *Wenninger*, Personengesellschaften)

Werra, Matthias: Zum Stand der Diskussion um die Selbstorganschaft, die Einflußnahme von Nichtgesellschaftern und Kommanditisten auf die Geschäftsführung und Vertretung von Personengesellschaften, zugleich Diss. iur. (Münster 1990), Berlin 1991 (zitiert: *Werra*, Selbstorganschaft)

Wertenbruch, Johannes: Die Rechtsprechung zum Personengesellschaftsrecht in den Jahren 2003 bis 2005, in: NZG 2006, S. 408 - 421

Wertenbruch, Johannes: Die organschaftliche Vertretung der GbR, in: NZG 2005, S. 462 - 464

Wessel, Hanns Heinz: Ist unser Firmenrecht reformbedürftig?, in: BB 1969, S. 885 - 890

Westermann, Harm Peter: Die zweigliedrige Personengesellschaft in der Krise, in: Festschrift für Volker Röhricht zum 65. Geburtstag, Gesellschaftsrecht, Rechnungslegung, Sportrecht, hrsg. von Georg Crezelius et al., Köln 2005, S. 655 - 674 (zitiert: *H. P. Westermann*, FS-Röhricht)

Westermann, Harm Peter: Die grundsätzliche Bedeutung des Grundsatzes der Selbstorganschaft im Personengesellschaftsrecht, in: Festschrift für Marcus Lutter zum 70. Geburtstag, deutsches und europäisches Gesellschafts-, Konzern- und Kapitalmarktrecht, hrsg. von Uwe H. Schneider et al., Köln 2000, S. 955 - 972 (zitiert: *H. P. Westermann*, FS-Lutter)

Westermann, Harm Peter: Gläubigerschutz bei der Neuordnung der GmbH, Fesseln oder Heilmittel für eine Rechtsform?, Tübingen 1971 (zitiert: *H. P. Westermann*, Gläubigerschutz)

Westermann, Harm Peter: Vertragsfreiheit und Typengesetzlichkeit im Recht der Personengesellschaften, zugleich Habilitationsschrift (Köln 1969), Berlin et al. 1970 (zitiert: *H. P. Westermann*, Vertragsfreiheit)

Westermann, Harm Peter (Hrsg.)/*Wertenbruch, Johannes* (Hrsg.): Handbuch der Personengesellschaften, Gesellschaftsrecht, Steuerrecht, Arbeitsrecht, Sozialversicherungsrecht, Verträge und Formulare, Band 1, Lieferungen 1 - 53, Köln 2012 (zitiert: HdbPersGes/*Bearbeiter*, ... [Stand])

Westermann, Harry: Gedanken zur Methode der richterlichen Rechtsfortbildung, in: Festschrift für Karl Larenz zum 80. Geburtstag am 23. April 1983, hrsg. von Claus-Wilhelm Canaris und Uwe Diederichsen, München 1983, S. 723 - 738 zitiert: *H. Westermann*, FS-Larenz)

Westermann, Harry: Gedanken zum Unternehmensschutz im Recht der Personenhandelsgesellschaft, in: Entwicklungstendenzen im Wirtschafts- und Unternehmensrecht, Festschrift für Horst Bartholomeyczik zum 70. Geburtstag, hrsg. von Wolfgang Harms et al., Berlin 1973, S. 395 - 414 (zitiert: *H. Westermann*, FS-Bartholomeyczik)

Wetter, Peter: Die Kommanditgesellschaft mit beschränkter Haftung (KGmbH), ein Vorschlag de lege ferenda, in: BB 1969, S. 342

Wetter, Peter: Brauchen wir eine „Kommanditgesellschaft mit beschränkter Haftung“?, in: BB 1968, S. 734 - 735

Wicke, Hartmut: Gesetz betreffend die Gesellschaften mit beschränkter Haftung (GmbHG), Kommentar, 2. Aufl., München 2011 (zitiert: *Wicke*, GmbHG)

Wiedemann, Herbert: Gesellschaftsrecht, ein Lehrbuch des Unternehmens- und Verbandsrechts, Band 2, Recht der Personengesellschaften, München 2004 (zitiert: *Wiedemann*, GesR, Bd. 2)

Wiedemann, Herbert: Die Personenunabhängigkeit der Personengesellschaft, in: Gedächtnisschrift für Alexander Lüderitz, hrsg. von Haimo Schack, München 2000, S. 839 - 860 (zitiert: *Wiedemann*, GS-Lüderitz)

Wiedemann, Herbert: Identität beim Rechtsformwechsel, in: ZGR 1999, S. 568 - 582

Wiedemann, Herbert: Zum Stand der Vererbungslehre in der Personengesellschaft, in: Festschrift für Bernhard Großfeld zum 65. Geburtstag, hrsg. von Ulrich Hübner und Werner F. Ebke, Heidelberg 1999, S. 1309 - 1327 (zitiert: *Wiedemann*, FS-Großfeld)

Wiedemann, Herbert: Anteilsumwandlung und Mehrfachbeteiligung in der Personengesellschaft, in: Festschrift für Wolfgang Zöllner zum 70. Geburtstag, Band 1, hrsg. von Manfred Lieb et al., Köln et al. 1998, S. 635 - 650 (zitiert: *Wiedemann*, FS-Zöllner, Bd. 1)

Wiedemann, Herbert: Erfahrungen mit der Gestaltungsfreiheit im Gesellschaftsrecht, in: ZGR Sonderheft 13, Gestaltungsfreiheit im Gesellschaftsrecht, hrsg. von Marcus Lutter und Herbert Wiedemann, Berlin und New York 1997, S. 5 - 32 (zitiert: *Wiedemann*, ZGR-Sonderheft)

Wiedemann, Herbert: Gesellschaftsrecht, ein Lehrbuch des Unternehmens- und Verbandsrechts, Band 1, Grundlagen, München 1980 (zitiert: *Wiedemann*, GesR, Bd. 1)

Wiedemann, Herbert: Beschränkte und unbeschränkte Kommanditistenhaftung, in: Recht und Wirtschaft in Geschichte und Gegenwart, Festschrift für Johannes Bärmann zum 70. Geburtstag, hrsg. von Marcus Lutter et al., München 1975, S. 1037 - 1056 (zitiert: *Wiedemann*, FS-Bärmann)

Wiedemann, Herbert: Die Legitimationswirkung von Willenserklärungen im Recht der Personengesellschaften, in: Festschrift für Harry Westermann zum 65. Geburtstag, hrsg. von Wolfgang Hefermehl et al., Karlsruhe 1974, S. 585 - 601 (zitiert: *Wiedemann*, FS-H. Westermann)

Wiedemann, Herbert: Unternehmensrecht und GmbH-Reform, in: JZ 1970, S. 593 - 602

Wiedemann, Herbert: Anm. zu BGH, Urteil vom 9.12.1968 – II ZR 22/67, in: JZ 1969, S. 470 - 472

Wiedemann, Herbert: Die Übertragung und Vererbung von Mitgliedschaftsrechten bei Handelsgesellschaften, zugleich Habilitationsschrift (München 1963), München 1965 (zitiert: *Wiedemann*, Übertragung und Vererbung von Mitgliedschaftsrechten)

Wiedemann, Herbert/Kleppe, Martin: Anm. zu BGH, Urteil vom 16.12.1999 – VII ZR 53/97, in: EWiR § 131 HGB 1/2000, S. 825 - 826

Wiese, Ulrich: Die Scheinhandelsgesellschaft und die fehlerhafte Gesellschaft nach Neufassung des § 15 HGB, Diss. iur. (Münster 1978) (zitiert: *Wiese*, Scheinhandelsgesellschaft)

Wiesner, Georg: Die Lehre von der fehlerhaften Gesellschaft, zugleich Diss. iur. (Heidelberg 1979/80), Heidelberg 1980 (zitiert: *Wiesner*, Fehlerhafte Gesellschaft)

Wilhelm, Gerhard A.: Die Problematik der Massen-KG insbesondere die Probleme bei Überprüfung, Auslegung und Ergänzung der Gesellschaftsverträge, Diss. iur. (Tübingen 1980) (zitiert: *G. Wilhelm*, Massen-KG)

Wilhelm, Jan: Anm. zu BGH, Urteil vom 16.12.1999 – VII ZR 53/97, in: LM ZPO § 239 Nr. 14 (6/2000), Bl. 1082 - 1083

Wimpfheimer, Heinrich: Die Gesellschaften des Handelsrechts und des bürgerlichen Rechts im Stadium der Liquidation, München 1908 (zitiert: *Wimpfheimer*, Gesellschaften im Stadium der Liquidation)

Windbichler, Christine: Gesellschaftsrecht, ein Studienbuch, 22. Aufl., München 2009 (zitiert: *Windbichler*, GesR)

Wirbel, Bernd: Der Gesellschafter einer zweigliedrigen OHG als Vorerbe seines Partners, zugleich ein Beitrag zum Grundsatz der Einheitlichkeit der Mitgliedschaft im Personengesellschaftsrecht, zugleich Diss. iur. (Tübingen 2001), Baden-Baden 2002 (zitiert: *Wirbel*, Gesellschafter als Vorerbe)

Würdinger, Hans: Zur Publizität der GmbH im nationalen und europäischen Vergleich, in: GmbHR 1964, S. 151 - 157

Würdinger, Markus/Bergmeister, Felix: Analogie und Umkehrschluss, in: Jura 2007, S. 15 - 24

Würdinger, Markus: Die Analogiefähigkeit von Normen, eine methodologische Untersuchung über Ausnahmevorschriften und deklaratorische Normen, in: AcP 206 (2006), S. 946 - 979

Wüst, Günther: Ausbaubedürfnisse im Gesellschaftsrecht, in: JZ 1989, S. 270 - 278

Wüst, Günther: Gestaltungsfreiheit und Typenkatalog im Gesellschaftsrecht, in: Festschrift für Konrad Duden zum 70. Geburtstag, hrsg. von H.-M. Pawlowski et al., München 1977, S. 749 - 771 (zitiert: *Wüst*, FS-Duden)

Wygold, Klaus: Die Gesamtrechtsnachfolge bei der Umwandlung von Gesellschaften, Diss. iur. (Münster 1958) (zitiert: *Wygold*, Gesamtrechtsnachfolge)

Zattler, Marc: Verzahnung der Gesellschaftsverträge in der echten GmbH & Co. KG, Diss. iur. (Regensburg 2005) (zitiert: *Zattler*, Gesellschaftsverträge in GmbH & Co. KG)

Zielinski, Gustav: Grundtypvermischungen und Handelsgesellschaftsrecht, der Eintritt von Kapitalgenossenschaften in Personalgesellschaften, seine wirtschaftliche Bedeutung und rechtliche Zulässigkeit, zugleich Diss. iur. (Halle 1925), Marburg 1925 (zitiert: *Zielinski*, Grundtypvermischungen)

Zimmermann, Martin: Anm. zu BGH, Urteil vom 15.03.2004 – II ZR 247/01, in: WuB II G. § 131 HGB 1.04, S. 686

Zinn, Philip-André: Abschied vom Grundsatz der Selbstorganschaft bei Personengesellschaften? Umgehung durch Gestaltung und ihre Bedeutung für die Zulässigkeit einer sogenannten Drittorganschaft, zugleich Diss. iur. (Mainz 1997), Frankfurt a.M. et al. 1998 (zitiert: *Zinn*, Selbstorganschaft bei Personengesellschaften)

Zöllner, Wolfgang: Bemerkungen zu allgemeinen Fragen des Referentenentwurfs eines Umwandlungsgesetzes, in: ZGR 1993, S. 334 - 342

Zürbig, Wolf Hendrik: Der Formwechsel einer Personengesellschaft in eine Kapitalgesellschaft, zugleich Diss. iur. (Münster 1999), Frankfurt a.M. et al. 1999 (zitiert: *Zürbig*, Formwechsel)

Abkürzungsverzeichnis

a.F.	alte Fassung
al.	alii; aliae; alia
Aufl.	Auflage
Az.	Aktenzeichen
Bl.	Blatt
Bsp.	Beispiel
bspw.	beispielsweise
bzgl.	bezüglich
d.h.	das heißt
dems.	demselben
dens.	denselben
ders.	derselbe
dies.	dieselbe
EFG	Entscheidungen der Finanzgerichte (Zeitschrift)
Einf	Einführung
Einl	Einleitung
FB	Formularbuch
Hbbd.	Halbband
Hdb.	Handbuch
HRefG	Handelsrechtsreformgesetz
Hrsg.	Herausgeber
hrsg.	herausgegeben
i.d.S.	in diesem Sinne
i.L.	in Liquidation
i.S.d.	im Sinne des; im Sinne der
i.V.m.	in Verbindung mit
Kap.	Kapitel
Lfg.	Lieferung
li.	links; linker; linke
m.v.w.N.	mit vielen weiteren Nachweisen
m.w.N.	mit weiteren Nachweisen
N.N.	nomen nominandum
S.	Seite; Satz
Sp.	Spalte
st. Rspr.	ständige Rechtsprechung

Überbl	Überblick
v.	von; vom
vgl.	vergleiche
Vorbem	Vorbemerkungen
z.B.	zum Beispiel

Hinsichtlich der verwendeten Abkürzungen sei im Übrigen verwiesen auf:

Kirchner, Hildebert/Pannier, Dietrich, Abkürzungsverzeichnis der Rechtssprache, 6. Aufl., Berlin 2008

Einleitung

Das ersatzlose Ausscheiden des einzigen Komplementärs aus der KG bedeutet, dass nur die Kommanditisten in der Gesellschaft verbleiben. Es stellt sich die Frage, welche Folgen dieses Ausscheiden für die Gesellschaft hat. Denn schließlich zeichnet sich die KG nach § 161 Abs. 1 HGB durch die Mitgliedschaften mindestens je eines Komplementärs und Kommanditisten aus.

Das Ausscheiden, verstanden als Ende der Mitgliedschaft in der Gesellschaft, kann verschiedene Gründe haben. Deshalb ist zunächst auf die einzelnen Tatbestände des Ausscheidens einzugehen. Sodann ist zu erörtern, welche Rechtsfolgen sich aus dem Fortfall eines Merkmals einer Gesellschaftsform ergeben und was gilt, wenn einer von zwei Gesellschaftern die Gesellschaft verlässt. Anhand dieser Grundlagen soll der Fall des Ausscheidens des einzigen Komplementärs aus der KG untersucht werden, wobei wiederum zwischen der zwei- und der mehrgliedrigen KG zu differenzieren ist.[1]

Besondere Bedeutung hat hierbei die Frage, wer durch das Ausscheiden in seinen Interessen berührt sein kann. So will der Gesellschafter mit seinem gewillkürten Ausscheiden erreichen, die Bindung zur Gesellschaft und zu seinen Mitgesellschaftern zu lösen. Zudem berührt das Ausscheiden die Interessen der verbleibenden Kommanditisten und der Gesellschaftsgläubiger. Denn den Kommanditisten wird es darauf ankommen, dass ihre Haftung für die Verbindlichkeiten der Gesellschaft, die summenmäßig auf die im Handelsregister festgeschriebene Haftsumme beschränkt ist, nicht erhöht wird. Dagegen sind die Gesellschaftsgläubiger daran interessiert, dass ihnen zur Durchsetzung ihrer Forderungen das gesamte Privatvermögen zumindest eines Gesellschafters zur Verfügung steht. Im Falle des Todes des Komplementärs treten die Interessen des Erben hinzu. Dieser möchte auf den ihm zufallenden Abfindungsanspruch zugreifen oder im Falle einer Nachfolge in die Gesellschaft anders als der Erblasser womöglich nur Kommanditist sein. Schließlich können die Interessen des Insolvenz- oder Privatgläubigers des Komplementärs berührt sein. So kann dieser Gläubiger das Aus-

---

1 Die KG ist zweigliedrig, wenn sie aus je einem Komplementär und einem Kommanditisten besteht. Bei mehr als zwei Gesellschaftern ist sie mehrgliedrig, wobei die KG vorliegend – wegen der Besonderheit des einzigen Komplementärs – wenigstens zwei Kommanditisten umfasst.

scheiden herbeiführen, um sich aus dem dadurch entstehenden Abfindungsanspruch zu befriedigen. Die Vielzahl von zum Teil divergierenden Interessen bereitet Konfliktpotential. Ziel dieser Arbeit ist der Vorschlag einer Lösung, die diese Interessen in allseits gerechter Weise berücksichtigt.

Erstes Kapitel Grundlagen

Das Ausscheiden des einzigen Komplementärs aus der KG bedeutet einerseits das Ausscheiden eines Gesellschafters aus einer Gesellschaft und andererseits den Wegfall eines Merkmals nach § 161 Abs. 1 HGB. Es sind daher die Tatbestände des Ausscheidens eines Gesellschafters aus der Personengesellschaft sowie des Wegfalls eines ihrer Merkmale zu untersuchen. Dabei ist von besonderem Interesse, welche Rechtsfolgen sich hieraus ergeben.

1 Gründe für das Ausscheiden eines Komplementärs

1.1 Ausscheidensgründe nach § 131 Abs. 3 HGB

§ 131 Abs. 3 HGB enthält einen Katalog an Gründen, die zum Ausscheiden von Gesellschaftern führen. Wie sich aus dem Wortlaut von § 131 Abs. 3, S. 1 HGB ergibt, gestattet die Vorschrift den Gesellschaftern, an das Eintreten der genannten Ereignisse durch eine abweichende gesellschaftsvertragliche Bestimmung andere Rechtsfolgen als das Ausscheiden zu knüpfen. § 131 Abs. 3 HGB ist daher jedenfalls teilweise dispositives Recht. So kann der Gesellschaftsvertrag die Auflösung der Gesellschaft als Rechtsfolge vorsehen oder aber den Eintritt des nach dem Gesetz zum Ausscheiden führenden Ereignisses für folgenlos erklären.[2] Letzteres ist jedoch, wie zu zeigen sein wird, nicht bei sämtlichen Ausscheidensgründen zulässig.

1.1.1 Geltung des § 131 Abs. 3 HGB für die KG

Die handelsgesetzlichen Ausscheidensgründe sind im ersten Abschnitt des zweiten Buches des HGB niedergelegt, also bei den Vorschriften über die oHG. Diese stellt die Grundform der Personenhandelsgesellschaften dar.[3] Sie ist eine Gesellschaft, deren Zweck auf den Betrieb eines Handelsgewerbes unter gemeinsamer Firma gerichtet ist, ohne dass bei einem Gesellschafter die Haftung gegenüber den Gesellschaftsgläubigern beschränkt ist, § 105 Abs. 1 HGB.

Der Zweck der KG ist ebenfalls auf den Betrieb eines Handelsgewerbes unter gemeinschaftlicher Firma gerichtet, ohne dass bei einem Teil der Gesellschafter, dem Komplementär, eine Haftungsbeschränkung besteht. Im Unterschied zur oHG muss neben dem persönlich haftenden Gesellschafter zumindest ein Kommanditist vorhanden sein, also ein Gesellschafter, dessen Haftung gegenüber den Gesellschaftsgläubigern auf den Betrag einer bestimmten Vermögenseinlage beschränkt ist, §

---

2 Statt vieler MünchKomm-HGB/*K. Schmidt*, Bd. 2, § 131, Rn. 57.

3 Statt vieler MünchKomm-HGB/*K. Schmidt*, Bd. 2, § 105, Rn. 10; vgl. dazu näher Kap. 1, 2.2.1.1.1.

161 Abs. 1 HGB. Angesichts dieser Besonderheit bei im Übrigen bestehender Gleichartigkeit zur oHG stellt die KG eine „Abart“[4] der oHG dar. Das gestufte Verhältnis zwischen oHG und KG schlägt sich auch in systematischer Hinsicht nieder. Die §§ 131 Abs. 3, 140 HGB befinden sich im ersten Abschnitt des zweiten Buches des HGB, der das Recht der oHG beinhaltet. Die im Verhältnis zur oHG speziellere Rechtsform der KG ist der oHG im zweiten Buch des HGB nachgeordnet. § 161 Abs. 2 HGB bestimmt, dass das Recht der oHG nicht nur auf die oHG selbst, sondern auch auf die KG Anwendung findet, soweit der zweite Abschnitt des zweiten Buches des HGB betreffend die KG nicht ein anderes vorgibt, d.h. keine Sachverhalte betroffen sind, die die Rechtsstellung von Kommanditisten berühren.[5]

Was die Rechtsstellung des Komplementärs, insbesondere sein Ausscheiden[6] aus der Gesellschaft angeht, enthält das KG-Recht folglich keine Regelungen, so dass subsidiär auf die Vorschriften über die oHG zurückzugreifen ist.[7] Deshalb sind die §§ 131 Abs. 3, 140 HGB insoweit auf die KG anwendbar.[8]

1.1.2 Tod des Gesellschafters, § 131 Abs. 3, S. 1, Nr. 1 HGB

Durch Kodifizierung des Todes des Gesellschafters als Ausscheidensgrund erfasst der Wortlaut des § 131 Abs. 3, S. 1, Nr. 1 HGB lediglich die Konstellation der Gesellschaftsbeteiligung einer natürlichen Person. Angesichts des in der Praxis bestehenden Bedürfnisses der Gesellschafterstellung von Gesellschaften stellt sich die Frage, ob und unter welchen Voraussetzungen der Ausscheidensgrund gemäß § 131 Abs. 3, S. 1, Nr. 1 HGB bei Wegfall der Gesellschafter-Gesellschaft anwendbar ist.

---

4 So *Teichmann*, Gestaltungsfreiheit, S. 96.

5 Vgl. MünchKomm-HGB/*Grunewald*, Bd. 3, § 161, Rn. 44.

6 Hinsichtlich des Ausscheidens des Kommanditisten ist die Sonderregelung in § 177 HGB zu beachten.

7 Bei Anwendbarkeit der oHG-Vorschriften auf die KG unterbleibt in der weiteren Darstellung der Verweis auf § 161 Abs. 2 HGB, sofern sich Quellen nicht ausdrücklich auf diese Norm beziehen.

8 Allerdings sind auch bei Anwendung der oHG-Vorschriften auf die KG die KG-rechtlichen Besonderheiten zu berücksichtigen, die sich insbesondere aus kapitalistischen Interessen der Kommanditisten ergeben, vgl. MünchKomm-HGB/*Grunewald*, Bd. 3, § 161, Rn. 44, 122 ff.

1.1.2.1 Tod der natürlichen Person

§ 131 Abs. 3, S. 1, Nr. 1 HGB regelt, dass der Tod eines Komplementärs zu dessen Ausscheiden aus der Gesellschaft führt, sofern sich aus dem Gesellschaftsvertrag nicht ein anderes ergibt. Es gilt als Selbstverständlichkeit, dass das Ende der Rechtsfähigkeit natürlicher Personen grundsätzlich[9] durch ihren Tod eintritt.[10] Einen selbstständigen Bedeutungsgehalt weist die Vorschrift dadurch auf, dass im Falle des Todes eines Gesellschafters weder die Erben des Verstorbenen in die Gesellschaft einrücken[11] noch die Gesellschaft aufgelöst wird.[12] Der Tod des Gesellschafters führt lediglich zu dessen Ausscheiden, so dass die Gesellschaft mit den verbleibenden Gesellschaftern und unter Ausschluss der Erben des verstorbenen Gesellschafters fortgeführt wird.[13]

1.1.2.2 „Tod“ der Gesellschafter-Gesellschaft

Es ist umstritten, ob und unter welchen Voraussetzungen § 131 Abs. 3, S. 1, Nr. 1 HGB bei der Gesellschafter-Gesellschaft, also einer Gesellschaft, „die ihrerseits als Gesellschafterin an einer Personenhandelsgesellschaft beteiligt ist“[14], anzuwenden ist.

Die Frage, ob der Tatbestand des Todes des Gesellschafters auch für die Gesellschafter-Gesellschaft gelten kann, stellte sich bereits vor der Änderung des § 131 HGB durch das HRefG[15]. Bereits § 131 Nr. 4

---

9 Ausnahmsweise soll die Rechtsfähigkeit nach dem Tod fortbestehen, soweit es um das allgemeine Persönlichkeitsrecht geht (sog. postmortaler Persönlichkeitsschutz), dazu MünchKomm-BGB/*J. Schmitt*, Bd. 1, § 1, Rn. 49 ff. m.w.N.; *Seifert*, NJW 1999, 1889 ff.

10 I.d.S. offenbar auch der Gesetzgeber, der den noch in den Entwürfen zum BGB enthaltenen Zusatz zu § 1 BGB „und endigt mit dem Tode“ strich, dazu *Mugdan*, Materialien zum BGB, Bd. 1, S. 570 f., 949.

11 Bezogen auf den fehlenden Anteilsübergang des Verstorbenen auf den Erben *Dreyer*, JZ 2007, 606.

12 Dazu und zur Rechtslage vor Inkrafttreten des HRefG, wonach der Tod eines unbeschränkt haftenden Gesellschafters zur Auflösung der Gesellschaft unter Beteiligung des oder der Erben führte, MünchKomm-HGB/*K. Schmidt*, Bd. 2, § 131, Rn. 61 ff.

13 Statt vieler E/B/J/S/*Lorz*, HGB, Bd. 1, § 131, Rn. 40 f.; *Windbichler*, GesR, § 16, Rn. 2.

14 OLG Hamm ZIP 2007, 1233, 1237.

15 HRefG (BGBl. I 1998, S. 1474).

HGB a.F. knüpfte Rechtsfolgen an den Tatbestand des Todes eines persönlich haftenden Gesellschafters. Die Norm sah vor, dass die Gesellschaft durch den Tod eines Gesellschafters aufgelöst wird, sofern sich aus dem Gesellschaftsvertrag nicht ein anderes ergibt. Die durch das HRefG vorgenommene Gesetzesänderung führte zu einer Änderung der Rechtsfolgen bei Beibehaltung des Tatbestands.[16] Demgemäß wird der schon im Rahmen des § 131 Nr. 4 HGB a.F. existente Streit[17] über das Merkmal Tod eines Gesellschafters nunmehr im Rahmen des § 131 Abs. 3, S. 1, Nr. 1 HGB durch Rechtsprechung und Literatur fortgeführt.[18]

1.1.2.2.1 Bestandsaufnahme

1.1.2.2.1.1 Rechtsprechung

Innerhalb der Rechtsprechung besteht die Auffassung, die Vollbeendigung und nicht schon die Auflösung der Gesellschafter-Gesellschaft sei dem Tod eines Gesellschafters gleichzusetzen. Die Gerichte stützen ihre Meinung im Wesentlichen auf zwei Argumente. Zum einen erfolge bei der Auflösung einer Gesellschaft keine Gesamtrechtsnachfolge wie es beim Tod einer natürlichen Person der Fall sei. Zum anderen ende bei deren Tod auch deren Rechtsfähigkeit, wohingegen eine aufgelöste Gesellschaft rechtlich fortgelte. So entschied das OLG Hamm, dass § 131 Abs. 3, S. 1, Nr. 1 HGB analog auf den Fall der Vollbeendigung[19] einer Gesellschafter-Gesellschaft anzuwenden sei.[20] Das Gericht zitierte in

---

16 RegE HRefG BT-Drs. 13/8444, S. 66 li. Sp.

17 Zur alten Rechtslage *Hess*, HRefG, S. 42 ff.

18 Der Gesetzgeber nimmt den Streit nach neuem Recht in Kauf, wenn er diesen in der Gesetzesbegründung erkennt und sich wie nach altem Recht für eine analoge Anwendung des § 131 Abs. 3, S. 1, Nr. 1 HGB ausspricht, vgl. RegE HRefG BT-Drs. 13/8444, S. 66 li. Sp.

19 Die Vollbeendigung ist nach überzeugender h.M. erreicht, wenn das Aktivvermögen der Gesellschaft vollständig verteilt bzw. nicht mehr vorhanden ist, BGH NJW 1979, 1592; Staub/*Schäfer*, HGB, Bd. 3, § 131, Rn. 7; MünchKomm-HGB/*K. Schmidt*, Bd. 2, § 131, Rn. 6; E/B/J/S/*Lorz*, HGB, Bd. 1, § 131, Rn. 9. Nach a.A. tritt Vollbeendigung ein, wenn keine Schulden mehr vorhanden sind, Ensthaler/*Ensthaler*, HGB, § 131, Rn. 2; *ders.*, Liquidation, S. 61 ff. Zum Begriff der Vollbeendigung vgl. auch Kap. 1, 3.1.1, Kap. 2, 2.2.1.2.2.1.

20 OLG Hamm ZIP 2007, 1233, 1237. In einer früheren Entscheidung hatte das Gericht offen gelassen, ob die Vollbeendigung der Gesellschafter-Gesellschaft zu deren Ausscheiden nach § 131 Abs. 3, S. 1, Nr. 1 HGB führt, vgl. OLG Hamm ZIP 2003, 2264, 2265 = BB 2003, 2381.

diesem Zusammenhang Gerichtsentscheidungen[21] aus der Zeit vor Inkrafttreten des HRefG.

In einer der zitierten Entscheidungen vertrat der BGH die Auffassung, die Auflösung einer Komplementär-GmbH könne nicht mit dem Tod einer natürlichen Person gleichgesetzt werden.[22] Das Gericht begründete seine Auffassung mit dem Sinn und Zweck des § 131 Nr. 4 HGB a.F. Die Auflösung der Gesellschaft solle die verbleibenden Gesellschafter davor bewahren, das Unternehmen mit ihnen bei Vertragsabschluss unbekannten Erben fortführen zu müssen. Ein Erbfall trete bei der Liquidation einer Komplementär-GmbH jedoch gerade nicht ein.[23]

Bereits das Reichsgericht vertrat die Ansicht, dass „nicht schon die Auflösung, sondern erst die Vollbeendigung einer juristischen Person oder Handelsgesellschaft dem Tod einer physischen Person gleichgestellt werden könne."[24] Die Auflösung lasse die Rechtspersönlichkeit der Gesellschaft unberührt. Die Vollbeendigung einer juristischen Person stehe mit dem Tod einer natürlichen Person auf einer Stufe.[25] Später präzisierte der BGH, die Auflösung der Gesellschafter-Gesellschaft könne schon deshalb nicht dem Tod eines Gesellschafters entsprechen, da die aufgelöste Gesellschaft nicht aus dem Geschäftsverkehr ausscheide, sondern auch im Liquidationsstadium mit allen Rechten und Pflichten fortbestehe.[26]

1.1.2.2.1.2 Literatur

§ 131 Abs. 3, S. 1, Nr. 1 HGB bei Vollbeendigung

Nach der innerhalb der Literatur überwiegenden Meinung tritt das Ausscheiden einer Gesellschafter-Gesellschaft nicht schon mit ihrer Auflösung, sondern erst mit ihrer Vollbeendigung ein.[27] Die Vollbeendigung

---

21 Vgl. BGHZ 75, 178, 182 = NJW 1980, 233 f.; OLG Hamburg NJW 1987, 1896.

22 BGH NJW 1980, 233.

23 BGH NJW 1980, 233.

24 RGZ 122, 253, 257; i.d.S. auch BGH NJW 1982, 2821; OLG Frankfurt BB 1982, 1689; OLG Frankfurt Rpfleger 1977, 138 f.; BayObLG BB 1976, 998.

25 RGZ 123, 289, 294 f.

26 BGH NJW 1982, 2821.

27 Baumbach/*Hopt*, HGB, § 131, Rn. 20, Anh. § 177 a, Rn. 45; MünchHdb/*Piehler*/*Schulte*, Bd. 2, § 36, Rn. 6; MünchHdb/*Klein*/*Lindemeier*, Bd. 2, § 40, Rn. 9; Hesselmann/Tillmann/Mueller-Thuns/*Hannes*, Hdb.GmbH&Co.KG, § 10, Rn. 133; *Binz/Sorg*, GmbH & Co. KG, § 6, Rn. 29; *Hess*, HRefG, S. 47 f.;

sei dem Tod gleichzusetzen, da in beiden Fällen die Rechtsfähigkeit ende.[28] Die Auflösung einer Gesellschaft lasse die Rechtsfähigkeit dagegen unberührt.[29] Zudem berücksichtige ein Ausscheiden schon bei Auflösung nicht den Umstand, dass die Auflösung der Gesellschaft durch ihre Rückführung in das werbende Stadium umkehrbar sei,[30] ohne dass damit zugleich das Ausscheiden rückgängig gemacht werde.[31]

Bei der liquidationslosen Vollbeendigung infolge bestimmter Umwandlungstatbestände nach dem UmwG sei § 131 Abs. 3, S. 1, Nr. 1 HGB ebenfalls zu berücksichtigen. Die Verschmelzung der Gesellschafter-Gesellschaft auf einen anderen Rechtsträger[32] sowie die Aufspaltung[33], Abspaltung[34] und Ausgliederung[35], mit denen eine Übertragung

---

Schlitt, NZG 1998, 580, 584; zögerlich Röhricht/v. Westphalen/*v. Gerkan/Haas*, HGB, § 131, Rn. 25 f.; einschränkend E/B/J/S/*Lorz*, HGB, Bd. 1, § 131, Rn. 44; ähnlich Koller/Roth/Morck/*Koller*, HGB, § 131, Rn. 22; ebenso Sudhoff/*Masuch*, PersGes, § 15, Rn. 12; zu § 131 Nr. 4 HGB a.F. noch differenzierend *Engelhardt*, NJW 1962, 1489. In Bezug auf das Ausscheiden der GmbH als einzige Komplementärin auch BeckPersGesHdb/*Watermeyer*, § 12, Rn. 143; *Wiedemann*, GS-Lüderitz, S. 839, 854 f.

28 *Schlottmann*, Komplementärwegfall, S. 279; vgl. *Hess*, HRefG, S. 47 f.

29 So schon *A. Hueck*, oHG, S. 340 f.; ebenso HdbPersGes/*H. P. Westermann*, Bd. 1, § 37, Rn. 1214 [Juni 2005].

30 Es ist unstreitig, dass eine aufgelöste Personengesellschaft nach Beseitigung des Auflösungsgrundes in werbendem Zustand fortgesetzt werden kann, vgl. statt aller *Grunewald*, GesR, 1 A, Rn. 192, 1 B, Rn. 86, 1 C, Rn. 63.

31 *Hess*, HRefG, S. 49.

32 Bei der Verschmelzung erfolgt eine Vereinigung des Vermögens eines oder mehrerer übertragender Rechtsträger und des Vermögens eines bereits bestehenden Rechtsträgers (dann Verschmelzung zur Aufnahme nach § 2 Nr. 1 UmwG) oder eine Übertragung der Vermögen von mindestens zwei übertragenden Rechtsträgern auf einen zeitgleich neu gegründeten Rechtsträger (dann Verschmelzung zur Neugründung nach § 2 Nr. 2 UmwG), wobei die übertragenden Rechtsträger erlöschen und die Anteilsinhaber des übertragenden Rechtsträgers Anteile an dem übernehmenden Rechtsträger erhalten, Semler/Stengel/*Stengel*, UmwG, § 2, Rn. 24, 29, 37. Zur Unzulässigkeit der Verschmelzung der einzigen Komplementärgesellschaft auf die KG OLG Hamm GmbHR 2010, 985 f.

33 Im Rahmen der Aufspaltung erfolgt eine Übertragung des gesamten Vermögens des übertragenden Rechtsträgers unter dessen Vollbeendigung auf mindestens zwei bereits bestehende (dann Aufspaltung zur Aufnahme nach § 123 Abs. 1, Nr. 1 UmwG) oder neu gegründete Rechtsträger (dann Aufspaltung zur Neugründung nach § 123 Abs. 1, Nr. 2 UmwG), wobei die Anteilsinhaber des

der Mitgliedschaft der Gesellschafter-Gesellschaft auf einen anderen Rechtsträger einhergeht, stellten derartige Umwandlungstatbestände dar. In diesen Fällen der liquidationslosen Vollbeendigung nach dem UmwG,[36] in denen eine Rechtsnachfolge eines anderen Rechtsträgers in den Anteil der Gesellschafter-Gesellschaft in Betracht komme, stehe der Zweck des § 131 Abs. 3, S. 1, Nr. 1 HGB, den verbleibenden Gesellschaftern keine Fortsetzung der Gesellschaft mit den Erben zuzumuten, einer Fortsetzung mit dem Rechtsnachfolger entgegen.[37] Da das Gesetz in § 727 BGB und § 131 HGB die Höchstpersönlichkeit der Stellung des GbR-Gesellschafters sowie des Komplementärs vorsehe,[38] sei der Anteil an der Gesellschaft nur dann übertragbar, wenn die übrigen Gesellschafter zustimmen würden bzw. eine entsprechende gesellschaftsvertragliche Regelung bestünde.[39] Der Umstand, dass die Gesellschaft Beteiligungen anderer Gesellschaften als Gesellschafter zulasse und damit das Austauschen von hinter diesen Gesellschaften stehenden natürli-

---

übertragenden Rechtsträgers Anteile an den anderen Rechtsträgern erhalten, Semler/*Stengel*, UmwG, § 123, Rn. 12.

34 Die Abspaltung unterscheidet sich von der Aufspaltung dadurch, dass es bei der Abspaltung lediglich zu einer Übertragung eines Teils des Vermögens des übertragenden Rechtsträgers auf einen oder mehrere bereits bestehende (dann Abspaltung zur Aufnahme nach § 123 Abs. 2, Nr. 1 UmwG) oder neu gegründete Rechtsträger (dann Abspaltung zur Neugründung nach § 123 Abs. 2, Nr. 2 UmwG) kommt und der übertragende Rechtsträger mit dem verbleibenden Vermögen weiter besteht, Semler/*Stengel*, UmwG, § 123, Rn. 14.

35 Im Unterschied zur Abspaltung ist die Ausgliederung dadurch gekennzeichnet, dass nicht den Anteilsinhabern des übertragenden Rechtsträgers, sondern diesem Rechtsträger selbst Anteile an den übernehmenden Rechtsträgern eingeräumt werden (Ausgliederung zur Aufnahme bzw. zur Neugründung nach § 123 Abs. 3, Nr. 1, 2 UmwG), Semler/*Stengel*, UmwG, § 123, Rn. 15.

36 Zum Meinungsstand unter Geltung des § 131 HGB a.F. vgl. *Hennrichs*, Umwandlungen, S. 71 ff.; vgl. ferner Schlegelberger/*K. Schmidt*, HGB, § 131, Rn. 34.

37 Röhricht/v. Westphalen/*v. Gerkan/Haas*, HGB, § 131, Rn. 27 f., die anstelle des derzeit geltenden § 131 Abs. 3, S. 1, Nr. 1 HGB den gleich lautenden und vom 1.7.1998 bis 31.12.1998 geltenden § 131 Abs. 2, S. 1, Nr. 1 HGB a.F. nennen; vgl. Baumbach/*Hopt*, HGB, § 131, Rn. 21.

38 Schmitt/Hörtnagl/Stratz/*Hörtnagl*, UmwG, § 131, Rn. 38.

39 Lutter/*Grunewald*, UmwG, Bd. 1, § 20, Rn. 18 f.; Schmitt/Hörtnagl/Stratz/*Stratz*, UmwG, § 20, Rn. 64 ff.; HK/*Schäffler*, UmwG, § 20, Rn. 16; HK/*Raible*, UmwG, § 131, Rn. 14; Semler/Stengel/*Schröer*, UmwG, § 131, Rn. 26; HK/*Stuhlfelner*, HGB, § 131, Rn. 7; Oetker/*Kamanabrou*, HGB, § 131, Rn. 28; vgl. *Krämer*, Gesellschafterwechsel, S. 58, 64 ff.

chen Personen billige, stehe der Unübertragbarkeit des Anteil grundsätzlich nicht entgegen.[40]

Dagegen seien der Formwechsel[41], die Verschmelzung durch Aufnahme seitens der Gesellschafter-Gesellschaft, die Abspaltung oder die Ausgliederung bei der Gesellschafter-Gesellschaft, die ihre Mitgliedschaft in der Gesellschaft behalte, nicht vom Anwendungsbereich des § 131 Abs. 3, S. 1, Nr. 1 HGB analog erfasst.[42]

§ 131 Abs. 3, S. 1, Nr. 1 HGB bei Auflösung bzw. unumkehrbar gewordener Auflösung

Nach Meinung *Stuhlfelners* führt bereits die Auflösung, jedenfalls aber die Vollbeendigung der Komplementärgesellschaft zu ihrem Ausscheiden nach § 131 Abs. 3, S. 1, Nr. 1 HGB analog.[43] *Stuhlfelner* begründet das Ausscheiden bei Auflösung zum einen damit, dass eine aufgelöste Gesellschaft ohne Ausscheiden aus der KG ihre Liquidation sinnvollerweise nicht betreiben könne. Zum anderen sei die aufgelöste Komplementärin nicht fähig, den Geschäftsführungsaufgaben gegenüber der KG nachzukommen.[44]

K. Schmidt wendet ein, bei § 131 Abs. 3, S. 1, Nr. 1 HGB gehe es nicht um die Frage der Gleichstellung der Auflösung oder Vollbeendigung mit dem Tod eines Gesellschafters, sondern ausschließlich darum,

---

40 Semler/Stengel/*Schröer*, UmwG, § 131, Rn. 26; Lutter/*Grunewald*, UmwG, Bd. 1, § 20, Rn. 18, 19, die eine Übertragung der Mitgliedschaft in Betracht zieht, „wenn die Personengesellschaft auf die Beteiligung juristischer Personen ausgerichtet ist", was aber nicht schon bei der Beteiligung einer (einzigen) Kapitalgesellschaft der Fall sein soll; ähnlich Lutter/*Teichmann*, UmwG, Bd. 1, § 132, Rn. 50, der bei der Spaltung von einem Anteilsübergang ausgeht, wenn die Gesellschaft auf die Beteiligung juristischer Personen ausgerichtet ist und der übernehmende Rechtsträger den gemeinsamen Zweck fortführt; ähnlich *Rieble*, ZIP 1997, 301, 307.

41 Gegenstand des Formwechsels gemäß § 190 UmwG ist eine Änderung der Rechtsform des unverändert bleibenden Rechtsträgers, ohne dass es zu einem Vermögensübergang kommt, Semler/*Stengel*, UmwG, § 190, Rn. 1.

42 Röhricht/v. Westphalen/*v. Gerkan/Haas*, HGB, § 131, Rn. 27 f.

43 HK/*Stuhlfelner*, HGB, § 131, Rn. 7.

44 HK/*Stuhlfelner*, HGB, § 131, Rn. 7, der wohl von einer KG mit einer Gesellschaft als einziger Komplementärin ausgeht, sog. typische GmbH & Co. KG. Denn andernfalls stünde nach Auflösung der Komplementärin ein weiterer Komplementär als Geschäftsführer gemäß §§ 114 Abs. 1, 125 Abs. 1 HGB bereit.

ob die Mitgliedschaft des verstorbenen Gesellschafters auf einen Rechtsnachfolger übergehen könne, was § 131 Abs. 3, S. 1, Nr. 1 HGB für den Fall des Todes des Komplementärs verneine.[45] Die Anwendung der Norm bei bloßer Auflösung der Komplementärgesellschaft sei deshalb zu verneinen, weil die Auflösung keine Rechtsnachfolge bewirke.[46] Dem Ausscheiden der Gesellschafter-Gesellschaft bei ihrer Vollbeendigung infolge Liquidation stehe entgegen, dass die zur Vollbeendigung erforderliche vollständige Verteilung des Vermögens die Aufgabe der KG-Beteiligung voraussetze. Daher sei die Vollbeendigung der Komplementärgesellschaft nicht möglich, solange sie an der KG beteiligt sei.[47] Überdies sei die entsprechende Anwendung des § 131 Abs. 3, S. 1, Nr. 1 HGB auf die Vollbeendigung der Gesellschafter-Gesellschaft infolge Liquidation ausgeschlossen, weil nach der Vollbeendigung kein Anteil mehr vorhanden sein könne, der auf einen Rechtsnachfolger übergehe.[48] Deshalb sei nach ergänzender Auslegung des Gesellschaftsvertrags ein Ausscheiden im Zweifel dann anzunehmen, wenn die Auflösung der Gesellschafter-Gesellschaft unumkehrbar geworden sei,[49] d.h. ihre Fortset-

---

45 MünchKomm-HGB/*K. Schmidt*, Bd. 2, § 131, Rn. 68; im Ergebnis so auch *Habersack*, Reform des Handelsstandes und der Personengesellschaften, S. 73, 88 f., nach dem man sich „künftig [gemeint ist der Zeitraum nach Inkrafttreten des Änderungen des § 131 HGB durch das HRefG] von jeglicher Anlehnung an den Tatbestand des Todes eines Gesellschafters lösen" sollte.

46 MünchKomm-HGB/*K. Schmidt*, Bd. 2, § 131, Rn. 68; so auch *Hess*, HRefG, S. 48.

47 *K. Schmidt*, GesR, § 50 II 2, S. 1452; Staub/*Schäfer*, HGB, Bd. 3, § 131, Rn. 80; *Klauss/Mittelbach*, KG, 1 F IV, Rn. 439; Sudhoff/*Schlitt*, GmbH & Co. KG, § 29, Rn. 13; Sudhoff/*Masuch*, PersGes, § 15, Rn. 12; *Grziwotz*, DStR 1992, 1365, 1368 weist darauf hin, dass die GmbH-Gesellschafter-Gesellschaft ohne Kapitalanteil die Regel darstelle. Darüber hinaus hat sie aufgrund der Berufung der GmbH zur „formalrechtlichen Wahrnehmung der Aufgaben des Komplementärs" in der Regel auch kein Stimmrecht, FB-RechtSteuern/*Weigell*, Erläuterungen zu A. 8.01, Rn. 16. Zu den Erscheinungsformen von Gesellschaftern ohne Kapitalanteil vgl. MünchKomm-HGB/*Priester*, Bd. 2, § 120, Rn. 92.

48 MünchKomm-HGB/*K. Schmidt*, Bd. 2, § 131, Rn. 68; so auch *Hess*, HRefG, S. 48 f., 50 f., der allerdings die praktische Bedeutungslosigkeit des § 131 Abs. 3, S. 1, Nr. 1 HGB für Fälle der Vollbeendigung infolge der Auseinandersetzung aller Rechte und Pflichten dadurch vermeiden will, dass ähnlich der Nachtragsliquidation die Vollbeendigung anzunehmen sein soll, obwohl der verbleibende und noch zu liquidierende Geschäftsanteil weiter besteht.

49 MünchKomm-HGB/*K. Schmidt*, Bd. 2, § 131, Rn. 68; zustimmend jüngst Henssler/Strohn/*Klöhn*, HGB, § 131, Rn. 43.

zung entweder rechtlich unmöglich oder tatsächlich ausgeschlossen ist, z.B. weil die Gesellschafter keine Fortsetzung wünschten.[50]

Kein § 131 Abs. 3, S. 1, Nr. 1 HGB bei liquidationsloser Vollbeendigung

Obwohl im Fall der liquidationslosen Vollbeendigung der Gesellschafter-Gesellschaft sowohl die Rechtsfähigkeit dieser Gesellschaft endet, als auch eine Mitgliedschaft vorhanden ist, die auf einen Rechtsnachfolger übergehen kann, vor dessen Einfluss in der Gesellschaft die übrigen Gesellschafter geschützt werden könnten, spricht sich eine Auffassung mit großer Anhängerschaft gegen die Gleichstellung der liquidationslosen Vollbeendigung der Gesellschafter-Gesellschaft mit dem Tod aus.[51]

Im Fall der Vereinigung aller Anteile an einer Personengesellschaft in einer Person sei der Anteil immer schon dann auf den Rechtsnachfolger übertragbar, wenn eine auf den Tod bezogene Fortsetzungsklausel die Höchstpersönlichkeit des Anteils aufhebe. Eine Nachfolgeklausel sei nicht erforderlich. Ohnehin sei die Höchstpersönlichkeit des Anteils einer Gesellschafter-Gesellschaft wenig ausgeprägt. Beim Übergang des Anteils auf einen schon vorhandenen Gesellschafter der Gesellschafter-Gesellschaft komme es zudem nicht zu einem Übergang der Mitgliedschaft auf einen unbekannten Dritten.[52] Vielmehr rücke ein Gesellschafter nach, der schon vorher aufgrund seiner Beteiligung an der Gesellschafter-Gesellschaft Einfluss auf die Gesellschaft genommen hat.[53] Gegen ein ersatzloses Ausscheiden der Komplementärgesellschaft spreche

---

50 *K. Schmidt*, GesR, § 50 II 2, S. 1452; kritisch *Hess*, HRefG, S. 49, der anders als *K. Schmidt* ein Ausscheiden bei Auflösung generell ablehnt und die Abhängigkeit des Ausscheidens oder Verbleibens in der Gesellschaft vom inneren Willen der Gesellschafter für nicht praktikabel hält.

51 MünchKomm-HGB/*K. Schmidt*, Bd. 2, § 131, Rn. 68; MünchKomm-HGB/*ders.*, Bd. 3, § 177, Rn. 11; E/B/J/S/*Lorz*, HGB, Bd. 1, § 131, Rn. 44; Koller/Roth/Morck/*Koller*, HGB, § 131, Rn. 22; ebenso HdbPersGes/*H. P. Westermann*, Bd. 1, § 37, Rn. 1214 [Juni 2005]; *Schlottmann*, Komplementärwegfall, S. 280 f.; bezüglich des liquidationslosen Erlöschen infolge der Umwandlungstatbestände auch *Hennrichs*, Umwandlungen, S. 69 ff.; Sudhoff/*Masuch*, PersGes, § 15, Rn. 12.

52 Staub/*Schäfer*, HGB, Bd. 3, § 131, Rn. 81; Henssler/Strohn/*Klöhn*, HGB, § 131, Rn. 44; *Schlottmann*, Komplementärwegfall, S. 281 f.; vgl. HdbPersGes/*H. P. Westermann*, Bd. 1, § 37, Rn. 1214 f. [Juni 2005].

53 *Schlottmann*, Komplementärwegfall, S. 281 f., der auch darauf hinweist, dass der Übergang der Leitungs- und Vertretungsbefugnis auf den Neukomplementär durchaus dem Willen der übrigen Gesellschafter widersprechen kann.

außerdem, dass es meist nicht im Sinne der Kommanditisten sei, die KG einem Abfindungsanspruch der ausscheidenden Komplementärgesellschaft auszusetzen.[54]

Bei der Vollbeendigung der Gesellschafter-Gesellschaft aufgrund ihrer Verschmelzung auf einen anderen Rechtsträger sowie ihrer Aufspaltung solle es ebenfalls nicht zum Ausscheiden der Gesellschafter-Gesellschaft, sondern zu einer Übertragung der Mitgliedschaft und damit zum Fortbestand der Gesellschaft mit dem übernehmenden Rechtsträger kommen.[55] Zwar erlösche die Gesellschafter-Gesellschaft aufgrund der Verschmelzung, faktisch lebe sie aber in dem aufnehmenden bzw. neu gegründeten Rechtsträger fort.[56] Weiterhin wird auf den im Zuge der Verschmelzung erfolgenden Wechsel im Gesellschafterkreis der Gesellschafter-Gesellschaft hingewiesen.[57] Bei Fehlen einer abweichenden Vereinbarung bleibe die Beteiligung an der Gesellschaft durch einen Gesellschafterwechsel innerhalb der Gesellschafter-Gesellschaft unberührt. Ein Wechsel der Gesellschafter innerhalb der Gesellschafter-Gesellschaft führe also nicht zum Ausscheiden der Gesellschafter-Gesellschaft aus der Gesellschaft. Ähnlich wie dieser unabhängig von der Umwandlung erfolgende Gesellschafterwechsel erfolge auch bei der Verschmelzung ein Gesellschafterwechsel innerhalb der Gesellschafter-Gesellschaft. Dementsprechend müsse auch hier die Gesellschaftsbeteiligung unberührt bleiben.[58] Schließlich bedürfe es der Rechtnachfolge

---

54 *Schlottmann*, Komplementärwegfall, S. 282.

55 Staub/*Schäfer*, HGB, Bd. 3, § 131, Rn. 82 ff.; MünchKomm-HGB/*K. Schmidt*, Bd. 2, § 131, Rn. 68; Bd. 3, § 177, Rn. 11; E/B/J/S/*Lorz*, HGB, Bd. 1, § 131, Rn. 44; Koller/Roth/Morck/*Koller*, HGB, § 131, Rn. 22; Semler/Stengel/*Kübler*, UmwG, § 20, Rn. 25; MünchKomm-BGB/*Ulmer/Schäfer*, Bd. 5, § 727, Rn. 8; *Riegger*, FS-Bezzenberger, S. 379, 384; HdbPersGes/*H. P. Westermann*, Bd. 1, § 37, Rn. 1214 f. [Juni 2005]; Sudhoff/*Masuch*, PersGes, § 15, Rn. 12; Sudhoff/*Schlitt*, GmbH & Co. KG, § 29, Rn. 17; *Binz/Sorg*, GmbH & Co. KG, § 6, Rn. 29; Hesselmann/Tillmann/Mueller-Thuns/*Hannes*, Hdb.GmbH&Co.KG, § 9, Rn. 146; zur alten Rechtslage vgl. Goutier/Knopf/Tulloch/*Bermel*, UmwG, § 20, Rn. 15; Goutier/Knopf/Tulloch/*Goutier*, UmwG, § 131, Rn. 10.

56 *Binz/Sorg*, GmbH & Co. KG, § 6, Rn. 29; Staub/*Schäfer*, HGB, Bd. 3, § 131, Rn. 84; *Seeger*, Komplementärausscheiden, S. 51 f.

57 Nach § 20 Abs. 1, Nr. 3, § 123 UmwG erhalten die Inhaber der Anteile des übertragenden Rechtsträgers, bei der Ausgliederung der übertragende Rechtsträger selbst, Anteile an dem übernehmenden Rechtsträger.

58 *Riegger*, FS-Bezzenberger, S. 379, 384. Dagegen erwägt *Wiedemann*, GS-Lüderitz, S. 839, 856 ein Ausscheiden der Gesellschafter-Gesellschaft nach § 131 Abs. 3, S. 1, Nr. 1 HGB analog, wenn es sich um eine Ein-Mann-

einer GmbH, die einzige Komplementärin ihrer KG sei, schon zwecks Vermeidung der bei ihrem Ausscheiden erfolgenden Auflösung der KG.[59]

Innerhalb der Auffassung, § 131 Abs. 3, S. 1, Nr. 1 HGB finde bei einer liquidationslosen Vollbeendigung nach dem UmwG keine entsprechende Anwendung, bestehen allerdings Meinungsverschiedenheiten darüber, welche Wirkung etwaigen Regelungen des Gesellschaftsvertrags über die Anteilsübertragung zukommt. Einerseits besteht die Auffassung, die Beteiligung gehe nur unter der Voraussetzung des Fehlens einer entgegenstehenden gesellschaftsvertraglichen Regelung ohne Zustimmung der Mitgesellschafter über,[60] andererseits soll eine dem Übergang entgegenstehende Vertragsklausel unbeachtlich sein.[61]

Im Falle eines Anteilsübergangs komme jedenfalls eine Auflösung der Gesellschaft nach § 133 HGB oder eine Ausschließung des Neugesellschafters gemäß § 140 HGB in Betracht, wenn den verbleibenden Gesellschaftern eine Fortsetzung der Gesellschaft mit dem Gesamtrechtsnachfolger nicht zuzumuten ist.[62] Allerdings sei die Umwandlung kein absoluter Auflösungs- bzw. Ausschließungsgrund, weil der persona-

---

Gesellschafter-Gesellschaft handelt, deren Identität durch einen Wechsel in der Ein-Mann-Mitgliedschaft gesprengt wird und der Gesellschaftsvertrag eine Übertragung oder Vererbung ihrer Mitgliedschaften ohne Einvernehmen der übrigen, aller am Unternehmen mitwirkenden Gesellschafter nicht zulässt.

59 *Seeger*, Komplementärausscheiden, S. 50 f.; zu diesem nicht auf Umwandlungsfälle beschränkten Bedürfnis des Verbleibs des einzigen Komplementärs in der KG vgl. noch Kap. 2, 3.3, Kap. 3, 1.3; zu den diskutierten Rechtsfolgen des Ausscheidens des einzigen Komplementärs aus der KG vgl. Kap. 2, 1, Kap. 3, 1.1.

60 MünchKomm-BGB/*Ulmer/Schäfer*, Bd. 5, § 727, Rn. 8; Sudhoff/*Schlitt*, GmbH & Co. KG, § 29, Rn. 17; *Riegger*, FS-Bezzenberger, S. 379, 384; so wohl auch *Seeger*, Komplementärausscheiden, S. 51 f.; zur alten Rechtslage vgl. Goutier/Knopf/Tulloch/*Bermel*, UmwG, § 20, Rn. 15; Goutier/Knopf/Tulloch/*Goutier*, UmwG, § 131, Rn. 10.

61 Staub/*Schäfer*, HGB, Bd. 3, § 131, Rn. 82 ff.; bezüglich der Verschmelzung wohl auch Semler/Stengel/*Kübler*, UmwG, § 20, Rn. 25; so wohl auch Scholz/*K. Schmidt/Bitter*, GmbHG, Bd. 3, § 60, Rn. 114; letztlich auch HdbPersGes/*H. P. Westermann*, Bd. 1, § 37, Rn. 1214 f. [Juni 2005].

62 Semler/Stengel/*Kübler*, UmwG, § 20, Rn. 25, der sich zwecks Vermeidung von Unsicherheiten über das Einrücken des übernehmenden Rechtsträgers bis zur klärenden gerichtlichen Entscheidung nach §§ 133, 140 HGB für die Gesamtrechtsnachfolge ausspricht; Sudhoff/*Schlitt*, GmbH & Co. KG, § 29, Rn. 17; für Ausschließung auch Hesselmann/Tillmann/Mueller-Thuns/*Hannes*, Hdb. GmbH&Co.KG, § 9, Rn. 146; ebenso *Binz/Sorg*, GmbH & Co. KG, § 6, Rn. 29.

listische Charakter einer Gesellschaft, an der eine Gesellschafter-Gesellschaft beteiligt ist, gering sei und die übertragende Gesellschaft zudem in dem übernehmenden Rechtsträger weiter bestehe.[63]

1.1.2.2.2 Kritische Analyse

Zunächst ist festzuhalten, dass sich der Problemkreis der Anwendbarkeit des § 131 Abs. 3, S. 1, Nr. 1 HGB nicht auf die Gesellschafter-GmbH beschränkt. Diese ist aber eine insofern populäre Rechtsform, so dass sie hier als Beispiel dienen soll. Bei der Analyse des Meinungstands fällt auf, dass das für die entsprechende[64] Anwendung einer Norm Entscheidende, nämlich die Prüfung der planwidrigen Regelungslücke sowie der vergleichbaren Interessenlage, kaum Berücksichtigung findet.[65] Bei der analogen Anwendung einer Norm ist insbesondere die ratio legis zu beachten.[66]

Die Rechtsprechung will die entsprechende Anwendung der Norm dadurch begründen, dass sie eine Parallele zwischen natürlicher Person und rechtsfähigem Verband auf der Ebene der Rechtsfähigkeit zieht.[67] Dieser Ansatz lässt unberücksichtigt, dass § 131 Abs. 3, S. 1, Nr. 1 HGB das Ende der Mitgliedschaft des Gesellschafters durch Tod nur deklara-

---

63 Staub/*Schäfer*, HGB, Bd. 3, § 131, Rn. 84. Differenzierend meint HdbPersGes/*H. P. Westermann*, Bd. 1, § 37, Rn. 1215 [Juni 2005], dass bei einer kapitalistischen Beteiligung mit einer zur Vergrößerung des Gesellschafterkreises führenden Aufspaltung gerechnet werden müsse. Hingegen liege allein in der Verschmelzung ein wichtiger Grund nach §§ 133, 140 HGB, weil an dem übernehmenden Rechtsträger eine bisher gesellschaftsfremde Gesellschaft beteiligt werde, was für die verbleibenden Gesellschafter nicht absehbar gewesen sei.

64 Einer unmittelbaren Anwendung von § 131 Abs. 3, S. 1, Nr. 1 HGB steht schon entgegen, dass der Begriff „Tod" nur für Lebewesen gilt und damit nach dem möglichen Wortsinn kein dementsprechender Zustand einer Gesellschafter-Gesellschaft möglich ist. I.d.S. auch *Seeger*, Komplementärausscheiden, S. 41. Zum möglichen Wortsinn als Grenze der Auslegung *v. Tuhr*, BGB AT, Bd. 1, Einl, S. 40; vgl. *T. I. Schmidt*, JuS 2003, 649, 651.

65 *Seeger*, Komplementärausscheiden, S. 44 ff. lässt trotz seines Abschnitts Stellungnahme zur Analogie zu § 131 Abs. 3, S. 1, Nr. 1 HGB bei Auflösung oder Vollbeendigung einer Komplementär-GmbH eine derartige Stellungnahme vermissen und prüft stattdessen ein Ausscheiden der GmbH durch Kündigung nach § 131 Abs. 3, S. 1, Nr. 3, § 132 HGB.

66 *Larenz*, Methodenlehre der Rechtswissenschaft, S. 381 ff.

67 So etwa RGZ 122, 253, 257; i.d.S. auch BGH NJW 1982, 2821; OLG Frankfurt BB 1982, 1689; OLG Frankfurt Rpfleger 1977, 138 f.; BayObLG BB 1976, 998.

torisch feststellt und vielmehr das Verhindern des Einrückens der Erben des verstorbenen Gesellschafters in die Gesellschaft Normzweck ist. Zwar erkennt der BGH[68] diesen Zweck. Doch folgert er daraus nur die Nichtanwendbarkeit der Vorschrift auf die Auflösung der Gesellschaft. Diese zieht schon keine Rechtsnachfolge nach sich, die durch § 131 Abs. 3, S. 1, Nr. 1 HGB verhindert werden könnte. Wie zu zeigen sein wird, lässt sich mit dem Zweck der Norm in gleicher Weise gegen ihre entsprechende Anwendbarkeit bei der Vollbeendigung infolge Liquidation argumentieren.[69]

Die Gegenmeinung legt ausgehend von der ratio der Vorschrift überzeugende Argumente vor, weshalb eine Anwendung der Norm auf die infolge Liquidation vollbeendete Gesellschafter-Gesellschaft nicht in Betracht kommt.[70] Die für die entsprechende Anwendung von § 131 Abs. 3, S. 1, Nr. 1 HGB erforderliche Rechtsnachfolge kann in der Tat nicht Folge der Vollbeendigung infolge Liquidation sein.

Die Auffassung, wonach die bloße Auflösung der Gesellschafter-Gesellschaft für die entsprechende Anwendung der Norm genüge, hat ihre Wurzeln in der Rechtslage vor Inkrafttreten des HRefG. Sie begründet ihre Ansicht u.a. mit dem Argument, dass eine aufgelöste Gesellschaft die Geschäftsführungsaufgaben einer Haupt-KG[71] nicht wahrnehmen könne. Dieses Argument wurde bereits unter Geltung des § 131 Nr. 4 HGB a.F. zur Begründung der Auflösung der Hauptgesellschaft vorgebracht.[72] Allerdings beruhte der Zweck des § 131 Nr. 4 HGB a.F., wonach der Tod eines Gesellschafters zur Auflösung der Gesellschaft führte, auf dem Gedanken der Personenkontinuität. Die Gesellschaft konnte – vorbehaltlich einer anders lautenden gesellschaftsvertraglichen Abrede – bei Wegfall eines Gesellschafters nicht mehr werbend fortbe-

68 BGH NJW 1980, 233.

69 Vgl. dazu Kap. 1, 1.1.2.2.3.1.

70 Die insofern maßgebliche Kritik übt MünchKomm-HGB/*K. Schmidt*, Bd. 2, § 131, Rn. 68.

71 Zur übersichtlicheren Darstellung sollen unter den Begriffen Haupt-KG und Hauptgesellschaft in Abgrenzung zur Gesellschafter- oder Komplementärgesellschaft diejenigen Gesellschaften gemeint sein, an denen letztere beteiligt sind.

72 So ausdrücklich HK/*Stuhlfelner*, HGB, § 131, Rn. 7, nach dem die Argumente aus der Zeit vor Inkrafttreten des HRefG weiterhin gelten.

stehen, da sie an die Identität der Gründungsgesellschafter gebunden war.[73]

Der Zweck, sicherzustellen, dass eine Gesellschaft nur mit ihren Gründungsgesellschaftern werbend fortgesetzt werden kann, hat allerdings nichts mit dem Verlust der Fähigkeit, die Geschäfte einer Gesellschaft führen zu können, zu tun. Unterstellt, eine aufgelöste Gesellschafter-Gesellschaft sei zur Führung der Geschäfte nicht mehr in der Lage, so spricht doch nichts dagegen, dieser wenigstens ihre Gesellschafterstellung zu belassen. Bei Verbleib der Gesellschafter-Gesellschaft in der Gesellschaft kann dann aber kein Grund bestehen, die Gesellschaft nach § 131 Nr. 4 HGB a.F. aufzulösen.

Die analoge Anwendung der Norm bei Auflösung der Gesellschafter-Gesellschaft war also schon nach altem Recht bedenklich.[74] Dieselben nunmehr zur Begründung einer Analogie zu § 131 Abs. 3, S. 1, Nr. 1 HGB gebrauchten Argumente[75] sind auch nach neuer Rechtslage nicht überzeugend. In Anbetracht des Zwecks dieser Norm kann sich ein derartiger Ausscheidensgrund nicht aus einer Analogie zu dieser Vorschrift ergeben.[76]

Innerhalb der Literatur bestand bereits zur alten Rechtslage die auf *K. Schmidt* zurückgehende Auffassung, wonach die Auflösung der GmbH, die einzige Komplementärin der KG ist,[77] einen gesetzlich ungeregelten Auflösungsgrund der KG darstelle.[78] Die Ansicht besteht auch zur geltenden Rechtslage.[79] Dieser vom Gesetzgeber nicht bedachte

---

73 Dieses dem § 131 HGB a.F. zu Grunde liegende Prinzip der Personenkontinuität war bereits Grundlage des preußischen Entwurfs zum ADHGB von 1857, vgl. dazu *Hess*, HRefG, S. 3 ff., 15 ff. Nach *Seeger*, Komplementärausscheiden, S. 24 f. reicht es bis in die Antike zurück. Zur Personenkontinuität vgl. näher Kap. 2, 3.3.1.1.1.

74 So auch MünchKomm-HGB/*K. Schmidt*, Bd. 2, § 131, Rn. 68.

75 Vgl. HK/*Stuhlfelner*, HGB, § 131, Rn. 7.

76 Zu dem für die Analogie maßgeblichen Zweck des § 131 Abs. 3, S. 1, Nr. 1 HGB sowie zu den Voraussetzungen der analogen Anwendung einer Norm vgl. Kap. 1, 1.1.2.2.3.

77 So ausdrücklich *K. Schmidt*, GmbHR 1980, 261, 262.

78 Schlegelberger/*K. Schmidt*, HGB, § 131, Rn. 31 f., 44; *ders.*, ZHR 153 (1989), 270, 279 f.; *ders.*, BB 1980, 1497 ff.; *ders.*, GmbHR 1980, 261, 262.

79 Scholz/*K. Schmidt/Bitter*, GmbHG, Bd. 3, § 60, Rn. 115 ff.; MünchKomm-HGB/*K. Schmidt*, Bd. 2, § 131, Rn. 47; *ders.*, GesR, § 56 VI 1a, S. 1659 f.; zustimmend E/B/J/S/*Henze*, HGB, Bd. 1, Anhang A nach § 177 a, Rn. 219; ebenso *Binz/Sorg*, GmbH & Co. KG, § 7, Rn. 10; zustimmend aber nur bezogen auf den Fall der Auflösung der Komplementär-GmbH wegen Masselosigkeit oder

und daher nicht in § 131 HGB enthaltene Auflösungsgrund ergebe sich nicht etwa aus der Gleichsetzung der Auflösung einer Gesellschaft mit dem Tod einer natürlichen Person aus § 131 Nr. 4 HGB a.F.,[80] sondern aus der Natur der Sache[81]. Der sog. numerus clausus der Auflösungsgründe stehe seiner Annahme nicht entgegen.[82] Eine werbende KG könne und dürfe nicht durch die nach § 70 GmbHG zur Geschäftsabwicklung verpflichteten Liquidatoren einer aufgelösten Komplementär-GmbH vertreten werden.[83] Zudem riskiere die KG ihre Insolvenz, weil ihre Gläu-

---

Löschung Staub/*Schäfer*, HGB, Bd. 3, § 131, Rn. 42; ähnlich *Wiedemann*, GS-Lüderitz, S. 839, 855.

80 Schlegelberger/*K. Schmidt*, HGB, § 131, Rn. 31 setzte die Auflösung der Komplementärin schon nach alter Rechtslage nicht mit dem Tod einer natürlichen Person gleich und verneinte demgemäß § 131 Nr. 4 HGB a.F. analog als Rechtsgrundlage der Auflösung. Vgl. dazu auch *dens.*, GmbHR 1980, 261 f. Auch nach geltender Rechtslage soll die Auflösung nicht dem Tod entsprechen, so dass ein Ausscheiden der einzigen Komplementärin bei deren Auflösung nicht nach § 131 Abs. 3, S. 1, Nr. 1 HGB analog in Betracht kommt, MünchKomm-HGB/*ders.*, Bd. 2, § 131, Rn. 68. Demgegenüber HK/*Stuhlfelner*, HGB, § 131, Rn. 7, der die Auflösung der Komplementär-GmbH unter § 131 Nr. 4 HGB a.F. analog subsumierte und nach Inkrafttreten des HRefG unbesehen, wenn auch folgerichtig, zum Ausscheiden der GmbH nach § 131 Abs. 3, S. 1, Nr. 1 HGB analog kommt.

81 Scholz/*K. Schmidt/Bitter*, GmbHG, Bd. 3, § 60, Rn. 115; E/B/J/S/*Henze*, HGB, Bd. 1, Anhang A nach § 177 a, Rn. 219; grundsätzlich zustimmend auch Staub/*Schäfer*, HGB, Bd. 3, § 131, Rn. 42, der die Auflösung der KG aus einer erweiternden Auslegung des § 131 Abs. 2 HGB herleitet und diese demgemäß ausschließlich dann annimmt, wenn die Auflösung der GmbH auf ihrer Masselosigkeit (§ 60 Abs. 1, Nr. 5 GmbHG) oder Löschung (§ 60 Abs. 1, Nr. 7 GmbHG) beruht; so auch *Wiedemann*, GS-Lüderitz, S. 839, 855 mit der Klarstellung, dass andere Fälle der Auflösung der Komplementär-GmbH nicht die Auflösung der KG bewirken; ebenso Röhricht/v. Westphalen/*v. Gerkan/Haas*, HGB, § 131, Rn. 25; HdbPersGes/*H. P. Westermann*, Bd. 1, § 37, Rn. 1218 [März 2006].

82 Scholz/*K. Schmidt/Bitter*, GmbHG, Bd. 3, § 60, Rn. 115. Zu dem angeblich bestehenden numerus clausus der Auflösungsgründe vgl. noch Kap. 2, 3.5.1.1.3.

83 Scholz/*K. Schmidt/Bitter*, GmbHG, Bd. 3, § 60, Rn. 115; MünchKomm-HGB/*K. Schmidt*, Bd. 2, § 131, Rn. 47; *ders.*, GmbHR 1994, 829, 834, nach dem die organschaftliche Vertretung einer werbenden KG durch den Liquidator ihrer Komplementärin ein Widerspruch zu den Grundvoraussetzungen des Personengesellschaftsrechts darstellt; *ders.*, ZHR 153 (1989), 270, 279; *ders.*, BB 1980, 1497, 1500; insofern zustimmend Henssler/Strohn/*Gummert*, HGB, § 177, Rn. 21; ähnlich E/B/J/S/*Henze*, HGB, Bd. 1, Anhang A nach § 177 a, Rn. 219, nach dem der Liquidator der Komplementärin nicht „in der Lage oder hinreichend

biger angesichts der unsicheren wirtschaftlichen Lage der unbeschränkt haftenden Gesellschafterin zukünftig von Geschäftsabschlüssen mit der KG absehen würden.[84] Eine sinnvolle Abwicklung der Komplementärin sei nur dann gewährleistet, wenn auch die KG liquidiert werde, da nur dann neue Verpflichtungen der aufgelösten Komplementärin aus Verbindlichkeiten des werbenden Geschäftsbetriebs vermieden würden.[85] Schließlich dürfe die GmbH & Co. KG dann nicht werbend fortbestehen, wenn der GmbH-Vertrag schwere Mängel i.S.d. § 75 GmbHG, §§ 397, 399 FamFG aufweise.[86]

Nach Rechtsprechung[87] und h.L.[88] stellt die Auflösung der einzigen Komplementär-GmbH hingegen keinen Auflösungsgrund der KG dar. Gegen die Annahme eines im Gesetz nicht niedergelegten Auflösungsgrundes spreche schon die abschließende Aufzählung der gesetzlichen Auflösungsgründe in § 131 HGB.[89] Ferner sei die Tatsache zu beachten,

---

bemüht sein wird", die Geschäfte der KG zu führen; für den Fall der Auflösung der Komplementärin wegen Masselosigkeit oder Löschung zustimmend Staub/*Schäfer*, HGB, Bd. 3, § 131, Rn. 42.

84 E/B/J/S/*Henze*, HGB, Bd. 1, Anhang A nach § 177 a, Rn. 219.

85 Vgl. Scholz/*K. Schmidt/Bitter*, GmbHG, Bd. 3, § 60, Rn. 115; so schon zur alten Rechtslage Schlegelberger/*K. Schmidt*, HGB, § 131, Rn. 32; für den Fall der Auflösung der Komplementärin wegen Masselosigkeit oder Löschung zustimmend Staub/*Schäfer*, HGB, Bd. 3, § 131, Rn. 42.

86 Scholz/*K. Schmidt/Bitter*, GmbHG, Bd. 3, § 60, Rn. 115.

87 Auflösung der Komplementär-GmbH wegen Masselosigkeit nach § 1 LöschG (Beachte: durch das EGInsO (BGBl. 1994, Teil I, S. 2911) ist das LöschG m.W.z. 1.1.1999 aufgehoben und § 1 LöschG durch § 60 Abs. 1, Nr. 5 GmbHG ersetzt worden): BGH DStR 1993, 1227, 1228; NJW 1986, 850, 851; NJW 1980, 233; OLG Hamburg NJW 1987, 1896, 1897 = GmbHR 1987, 481 (Auflösung der Komplementär-GmbH nach Art. 12, § 1, Abs. 1 GmbH-Novelle 1980).

88 Koller/Roth/Morck/*Koller*, HGB, § 131, Rn. 23, der sich gegen die entsprechende Anwendung des § 131 Abs. 3, S. 1, Nr. 2 HGB auf die masselose Komplementär-GmbH ausspricht; so auch Baumbach/*Hopt*, HGB, § 131, Rn. 22, Anhang nach § 177 a, Rn. 45; Michalski/*Nerlich*, GmbHG, Bd. 2, § 60, Rn. 381; MünchHdb/*Piehler/Schulte*, Bd. 2, § 36, Rn. 6; MünchHdb/*Gummert*, Bd. 2, § 50, Rn. 105; Sudhoff/*Schlitt*, GmbH & Co. KG, § 29, Rn. 15; Hesselmann/Tillmann/Mueller-Thuns/*Lüke*, Hdb.GmbH&Co.KG, § 10, Rn. 28; *Grunewald*, EWiR Art. 12 GmbHÄndG 1/1987, 599, 600.

89 Sudhoff/*Schlitt*, GmbH & Co. KG, § 29, Rn. 15; ähnlich *Schlottmann*, Komplementärwegfall, S. 287, nach dem sich die Anerkennung weiterer Auflösungsgründe „aus Sondergesetzen oder zwingenden personengesellschaftsrechtlichen Erfordernissen ergeben" muss, was bei der Komplementärauflösung nicht der Fall ist.

dass der Gesetzgeber durch das HRefG trotz der schon zur alten Rechtslage bestehenden Diskussion über die Auflösung der KG bei Auflösung ihrer Komplementärin keinen derartigen Auflösungsgrund geschaffen habe.[90] Schließlich sei die Gesellschaft im Liquidationsstadium weiterhin rechtsfähig und durch ihre Liquidatoren handlungsfähig. Es könne keine Rede davon sein, dass die Vertretung der KG durch die Liquidatoren der Komplementärin stets unzuträgliche Verhältnisse erzeuge.[91] Sei eine ordnungsgemäße Vertretung durch die GmbH bzw. deren Liquidatoren im Einzelfall nicht gewährleistet, stünden den Gesellschaftern die Ausschließungs- sowie die Auflösungsklage nach §§ 133, 140 HGB und die gerichtliche Bestellung eines Notgeschäftsführers[92] als ausreichende Reaktionsmöglichkeiten zur Verfügung.[93]

Es erschließt sich in der Tat nicht, warum die Auflösung der Komplementär-GmbH automatisch zur Auflösung auch der KG führen soll. Durch den Fortbestand der aufgelösten Komplementärin in der werbenden KG werden keine vollendeten Tatsachen geschaffen, die der Möglichkeit einer erst später durch die Gesellschafter beschlossenen Auflösung entgegenstünden.[94] Denn die Auflösung der Komplementärin per se führt nicht zwangsweise dazu, dass eine ordnungsgemäße Geschäftsführung und Vertretung der typischen GmbH & Co. KG nicht mehr gewährleistet ist. Sollte dies im Einzelfall anders sein, ist es im Interesse der Vertragsfreiheit Sache der Gesellschafter, über das Schicksal der

---

90 Sudhoff/*Schlitt*, GmbH & Co. KG, § 29, Rn. 15.

91 BGH NJW 1980, 233; OLG Hamburg NJW 1987, 1896, 1897; OLG Frankfurt Rpfleger 1977, 138 f. = DNotZ 1976, 619, 620 f.; *Wiedemann*, GS-Lüderitz, S. 839, 855; Sudhoff/*Schlitt*, GmbH & Co. KG, § 29, Rn. 15; MünchHdb/*Gummert*, Bd. 2, § 50, Rn. 105, nach dem sich „die Funktion und die Aufgabe der Komplementär-GmbH in der KG auch im Falle ihrer Auflösung nicht ändert".

92 So BGH NJW 1980, 233.

93 BGH NJW 1980, 233; OLG Hamburg NJW 1987, 1896, 1897; Sudhoff/*Schlitt*, GmbH & Co. KG, § 29, Rn. 15; *Seeger*, Komplementärausscheiden, S. 47; Hesselmann/Tillmann/Mueller-Thuns/*Lüke*, Hdb.GmbH&Co.KG, § 10, Rn. 28 weist überdies auf die Möglichkeit des Auflösungsbeschlusses nach § 131 Abs. 1, Nr. 2 HGB hin. *Schlottmann*, Komplementärwegfall, S. 287 f. nennt zusätzlich die Klagen auf Entziehung von Geschäftsführungs- und Vertretungsbefugnis gemäß §§ 117, 127 HGB.

94 Dagegen werden die Kommanditisten beim Ausscheiden des einzigen Komplementärs regelmäßig vor vollendete Tatsachen gestellt, vgl. dazu Kap. 2, 3.3.5.2.2.

KG zu entscheiden.[95] Bei der KG mit mehreren Komplementären kann die Auflösung der KG durch Übernahme der Geschäftsführung und Vertretung durch eine werbende Komplementärin verhindert werden.

Damit ist festzuhalten: Die bloße Auflösung der Komplementär-GmbH kann nicht zu einem Ausscheiden nach § 131 Abs. 3, S. 1, Nr. 1 HGB führen. Sie stellt auch keinen sonstigen gesetzlichen Ausscheidensgrund oder einen Grund für die Auflösung der KG dar.

Schließlich kann aber auch die von der Gegenmeinung vorgeschlagene Auslegung des Gesellschaftsvertrags nicht Gegenstand der Antwort auf die Frage sein, unter welchen Voraussetzungen § 131 Abs. 3, S. 1, Nr. 1 HGB auf die Gesellschafter-Gesellschaft entsprechend anwendbar ist.[96] Nicht der Gesellschaftsvertrag, sondern die bei Auslegung und Rechtsfortbildung z.B. durch Analogie anzulegenden Kriterien Wortsinn, Systematik, Entstehungsgeschichte und Sinn und Zweck der Norm bestimmen, ob die Merkmale einer Rechtsvorschrift gegeben sind.[97] Aus dem Gesellschaftsvertrag kann sich die Ausscheidensfolge im Falle der Auflösung der Gesellschafter-Gesellschaft nur ergeben, wenn ein entsprechender Ausscheidensgrund gemäß § 131 Abs. 3, S. 1, Nr. 5, 6 HGB gesellschaftsvertraglich vereinbart ist.[98] Ein derartiges Ausscheiden hat nichts mit § 131 Abs. 3, S. 1, Nr. 1 HGB zu tun.

Bei der umwandlungsbedingten liquidationslosen Vollbeendigung treten jedenfalls dann keine Probleme hinsichtlich der Interessen der Kommanditisten auf, wenn es sich um eine Einheits-GmbH & Co. KG[99] handelt. Denn in diesem Fall sind die Kommanditisten zugleich Gesellschafter der GmbH. Dies führt dazu, dass eine Umwandlung der Komplementärin stets die Billigung der Kommanditisten voraussetzt.

Zu der Fallgruppe der liquidationslosen Vollbeendigung durch Vereinigung sämtlicher Anteile in einer Hand wird es nur in Ausnahmefällen kommen. Denn dies setzt die Beteiligung einer Gesamthand an der KG voraus, was angesichts der fehlenden haftungsrechtlichen Vorteile nicht üblich ist. Durchaus von Interesse kann allerdings die sog. doppelstöcki-

---

95 I.d.S. auch Hesselmann/Tillmann/Mueller-Thuns/*Lüke*, Hdb.GmbH&Co.KG, § 10, Rn. 28.

96 So aber etwa MünchKomm-HGB/*K. Schmidt*, Bd. 2, § 131, Rn. 68.

97 Vgl. *Larenz*, Methodenlehre der Rechtswissenschaft, S. 320 ff., 367.

98 Vgl. MünchHdb/*Piehler/Schulte*, Bd. 1, § 10, Rn. 53; Sudhoff/*Masuch*, PersGes, § 15, Rn. 13; so wohl auch *Schlitt*, NZG 1998, 580, 584; zu den Ausscheidensgründen § 131 Abs. 3, S. 1, Nr. 5, 6, vgl. Kap. 1, 1.1.6. und Kap. 1, 1.1.7.

99 Hierzu *K. Schmidt*, FS-H. P. Westermann, S. 1425 ff.

ge GmbH & Co. KG sein. Diese zeichnet sich dadurch aus, dass die Komplementärin einer GmbH & Co. KG eine GmbH & Co. KG ist.[100]

1.1.2.2.3 Stellungnahme

Die entsprechende Anwendung des § 131 Abs. 3, S. 1, Nr. 1 HGB auf die aufgelöste, die infolge der Liquidation vollbeendete sowie die liquidationslos vollbeendete Gesellschafter-Gesellschaft setzt voraus, dass die Voraussetzungen einer analogen Anwendung der Norm gegeben sind.

Die analoge Anwendung einer Norm erfordert das Bestehen einer Gesetzeslücke.[101] Diese liegt dann vor, wenn das Gesetz unvollständig ist und dies nicht dem Gesetzesplan entspricht.[102] Eine Gesetzeslücke besteht also nicht schon dann, wenn das Gesetz für einen bestimmten Sachverhalt keine Regelung bereithält. Es muss vielmehr an einer Regelung mangeln, die gemäß der gesetzlichen Teleologie eigentlich bestehen müsste.[103] Dabei ist der Plan des Gesetzes im Wege der historischen und teleologischen Auslegung zu ermitteln. Das Vorliegen einer Regelungslücke muss also anhand des Maßstabes des Gesetzes selbst festgestellt werden.[104] Außerdem muss eine vergleichbare Interessenlage zwischen dem geregelten und dem nicht geregelten Fall bestehen.[105] Diese liegt dann vor, wenn der ungeregelte Fall der gesetzlichen Wertung in jeder Hinsicht gleicht, wobei die verbleibenden Unterschiede, die aufgrund der lediglich bestehenden Ähnlichkeit der Tatbestände vorhan-

---

100 Vgl. MünchKomm-HGB/*Grunewald*, Bd. 3, § 161, Rn. 100.

101 Zur Gesetzeslücke als Voraussetzung der Analogie vgl. *Larenz*, Methodenlehre der Rechtswissenschaft, S. 370 ff.; *v. Tuhr*, BGB AT, Bd. 1, Einl, S. 41 ff.; *Raisch*, FS-Stimpel, S. 29, 32; *Würdinger*, AcP 206 (2006), 946, 950; *Regenfus*, JA 2009, 579, 580; *Lindner*, NVwZ 2008, 170, 172; *T. I. Schmidt*, JuS 2003, 649, 651; eingehend zu Gesetzeslücken auch *Canaris*, Lücken im Gesetz, passim; *Enneccerus/Nipperdey*, BGB AT, Hbbd. 1, § 58 I, S. 336 ff.

102 Vgl. *Canaris*, Lücken im Gesetz, S. 16 f., 31 ff., 39; *Larenz*, Methodenlehre der Rechtswissenschaft, S. 373; *Schneider*, JA 2008, 174, 175; *Würdinger/Bergmeister*, Jura 2007, 15, 17.

103 Das Gesetz darf nicht „beredt schweigen“, also durch das Fehlen einer Regelung den Eintritt einer bestimmten Rechtsfolge gerade vermeiden wollen, vgl. *Larenz*, Methodenlehre der Rechtswissenschaft, S. 370; *Canaris*, Lücken im Gesetz, S. 39 ff.; ferner *Looschelders/Roth*, Juristische Methodik, S. 222, 281 f.; *Würdinger*, AcP 206 (2006), 946, 951.

104 *Larenz*, Methodenlehre der Rechtswissenschaft, S. 373.

105 *Schneider*, JA 2008, 174, 175; *Würdinger*, AcP 206 (2006), 946, 952 f.; *Lindner*, NVwZ 2008, 170, 172; *Regenfus*, JA 2009, 579, 580.

den sind, nicht dergestalt sein dürfen, dass sie der Anwendung der gesetzlichen Wertung auf den ungeregelten Fall entgegenstehen.[106]

1.1.2.2.3.1 Vollbeendigung der Gesellschafter-Gesellschaft infolge Liquidation

Es ist bereits fraglich, ob das Gesetz hinsichtlich des Ausscheidens einer Gesellschafter-Gesellschaft aufgrund ihrer Vollbeendigung infolge Liquidation lückenhaft ist. Vielmehr kommen die §§ (730 ff.), 734 BGB, §§ (145 ff.), 155 HGB, § 49 Abs. 2 BGB, § 69 GmbHG, § AktG, § 705 BGB, § 20 Abs. 1, Nr. 2 und § 131 Abs. 1, Nr. 2 UmwG als Normen in Betracht, aus denen sich folgern lässt, dass eine Gesellschafter-Gesellschaft nicht mehr Mitglied einer Gesellschaft sein kann, wenn sie – auf welche Art und Weise auch immer – vollbeendet ist. Denn diese Vorschriften bestimmen die Beendigung der Vereinigung und damit[107] das Ende der Rechtsfähigkeit einer Gesellschaft[108], d.h. das Ende ihrer Fähigkeit, Träger von Rechten und Pflichten zu sein. Die Mitgliedschaft in einer Gesellschaft bedeutet die Übernahme von Rechten und Pflichten seitens des Gesellschafters.[109] Die Mitgliedschaft ist die Gesellschafterstellung innerhalb der Gesellschaft im Ganzen, d.h. die Gesamtheit der persönlichen, vermögensrechtlichen und korporativen Rechte und Pflichten des Gesellschafters.[110] Die Rechtsfähigkeit ist daher Voraussetzung der Mitgliedschaft in einer Gesellschaft. Entfällt die Rechtfähigkeit, kann es keine Mitgliedschaft geben. Das Ende der Rechtsfähigkeit markiert

---

106 *Larenz*, Methodenlehre der Rechtswissenschaft, S. 381 f.

107 Zum Ende der Rechtsfähigkeit eines Verbandes durch seine Beendigung vgl. BGH NJW 1979, 1592; OLG Düsseldorf NZG 2005, 363; NJW 1966, 1034, 1035.

108 Für die Vollbeendigung nach Liquidation bei GbR, oHG und KG greifen die §§ 730 ff. BGB bzw. §§ 145 ff. HGB, insbesondere § 734 BGB bzw. § 155 HGB, welche die Verteilung des Restvermögens nach Befriedigung der Gläubiger betreffen und damit das letzte Stadium der Auseinandersetzung vor Eintritt der Vollbeendigung regeln. Bei den juristischen Personen besagt § 49 Abs. 2 BGB, dass der Verein nur bis zum Ende seiner Liquidation rechtsfähig ist. Für die liquidationslose Vollbeendigung infolge der Vereinigung aller Anteile in einer Person gilt § 705 BGB, der nach h.M. das Bestehen von wenigstens zwei Gesellschaftern voraussetzt, vgl. dazu noch Kap. 1, 3.1. Für die liquidationslose Vollbeendigung nach UmwG gelten § 20 Abs. 1, Nr. 2, S. 1, § 131 Abs. 1, Nr. 2, S. 1 UmwG.

109 MünchKomm-BGB/*Ulmer*, Bd. 5, § 705, Rn. 179.

110 So etwa Palandt/*Sprau*, BGB, § 717, Rn. 1.

das Ende der Gesellschafterstellung. Das Ausscheiden einer vollbeendeten Gesellschaft ergibt sich demnach aus den Rechtsfolgen der Vollbeendigung.

Zu beachten ist aber, dass die Vollbeendigung wie bereits gezeigt die Auseinandersetzung der Gesellschaftsbeteiligung der Gesellschafter-Gesellschaft voraussetzt. Daher kann die Vollbeendigung der Gesellschafter-Gesellschaft infolge Liquidation grundsätzlich gar kein Grund für das Ausscheiden der Gesellschafter-Gesellschaft sein.[111] Der Fall der Gesellschaftsbeteiligung einer Gesellschafter-Gesellschaft ohne Kapitalanteil kann eine Ausnahme bilden.[112] Hier steht der Vollbeendigung nicht das Bestehen von Vermögen in Gestalt der Gesellschaftsbeteiligung entgegen, so dass die Vollbeendigungsvoraussetzungen erfüllt sein können.[113] Etwas anderes gilt aber wiederum dann, wenn die Gesellschafter-Gesellschaft ohne Kapitalanteil einen Vergütungsanspruch gegen die Gesellschaft für das übernommene Haftungsrisiko hält.[114] Diesen würde sie erst dann verlieren, wenn sie aus anderem Grund ausscheiden würde.

1.1.2.2.3.2 Gesellschafter-Gesellschaft i.L.

Die Argumentation des BGH[115], wonach schon bei Auflösung ein Ausscheiden deshalb nicht erfolge, weil in diesem Fall keine Rechtsnachfolge vorliege, ist nicht überzeugend. Denn bei der seitens der Rechtsprechung als Auslöser des Ausscheidens befürworteten Vollbeendigung infolge Liquidation steht mangels verteilungsfähigen Vermögens ebenso keine Rechtsnachfolge im Raum. Festzustellen ist jedoch, dass der Gesetzeswortlaut keine Ausscheidensregelung für den Fall vorsieht, dass eine Komplementärgesellschaft aufgelöst ist. Das Gesetz ist also lückenhaft. Es erscheint allerdings fraglich, ob diese Lücke dem Regelungsplan des Gesetzes widerspricht.

---

111 Dass die Vollbeendigung der Gesellschaft bis zum Ende der Beteiligung an der KG nicht möglich ist, räumen einige Gerichte ein, vgl. OLG Düsseldorf GmbHR 1995, 233, 234; OLG Frankfurt Rpfleger 1977, 138, 139.

112 Zur Zulässigkeit der Beteiligung einer Gesellschafter-Gesellschaft ohne Kapitalanteil vgl. statt vieler *Huber*, Vermögensanteil, S. 289 ff.

113 Darauf weist auch das OLG Hamm ZIP 2007, 1233, 1237 hin.

114 So *Seeger*, Komplementärausscheiden, S. 45

115 Vgl. BGH NJW 1980, 233.

§ 131 Abs. 3, S. 1, Nr. 1 HGB bestimmt, dass der verstorbene Gesellschafter aus der Gesellschaft ausscheidet, seine Mitgliedschaft somit nicht auf den oder die Erben übergeht. Die Regelung bezweckt, dass den verbleibenden Gesellschaftern keine Unternehmensfortführung mit den Erben aufgedrängt wird, die sie bei Abschluss des Gesellschaftsvertrags nicht kennen konnten.[116]

Die Auflösung lässt die Vermögensordnung der Gesellschaft unberührt.[117] Die Auflösung bewirkt also keine Rechtsnachfolge in die Stellung der Gesellschafter-Gesellschaft. Vielmehr bleibt sie Rechtsträger des Gesellschaftsanteils. Folglich bedarf es keines Schutzes der übrigen Gesellschafter vor ihnen unbekannten Rechtsnachfolgern. Nach dem Regelungsplan des § 131 Abs. 3, S. 1, Nr. 1 HGB bedarf es damit keiner Ausscheidensregel für den Fall der Auflösung der Gesellschafter-Gesellschaft. Die Lücke im Gesetz, deretwegen die Auflösung der Gesellschafter-Gesellschaft nicht zum Ausscheiden nach § 131 Abs. 3, S. 1, Nr. 1 HGB führt, ist also nicht planwidrig. Eine Analogie zu § 131 Abs. 3, S. 1, Nr. 1 HGB scheidet aus.

1.1.2.2.3.3 Liquidationslose Vollbeendigung gemäß UmwG

Auch in den Umwandlungsfällen ist zu überprüfen, ob das Fehlen einer Regelung, welche die Nichtübertragbarkeit der Mitgliedschaft einer aufgrund eines Umwandlungstatbestandes vollbeendeten Gesellschaft und deren Ausscheiden aus der Gesellschaft vorsieht, dem Regelungsplan des Gesetzes widerspricht.

Die gesetzliche Rechtsnachfolge[118] in den Geschäftsanteil aufgrund der Umwandlungstatbestände birgt das Risiko des Einrückens in die Gesellschafterstellung eines den übrigen Gesellschaftern neuen und unbekannten Rechtsträgers. Ein Widerspruch zur ratio des § 131 Abs. 3, S. 1, Nr. 1 HGB könnte demnach anzunehmen sein.

Ferner könnte im Wege der Umwandlung faktisch ein rechtsgeschäftlicher Gesellschafterwechsel vorgenommen werden, da die kraft Gesetz erfolgende Übertragung des Anteils einzig auf der privatautonomen Ent-

---

116 Zum Normzweck vgl. *Hess*, HRefG, S. 48; zur Kritik an § 131 Abs. 3, S. 1, Nr. 1 HGB vgl. MünchKomm-HGB/*K. Schmidt*, Bd. 2, § 131, Rn. 63 m.w.N.

117 Vgl. näher Kap. 2, 2.2.1.2.2.

118 Zum Vermögensübergang im Wege der (partiellen) Gesamtrechtsnachfolge bei Umwandlungen Semler/Stengel/*Kübler*, UmwG, § 20, Rn. 8 ff.; Semler/Stengel/*Stengel*, UmwG, § 123, Rn. 6.

scheidung der an der Umwandlung beteiligten Rechtsträger beruht. Die Umwandlung des Rechtsträgers der Gesellschafter-Gesellschaft widerspräche damit dem in § 131 HGB zur Geltung kommenden Grundsatz, dass die Übertragung eines Geschäftsanteils – jedenfalls einer werbenden Gesellschaft – für die einzelnen Gesellschafter derart bedeutsam ist, dass sie unter dem Vorbehalt ihrer Zustimmung steht.[119]

Dem Interesse eines jeden Gesellschafters an der Möglichkeit der Einflussnahme auf die Zusammensetzung des Gesellschafterbestandes kann in für diesen zumutbarer Weise auch nicht durch die Auflösungs- oder Ausschließungsklage aus §§ 133, 140 HGB Rechnung getragen werden. Selbst wenn man, was wie oben dargestellt in der Literatur bestritten wird, allein in dem Gesellschafterwechsel einen zur Auflösung oder zur Ausschließung berechtigenden wichtigen Grund erblicken würde, so würde das Heft des Handelns doch den übrigen Gesellschaftern in die Hände gegeben. Diese müssten sich durch Klageerhebung bemühen, den eingetretenen Neuzustand rückgängig zu machen, obwohl die Veränderungen von dem an der Umwandlung beteiligten Rechtsträger, der Gesellschafter-Gesellschaft, ausgegangen sind. Es erscheint daher sachgerecht, der Gesellschafter-Gesellschaft die Mühen aufzuerlegen. So ist es ihr zumutbar, zunächst auf die übrigen Gesellschafter der Hauptgesellschaft einzuwirken, damit diese einem Gesellschafterwechsel zustimmen.[120] Im Falle der ablehnenden Haltung der Gesellschafter bliebe der Gesellschafter-Gesellschaft noch die Möglichkeit, durch Kündigung die Beteiligung an der Gesellschaft aufzugeben, um die Umwandlung vornehmen zu können. Mithin könnte von einer Regelungsplanwidrigkeit auszugehen sein.

---

119 Sog. Grundsatz der Höchstpersönlichkeit (des Zusammenschlusses), dazu *Habersack*, Reform des Handelsstandes und der Personengesellschaften, S. 73, 85; MünchKomm-BGB/*Ulmer/Schäfer*, Bd. 5, § 719, Rn. 27 m.w.N.; *Lamprecht*, ZIP 1997, 919, nach dem die oHG deshalb ein grundsätzlich höchstpersönliches Rechtsverhältnis ist, weil die Gesellschafter die unbeschränkte Haftung für die Verbindlichkeiten der Gesellschaft nur im Vertrauen auf die jeweilige Person ihrer Mitgesellschafter auf sich nehmen. Vgl. auch *Rieble*, ZIP 1997, 301, 307; ferner BGH BB 1958, 57; im Zusammenhang mit der Vererbung von Personengesellschaftsanteilen vgl. *Schäfer*, BB-Special 05/2004, 14; zur Zulässigkeit der Mehrheitsentscheidung über den Anteilsübergang vgl. BGH WM 1961, 303 f.

120 Ein Gesellschafterwechsel mit Zustimmung aller Gesellschafter ist zweifelsohne möglich, vgl. dazu *Grunewald*, GesR, 1 A, Rn. 149.

Es erscheint allerdings fraglich, ob das Gesetz den Zweck des § 131 Abs. 3, S. 1, Nr. 1 HGB, die übrigen Gesellschafter vor unbekannten Rechtsnachfolgern zu schützen, auch bei Gesellschaftsbeteiligungen durch Gesellschaften für beachtlich hält. Dazu empfiehlt es sich, den Zweck der Vorschrift näher zu bestimmen.

§ 177 HGB sieht das Nachrücken des Kommanditistenerben in die Stellung des Kommanditisten vor, ohne dass es dazu einer gesellschaftsvertraglichen Nachfolgeklausel bedarf. Die Norm erlaubt, dass ein dem bestehenden Gesellschafterbestand unbekannter Gesellschafter Nachfolger des Kommanditisten wird. In Anbetracht dessen kann sich § 131 Abs. 3, S. 1, Nr. 1 HGB nicht darin erschöpfen, das Einrücken eines neuen und unbekannten Gesellschafters ohne Zustimmung der übrigen Gesellschafter zu verhindern. Dessen Zweck kann also nicht darin bestehen, die Rechtsnachfolge in die vermögens- und mitgliedschaftsrechtliche Position des verstorbenen Gesellschafters – dies lässt § 177 HGB ja gerade zu – zu untersagen. Er muss vielmehr darin bestehen, die dem Tod eines unbeschränkt haftenden Gesellschafters im Gegensatz zum Tod eines Kommanditisten zukommenden Besonderheiten zu erfassen. Diese bestehen in der Haftungsverfassung und insbesondere in den Geschäftsführungs- und Vertretungsbefugnissen, §§ 114 ff., 125 ff., 164, 170 HGB, die wegen des Grundsatzes der Selbstorganschaft den Gesellschaftern und im Falle der KG grundsätzlich nur dem Komplementär zukommen.

Die unbeschränkte Haftung eines Neukomplementärs werden die übrigen Gesellschafter regelmäßig gutheißen, denn sie galt bereits für den Rechtsvorgänger. Sie dürften keine Einwände dagegen haben, dass nunmehr ein anderer ihnen bislang Unbekannter für die Verbindlichkeiten der KG unbeschränkt haftet. Anders verhält es sich hinsichtlich der Geschäftsführungs- und Vertretungsbefugnisse. Insofern wird es ihnen durchaus auf die Person des Komplementärs ankommen, denn dessen Unternehmensführung bindet nicht nur die KG, sondern letztlich auch sie selbst. § 131 Abs. 3, S. 1, Nr. 1 HGB kann folglich lediglich der Sinn und Zweck entnommen werden, die Ausübung der einem persönlich haftenden Gesellschafter zustehenden Geschäftsführungs- und Vertretungsrechte, die dem Kommanditisten nach §§ 164, 170 HGB gerade nicht zustehen, zu vereiteln und damit die übrigen Gesellschafter vor den Geschäftsführungs- und Vertretungsrechten des Rechtsnachfolgers zu schützen. Jedenfalls in der KG mit einer natürlichen Person als Komplementär darf darauf vertraut werden, dass diese und nach deren Tod nicht deren Rechtsnachfolger die Geschäftsführungs- und Vertretungsrechte wahrnimmt. Demgemäß lässt das Gesetz auch in Fällen außerhalb der Rechtsnachfolge von Todes wegen keinen Wechsel der Geschäftsführungs- und Vertretungsbefugnisse auf eine fremde natürliche Person zu, wenn die übrigen Gesellschafter nicht damit einverstanden sind. So ist es dem Geschäfts- und Vertretungsberechtigten verwehrt, seine Rechte auf einen Dritten zu übertragen. Es bedarf vielmehr einer von den übrigen Gesellschaftern getragenen Änderung des Gesellschaftsvertrags, wie sich aus § 114 Abs. 2, § 125 Abs. 1 HGB ergibt.

Doch erscheint es fraglich, ob dies auch bei Gesellschaftsbeteiligungen durch Gesellschaften von Bedeutung sein kann. Ein Rechtsträger, der nicht natürliche Person ist, kann nicht selbst die Geschäftsführungs- und Vertretungshandlungen vornehmen. Für ihn handeln die nach dem Gesetz dazu bestimmten natürlichen Personen.[121] Bei Personengesellschaften unterliegt die Vertretung der Gesellschaft dem Prinzip der Selbstorganschaft, nach dem die Gesellschafter stets das Recht haben müssen, die Gesellschaft ohne Gesellschaftsfremde zu führen.[122] Wer vertretungsberechtigt ist, hängt daher vom Gesellschafterbestand ab. Auf diesen haben die Gesellschafter der Hauptgesellschaft jedoch gerade keinen Einfluss. Ebenso wenig Einfluss haben sie auf die Entscheidung des Aufsichtsrats in der AG oder der Gesellschafterversammlung in der GmbH, die für die Bestellung der Führungskräfte gemäß § 84 AktG, § 46 Nr. 5 GmbHG zuständig sind. Die Gesellschafter der Hauptgesellschaft können sich daher bei Aufnahme der Gesellschafter-Gesellschaft in die Gesellschaft nicht gewiss darüber sein, wer die Pflichten zur Vertretung der Gesellschafter-Gesellschaft und damit auch der Hauptgesellschaft wahrnimmt. Übertragen auf die Fälle der Umwandlung haben die Gesellschafter nach der bestehenden Gesetzeslage also keine Möglichkeit, sich der Einflussnahme von ihnen unbekannter Personen innerhalb der neuen Gesellschafter-Gesellschaft zu erwehren. Dem Regelungsplan des Gesetzes ist demnach nicht zu entnehmen, dass Gesellschafter vor unbekannten Rechtsnachfolgern zu schützen sind, sofern es sich bei

121 Für die AG handelt der Vorstand, §§ 76 ff. AktG, für die GmbH der Geschäftsführer, § 35 ff. GmbHG, gleiches gilt für die oHG und die KG, §§ 114 ff., 125 ff. HGB sowie die GbR, §§ 709 ff., 714 ff. BGB.

122 Zu diesem Prinzip vgl. allgemein *Werra*, Selbstorganschaft, passim; *Zinn*, Selbstorganschaft bei Personengesellschaften, passim; *Heidemann*, Prinzip der Selbstorganschaft, passim; *H. P. Westermann*, FS-Lutter, S. 955 ff.; *Dellmann*, FG-Hengeler, S. 64, 66 ff.

diesen um Gesellschaften handelt. Eine Regelungsplanwidrigkeit ist also nicht gegeben.

Etwas anderes könnte sich nur dann ergeben, wenn die Gesellschafter-Gesellschaft dazu verpflichtet wäre, ihre Geschäftsführung nur mit Zustimmung der Gesellschafter der Hauptgesellschaft zu bestellen. Die Zulässigkeit einer derartigen Vereinbarung erscheint jedoch fraglich, da sie dogmatisch betrachtet in strukturelle Entscheidungen innerhalb der Gesellschafter-Gesellschaft eingreift[123] und aus praktischer Sicht Konfliktpotential innerhalb der Gesellschafter-Gesellschaft und der Hauptgesellschaft birgt. Ebenso ist es unangebracht, eine teleologische Reduktion der Vorschriften zur Bestellung der Geschäftsführung bzw. des Vorstand dahingehend zu erwägen, dass eine Stimmbeteiligung der Gesellschafter der Hauptgesellschaft bei der Bestellung erfolgt. Eine derartige Absprache oder eine teleologische Reduktion wäre allenfalls für die Gesellschafter-GmbH denkbar. Denn das GmbH-Recht lässt die Übertragung der Befugnis zur Bestellung der Geschäftsführer nach § 46 Nr. 5 GmbHG von der Gesellschafterversammlung auf Dritte zu.[124] Es bleibt also dabei: Eine Analogie zu § 131 Abs. 3, S. 1, Nr. 1 HGB scheidet bei der liquidationslosen Vollbeendigung nach dem UmwG aus.

1.1.2.2.3.4 Infolge Vereinigung aller Anteile in einer Person liquidationslos vollbeendete Gesellschafter-Gesamthand

Schließlich ist zu untersuchen, ob das Fehlen einer Regelung, welche die Nichtübertragbarkeit der Mitgliedschaft einer wegen der Vereinigung aller Anteile in einer Hand vollbeendeten Personengesellschaft und deren Ausscheiden aus der Gesellschaft vorsieht, diesem soeben konkretisierten Regelungsplan widerspricht. Ist die Gesellschafter-Gesellschaft vollbeendet, gehen sämtliche Aktiva und Passiva im Wege der Gesamtrechtsnachfolge auf den verbleibenden Gesellschafter über.[125] Er ist nun

---

123 Bei der AG ist zwingend allein der Aufsichtsrat für die Bestellung des Vorstands zuständig, vgl. MünchKomm-AktG/*Spindler*, Bd. 2, § 84, Rn. 12; *Hüffer*, AktG, § 84, Rn. 1, 5 mit Hinweis auf die Satzungsstrenge gemäß § 23 Abs. 5 AktG. Bei Personengesellschaften stellt die Änderung der Geschäftsführungs- und Vertretungsverhältnisse ein Grundlagengeschäft dar, dessen Abschluss zwingend den Gesellschaftern vorbehalten ist, vgl. E/B/J/S/*Hillmann*, HGB, Bd. 1, § 126, Rn. 7 f.

124 So Roth/Altmeppen/*Altmeppen*, GmbHG, § 6, Rn. 59 m.w.N.

125 Vgl. dazu Kap. 1, 3.2.2 und Kap. 1, 3.2.3.

Komplementär der Haupt-KG und ihm fällt, ist er der einzige Komplementär, jedenfalls die Vertretungsbefugnis nach §§ 125, 170 HGB allein zu. Sind weitere Komplementäre vorhanden, so gilt Einzelvertretungsbefugnis eines jeden Komplementärs nach § 125 Abs. 1 HGB, wenn der Gesellschaftsvertrag nicht etwas anderes vorsieht. Ein den übrigen Gesellschaftern unbekannter Neugesellschafter wäre damit geschäftsführungs- und vertretungsbefugt. Die Übertragung der Mitgliedschaft könnte deshalb nach § 131 Abs. 3, S. 1, Nr. 1 HGB analog ausgeschlossen sein. Allerdings könnte der Umstand, dass der Rechtsnachfolger anders als ein Erbe den Gesellschaftern aufgrund seiner Mitgliedschaft in der Gesellschafter-Gesellschaft bekannt ist und/oder sogar schon als Geschäftsführer für diese aufgetreten ist, zu einem anderen Ergebnis führen. Angesichts der Möglichkeit der Gesellschafter-Gesellschaft, ihren Gesellschafterbestand ohne Zustimmung der Hauptgesellschafter kurzfristig zu ändern,[126] lässt sich eine Kenntnis der Gesellschafter der Hauptgesellschaft über den Rechtsnachfolger indes nicht pauschal bejahen. Ebenso wenig lässt sich aber sagen, der Erbe sei den übrigen Gesellschaftern stets unbekannt. So ist denkbar, dass ein Mitgesellschafter den Anteil des verstorbenen Gesellschafters erben soll oder ein schon lange Zeit zwecks Einarbeitung in die Unternehmenstätigkeit an der Gesellschaft beteiligter Nachkomme als Erbe bedacht ist. Letzteres wird zwecks Erreichung eines flüssigen Beteiligungsübergangs sogar die Regel sein. § 131 Abs. 3, S. 1, Nr. 1 HGB kann deshalb durchaus Fälle erfassen, in denen der Rechtsnachfolger den übrigen Gesellschaftern bekannt ist.

Überdies ist – wie § 177 HGB zeigt – nicht allein die Unbekanntheit des Rechtsnachfolgers von Bedeutung, sondern vielmehr der Umstand, dass dem Neugesellschafter in der Vergangenheit nicht bestehende Geschäftsführungs- und Vertretungsrechte nunmehr zustehen und die übrigen Gesellschafter nicht einschätzen können, welche unternehmerischen Entscheidungen der Neugesellschafter nunmehr trifft. Man denke nur an den noch zu erörternden Fall einer zweigliedrigen Komplementär-KG, deren nach § 170 HGB von der Vertretung ausgeschlossener Kommanditist durch Ausscheiden des Komplementärs Rechtsnachfolger der KG wird.[127] Die übrigen Gesellschafter der Hauptgesellschaft sehen sich

126 Der Wechsel von Gesellschaftern stellt ein Grundlagengeschäft dar, worüber die Gesellschafter zu befinden haben, vgl. statt vieler Baumbach/*Hopt*, HGB, § 126, Rn. 3.

127 Vgl. dazu Kap. 3, 1.

damit den Vertretungs- und Geschäftsführungshandlungen eines Komplementärs ausgesetzt, der zuvor in seiner Eigenschaft als Kommanditist in einer zweigliedrigen Gesellschafter-Gesellschaft kraft Gesetzes von deren Vertretung ausgeschlossen war.

Wiederum könnten aber Gründe gegen die Annahme der Regelungsplanwidrigkeit bestehen. Dies wäre dann gegeben, wenn das Gesetz den Gesellschaftern der zweigliedrigen Gesellschaft gestatten würde, durch privatautonome Entscheidung genau die Verhältnisse herbeizuführen, deren Eintritt durch die Unübertragbarkeit der Mitgliedschaft gerade verhindert werden sollen. Die Regelung der Geschäftsführung und Vertretung der Gesellschafter-Gesellschaft kommt deren Gesellschaftern zu. Es handelt sich wie bereits dargelegt um ein Grundlagengeschäft. Die Gesellschafter können vereinbaren, dass nicht mehr der eine, sondern der andere der beiden Gesellschafter die Führung in der Gesellschaft übernimmt und damit als Vertreter der Gesellschafter-Gesellschaft innerhalb der Hauptgesellschaft Vertretungsrechte wahrnimmt. Selbst die Vertretung der Gesellschaft durch einen aufgrund des Ausscheidens des einzigen Komplementärs verbleibenden Kommanditisten könnte innerhalb der zweigliedrigen KG dadurch erreicht werden, dass der Kommanditist durch rechtsgeschäftliche Vertretung[128] oder durch Bestellung zum Geschäftsführer einer eigens zur Übernahme der Komplementärstellung gegründeten GmbH als Vertreter agiert.[129] Schließlich könnten die Gesellschafter einen Wechsel der Kommanditisten- und Komplementärstellung vereinbaren und dem Kommanditisten auf diese Weise die Vertretung der KG ermöglichen.

Daraus folgt: Kommen beide Gesellschafter der zweigliedrigen Gesellschafter-KG überein, dass das Unternehmen von dem Kommanditisten weitergeführt werden und dieser in seiner Eigenschaft als Rechtsnachfolger der Komplementär-KG auch in der Haupt-KG Führungsverantwortung übernehmen soll, so ließe § 131 Abs. 3, S. 1, Nr. 1 HGB dies nicht zu. Vereinbaren die beiden Gesellschafter dagegen, dass es anstelle des Austritts des Komplementärs zu einem Wechsel von Komplementär- und Kommanditistenstellung, zur Gründung einer Komplementär-GmbH mit dem Kommanditisten als Geschäftsführer oder zur Ein-

---

128 Die Einräumung rechtsgeschäftlicher Vertretungsmacht gegenüber dem Kommanditisten ist statthaft und verstößt insbesondere nicht gegen § 170 HGB, vgl. statt vieler MünchKomm-HGB/*Grunewald*, Bd. 3, § 170, Rn. 15. Vgl. zudem Kap. 2, 3.1.1.2.

129 So MünchKomm-HGB/*Grunewald*, Bd. 3, § 170, Rn. 19.

räumung rechtsgeschäftlicher Vertretungsmacht des Kommanditisten kommt, ließe sich das oben abgelehnte Ergebnis erreichen. Das Gesetz gestattet den Gesellschaftern der zweigliedrigen Gesellschaft also, durch privatautonome Entscheidung genau die Verhältnisse herbeizuführen, deren Eintritt durch die Unübertragbarkeit der Mitgliedschaft gerade verhindert werden sollen. Die Regelungsplanwidrigkeit ist daher nicht gegeben, so dass die analoge Anwendung des § 131 Abs. 3, S. 1, Nr. 1 HGB ausscheidet.

1.1.2.2.4 Ergebnis

§ 131 Abs. 3, S. 1, Nr. 1 HGB findet weder entsprechende Anwendung auf die Vollbeendigung infolge Liquidation noch auf die Auflösung der Komplementärgesellschaft. Die Vorschrift ist ebenfalls nicht auf liquidationslose Vollbeendigung einer Komplementärgesellschaft analog anzuwenden. Damit scheidet die liquidierte und vollbeendete Gesellschaft unabhängig von § 131 Abs. 3, S. 1, Nr. 1 HGB aus. Dagegen verbleibt die nur aufgelöste Gesellschaft in der KG. Der Rechtsnachfolger einer liquidationslos vollbeendeten Gesellschaft rückt in die KG ein.

1.1.3 Insolvenzverfahrenseröffnung über das Vermögen des Gesellschafters, § 131 Abs. 3, S. 1, Nr. 2 HGB

1.1.3.1 § 131 Abs. 3, S. 1, Nr. 2 HGB unmittelbar

Gemäß § 131 Abs. 3, S. 1, Nr. 2 HGB stellt die Eröffnung des Insolvenzverfahrens über das Vermögen des Gesellschafters einen Grund für dessen Ausscheiden aus der Gesellschaft dar. Die Regelung gilt sowohl für den oHG-Gesellschafter und den Komplementär als auch den Kommanditisten.[130] Ihr Zweck besteht vornehmlich darin, den Gläubigern des insolventen Gesellschafters den Zugriff auf dessen durch das Ausscheiden entstehenden Abfindungsanspruch gemäß § 738 Abs. 1, S. 2 BGB (i.V.m. § 105 Abs. 3 bzw. § 161 Abs. 2 HGB) zu sichern und gleichzeitig die Fortführung des Unternehmens im Interesse der übrigen Gesell-

---

130 Statt aller E/B/J/S/*Lorz*, HGB, Bd. 1, § 131, Rn. 45; zum Sonderfall der zeitgleichen Insolvenz von Gesellschafter und Gesellschaft, sog. Simultaninsolvenz, vgl. Kap. 3, 2.

schafter zuzulassen.[131] Daneben soll die Vorschrift sicherstellen, dass kein vermögensloser Gesellschafter in der Gesellschaft zu dulden ist[132] und kein Insolvenzverwalter die Rechte des ausgeschiedenen Gesellschafters ausübt.[133] Dieses Verständnis des Normzwecks kann jedoch allenfalls bei der Gesellschafterinsolvenz in der werbenden Gesellschaft gelten. Denn in der aufgelösten Gesellschaft ordnet § 146 Abs. 3 HGB den Verbleib des sodann insolvent gewordenen Gesellschafters in der Gesellschaft und den Übergang des Liquidatorenamtes auf den Insolvenzverwalter an.[134]

Bereits § 131 Nr. 5 HGB a.F., wonach die Gesellschaft durch die Eröffnung des Konkurses über das Vermögen eines Gesellschafters aufgelöst wurde, hatte den Schutz der Verwertungsinteressen des Gläubigers des insolventen Gesellschafters zum Ziel.[135] Der Konkursverwalter[136] übernahm die Verwaltungs- und Verfügungsrechte über das Vermögen des vom Konkurs betroffenen Gesellschafters und konnte den Gesellschaftsanteil im Interesse der Gläubiger verwerten.[137] Die Liquidation der Gesellschaft unter Einfluss des Insolvenzverwalters wurde den übrigen Gesellschaftern also zugemutet.[138]

Nach neuem Recht stehen dem Insolvenzverwalter die Verfügungs- und Verwaltungsrechte in Bezug auf den Abfindungsanspruch des insolventen Gesellschafters zu.[139] Damit erwirbt der Insolvenzverwalter auch nach derzeitiger Rechtslage keine Verwaltungs- oder Verfügungsrechte an einem Geschäftsanteil einer werbenden Gesellschaft. Wie bereits

---

131 Staub/*Schäfer*, HGB, Bd. 3, § 131, Rn. 89; MünchHdb/*Piehler/Schulte*, Bd. 2, § 36, Rn. 7.

132 So *K. Schmidt*, GesR, § 50 II 3c, S. 1453 f.; vgl. *dens.*, ZIP 2008, 2337, 2338; wohl zustimmend MünchHdb/*Piehler/Schulte*, Bd. 2, § 36, Rn. 9.

133 So jetzt MünchKomm-HGB/*K. Schmidt*, Bd. 2, § 131, Rn. 69.

134 Vgl. Staub/*Habersack*, HGB, Bd. 3, § 146, Rn. 45 f.

135 Vgl. Schlegelberger/*K. Schmidt*, HGB, § 131, Rn. 36.

136 Die Begriffe „Konkurs“ und „Konkursverwalter“ galten bis zur Aufhebung der Konkursordnung, die durch das EGInsO (BGBl. 1994, Teil I, S. 2911) mit Wirkung zum 1.1.1999 erfolgte. Zum EGInsO vgl. auch *Habersack*, Reform des Handelsstandes und der Personengesellschaften, S. 73, 74.

137 BGH NJW 1980, 233.

138 Dagegen ließ das Gesetz seinerzeit keine werbende Fortführung der Gesellschaft unter Einfluss des Insolvenzverwalters zu, vgl. BGH NJW 1980, 233.

139 Staub/*Schäfer*, HGB, Bd. 3, § 131, Rn. 89, der von der Gleichwertigkeit von Auseinandersetzungsguthaben und Abfindungsanspruch ausgeht und dem Gläubiger gesellschaftsvertragliche Beschränkungen des Abfindungsanspruchs im Rahmen des rechtlich Zulässigen zumutet.

nach altem Recht sind die Gesellschafter einer werbenden Gesellschaft demnach vor der Einflussnahme Dritter geschützt.[140] Aus dem Interesse der Gläubiger an der Verwertung des Abfindungsanspruchs ergibt sich, dass die Gesellschafter die Rechtsfolgen der Norm nur in beschränktem Maße abbedingen können. Die Liquidationsmöglichkeit des Geschäftsanteils durch die Gläubiger muss stets gewährleistet sein, etwa durch Vereinbarung der Auflösung im Falle der Gesellschafterinsolvenz und den somit eröffneten Gläubigerzugriff auf das Auseinandersetzungsguthaben.[141] Theoretisch denkbar, wenn auch in der Praxis wohl äußerst selten vorkommend, ist eine Abrede, wonach der Insolvenzverwalter die Verwaltungs- und Verfügungsrechte des ausgeschiedenen Gesellschafters in der werbenden Gesellschaft übernimmt. Der Verwalter ist dann in der Lage, den Geschäftsanteil durch Kündigung zu verwerten.[142]

Dagegen ist eine Vereinbarung der Gesellschafter, wonach die werbende Gesellschaft trotz der Insolvenz eines Gesellschafters mit diesem fortgeführt wird, unzulässig.[143] Der durch eine derartige Regelung bezweckte Verbleib des Gesellschafters kann allerdings dadurch herge-

---

140 Zwar kommt es beim Verbleib des Gesellschafters in der Gesellschaft trotz seiner Insolvenz lediglich zum Übergang von Verwaltungs- und Verfügungsrechten auf den Insolvenzverwalter und nicht zu einer Nachfolge in die Inhaberschaft des Geschäftsanteils, vgl. dazu statt vieler Braun/*Kroth*, InsO, § 80, Rn. 2 („Trennung zwischen Rechtsinhaberschaft einerseits und Verwaltungs- und Verfügungsrecht andererseits"); *Al. Bergmann*, ZInsO 2004, 225, 227. Durch den Übergang dieser weitreichenden Befugnisse übernimmt der Verwalter aber faktisch den Anteil, vgl. Andres/Leithaus/*Leithaus*, InsO, § 80, Rn. 3. Doch ist die Anteilsübertragung aufgrund des höchstpersönlichen Charakters der Personengesellschaft – jedenfalls in der werbenden Gesellschaft – ohne Zustimmung aller Gesellschafter grundsätzlich unzulässig, so dass auch der Übergang der Verwaltungs- und Verfügungsrechte auf den Verwalter nicht ohne weiteres erfolgen kann.

141 Staub/*Schäfer*, HGB, Bd. 3, § 131, Rn. 89; MünchHdb/*Piehler/Schulte*, Bd. 2, § 36, Rn. 7; *Habersack*, Reform des Handelsstandes und der Personengesellschaften, S. 73, 91; *Krings/Otte*, NZG 2012, 761; vgl. *Ulmer*, ZIP 2010, 805, 806.

142 Vgl. dazu *Heerma*, ZIP 2011, 981, 985, 987.

143 Koller/Roth/Morck/*Koller*, HGB, § 131, Rn. 23; MünchHdb/*Piehler/Schulte*, Bd. 2, § 36, Rn. 7; *Schlitt*, NZG 1998, 580, 584 f.; abweichend *Voigt*, NZG 2007, 695, 697 f., der eine gesellschaftsvertragliche Regelung für zulässig hält, wonach ein insolventer Kommanditist in der weiterhin werbenden Publikums-KG verbleibt; dem widersprechend *Göcke*, NZG 2009, 211 ff.; kritisch auch *Heerma*, ZIP 2011, 981, 985.

stellt werden, dass dieser sogleich wieder in die Gesellschaft aufgenommen wird.[144] Der Gläubigerzugriff auf den Abfindungsanspruch ist dadurch nicht vereitelt. Allerdings ist zu berücksichtigen, dass der Gesellschafter mit Eröffnung des Insolvenzverfahrens die Befugnis verliert, Verpflichtungen in Bezug auf und mit Wirkung gegen die Masse zu begründen.[145] Eine erneute Beteiligung des insolventen Gesellschafters an der Gesellschaft wird daher ohne das Plazet seines Insolvenzverwalters grundsätzlich ausgeschlossen sein.[146]

1.1.3.2 § 131 Abs. 3, S. 1, Nr. 2 HGB analog

1.1.3.2.1 Bestandsaufnahme

Innerhalb der Literatur wird diskutiert, ob ein Gesellschafter auch bei Ablehnung der Eröffnung des Insolvenzverfahrens mangels Masse nach § 131 Abs. 3, S. 1, Nr. 2 HGB aus der Gesellschaft ausscheidet. *K. Schmidt* will die Vorschrift auch in diesen Fällen anwenden.[147] Die Insolvenzablehnung mangels Masse sei als ein Fall qualifizierter Insolvenz vom Anwendungsbereich des § 131 Abs. 3, S. 1, Nr. 2 HGB erfasst.[148]

---

144 So *Schlitt*, NZG 1998, 580, 585, nach dem die Wiederaufnahme des insolventen Gesellschafters regelmäßig schon an dessen fehlender finanziellen Leistungsfähigkeit zur Erfüllung der Einlageverpflichtung scheitern werde.

145 Vgl. dazu MünchKomm-InsO/*Ott/Vuia*, Bd. 1, § 80, Rn. 11; Uhlenbruck/*Uhlenbruck*, InsO, § 80, Rn. 2.

146 Vereinbaren die Gesellschafter, dass die Gesellschafterinsolvenz zur Auflösung der Gesellschaft führt, ist deren werbende Fortsetzung einschließlich des insolventen Gesellschafters nur möglich, wenn der Insolvenzverwalter den zu liquidierenden Gesellschaftsanteil freigibt, Staub/*Schäfer*, HGB, Bd. 3, § 131, Rn. 98.

147 MünchKomm-HGB/*K. Schmidt*, Bd. 2, § 131, Rn. 74, der einräumt, dass – vorausgesetzt die KG ist nicht selbst insolvent – die Insolvenzablehnung regelmäßig nur bei einem Gesellschafter ohne Kapitalanteil erfolgt; *ders.*, GesR, § 50 II 3c, S. 1453 f.

148 MünchKomm-HGB/*K. Schmidt*, Bd. 2, § 131, Rn. 74. Handelt es sich bei dem masselosen Gesellschafter um eine Gesellschaft, ist nach *dems.*, GesR, § 50 II 3c, S. 1453 allerdings nicht § 131 Abs. 3, S. 1, Nr. 2 HGB, sondern der ungeschriebene Ausscheidensgrund der unumkehrbaren Auflösung einer Gesellschafter-Gesellschaft (hier: Auflösung infolge von Masselosigkeit, vgl. dazu §§ 262 Abs.1, Nr. 4 AktG, 60 Abs. 1, Nr. 5 GmbHG, 131 Abs. 2, Nr. 1 HGB) Rechtsgrundlage des Ausscheidens. Zu diesem Ausscheidensgrund vgl. auch

Es entspreche nicht dem Sinn und Zweck dieser Norm, dass ein vermögensloser Gesellschafter in der Gesellschaft verbleibe und erst nach § 131 Abs. 3, S. 1, Nr. 6 HGB oder § 140 HGB aus der Gesellschaft ausscheide.[149]

Die h.M. lehnt eine unmittelbare oder entsprechende Anwendung der Norm bei Abweisung des Insolvenzantrags mangels Masse ab.[150] Der Gesellschafter sei durch die Ablehnung der Eröffnung des Insolvenzverfahrens nicht in der Verfügungsbefugnis über sein Restvermögen beschränkt[151] und der Vermögensverfall des Gesellschafters beeinträchtige nicht dessen Gesellschaftereignung.[152] Die Nichtanwendbarkeit der Vorschrift ergebe sich zudem aus dem Umkehrschluss aus § 131 Abs. 2 HGB und der fehlenden Anwendbarkeit des § 394 FamFG auf die reguläre Personengesellschaft.[153] Der Schutz der Gläubiger sei hinreichend durch das Kündigungsrecht aus § 135 HGB gewahrt, dessen Ausübung zum Ausscheiden des Gesellschafters nach § 131 Abs. 3, S. 1, Nr. 4 HGB führe.[154] Im Interesse der Mitgesellschafter komme zudem die Ausschließung des Gesellschafters nach § 140 HGB in Betracht.[155]

Kap. 1, 1.1.2.2.1.2. Auch bei der Komplementärgesellschaft auf § 131 Abs. 3, S. 1, Nr. 2 HGB abstellend Roth/Altmeppen/*Altmeppen*, GmbHG, § 60, Rn. 124.

149 *K. Schmidt*, GesR, § 50 II 3c, S. 1453 f.

150 Baumbach/*Hopt*, HGB, § 131 Rn. 22, Anhang nach § 177 a, Rn. 45; Staub/*Schäfer*, HGB, Bd. 3, § 131, Rn. 91; E/B/J/S/*Lorz*, HGB, Bd. 1, § 131, Rn. 48; Koller/Roth/Morck/*Koller*, HGB, § 131, Rn. 23; Henssler/Strohn/*Klöhn*, HGB, § 131, Rn. 50; *Seeger*, Komplementärausscheiden, S. 55; Sudhoff/*Schlitt*, GmbH & Co. KG, § 29, Rn. 21; *ders.*, NZG 1998, 580, 584. Die Rechtsprechung hat sich zu der Frage bislang nur vor Inkrafttreten des HRefG geäußert und eine Auflösung der Gesellschaft nach § 131 Nr. 5 HGB a.F. verneint, so BGH NJW-RR 1989, 993, 995, wobei es im entschiedenen Fall nicht um die Masselosigkeit eines Gesellschafters, sondern um diejenige der Gesellschaft nach § 131 Nr. 3 HGB a.F. selbst ging; vgl. auch BGH NJW 1986, 850, 851; BGH NJW 1980, 233 = BGHZ 75, 178.

151 Sudhoff/*Schlitt*, GmbH & Co. KG, § 29, Rn. 21; kritisch aber MünchHdb/*Piehler/Schulte*, Bd. 2, § 36, Rn. 9.

152 So BGH NJW 1980, 233 = BGHZ 75, 178 zu § 131 Nr. 5 HGB a.F.

153 Staub/*Schäfer*, HGB, Bd. 3, § 131, Rn. 91.

154 Staub/*Schäfer*, HGB, Bd. 3, § 131, Rn. 91; E/B/J/S/*Lorz*, HGB, Bd. 1, § 131, Rn. 48; Koller/Roth/Morck/*Koller*, HGB, § 131, Rn. 23; Henssler/Strohn/*Klöhn*, HGB, § 131, Rn. 50.

155 Sudhoff/*Schlitt*, GmbH & Co. KG, § 29, Rn. 21; MünchHdb/*Piehler/Schulte*, Bd. 2, § 36, Rn. 9; Henssler/Strohn/*Klöhn*, HGB, § 131, Rn. 50.

1.1.3.2.2 Stellungnahme

Die unmittelbare Anwendung von § 131 Abs. 3, S. 1, Nr. 2 HGB auf die Ablehnung der Eröffnung des Insolvenzverfahrens mangels Masse scheidet aus, weil der mögliche Wortsinn[156] der Vorschrift die Ablehnung der Verfahrenseröffnung gerade nicht erfasst. Denkbar ist einzig die analoge Anwendung der Norm. Die dazu erforderliche planwidrige Regelungslücke wäre dann anzunehmen, wenn das Gesetz die Vermögenslosigkeit als Hindernis der Mitgliedschaft in einer Gesellschaft ansehen würde, ohne eine dementsprechende Regelung vorzusehen. Wie gesehen dient § 131 Abs. 3, S. 1, Nr. 2 HGB nicht nur den Vermögensinteressen der Gläubiger, sondern auch dem Interesse der Mitgesellschafter an einem gewissen Vermögensumfang eines jeden Gesellschafters. Danach könnte nur derjenige Gesellschafter sein bzw. bleiben, dessen Vermögen den Umfang übersteigt, der die Eröffnung eines Insolvenzverfahrens rechtfertigt. Das Ausscheiden des Gesellschafters müsste erst Recht erfolgen, wenn das Vermögen so gering ist, dass es nicht einmal zur Eröffnung des Insolvenzverfahrens ausreicht. Ein derartiges Interesse der Mitgesellschafter wird regelmäßig anzunehmen sein, weil das Betreiben eines Handelsgewerbes grundsätzlich eine finanzielle Grundlage gewissen Umfangs erfordert. Dem steht allerdings die Normvorstellung des Gesetzgebers entgegen.[157] Denn die Regelung des § 131 Abs. 2 HGB[158] deutet darauf hin, dass der Gesetzgeber dieses Interesse der Mitgesellschafter und damit einen Ausscheidensgrund bei Masselosigkeit gerade nicht berücksichtigen wollte. Er hat die Vermögenslosigkeit im Zusammenhang mit den Auflösungs- und Ausscheidensgründen gesehen. Denn er hat diese als Auflösungsgrund einer vermögenslosen oHG bzw. KG, bei der kein unbeschränkt haftender Gesellschafter natürliche Person ist, für regelungsbedürftig gehalten. Die Nichtberücksichtigung der Vermögenslosigkeit innerhalb der Ausscheidensgründe im „Nachbarabsatz“ 3 des § 131 HGB lässt sich daher nicht mit einem Versehen, sondern vielmehr mit der bewussten Entscheidung des Gesetz-

---

156 Dieser markiert die Grenze der Auslegung einer Vorschrift, vgl. statt vieler *Larenz*, Methodenlehre der Rechtswissenschaft, S. 322, 366.

157 Sowohl bei Auslegung als auch bei rechtsfortbildender Analogie sind die Normvorstellung und die Regelungsabsicht des Gesetzgebers zu berücksichtigen, vgl. dazu *Larenz*, Methodenlehre der Rechtswissenschaft, S. 328, 367.

158 Zu § 131 Abs. 2 HGB vgl. Staub/*Schäfer*, HGB, Bd. 3, § 131, Rn. 40 f.; Kap. 2, 3.5.1.1.1.3.

gebers erklären, die Vermögenslosigkeit als Ausscheidensgrund unberücksichtigt zu lassen.

Ungeachtet des Fehlens einer zur Analogie berechtigenden gesetzlichen Wertung stellt § 131 Abs. 3, S. 1, Nr. 5 und/oder Nr. 6 HGB den Gesellschaftern anheim, das Ausscheiden eines Gesellschafters bei dessen Vermögenslosigkeit gesellschaftsvertraglich zu regeln.[159] Daneben kommt eine Ausschließung des vermögenslosen Gesellschafters nach § 140 HGB in Betracht.[160]

1.1.3.2.3 Ergebnis

§ 131 Abs. 3, S. 1, Nr. 2 HGB ist weder unmittelbar noch entsprechend bei der Ablehnung der Eröffnung des Insolvenzverfahrens über das Vermögen eines Gesellschafters anwendbar.

1.1.4 Kündigung des Gesellschafters, § 131 Abs. 3, S. 1, Nr. 3 HGB

§ 131 Abs. 3, S. 1, Nr. 3 HGB bestimmt, dass das Ausscheiden eines Gesellschafters Rechtsfolge von dessen Kündigung ist, sofern der Gesellschaftsvertrag keine andere Rechtsfolge der Kündigung anordnet. Die Vorschrift hat damit nur die Folgen der Kündigung zum Gegenstand.[161] Hingegen enthält die Vorschrift keine Regelung über die Voraussetzungen einer wirksamen ordentlichen oder außerordentlichen Kündigung, also über das Kündigungsrecht und die Kündigungserklärung.[162]

Die Gesellschafter können die Auflösung der Gesellschaft anstelle des Ausscheidens als Rechtsfolge der Kündigung vereinbaren.[163] Ein umfassender Rechtsfolgenausschluss des Kündigungsrechts dergestalt, dass dem Gesellschafter die Herbeiführung seiner Trennung von der Gesellschaft verwehrt wird, ist aber nicht statthaft.[164] Andernfalls hätten

---

159 Zu § 131 Abs. 3, S. 1, Nr. 5, 6 HGB vgl. Kap. 1, 1.1.6 und Kap. 1, 1.1.7.

160 Zu § 140 HGB vgl. Kap. 1, 1.3.

161 MünchKomm-HGB/*K. Schmidt*, Bd. 2, § 131, Rn. 78.

162 MünchKomm-HGB/*K. Schmidt*, Bd. 2, § 131, Rn. 78, 80; Staub/*Schäfer*, HGB, Bd. 3, § 131, Rn. 99 f.

163 MünchKomm-HGB/*K. Schmidt*, Bd. 2, § 132, Rn. 1, 29.

164 *Wiedemann*, GesR, Bd. 1, § 7 IV 2, S. 396 f., der auf die Formel „Nulla societas in aeternum coito est" in den römischen Digesten D. 17, 2, 70 hinweist; *H. Westermann*, FS-Bartholomeyczik, 395, 408 m.w.N.; MünchKomm-HGB/*K. Schmidt*,

die Gesellschafter keine Möglichkeit, sich von einer einmal eingegangenen Bindung zu lösen. Sie wären auf Lebenszeit gebunden.[165] Dies steht der persönlichen Freiheit des Gesellschafters, der Vertragsfreiheit,[166] entgegen.[167]

1.1.5 Kündigung des Privatgläubigers des Gesellschafters, § 131 Abs. 3, S. 1, Nr. 4 HGB

§ 131 Abs. 3, S. 1, Nr. 4 HGB stellt klar, dass die Kündigung durch den Privatgläubiger eines Gesellschafters unter den Voraussetzungen des § 135 HGB lediglich das Ausscheiden des Gesellschafters aus der Gesellschaft zur Folge hat. Privatgläubiger einer Forderung ist derjenige Gläubiger, der mit dieser Forderung nicht zugleich Gläubiger der Gesellschaft ist.[168] Dem vollstreckenden Privatgläubiger wird die Möglichkeit eröffnet, auf den Kapitalwert des Geschäftsanteils des Gesellschafters zuzugreifen, der sich infolge des Ausscheidens in dem entstehenden Abfindungsanspruch fortsetzt.[169]

Die Gesellschafter können nicht wirksam vereinbaren, dass der betroffene Gesellschafter trotz Vorliegens der Kündigungsvoraussetzungen in der werbenden Gesellschaft verbleibt. Denn dies würde die Kündigungsklärung rechtsfolgenlos machen und somit zu einer Beseitigung

---

Bd. 2, § 132, Rn. 30; *Thünnesen*, Kündigungsbeschränkungen, S. 54; *Jü. Dietrich*, Publikums-KG, S. 76; vgl. *M. Becker*, AcP 201 (2001), 629, 644 f.; *Hey*, Freie Gestaltung in Gesellschaftsverträgen, S. 98, 256 ff.; *Kirchdörfer/Lorz*, FS-Hennerkes, S. 343, 344 f.; vgl. auch BGHZ 23, 10, 14; 126, 226, 230.

165 *Thünnesen*, Kündigungsbeschränkungen, S. 53 ff. m.w.N.

166 Zum grundrechtlich geschützten Recht, aus privatrechtlichen Vereinigungen auszutreten vgl. st. Rspr. BVerfG NJW 1959, 1675, 1676; NJW 1975, 1265; NJW 1979, 699, 706; NJW 1992, 1373; NJW 2001, 2617; zur Vertragsfreiheit vgl. ferner Kap. 1, 2.1.2.3.

167 Vgl. RGZ 136, 236, 241; *Wiedemann*, GesR, Bd. 1, § 7 IV 2, S. 397; *Jü. Dietrich*, Publikums-KG, S. 76; *Spliedt*, Kündigungs- und Abfindungsrechte, S. 40 f. Die gesellschaftsvertragliche Beschränkung der Kündigungsrechte von Gesellschaftern ist gleichwohl möglich und kann je nach Dauer und Umfang des Gesellschaftsvertrags und der Kündigungseinschränkung unterschiedlich erfolgen, vgl. dazu *Wiedemann*, GesR, Bd. 1, § 7 IV 2, S. 397 ff.; in Bezug auf Familiengesellschaften vgl. *Ulmer*, ZIP 2010, 805, 806 ff.

168 MünchKomm-HGB/*K. Schmidt*, Bd. 2, § 135, Rn. 6.

169 Staub/*Schäfer*, HGB, Bd. 3, § 131, Rn. 101; E/B/J/S/*Lorz*, HGB, Bd. 1, § 131, Rn. 52; *Heerma*, ZIP 2011, 981 f.

des Kündigungsrechts führen. Das Kündigungsrecht des Privatgläubigers ist zwingend und kann nicht gesellschaftsvertraglich ausgeschlossen werden.[170] Deshalb ist lediglich die Vereinbarung der Auflösung der Gesellschaft infolge der Gläubigerkündigung statthaft.[171] Durch die so geschaffene Zugriffsmöglichkeit des Gläubigers auf das Auseinandersetzungsguthaben ist dieser ausreichend geschützt.

1.1.6 Eintritt weiterer gesellschaftsvertraglich vorgesehener Fälle, § 131 Abs. 3, S. 1, Nr. 5 HGB

§ 131 Abs. 3, S. 1, Nr. 5 HGB stellt klar, dass es den Gesellschaftern frei steht, die Rechtsfolge des Ausscheidens eines Gesellschafters durch entsprechende gesellschaftsvertragliche Vereinbarung an den Eintritt weiterer Fälle zu knüpfen. Die Vertragsfreiheit gilt jedoch nicht unbegrenzt.[172] Die Ausscheidensfälle müssen objektiver Art oder zumindest ausschließlich vom betroffenen Gesellschafter abhängig, also nicht von den übrigen Gesellschaftern beeinflussbar sein. Daneben hat die Vertragsklausel dem Bestimmtheitsgrundsatz[173] zu genügen.[174] Die gesellschaftsvertraglichen Ausscheidensregelungen dürfen nicht die Beschränkungen der Ausschließung aus sachlichem Grund nach § 140 HGB unterlaufen.[175] Demgemäß sind solche Vereinbarungen unwirksam, nach denen das Ausscheiden eines Gesellschafters einzig den Beschluss der übrigen Gesellschafter voraussetzt.[176]

---

170 MünchKomm-HGB/*K. Schmidt*, Bd. 2, § 135, Rn. 7.

171 E/B/J/S/*Lorz*, HGB, Bd. 1, § 135, Rn. 28; Baumbach/*Hopt*, HGB, § 135, Rn. 13.

172 Zu den in Betracht kommenden Grenzen gesellschaftsvertraglicher Ausscheidensgründe vgl. MünchKomm-HGB/*K. Schmidt*, Bd. 2, § 131, Rn. 86, 87.

173 Eingehend zum Bestimmtheitsgrundsatz vgl. MünchKomm-BGB/*Ulmer/Schäfer*, Bd. 5, § 709, Rn. 84 ff.

174 *Wiedemann*, GS-Lüderitz, S. 839, 847.

175 MünchKomm-HGB/*K. Schmidt*, Bd. 2, § 131, Rn. 87; Baumbach/*Hopt*, HGB, § 131, Rn. 25; *Michalski*, HGB, § 131, Rn. 24 f. In diese Richtung geht auch die Absicht des Normgebers, RegE HRefG BT-Drs. 13/8444, S. 66 li. Sp.; vgl. aber *Kirchdörfer/Lorz*, FS-Hennerkes, S. 343, 350.

176 E/B/J/S/*Lorz*, HGB, Bd. 1, § 131, Rn. 53; Staub/*Schäfer*, HGB, Bd. 3, § 131, Rn. 103, nach dem das Ausscheiden eines Gesellschafters durch Beschluss der übrigen Gesellschafter unwirksam ist, weil der Eintritt des Ausscheidensereignisses nicht durch diese beeinflussbar sein darf.

1.1.7 Beschluss der Gesellschafter, § 131 Abs. 3, S. 1, Nr. 6 HGB

Gemäß § 131 Abs. 3, S. 1, Nr. 6 HGB kann die Rechtsfolge des Ausscheidens durch Gesellschafterbeschluss ausgelöst werden. Die Vorschrift verleitet zu Missverständnissen,[177] da bei unbesehener Normanwendung das Ausscheiden gegen den Willen des Ausscheidenden kraft Mehrheitsbeschlusses der Gesellschafter ohne das Bedürfnis eines sachlichen Grundes möglich erscheint. Tatsächlich kann die Ausschließung eines Gesellschafters gegen dessen Willen oder ohne dessen Beteiligung nur in den Fällen des § 140 HGB und des § 131 Abs. 3, S. 1, Nr. 5 HGB erfolgen, nämlich nach § 140 HGB ohne Beteiligung des Auszuschließenden und gemäß § 131 Abs. 3, S. 1, Nr. 5 HGB wegen des Ausreichens eines den Gesellschaftsvertrag ändernden Mehrheitsbeschlusses[178] mit (Stimm-)Beteiligung, aber gegebenenfalls gegen den Willen des Ausscheidenden.[179] Dagegen fehlt es dem auszuschließenden Gesellschafter an der Berechtigung, für oder gegen sein eigenes Ausscheiden nach § 131 Abs. 3, S. 1, Nr. 6 HGB zu stimmen, da ein „Richten in eigener Sache“[180] nicht statthaft ist.[181] In den Fällen der §§ 140, 131 Abs. 3, S. 1, Nr. 5 HGB muss zudem ein sachlicher Grund vorliegen. Eine Ausschließung durch Gesellschafterbeschluss ohne sachlichen Grund ist folglich gerade nicht möglich. § 131 Abs. 3, S. 1, Nr. 6 HGB führt damit zur Ausschließung kraft Beschlusses, sofern dies einen im Gesellschaftsvertrag niedergelegten Fall des Ausscheidens gemäß § 131 Abs. 3, S. 1, Nr. 5 HGB darstellt und ein sachlicher Grund gegeben

---

177 MünchKomm-HGB/*K. Schmidt*, Bd. 2, § 131, Rn. 88; so auch *Habersack*, Reform des Handelsstandes und der Personengesellschaften, S. 73, 92; vgl. *Hörtnagl*, INF 1998, 750, 754; *Priester*, DNotZ 1998, 691, 703; vgl. auch *B. Becker*, Hinauskündigungsklauseln, S. 18.

178 Die Gesellschafter können durch einstimmigen Beschluss gesellschaftsvertraglich vereinbaren, dass Änderungen des Gesellschaftsvertrags lediglich eines Mehrheitsbeschlusses bedürfen, vgl. dazu MünchKomm-HGB/*Enzinger*, Bd. 2, § 119, Rn. 5.

179 Vgl. dazu jüngst BGH NJW 2010, 65, 67 (Sanieren oder Ausscheiden).

180 BGH NJW 1986, 2051, 2053.

181 MünchKomm-HGB/*K. Schmidt*, Bd. 2, § 131, Rn. 90; zum Ausschluss des Stimmrechts vgl. auch MünchKomm-HGB/*Enzinger*, Bd. 2, § 119, Rn. 30 ff.; Baumbach/*Hopt*, HGB, § 119, Rn. 8.

ist. § 131 Abs. 3, S. 1, Nr. 6 HGB ist demnach als eine Variante des § 131 Abs. 3, S. 1, Nr. 5 HGB zu verstehen.[182]

Hinsichtlich des Ausscheidens des Gesellschafters aufgrund einer Vereinbarung sämtlicher Gesellschafter einschließlich des vom Ausscheiden betroffenen Gesellschafters hat § 131 Abs. 3, S. 1, Nr. 6 HGB keinen Bedeutungsgehalt.[183] Die Zulässigkeit einer Ausscheidensvereinbarung unabhängig vom Bestehen eines wichtigen Grundes ergibt sich bereits aus dem Grundsatz der Privatautonomie.[184] Deshalb stellt § 131 Abs. 3, S. 1, Nr. 6 HGB allenfalls klar, dass ein Ausscheiden aufgrund einer Vereinbarung sämtlicher Gesellschafter erfolgen kann.

1.1.8 Beteiligungsumwandlung

Außerdem kann eine Vereinbarung sämtlicher Gesellschafter etwa den Wechsel eines Komplementärs in die Kommanditistenstellung vorsehen.[185] Zwar beinhaltet dieser Wechsel nicht das Ende, sondern nur die inhaltliche Änderung der Gesellschafterstellung des Komplementärs, da dieser weiterhin als Kommanditist Gesellschafter der KG ist.[186] Gleichwohl ist die Komplementäreigenschaft entfallen, der Gesellschafter in seiner Eigenschaft als Komplementär somit ausgeschieden.[187]

---

182 E/B/J/S/*Lorz*, HGB, Bd. 1, § 131, Rn. 54.

183 So Staub/*Schäfer*, HGB, Bd. 3, § 131, Rn. 106; ebenso *Wiedemann*, GS-Lüderitz, S. 839, 849. Anders offenbar RegE HRefG BT-Drs. 13/8444, S. 65, wonach erst § 131 Abs. 3, S. 1, Nr. 6 HGB die Gesellschafter in die Lage versetzt, das Ausscheiden eines Gesellschafters einstimmig beschließen zu können.

184 Sudhoff/*Jäger*, GmbH & Co. KG, § 30, Rn. 17; so wohl auch Staub/*Schäfer*, HGB, Bd. 3, § 131, Rn. 106, nach dem sich die Zulässigkeit eines derartigen Ausscheidens „schon aus allgemeinen Grundsätzen“ ergibt; ähnlich *Wiedemann*, GS-Lüderitz, S. 839, 849; im Ergebnis so auch *Seeger*, Komplementärausscheiden, S. 58; zur allgemein anerkannten Zulässigkeit des Ausscheidens aufgrund Vereinbarung aller Gesellschafter vgl. auch BGH NJW-RR 2003, 533; E/B/J/S/*Wertenbruch*, HGB, Bd. 1, § 105, Rn. 155; *K. Schmidt*, GesR, § 50 II 7, S. 1459 f.

185 Vgl. dazu OLG Hamm NZG 2008, 101.

186 BGH NJW 1976, 848, 849; MünchKomm-HGB/*Grunewald*, Bd. 3, § 161, Rn. 41; vgl. auch Baumbach/*Hopt*, HGB, § 161, Rn. 6.

187 Zum Fall der Beteiligungsumwandlung im Rahmen des § 139 Abs. 2 HGB sogleich.

1.2 Ausscheiden nach § 139 Abs. 2 HGB

Ein weiterer Grund, der zum Ausscheiden eines Komplementärs aus der Gesellschaft führt, ergibt sich aus § 139 Abs. 2 HGB[188]. Die Vorschrift sieht die Befugnis des Komplementärerben vor, ohne Einhaltung einer Kündigungsfrist aus der Gesellschaft auszuscheiden. Damit es zu einem Ausscheiden des Komplementärerben nach § 139 HGB kommen kann, bedarf es einer gesellschaftsvertraglichen Vereinbarung, einer sog. einfachen oder qualifizierten Nachfolgeklausel,[189] wonach der Geschäftsanteil des Komplementärerblassers entgegen der dispositiven Regelung aus § 131 Abs. 3, S. 1, Nr. 1 HGB auf den Komplementärerben übergeht und dieser somit Komplementär wird. Das außerordentliche Austrittsrecht[190] des Erben erfordert weiterhin, dass dieser die Einräumung der Kommanditistenstellung gegenüber den übrigen Gesellschaftern beantragt und diese dem nicht entsprechen, § 139 Abs. 1, 2 HGB. Die Austrittserklärung des Erben muss dann als einseitige empfangsbedürftige Willenserklärung grundsätzlich allen Mitgesellschaftern zugehen.[191] Das Austrittsrecht ist nach § 139 Abs. 3, S. 1 HGB befristet. Wird dagegen dem Antrag entsprochen, erfolgt eine Umwandlung der Komplementär- in eine Kommanditbeteiligung, so dass der Erbe in seiner Eigenschaft als Komplementär auch hier – im Wege einer Beteiligungsumwandlung – ausscheidet.[192]

1.3 Ausschließung nach § 140 HGB

Die Ausschließung eines Gesellschafters aus der Gesellschaft nach § 140 HGB[193] stellt, wie bereits erwähnt, einen weiteren gesetzlichen Ausscheidensgrund dar.[194] Besteht in der Person eines Gesellschafters ein

---

188 § 139 HGB findet auf das Ausscheiden des Komplementärs aus der KG Anwendung, vgl. Baumbach/*Hopt*, HGB, § 139, Rn. 7.

189 Statt aller E/B/J/S/*Lorz*, HGB, Bd. 1, § 139, Rn. 3 ff.

190 So MünchKomm-HGB/*K. Schmidt*, Bd. 2, § 139, Rn. 83.

191 MünchKomm-HGB/*K. Schmidt*, Bd. 2, § 139, Rn. 87.

192 Vgl. dazu *Seeger*, Komplementärausscheiden, S. 59 f. Zur Beteiligungsumwandlung allgemein vgl. Kap. 1, 1.1.8.

193 Auch § 140 HGB findet auf die Ausschließung des Komplementärs aus der KG Anwendung, BGHZ 6, 113, 114 = NJW 1952, 875; zur Ausschließung einer Komplementär-GmbH vgl. BGH NJW-RR 1993, 1123, 1125.

194 MünchKomm-HGB/*K. Schmidt*, Bd. 2, § 131, Rn. 92.

Umstand, der die Auflösung der Gesellschaft nach § 133 HGB rechtfertig, ordnet das Gericht auf Antrag der übrigen Gesellschafter die Ausschließung des betroffenen Gesellschafters an, § 140 Abs. 1, S. 1 HGB. Die Vorschrift bietet eine Alternative zur Klage auf Auflösung der Gesellschaft nach § 133 HGB, bei der weder die Gesellschaft zu liquidieren noch der störende Gesellschafter weiterhin an der Gesellschaft beteiligt ist.[195] Die vertragstreuen Gesellschafter können das Unternehmen vielmehr allein fortführen[196] und so die im Falle der Liquidation drohende Vernichtung des Unternehmenswertes verhindern.[197] § 140 HGB dient damit der Unternehmenskontinuität.[198]

195 BGHZ 6, 113, 114 = NJW 1952, 875.

196 BGHZ 6, 113, 114 = NJW 1952, 875.

197 BGH NJW 1968, 1964, 1965 = WM 1968, 992 = BGHZ 50, 307, 309.

198 BT-Drs. 13/8444, S. 67; Staub/*Schäfer*, HGB, Bd. 3, § 140, Rn. 1; a.A. *Grunewald*, Ausschluss aus Gesellschaft und Verein, S. 17 ff., 26. Zum Zweck der Unternehmenskontinuität Kap. 2, 3.3.1.1.2.

2 Wegfall eines Begriffsmerkmals einer Personengesellschaft und dessen Rechtsfolgen

§ 161 Abs. 1 HGB ist zu entnehmen, dass die KG mindestens einen Komplementär haben muss. Die Existenz zumindest eines Gesellschafters, dessen Haftung nicht beschränkt ist, stellt damit eine der vom Gesetz genannten Voraussetzungen der KG dar.[199] Folglich sind die gesetzlichen Voraussetzungen der KG nicht mehr gegeben, wenn der einzige Komplementär ersatzlos ausscheidet. Sollten diese Voraussetzungen zwingend sein, könnte die KG als solche nicht mehr bestehen. Es stellt sich dann die Frage, wie das verbleibende Rechtsgebilde, dessen Zweck auf den Betrieb eines Handelsgewerbes unter gemeinschaftlicher Firma gerichtet ist und bei dessen Gesellschaftern die Haftung gegenüber den Gesellschaftsgläubigern auf den Betrag einer bestimmten Vermögenseinlage beschränkt ist, rechtlich zu qualifizieren ist.

2.1 Numerus clausus der Gesellschaftsrechtsformen

2.1.1 Inhalt

2.1.1.1 Personengesellschaften mit unbeschränkter Gesellschafterhaftung

Das Gesellschaftsrecht stellt nach heute allgemeiner Ansicht[200] eine beschränkte Anzahl zulässiger Rechtsformen zur Verfügung.[201] Es besteht

---

199 Insofern ist die Terminologie uneinheitlich. So bezeichnet *K. Schmidt*, GesR, § 11 III, S. 294, § 53 I, S. 1529 f. die Existenz mindestens eines Komplementärs als Normativbestimmung und Begriffsmerkmal der KG, wohingegen etwa *Eckardt*, NZG 2000, 449, 450 f. von einem zwingend gedachten gesetzlichen Rechtsformmerkmal spricht.

200 Früher war es nicht unumstritten, ob das Recht nur die gesetzlich anerkannten handelsrechtlichen Gesellschaftsformen zulässt, vgl. dazu die Nachweise bei *K. Schmidt*, oHG, S. 130, dortige Fn. 1.

201 BGHZ 22, 240, 244; *Wiedemann*, GesR, Bd. 1, § 1 III 1, S. 42; *Teichmann*, Gestaltungsfreiheit, S. 138; *Jahnke*, ZHR 146 (1982), 595, 602; ebenso *Lieb*, Ehegattenmitarbeit, S. 24; *O. Kuhn*, Strohmanngründung, S. 36; *Schultze-v. La-*

ein sog. numerus clausus[202], also eine zahlenmäßig beschränkte Zulassung der Gesellschaftsrechtsformen. Neben den vom Gesetz ausdrücklich genannten sind die im Wege der Rechtsfortbildung entwickelten Rechtsformen anerkannt.[203]

Um die mit den jeweiligen Gesellschaftstypen verbundenen Vorteile optimal zur Geltung zu bringen, können die Gesellschafter die zulässigen Rechtsformen miteinander kombinieren, ohne dass die beteiligten Ge-

---

saulx, JZ 1952, 390, 393; vgl. auch *Wiedemann*, FS-H. Westermann, S. 585, 596; *Nitschke*, Personengesellschaft, S. 5 f.; *Konzen*, ZfA 1982, 259, 292.

202 *K. Schmidt*, oHG, S. 121, 129 ff.; *ders.*, GesR, § 5 II, S. 96; *H. P. Westermann*, Vertragsfreiheit, S. 117; *A. Koller*, Grundfragen Typuslehre, S. 96 ff.; *Schaffner*, Vorgesellschaft, S. 24; *G. Wilhelm*, Massen-KG, S. 21; MAHPersG/*Mutter*, § 1, Rn. 1; *Eisenhardt/Wackerbarth*, GesR I, § 3, Rn. 41; *Quittnat/Schauwecker/Streckel*, Handels- und GesR, 2. A. 1.1.1, S. 143; *Fleischer*, ZHR 168 (2004), 673, 678; *Freund*, Rechtsformwechsel, S. 64 f.; *Jü. Dietrich*, Publikums-KG, S. 15, 32; *Zürbig*, Formwechsel, S. 1; *Wüst*, JZ 1989, 270; *Schwintowski*, JA 1993, 97, 98; *v. Gronau/Konold*, DStR 1999, 1965; *Simon*, DStR 2000, 578, 579; *Reul*, DNotZ 2007, 184, 188 f.; kritisch *Hey*, Freie Gestaltung in Gesellschaftsverträgen, S. 159 f.; ebenso *Ott*, Typenzwang, S. 63 f., dortige Fn. 78, S. 84 ff. nach dem „Herkunft" und „Normativität" des numerus clausus unklar seien. Anstelle des Begriffs des numerus clausus wird teilweise auch der Begriff des Rechtsformzwangs gebraucht, so bei *Jahnke*, ZHR 146 (1982), 595, 596, 602 und *Fenn*, FS-Bosch, S. 171. Dieser Begriff sollte indes eigenständige Bedeutung haben, vgl. dazu Kap. 1, 2.2.1.1.1. Daneben wird der Begriff „Typenzwang" verwendet, vgl. *Teichmann*, Gestaltungsfreiheit, S. 138. Zur sukzessiven Ausweitung des gesellschaftsrechtlichen numerus clausus durch den Gesetzgeber vgl. *Schlottmann*, Komplementärwegfall, S. 19 f., der auf die Entwicklungsgeschichte der GmbH, der EWIV, der freiberuflichen Partnerschaft sowie der SE hinweist; vgl. auch *Gehb/Drange/Heckelmann*, NZG 2006, 88, 90.

203 *Wiedemann*, GesR, Bd. 1, § 1 III 1, S. 43 ff.; *K. Schmidt*, oHG, S. 271 ff.; *ders.*, GesR, § 5 II, S. 97 (Vor-AG und Vor-GmbH durch Rechtsfortbildung); zu letzterer als Rechtsform sui generis BGHZ 21, 242, 246; 51, 30, 32; vgl. dazu auch *Schaffner*, Vorgesellschaft, S. 54 ff., 58 ff.; ferner *M. Scholz*, Haftung im GmbH-Gründungsstadium, S. 161 f.; *An. Bergmann*, Fremdorganschaftlich verfasste Gesellschaft, S. 167; vgl. allgemein *Bachmann*, Private Ordnung, S. 267 f.; vgl. auch *Picker*, Symposion-Richardi, S. 25, 58 f., 63. Dagegen meint *Steding*, GesR[1], S. 39 f., dass nur die vom Gesetzgeber „expressis verbis" vorgegebenen Rechtsformen zugelassen seien und die Schaffung neuer Rechtsformen „nur durch legislatorische Veränderung des Gesellschaftsrechts" möglich sei; kritisch auch *H. P. Westermann*, Vertragsfreiheit, S. 115 f.

sellschaften dadurch ihre rechtliche Selbständigkeit verlieren.[204] Die GmbH & Co. KG, bei der eine GmbH die Komplementärstellung in der KG einnimmt, ist der Paradefall dieser sog. Grundtypenvermischung.[205] Im Übrigen steht es den Gesellschaftern grundsätzlich frei, die dispositiven gesetzlichen Regelungen einer Rechtsform ihrem Willen entsprechend abzuändern und auf diese Weise von dem gesetzlichen Grundtyp einer Rechtsform abzuweichen.[206] Dabei geht es darum, inwieweit eine zulässigerweise gewählte Rechtsform innerhalb der zwingenden Grenzen des numerus clausus beliebigen Variationen unterworfen werden kann.[207]

---

204 Sudhoff/*Liebscher*, GmbH & Co. KG, § 1, Rn. 2 ff.; *K. Schmidt*, GesR, § 5 II, S. 107, § 5 III, S. 111 f.; *Wiedemann*, GesR, Bd. 1, § 1 III 1, S. 37; vgl. auch *Bachmann*, Private Ordnung, S. 266 f.; *Frey*, NZG 2004, 169 ff. weist auf die steigende Bedeutsamkeit der Kombination inländischer Rechtsformen mit solchen aus dem EU-Ausland hin.

205 Der Begriff „Grundtypenvermischung" geht auf *Zielinski*, Grundtypvermischungen, passim zurück. Zur Zulässigkeit der GmbH & Co. KG vgl. die Grundsatzentscheidung RGZ 105, 101, bestätigt u.a. durch BGHZ 46, 7, 13; vgl. ferner Sudhoff/*Liebscher*, GmbH & Co. KG, § 1, Rn. 3; *Sack*, DB 1974, 369 ff.; *H.-J. Mertens*, NJW 1966, 1049 ff.; zur historischen Entwicklung der GmbH & Co. KG vgl. *Baßler*, Kommanditistenhaftung, S. 10 ff.; zu jüngeren Entwicklungen zur Unternehmergesellschaft (haftungsbeschränkt) & Co. KG vgl. etwa *Römermann/Passarge*, ZIP 2009, 1497 ff. Vgl. dazu auch Kap. 2, 2.4.2.2.

206 Dieser Problemkreis wird unter den Begriffen Typengesetzlichkeit, Typenzwang und Typenfreiheit diskutiert, vgl. dazu grundlegend *H. P. Westermann*, Vertragsfreiheit, S. 49 ff.; *Paulick*, Genossenschaft, S. 14 ff.; *Ott*, Typenzwang, S. 8 ff.; *Teichmann*, Gestaltungsfreiheit, S. 137 ff.; *Betti*, FS-Wenger, Bd. 1, S. 249 ff.; *Wüst*, FS-Duden, S. 749 ff.; *Wiedemann*, GesR, Bd. 1, § 1 III 1, S. 41 f.; *K. Schmidt*, GesR, § 5 II, S. 106 ff., 5 III, S. 111 ff.; *O. Kuhn*, Strohmanngründung, S. 35 ff.; *Wenninger*, Personengesellschaften, S. 19 ff.; *G. Wilhelm*, Massen-KG, S. 21 ff.; *H.-J. Mertens*, NJW 1966, 1049 ff.

207 *K. Schmidt*, GesR, § 5 III, S. 111 f.; vgl. auch die anschauliche Darstellung von *H. P. Westermann*, Vertragsfreiheit, S. 117, nach dem „der numerus clausus eine Reihe von Gefäßen zur Verfügung [stellt], in die nun ein, zwar der äußeren Form der Behälter angepaßter, im übrigen aber beliebiger Inhalt gefüllt werden könnte." Angesichts der so eröffneten vielfältigen Gestaltungsmöglichkeiten hat der numerus clausus nach *Hey*, Freie Gestaltung in Gesellschaftsverträgen, S. 159 f. nur geringe freiheitsbegrenzende Wirkung.

Gleichwohl gilt, dass eine Außenpersonengesellschaft[208] nach dem numerus clausus der Gesellschaftsformen entweder GbR (§ 705 BGB), oHG (§ 105 Abs. 1, 2 HGB), KG (§ 161 Abs. 1, 2 HGB), EWIV (EWIV-VO[209]), Partnerschaftsgesellschaft (PartGG) oder Partenreederei (§ 489 ff. HGB) ist. GbR, oHG und KG weisen wenigstens einen Gesellschafter auf, der unbeschränkt, d.h. mit seinem gesamten Privatvermögen für die Verbindlichkeiten der Gesellschaft haftet. Dies gilt weitgehend auch für die weniger geläufigen Rechtsformen der EWIV, der Partnerschaftsgesellschaft und der Partenreederei. Denn die Gesellschafter der EWIV haften ebenfalls unbeschränkt persönlich, Art. 24 Abs. 1 EWIV-VO. Die EWIV ist hinsichtlich ihrer Struktur der oHG ähnlich. Sie ist als Handelsgesellschaft i.S.d. HGB anzusehen und unterliegt überwiegend den oHG-Vorschriften. Im Gegensatz zur oHG setzt die EWIV zwingend die Eintragung im Handelsregister voraus.[210] Daneben müssen mindestens zwei ihrer Mitglieder verschiedenen EG-Mitgliedstaaten angehören, Art. 4 Abs. 1, 2 EWIV-VO. Ihr Zweck besteht in der Unternehmenskooperation, der Förderung der wirtschaftlichen Tätigkeit ihrer Mitglieder, Art. 3 Abs. 1, Hs. 1 EWIV-VO.[211] Den im Personengesellschaftsrecht grundsätzlich zwingend geltenden Grundsatz der Selbstorganschaft kennt die EWIV nicht.[212] Hingegen unterliegt die Partnerschaftsgesellschaft gemäß § 1 Abs. 4 PartGG zunächst den Normen der GbR und nur kraft Einzelverweisung des PartGG den Vorschriften über die oHG. Nach § 1 Abs. 2 PartGG kann sie nur aus natürlichen Personen und nur aus Angehörigen

---

208 Gegenstand der vorliegenden Darstellung sind lediglich Außenpersonengesellschaften, also solche Gesellschaften, die nach außen in Erscheinung treten. Hiervon abzugrenzen sind die Innengesellschaften, wie die stille Gesellschaft nach §§ 230 ff. HGB. Zu Begriff und Bedeutung der stillen Gesellschaft vgl. MünchHdb/*Bezzenberger/Keul*, Bd. 2, § 72, Rn. 1 ff.; für einen Überblick vgl. auch *Eisenhardt/Wackerbarth*, GesR I, § 28, Rn. 528 ff.

209 Verordnung (EWG) Nr. 2137/85 des Rates vom 25. Juli 1985 über die Schaffung einer Europäischen Wirtschaftlichen Interessenvereinigung (EWIV), ABl. EG Nr. L 199 vom 31. 7. 1985, S. 1 ff.

210 E/B/J/S/*W. Hakenberg*, HGB, Bd. 1, EWIV, Rn. 11; *Eisenhardt/Wackerbarth*, GesR I, § 16, Rn. 288; MünchHdb/*Salger/Neye*, Bd. 1, § 95, Rn. 12.

211 Zum Zweck der Unternehmenskooperation *Steding*, NZG 2000, 913, 916; *Müller-Gugenberger*, NJW 1989, 1449, 1458.

212 *Eisenhardt/Wackerbarth*, GesR I, § 16, Rn. 289; *Müller-Gugenberger*, NJW 1989, 1449, 1452 ff.; FaK GesR/*Schwerdtfeger*, Einführung und Grundlagen, Rn. 104.

sog. freier Berufe bestehen.[213] Die Partenreederei nach §§ 489 ff. HGB setzt schließlich voraus, dass mehrere Personen ein ihnen zustehendes Schiff zum Erwerb durch die Seefahrt für gemeinschaftliche Rechnung verwenden.[214] Bei ihr haften die Mitreeder nach § 507 Abs. 1 HGB nur pro rata. Der Regierungsentwurf eines Gesetzes zur Reform des Seehandelsrechts vom 30.04.2012 sieht die Abschaffung der mittlerweile als überholt betrachteten Rechtsform vor.[215]

2.1.1.2 Keine Erweiterung um Personengesellschaft mit allseits beschränkter Gesellschafterhaftung

Allerdings wurde in der Vergangenheit mehrfach angeregt, eine Personengesellschaft mit beschränkter Gesellschafterhaftung einzuführen.[216]

2.1.1.2.1 Ersetzung der GmbH & Co. KG

So wurde in den 1960er und 1970er Jahren vorgeschlagen, die GmbH & Co. KG durch Einführung einer Kommanditgesellschaft mit beschränkter Haftung (KmbH)[217] bzw. einer Handelsgesellschaft auf Einlagen (HGaE)[218] entbehrlich zu machen. Diese Gesellschaftsform sollte als Fortbildung der KG nur aus Kommanditisten bestehen. Denn es bestand die Auffassung, die GmbH & Co. KG führe wegen der Kombination von personengesellschaft- und kapitalgesellschaftlichen Elementen zur Verkomplizierung des Handels- und Steuerrechts. Um den Haftungsausfall des Komplementärs wettzumachen, sollte die KmbH ein Mindestkapital

---

213 Vgl. dazu die Kommentierung bei Meilicke/*Lenz*, PartGG, § 1 und MünchKomm-BGB/*Ulmer*, Bd. 5, § 1 PartGG; *K. Schmidt*, NJW 1995, 1 ff. m.v.w.N.; zur Entstehungsgeschichte dieser Rechtsform vgl. auch *U. Seibert*, Reform des Handelsstandes und der Personengesellschaften, S. 119, 121. Zur PartG vgl. auch Kap. 2, 2.2.1.3.2.2.

214 Vgl. dazu eingehend MünchHdb/*Bote/Weipert*, Bd. 1, § 87 m.v.w.N. Zur Partenreederei vgl. auch Kap. 2, 2.2.1.3.2.2.

215 RegE-Reformgesetz-Seehandelsrecht, S. 82.

216 Vgl. dazu den Überblick bei *Drygala*, ZIP 2006, 1797, 1800.

217 „Kommanditgesellschaft mit beschränkter Haftung" wurde früher auch zur Bezeichnung einer KG verwendet, deren alleiniger Komplementär keine natürliche Person ist, so *Wellmann*, BB 1976, 254 f. im Anschluss an BGH BB 1975, 1547. Ablehnend gegenüber der Verwendung dieser Bezeichnung *Bokelmann*, Rpfleger 1977, 63.

218 So *G. Hueck*, Arbeitskreis GmbH-Reform, passim.

nach dem Vorbild der Kapitalgesellschaften aufweisen. Zudem wurden strikte Haftungsbestimmungen befürwortet, die bei zu beanstandender Geschäftsführung zu Lasten der Geschäftsführer und gegebenenfalls der Gesellschafter Anwendung finden sollten. Bei Unternehmen von gewisser Größe sollten – ebenfalls in Anlehnung an das Kapitalgesellschaftsrecht – Publizitätspflichten bestehen.[219]

2.1.1.2.2 Wettbewerb der Rechtsordnungen

In jüngerer Zeit sprach sich *Drygala*[220] für die Einführung einer Kommanditgesellschaft ohne unbeschränkt haftenden Gesellschafter (KmbH) aus. Anlass war die Diskussion über die Reform des GmbH-Rechts zu Beginn des neuen Jahrtausends. Die Stärkung der Konkurrenzfähigkeit des deutschen Gesellschaftsrechts gegenüber ausländischen Gesellschaftsformen war wesentliches Ziel der Reformdiskussion.[221] In diesem Zusammenhang wurde angeregt, von einer intensiven Reform der GmbH abzusehen und diese keiner konzeptionellen Änderung zu unterziehen. Vielmehr sollte eine zusätzliche Rechtsform geschaffen werden.[222] Eine Personengesellschaft mit beschränkter Haftung eines jeden Gesellschafters sei der Rechtsordnung nicht unbekannt. So kenne das US-amerikanische Recht die Personengesellschaft mit beschränkter Haftung aller Gesellschafter in den Rechtsformen der LLC, LLP und LLLP. Auch dem deutschen Recht sei eine Personengesellschaft mit beschränkter Haftung nicht fremd, da die Gesellschafter einer GbR bis zur Anwendung der Haftung nach §§ 128, 124 HGB durch die Rechtsprechung der Haftung entgehen konnten, indem die Vertretungsmacht auf den Bestand des Gesellschaftsvermögens beschränkt wurde.[223]

---

219 *Wetter*, BB 1968, 734, 735; *ders.*, BB 1969, 342; *G. Hueck*, Arbeitskreis GmbH-Reform, S. 9 ff., 13 f.; zur Reformdiskussion insgesamt vgl. auch *Raisch*, FS-Knur, S. 165 ff.; *Schilling*, BB 1972, 1 ff.; *Barz*, NJW 1972, 465 ff.; *Krieger*, BB 1972, 717 ff.; *K. Schmidt*, FS-Röhricht, S. 511, 527 f.; *ders.*, FS-H. P. Westermann, S. 1425, 1430 ff.; *ders.*, DB 2006, 1096, 1097.

220 Vgl. *Drygala*, ZIP 2006, 1797, 1800 ff.

221 Sog. „Wettbewerb der Rechtsordnungen", *Drygala*, ZIP 2006, 1797; vgl. *Eidenmüller*, ZGR 2007, 168, 169.

222 Vgl. *Drygala*, ZIP 2006, 1797, 1798; dagegen *Vossius/Wachter*, BB 2005, 2539 f. mit Verweis auf eigenes Reformkonzept; dagegen auch *Bayer*, ZGR 2007, 220, 235 ff.

223 *Drygala*, ZIP 2006, 1797, 1800; zur Haftungsverfassung der GbR vgl. Kap. 2, 3.1.2.1.

Nach Auffassung *Drygalas* solle sich die Geschäftsführung der KmbH nach oHG-Recht richten. Bei ihrer Vertretung sei die Anerkennung des Grundsatzes der Fremdorganschaft zu erwägen. So solle für die Bestellung, die Abberufung und die Befugnisse das GmbH-Recht Anwendung finden.[224] Der Haftungsausfall des Komplementärs sei nicht durch zwingende Vorschriften über die Kapitalaufbringung und Kapitalerhaltung zu kompensieren. Vielmehr sollten die Gesellschafter erst im Falle der Insolvenz zur Haftung verpflichtet sein, wenn sie nicht die vom Handelsregister vorgesehene Haftsumme zahlten oder sie sich die geleistete Einlage zurückgewähren ließen. Grundsätzlich sollten die Regeln des KG-Rechts aus §§ 169, 172 Abs. 4 HGB gelten. Das Fehlen des Mindestkapitals sei den Gläubigern wegen seines ohnehin geringen Schutzeffektes zuzumuten.[225]

2.1.1.2.3 Nichtumsetzung der Reformvorschläge

Die geschilderten Reformvorschläge wurden nicht realisiert.[226] Eine werbende Personengesellschaft, bei der keiner der Gesellschafter unbeschränkt haftet, ist bislang nicht im Wege der Rechtsfortbildung geschaffen worden, so dass sie de lege lata nicht anerkannt ist.[227] Sie ist – wie zu zeigen sein wird – auch de lege ferenda nicht anzuerkennen.[228]

---

224 *Drygala*, ZIP 2006, 1797, 1801 f.

225 *Drygala*, ZIP 2006, 1797, 1802 f.

226 Zur KmbH als Ersatz der GmbH & Co. KG *Drygala*, ZIP 2006, 1797, 1800; zur KmbH als Konkurrenz zur GmbH vgl. die Gesetzesänderungen durch Art. 1, Nr. 6 des am 1.11.2008 in Kraft getretenen Gesetzes zur Modernisierung des GmbH-Rechts und zur Bekämpfung von Missbräuchen (MoMiG) vom 23.10.2008, BGBl. 2008, Teil I, S. 2026. Zur durch § 5a GmbHG eingeführten Unternehmergesellschaft (haftungsbeschränkt) vgl. Kap. 2, 2.4.2.2. Zu Argumenten gegen die „Handelsgesellschaft auf Einlagen“ als Ersatz für die GmbH & Co. KG vgl. auch *K. Schmidt*, JZ 2008, 425, 435.

227 Vgl. BGH NJW 1979, 1705, 1706; Staub/*Schäfer*, HGB, Bd. 3, § 131, Rn. 45; *Reck*, Ausscheiden aus zweigliedriger KG, S. 25 f.; *Rötelmann*, NJW 1956, 1617, 1620; *Wiedemann*, JZ 1970, 593, 597; *Schlottmann*, Komplementärwegfall, S. 15, 18 f.; *Bunnemann*, Ausscheiden aus KGaA, S. 29; *Frey/v. Bredow*, ZIP 1998, 1621, 1622 mit Hinweis darauf, dass fehlender Gläubigerschutz durch Kapitalaufbringungs- und Kapitalerhaltungsvorschriften werbender Kommanditistengesellschaft entgegenstehe; so auch *Zattler*, Gesellschaftsverträge in GmbH & Co. KG, S. 210 f.; ähnlich *Seeger*, Komplementärausscheiden, S. 22. Nach *Grunewald*, GesR, 1 A, Rn. 61 verhindere die Abkehr von der Doppel-

Aus dem bestehenden gesellschaftsrechtlichen numerus clausus folgt, dass die Parteien die zwingenden gesetzlichen Voraussetzungen der einzelnen Gesellschaftsformen nicht im Wege der Vertragsgestaltung rechtswirksam verändern können. So entscheiden das Gesetz und das Richterrecht[229] und nicht die Parteien, was zwingend unter einer KG zu verstehen ist.[230] Ebenso verhindert der numerus clausus das rechtsgeschäftliche Gestalten neuer, vom Gesellschaftsrecht nicht anerkannter Rechtsformen. So können die Gesellschafter etwa keine werbende Personengesellschaft mit der Bezeichnung Kommanditistengesellschaft schaffen, in der alle Gesellschafter beschränkt haften.[231]

2.1.2 Rechtsgrundlage

2.1.2.1 § 105 HGB

Die Auffassung, im Gesellschaftsrecht bestehe ein numerus clausus der Rechtsformen, bedarf einer Begründung. Eine ausdrückliche Erwähnung dieses Rechtsinstituts ist dem Gesetz nicht zu entnehmen.[232] Bereits die Gesetzesmaterialien zum Allgemeinen Deutschen Handelsgesetzbuch

---

verpflichtungslehre im GbR-Recht, vgl. dazu Fn. 362, die Anerkennung einer Gesamthandsgesellschaft ohne unbeschränkt haftenden Gesellschafter.

228 Vgl. dazu Kap. 2, 2.2.

229 Zur Befugnis des Richters zur Schließung normativer Regelungslücken durch ergänzende Rechtsfortbildung vgl. *Looschelders/Roth*, Juristische Methodik, S. 286 f. mit Verweis auf § 49 Einl PrALR.

230 Vgl. *Paulick*, Genossenschaft, S. 71, 73, der die Selbstorganschaft der Komplementäre sowie die Haftungsverteilung als zwingende Merkmale der KG ansieht; vgl. auch *O. Kuhn*, Strohmanngründung, S. 35 ff.; ferner *Wiedemann*, FS-H. Westermann, S. 585, 596.

231 Vgl. *Wiedemann*, GesR, Bd. 1, § 10 III 1, S. 535 ff.; *Schlottmann*, Komplementärwegfall, S. 18 f.; *Fleischer*, ZHR 168 (2004), 673, 678; *Wüst*, FS-Duden, S. 749, 756; *Paulick*, Genossenschaft, S. 19, 36; *Hey*, Freie Gestaltung in Gesellschaftsverträgen, S. 152; *Schwintowski*, JA 1993, 97, 98; *Seeger*, Komplementärausscheiden, S. 68 ff.; *Krings/Otte*, NZG 2012, 761, 762. Zur Frage der Anerkennung einer aufgelösten Personengesellschaft, in der die Haftung jedes Gesellschafters beschränkt ist, vgl. Kap. 2, 2.2.1.2.2.2. und Kap. 2, 2.2.2.

232 So *K. Schmidt*, oHG, S. 129, nach dem der von Lehmann/Ring/*Lehmann*, HGB, Bd. 1, § 2, Rn. 2 und *Sachau*, ZHR 56 (1905), 444, 478 als ausdrückliche Rechtsgrundlage befürwortete § 2 HGB a.F. nicht heranzuziehen ist, weil die Norm einen numerus clausus voraussetzt, diesen aber nicht begründet; vgl. zudem *K. Schmidt*, GesR, § 5 II, S. 104.

(ADHGB), das am 1.1.1870 in Kraft trat, hatten die Diskussion über die Einführung einer Beschränkung der zulässigen Rechtsformen zum Gegenstand. Dieser Beschränkung lag der Zweck zu Grunde, die Gestaltungsfreiheit der Parteien bezüglich der Entziehung der persönlichen Haftung im Interesse des Verkehrsschutzes einzuschränken.[233] Die Gesetzesberatungen mündeten schließlich in der Einführung des Art. 85 Abs. 1 ADHGB. Dieser entspricht inhaltlich dem heute geltenden § 105 Abs. 1 HGB. Demgemäß kann die Begründung des numerus clausus durch Auslegung dieser Vorschrift gewonnen werden.[234]

2.1.2.2 § 22 BGB

Daneben wird § 22 BGB als Rechtsgrundlage des numerus clausus angesehen.[235] §§ 21, 22 BGB gehen davon aus, dass der Rechtsverkehr keines besonderen Schutzes vor der Tätigkeit von Vereinen mit ideeller Zielsetzung bedarf. Nach § 21 BGB können derartige Vereine deshalb bereits bei Erfüllung der allgemeinen vereinsrechtlichen Normativbestimmungen die Rechtsfähigkeit erlangen.[236] Diese sind in den §§ 56 bis 58 BGB niedergelegt. Der Erwerb der Rechtsfähigkeit erfolgt schließlich durch die konstitutiv wirkende Eintragung in das Vereinsregister.[237] Im Gegensatz dazu verweist § 22 BGB Vereine mit wirtschaftlicher Zielsetzung zur Erlangung der Rechtsfähigkeit auf die gesetzlich bestimmten Rechtsformen des Handelsrechts[238]. Diese stellen verglichen mit dem Vereinsrecht schärfere Voraussetzungen an die Erlangung der Rechtsfähigkeit des Verbandes,[239] etwa durch Vorschriften über die Mindestkapitalausstattung, um die Haftung der Gesellschaft gegenüber ihren Gläu-

---

233 Vgl. die Nachweise zu den Gesetzesmaterialien des ADHGB bei *K. Schmidt*, oHG, S. 131.

234 *K. Schmidt*, oHG, S. 138; zustimmend *G. Wilhelm*, Massen-KG, S. 22; ebenso *Konzen*, ZfA 1982, 259, 292.

235 BGHZ 22, 240, 244; *Paulick*, Genossenschaft, S. 49; *Schultze-v. Lasaulx*, JZ 1952, 390, 393; *Konzen*, ZfA 1982, 259, 292; vgl. auch *K. Schmidt*, GesR, § 5 II, S. 104; *dens.*, JZ 1973, 299, 301; *Murawo*, Unechte Vorgesellschaft, S. 109 ff.

236 BGHZ 45, 395, 397; vgl. *Coing*, FS-Flume, Bd. 1, S. 429, 431, 441 f.

237 Vgl. statt aller *Grunewald*, GesR, 2 A, Rn. 25, 28.

238 Von Bedeutung sind insbesondere das AktG sowie das GmbHG, vgl. Jauernig/*Jauernig*, BGB, § 22, Rn. 1.

239 BGHZ 45, 395, 397; *Paulick*, Genossenschaft, S. 49.

bigern zu gewährleisten.[240] Nur in Ermangelung besonderer bundesgesetzlicher Vorschriften, nach denen der Verband die Rechtsfähigkeit erlangen kann, soll die Rechtsfähigkeit durch staatliche Verleihung möglich sein.[241]

§ 22 BGB ist, was die staatliche Verleihung angeht, weitgehend gegenstandslos, da ein Fehlen entsprechender Vorschriften regelmäßig nicht gegeben und die Wahl einer der vorgegebenen Rechtsformen regelmäßig zumutbar ist.[242] Die Rechtsformwahl bei der Verfolgung wirtschaftlicher Zielsetzungen ist also grundsätzlich auf die handelsrechtlich vorgegebenen Rechtsformen beschränkt. Das Gesetz lässt die wirtschaftliche Betätigung eines Personenzusammenschlusses ausschließlich in bestimmten Rechtsformen zu.[243] Diesem aus den §§ 21, 22 BGB gewonnenen Befund liegt der Gedanke zu Grunde, „dass bei einer nach außen gerichteten wirtschaftlichen Betätigung Gläubigerinteressen in besonderem Maße berührt werden und dass diese Interessen in den für juristische Personen des Handelsrechts und andere Kaufleute geltenden Vorschriften eine weit stärkere Berücksichtigung gefunden haben als in den Bestimmungen des Vereinsrechts."[244] Die Interessen der Gläubiger eines gemeinnützige Zwecke verfolgenden nicht wirtschaftlichen Vereins werden geringwertiger eingeschätzt als jene der Vereinsmitglieder.[245] Der numerus clausus der Rechtsformen kann also auch anhand der §§ 21, 22 BGB begründet werden.

---

240 Vgl. BGHZ 85, 84, 89; BGHZ 45, 395, 397; OLG Dresden ZIP 2005, 1680, 1686 f.; zur Kapitalaufbringungs- und Kapitalerhaltungspflicht am Beispiel des GmbH-Rechts vgl. statt aller Baumbach/Hueck/*Hueck/Fastrich*, GmbHG, Einl, Rn. 7.

241 Sog. Konzessionssystem, vgl. dazu allgemein *Gierke*, PrivatR, Bd. 1, S. 490 f.; *Enneccerus/Nipperdey*, BGB AT, Hbbd. 1, § 106 III, S. 637 f.; *Wiedemann*, GesR, Bd. 1, § 4 II 1 b, S. 206 f.; *K. Schmidt*, Verbandszweck, S. 58 ff.; *dens.*, GesR, § 8 II 5 a, S. 192 f.

242 BVerwG NJW 1979, 2261; *K. Schmidt*, AcP 182 (1982), 1, 36; *ders.*, oHG, S. 223 ff.; Jauernig/*Jauernig*, BGB, § 22, Rn. 2; vgl. aber *Schulze*, NJW 1991, 3264, der die urheberrechtliche Verwertungsgesellschaft GEMA als eine der wenigen rechtsfähigen wirtschaftlichen Vereine nennt.

243 Vgl. BGHZ 22, 240, 244; *Paulick*, Genossenschaft, S. 49; *Reuter*, ZGR 1981, 364, 366.

244 BGHZ 85, 84, 89; vgl. schon KGJ Bd. 41 (1912), 117, 121; *K. Schmidt*, oHG, S. 222 m.w.N. in dortiger Fn. 6, der „die Wahrung der Gläubigerinteressen als ausschlaggebendes Ziel" des § 22 BGB betont; *dens.*, GesR, § 23 III, S. 668 f. m.w.N.; *Stoll*, FG-Reichsgericht, S. 49, 70; *Knittel*, DB 1965, 243 f.

245 *Stoll*, FG-Reichsgericht, S. 49, 69 f.; vgl. *Schöpflin*, Nichtrechtsfähiger Verein, S. 414 f., 439 f.

2.1.2.3 Einfachgesetzliche Normprägung der Vereinigungsfreiheit durch numerus clausus

Die Vorgaben des numerus clausus berühren zwangsweise den gesellschaftsvertraglichen Handlungsspielraum des Einzelnen. Doch ist es grundsätzlich dem Einzelnen überlassen, seine Lebensverhältnisse im Rahmen der Rechtsordnung durch Rechtsgeschäft eigenverantwortlich zu gestalten.[246] Angesichts dieses Konflikts bedarf es einer Auseinandersetzung mit den verfassungsrechtlichen Regelungen zur Privatautonomie, um die verfassungsrechtliche Konformität des numerus clausus zu überprüfen.

2.1.2.3.1 Vertragsfreiheit als Grundsatz

Die Vertragsfreiheit, also die Freiheit des Einzelnen, seine Lebensverhältnisse durch Vertrag eigenverantwortlich zu gestalten, stellt eine Erscheinungsform der Privatautonomie dar.[247] Der Einzelne kann grundsätzlich frei darüber entscheiden, ob und mit wem er einen Vertrag abschließt und welchen Inhalt dieser Vertrag haben soll.[248] Die Vertragsfreiheit ist Teil des allgemeinen Persönlichkeitsrechts, das sich aus Art. 2 Abs. 1 GG ergibt.[249] Geht es um die Gründung einer Gesellschaft, deren Tätigkeit, den Beitritt zu oder den Austritt aus dieser, ist das insoweit speziellere Grundrecht der Vereinigungsfreiheit aus Art. 9 Abs. 1 GG einschlägig.[250] Danach haben alle Deutschen insbesondere das Recht,

---

246 Vgl. statt aller *Flume*, BGB AT, Bd. 2, § 1, S. 1 ff. m.w.N.; Palandt/*Ellenberger*, BGB, Überbl v § 104, Rn. 1.

247 *H. P. Westermann*, Vertragsfreiheit, S. 24; vgl. ferner *Flume*, BGB AT, Bd. 2, § 1, S. 1 ff.; *Ott*, Typenzwang, S. 2 ff.; Palandt/*Ellenberger*, BGB, Überbl v § 104, Rn. 1, Einf v § 145, Rn. 7; *Steding*, GesR[1], S. 41; *Reul*, DNotZ 2007, 184; zur Gewährung der Vertragsfreiheit durch Art. 2 Abs. 1 GG vgl. BVerfGE 8, 274, 327 ff.; 12, 341, 347; 70, 115, 123; vgl. auch Maunz/Dürig/*Di Fabio*, GG, Art. 2, Rn. 101 ff. [Juli 2001].

248 Innerhalb der Vertragsfreiheit wird zwischen der Abschlussfreiheit, der inhaltlichen Gestaltungsfreiheit und der Aufhebungsfreiheit unterschieden, vgl. *H. P. Westermann*, Vertragsfreiheit, S. 24 m.w.N.; *Eisenhardt/Wackerbarth*, GesR I, § 3, Rn. 40; *Hönn*, Jura 1984, 57 f.; *Paulus/Zenker*, JuS 2001, 1; vgl. *Thielemann*, GesR, Bd. 1, S. 33.

249 *H. P. Westermann*, Vertragsfreiheit, S. 26; *Reul*, DNotZ 2007, 184, 186.

250 Vgl. Maunz/Dürig/*Scholz*, GG, Art. 9, Rn. 111 [Februar 1999]; vgl. auch *Wiedemann*, ZGR-Sonderheft, 5, 6; *Hönn*, Jura 1984, 57, 58; *v. Mutius*, Jura 1984, 193, 202. Daneben kommen im Gesellschaftsrecht Art. 12 Abs. 1 GG und Art.

sich mit anderen zu jedem verfassungsmäßig erlaubten Zweck zusammenzuschließen, derartigen Vereinigungen beizutreten und aus diesen auszutreten.[251]

2.1.2.3.2 *Grenzen der Vertragsfreiheit am Beispiel des Erfordernisses der unbeschränkten Haftung*

Es liegt auf der Hand, dass die Privatautonomie, etwa in Gestalt des Rechts, eine Gesellschaft gründen zu können, keinesfalls frei von Beschränkungen sein kann.[252] Diese ergeben sich aus dem Umstand, dass durch Gesellschaftsverträge in stärkerem Maße als durch andere Schuldverträge auf ihre Mitglieder und auf Dritte eingewirkt wird. Dies wiederum liegt in der Bestimmung von Gesellschaften begründet, ihre Mitglieder zu vereinigen und dann auf ihre Umwelt Einfluss zu nehmen.[253] Es kommt hinzu, dass Dritte nicht an den Verhandlungen über den Gesellschaftsvertrag beteiligt sind, sie also eine bestehende Organisation vorfinden.[254] Demzufolge können sie nur auf die Organisation reagieren. Deshalb berühren die Wirkungen des Gesellschaftsvertrags anders als etwa die weiteren im BGB geregelten Verträge nicht nur den

---

14 GG als vorrangig vor Art. 2 GG zu prüfende Grundrechte in Betracht, *Reul*, DNotZ 2007, 184, 186.

251 Vgl. BVerfG NJW 2001, 2617; vgl. ferner *H. P. Westermann*, Vertragsfreiheit, S. 26 m.w.N.

252 So *Steding*, GesR[1], S. 39; vgl. dazu BVerfGE 89, 214, 231: „Die Privatautonomie ist notwendigerweise begrenzt und bedarf der rechtlichen Ausgestaltung. Privatrechtsordnungen bestehen deshalb aus einem differenzierten System aufeinander abgestimmter Regelungen und Gestaltungsmittel […].“ Vgl. auch *Ott*, Typenzwang, S. 7: „Rechtliche Freiheit ist ein Element der Ordnung. Absolut gesetzt, würde sie sich selbst aufheben. Sie ist daher von vorneherein nur in der Bindung an die Rechtsordnung, speziell die Wirtschaftsverfassung, möglich.“ Ähnlich *H. P. Westermann*, Vertragsfreiheit, S. 26, nach dem „[Freiheit] im rechtfreien Raum nicht möglich [ist].“ *Flume*, BGB AT, Bd. 2, § 1, S. 1 meint, „[die] Privatautonomie [erfordere] begrifflich die Rechtsordnung als Korrelat.“

253 *Wiedemann*, GesR, Bd. 1, § 1 III 1, S. 42 f.; vgl. auch *Ott*, Typenzwang, S. 76 ff.; *Paulus/Zenker*, JuS 2001, 1, 4; *Salomon*, Schein-KG, S. 36; *Wiesner*, Fehlerhafte Gesellschaft, S. 89 ff., 111; *Reinhardt/Schultz*, GesR, I § 1 I, Rn. 3.

254 So *Wüst*, FS-Duden, S. 749, 755; ähnlich *Teichmann*, Gestaltungsfreiheit, S. 103; *Boerner*, Kommanditistenhaftung, S. 53; *Hey*, Freie Gestaltung in Gesellschaftsverträgen, S. 1.

Rechtskreis der Vertragsparteien, sondern auch denjenigen Dritter, insbesondere der Gesellschaftsgläubiger.[255]

In Anbetracht dessen gewährt die Vereinigungsfreiheit aus Art. 9 Abs. 1 GG lediglich das Bestehen von Verbänden in geeigneten Organisationsrahmen, nicht aber die Existenz bestimmter, der Willkür der Parteien unterstellter Verbandsstrukturen.[256] Mit anderen Worten: Die Rechtsordnung räumt dem Einzelnen lediglich das Recht ein, überhaupt eine Gesellschaft, nicht jedoch eine solche mit einer bestimmten Rechtsform zu bilden. Somit können die einfachgesetzlichen Normen, die nur bestimmte Rechtsformen zulassen, nicht die grundrechtlich gewährte Vereinigungs- bzw. Vertragsfreiheit verkürzen. Sie stellen keine staatlichen Eingriffe in grundrechtlich geschützte Positionen dar,[257] sondern sind vielmehr immanente Schranken einer sonst allein an dem Willen und den Interessen der Vertragsschließenden ausgerichteten Privatautonomie bzw. Vertragsfreiheit.[258] Man spricht davon, dass der Schutzbereich der Vereinigungsfreiheit durch die einfachgesetzlich abschließend geregelten Rechtsformen teilweise normgeprägt ist.[259] Diese Normen sind daher nicht als freiheitseinschränkend, sondern als die Freiheit ermöglichende Regeln anzusehen. Denn erst durch die Bereitstellung einer Auswahl an Rechtsformen gewährt das Gesetz dem Einzelnen die Möglichkeit, von seiner Freiheit in einer mit den Interessen des Rechtsverkehrs und der Mitglieder der Gesellschaft zu vereinbarenden Weise Gebrauch zu machen.[260] Der numerus clausus enthält eine genügende Anzahl an Rechtsformen, „die den verschiedenen Typen von Vereini-

---

255 *K. Schmidt*, GesR, § 5 II, S. 96; *Eisenhardt/Wackerbarth*, GesR I, § 3, Rn. 42; *Sack*, DB 1974, 369; ähnlich *Wüst*, FS-Duden, S. 749, 755; vgl. bereits Kap. 1, 2.1.2.3.2.

256 *Wiedemann*, GesR, Bd. 1, § 12 I 4, S. 684; vgl. ferner *Knittel*, DB 1965, 243.

257 Vgl. *Enneccerus/Nipperdey*, BGB AT, Hbbd. 1, § 106 I, S. 633.

258 Vgl. *Paulick*, Genossenschaft, S. 36; *Wiesner*, Fehlerhafte Gesellschaft, S. 99; allgemein zur systemimmanenten Begrenzung der Privatautonomie des einen Individuums durch jene des anderen vgl. *Paulus/Zenker*, JuS 2001, 1, 2.

259 Vgl. *Kraft/Kreutz*, GesR, A V 1, S. 11. Indessen bedeutet dies nicht, dass der Gesetzgeber an diese Rechtsformen gebunden ist. Die einfachgesetzlichen Ausgestaltungen haben keinen Verfassungsrang, vgl. BVerfG NJW 2001, 2617; vgl. dazu auch *Bruns*, Haftungsbeschränkung, S. 175 f. Allgemein zur grundrechtlichen Normprägung durch den Gesetzgeber Maunz/Schmidt-Bleibtreu/Klein/Bethge/*Bethge*, BVerfGG, § 90, Rn. 30 ff. [Oktober 2009].

260 Vgl. *H. P. Westermann*, Vertragsfreiheit, S. 12.

gungen angemessen und deren Wahl deshalb zumutbar ist."[261] Im Rahmen dessen sind die Parteien dann in der Gestaltung ihres gesellschaftsrechtlichen Rechtsverhältnisses weitgehend frei.[262] So enthält das Gesetz in Bezug auf das Innenverhältnis der Gesellschaft im Wesentlichen dispositive Regelungen, die seitens der Gesellschafter abbedungen werden können.[263]

Der gesetzlichen Ausgestaltung der Vereinigungsfreiheit bedarf es zum Schutz der Sicherheit des Rechtsverkehrs, der Belange Dritter, der öffentlichen Interessen, aber auch der Rechte der Mitglieder der Vereinigung selbst.[264] Zur Sicherung der „zwingenden gesellschaftsrechtlichen Ordnungsprinzipien"[265] hat der Gesetzgeber den numerus clausus der

---

261 BVerfGE 50, 290, 354 f.

262 Vgl. schon Kap. 1, 2.1.1.1.

263 *Teichmann*, Gestaltungsfreiheit, S. 3 m.w.N. in dortiger Fn. 14; *H. P. Westermann*, Vertragsfreiheit, S. 122; *H. Westermann*, FS-Bartholomeyczik, S. 395, 401 f.; *ders.*, FS-Larenz, S. 723, 725, dortige Fn. 5; *Heidemann*, Selbstorganschaft, S. 45 f.; *Kraft/Kreutz*, GesR, A V 2, S. 11 f.; *Eisenhardt/Wackerbarth*, GesR I, § 3, Rn. 43; *Wiedemann*, ZGR-Sonderheft, 5, 9; *Steding*, NZG 2000, 182 f.

264 BVerfGE 50, 290, 354; *Steding*, NZG 2000, 182; *Reul*, DNotZ 2007, 184, 189; vgl. auch *K. Schmidt*, GesR, § 5 II, S. 96; *Teichmann*, Gestaltungsfreiheit, S. 96 ff.; vgl. *Hey*, Freie Gestaltung in Gesellschaftsverträgen, S. 91 ff.; *Wiedemann*, GesR, Bd. 1, § 1 III 1, S. 42 f.; *Haupt/Reinhardt*, GesR, § 1 III, S. 3; *Beuthien*, NJW 2005, 855, 859; vgl. *Kraft/Kreutz*, GesR, A V 1, S. 11, Anh. zu A, S. 26 ff.; vgl. auch *Freund*, Rechtsformwechsel, S. 61; *Schwintowski*, JA 1993, 97, 98. Ähnlich meinen *Kübler/Assmann*, GesR, § 21 I, S. 333 f., dass der Schutz von Geschäftspartnern und Anlegern durch zwingende Vorschriften und nicht durch privatautonome Gestaltungsfreiheit der Beteiligten zu leisten sei, weil schützende Vertragsvereinbarungen umständlich und aufwändig seien. Durch die „Standardisierung der Organisationsstruktur" entfalle ferner die Nachforschung zum Umfang der Vertretungsmacht der Geschäftsführer der Gesellschaft. Ähnlich *Wüst*, FS-Duden, S. 749, 755. Insofern gilt also nicht das caveat creditor-Prinzip, wonach der Gläubiger selbst für den Schutz vor den Risiken des Schuldners zu sorgen hat, vgl. dazu allgemein *Boerner*, Kommanditistenhaftung, S. 111 ff. m.w.N.; *Liu*, Geschichte und Aufgabe der beschränkten Haftung, S. 40 ff.; *Broichmann/Burmeister*, NZG 2006, 687; *Rieckers*, BB 2006, 277, 281; *ders.*, NZG 2007, 125, 128; MünchKomm-BGB/*Wagner*, Bd. 5, § 823, Rn. 420; zum caveat creditor-Prinzip im Zusammenhang mit der Unternehmergesellschaft (haftungsbeschränkt) *Goette*, GmbH-Recht, 1., Kap. 4, Rn. 48.

265 So *Paulick*, Genossenschaft, S. 35. *O. Kuhn*, Strohmanngründung, S. 36 meint, dass sich die Beschränkung der Gestaltungsfreiheit im Gesellschaftsrecht nicht aus einer besonderen Vorschrift ergeben müsse, sondern bereits aus den insti-

Rechtsformen eingeführt, der eine gesetzlich zwingende Ausgestaltung von Unternehmensleitung, Selbstorganschaft und Haftung bedeutet.[266] Insbesondere die Gesellschaftsgläubiger dürfen sich darauf verlassen, dass jede Gesellschaftsform Merkmale aufweist, die nicht kraft Abrede zwischen den Gesellschaftern abbedungen werden können.[267]

Zu den zwingenden Bestimmungen, deren Abänderung der Gestaltungsfreiheit der Parteien entzogen ist, gehören insbesondere die Vorschriften über die Haftung gegenüber den Gesellschaftsgläubigern. Im Personengesellschaftsrecht wird der Schutz der Gläubiger durch die unbeschränkte Gesellschafterhaftung für die Verbindlichkeiten der Gesellschaft gewährleistet.[268] Der numerus clausus wird als ein im Interesse der Gläubiger stehendes Mittel zur Durchsetzung des Grundsatzes der unbeschränkten Haftung angesehen.[269]

2.1.2.3.2.1 Inhalt der unbeschränkten Haftung

Die unbeschränkte Haftung ist Merkmal der oHG und der KG. Dies gilt auch für die GbR, bei der sich die unbeschränkte Haftung ihrer Gesellschafter zwar nicht unmittelbar aus dem Gesetz, aber aus der zumindest im Grundsatz mittlerweile allgemein anerkannten Anwendbarkeit der Haftungsgrundsätze der oHG aus §§ 128 ff. HGB auf die GbR ergibt.[270]

---

tutionellen Grenzen der Privatautonomie folge. Dagegen *Ott*, Typenzwang, S. 8, 63 f., 84 ff., nach dem zwar wirtschaftsverfassungsrechtliche Grundprinzipien eingreifen, wo zwingende Vorschriften im Einzelnen fehlen, allein Grundvorstellungen des Gesetzes aber keine Beschränkung der Gestaltungsfreiheit im Hinblick auf eine abschließende Anzahl zulässiger Rechtsformen rechtfertigen.

266 *Paulick*, Genossenschaft, S. 35, 73, 85; ferner *Ott*, Typenzwang, S. 49; *Betti*, FS-Wenger, Bd. 1, S. 249, 265, 270, 275; vgl. *Teichmann*, Gestaltungsfreiheit, S. 1, 103; vgl. auch *O. Kuhn*, Strohmanngründung, S. 36 f.; ähnlich mit Parallele zum Sachenrecht, in dem wie im Gesellschaftsrecht mehrere gleichzeitig an einem Recht partizipieren, *G. Wilhelm*, Massen-KG, S. 21 f.; vgl. auch *Steding*, GesR[1], S. 39 f., der den Schutz des redlichen Rechtsverkehrs betont.

267 *Reinhardt/Schultz*, GesR, I § 1 III, Rn. 7; vgl. *Wiedemann*, ZGR-Sonderheft, 5, 7.

268 Vgl. *H. Westermann*, FS-Bartholomeyczik, S. 395, 408; *Meyer*, Unbeschränkte Verbandsmitgliederhaftung, S. 87; *Hey*, Freie Gestaltung in Gesellschaftsverträgen, S. 93; *Kornblum*, Gesellschafterhaftung, S. 123; *Engler*, Haftung des kapitalanlegenden Kommanditisten, S. 147.

269 *K. Schmidt*, oHG, S. 139.

270 Vgl. die Grundsatzurteile BGHZ 142, 315 sowie 146, 341; dazu *Reiff*, ZGR 2003, 550 ff.; *Ulmer*, ZIP 2003, 1113 ff. Diesen Urteilen folgten weitere Ent-

Die unbeschränkte Haftung wenigstens eines Gesellschafters ist demnach konstituierendes Merkmal des Personengesellschaftsrechts.[271] Folglich kann zumindest ein Teil[272] der Gesellschafter seine unbeschränkte Gesellschafterhaftung nach § 128 HGB grundsätzlich[273] nicht einseitig[274] beseitigen.[275]

2.1.2.3.2.2 Rechtfertigung der unbeschränkten Haftung

Der Bestand der unbeschränkten Haftung wird mit der unmittelbar einleuchtenden These gerechtfertigt, dass derjenige, der handelt, grund-

---

scheidungen, die zu einer stetigen Ausdehnung des Anwendungsbereichs des oHG-Rechts auf die GbR führten, vgl. dazu aus jüngerer Zeit BGHZ 174, 7 und BGH NZG 2010, 264 = ZIP 2010, 319.

271 *Wiedemann*, GesR, Bd. 1, § 10 III 1, S. 538; *Boerner*, Kommanditistenhaftung, S. 110; vgl. *Kuhn*, WM Sonderbeilage 1/1978, 3, 12.

272 Die Kommanditisten können ihre Haftung ausschließen, ohne dass sie dafür die zwingenden Vorschriften der Kapitalaufbringung und -erhaltung des Kapitalgesellschaftsrechts erfüllen müssen (vgl. § 171 HGB). Bei der KG ist den Gläubigerinteressen durch die Existenz zumindest eines unbeschränkt haftenden Komplementärs ausreichend Rechnung getragen. Die unbeschränkte Haftung des Komplementärs rechtfertigt die beschränkte Haftung des Kommanditisten, BGH NJW 1973, 1036, 1037; *Wiedemann*, GesR, Bd. 1, § 10 III 2 a aa, S. 545; *ders.*, FS-Bärmann, S. 1037, 1038; *Boerner*, Kommanditistenhaftung, S. 90, 110; *Howaldt*, GmbH & Co. KG, S. 68; *Mossmann*, Unterkapitalisierte KG, S. 129, 149, 152; *Mögele*, Atypische Ausgestaltung, S. 54; *W. Schröder*, Geschäftsleitender Kommanditist, S. 100; *Hunscha*, GmbH & Co. KG, S. 49; *Eltermann*, Verdeckter Kapitalentzug, S. 83; *H. P. Westermann*, Gläubigerschutz, S. 28; *Rüber*, GmbH & Co. KG, S. 89; *Klingberg*, Mitarbeitende Kommanditisten, S. 111; *Baßler*, Kommanditistenhaftung, S. 158.

273 Die Haftung kann nur dann ausnahmsweise beschränkt bzw. ausgeschlossen werden, wenn die Voraussetzungen der Haftungsbeschränkungen etwa des GmbH- oder AG-Rechts erfüllt sind, vgl. dazu statt vieler Baumbach/Hueck/*Hueck/Fastrich*, GmbHG, Einl, Rn. 7; MünchKomm-AktG/*Heider*, Bd. 1, § 6, Rn. 5; *K. Schmidt*, oHG, S. 120 (entweder Garantiekapital oder unbeschränkte Haftung).

274 Dagegen können Gesellschafter und Gläubiger unproblematisch einen Haftungsausschluss des Gesellschafters für die gegenüber dem Gläubiger zu erfüllenden Verbindlichkeiten vereinbaren, vgl. statt aller MünchKomm-HGB/*K. Schmidt*, Bd. 2, § 128, Rn. 14; *Dauner-Lieb*, Unternehmen in Sondervermögen, S. 34.

275 *Teichmann*, Gestaltungsfreiheit, S. 103; ähnlich *H. P. Westermann*, Vertragsfreiheit, S. 121; *Konietzko*, Kommanditistenhaftung, S. 164.

sätzlich[276] dafür die Verantwortung zu tragen habe. „Wer den Nutzen hat, muss auch den Schaden tragen."[277] Die unbeschränkte Haftung wird zudem aufgrund des Erfordernisses der Rechtfertigung der Haftungsbeschränkung als gerechtfertigt angesehen.[278] Denn die Belastung des Rechtsverkehrs durch eine Haftungsbeschränkung müsse von demjenigen ausgeglichen werden, dem der Erfolg der Unternehmenstätigkeit zufalle. Dies sei der Kaufmann.[279] Wenn aber der Einzelkaufmann „auf Gedeih und Verderb mit seiner Firma verstrickt ist", dürfe dieser nicht allein deshalb anders zu behandeln sein, weil er sich mit anderen Kaufleuten mitunternehmerisch zusammenschließe.[280]

Letztlich unerheblich ist, ob die unbeschränkte Haftung ein naturgesetzlicher Grundsatz[281], Ausfluss allgemeiner bürgerlich-rechtlicher und handelsrechtlicher Grundsätze[282], sich schlicht aus § 128 HGB ergibt[283]

---

276 In der Praxis mag dies für das Recht des Einzelkaufmanns gelten. Der handelnde Einzelkaufmann kann nämlich seine Haftung mit Ausnahme der §§ 25 ff. HGB nicht ohne Vereinbarung mit seinen Gläubigern beschränken. Dagegen verlangt das positive Recht der werbenden Personengesellschaft zwar zumindest einen unbeschränkt haftenden Gesellschafter, kennt aber keinen strikten Gleichlauf von Herrschaft und Haftung, vgl. Kap. 1, 2.1.2.3.2.3. Ähnlich verhält es sich im Kapitalgesellschaftsrecht, wo kein Gesellschafter unbeschränkt haftet, gleichwohl aber die Herrschaft über das Unternehmen innehaben kann.

277 So *Eucken*, Wirtschaftspolitik, S. 279; vgl. auch *Ott*, Typenzwang, S. 75; kritisch *Limbach*, GmbHR 1967, 71, 72 f.; ebenso *Schöpflin*, Nichtrechtsfähiger Verein, S. 410 ff.; vgl. ferner *Kriele*, ZRP 1974, 105, 106.

278 Vgl. *Dauner-Lieb*, Reform des Handelsstandes und der Personengesellschaften, S. 95, 107.

279 So schon prägnant *K. Schmidt*, GesR^2, § 18 IV, S. 437; vgl. nunmehr auch *dens.*, GesR, § 18 IV 1 b bb, S. 540.

280 *Wiedemann*, GesR, Bd. 1, § 10 III 1, S. 538; vgl. ferner *Müller-Erzbach*, AcP 154 (1955), 299, 342 f.

281 Vgl. *Schöpflin*, Nichtrechtsfähiger Verein, S. 410 m.w.N.; dagegen *K. Schmidt*, oHG, S. 102 ff. m.w.N.; so auch *Schöpflin*, Nichtrechtsfähiger Verein, S. 411; ebenfalls zweifelnd an der naturgesetzlichen Einordnung *Wiedemann*, GesR, Bd. 1, § 10 III 1, S. 538.

282 So BGH ZIP 1997, 679, 680; ZIP 1999, 1755, 1756; *Reiff*, Haftungsverfassungen, S. 308 (unbeschränkte Haftung als allgemeines Haftungsprinzip für alle unternehmenstragenden nichtrechtsfähigen Verbände); *ders.*, ZGR 2003, 550, 571; *Dauner-Lieb*, Unternehmen in Sondervermögen, S. 33; *dies.*, DStR 1999, 1992, 1993; *Hasenkamp*, Haftungsbeschränkungen, S. 152 ff.; *Schöpflin*, Nichtrechtsfähiger Verein, S. 404 („allgemeines gesellschaftsrechtliches Prinzip"); *Kleindiek*, ZGR 1997, 427, 436; *Blenske*, NJW 2000, 3170, 3172; so schon

oder doch lediglich ein „rechtspolitisches Postulat"[284] ist.[285] Denn klar ist jedenfalls, dass sie im Interesse der Gläubiger zu Recht Eingang in Vorschriften wie die §§ 105 Abs. 1, 161 Abs. 1 HGB gefunden hat.

2.1.2.3.2.3 Einzelne Funktionen der unbeschränkten Haftung

Kreditsicherungsfunktion

Die unbeschränkte Haftung hat Kreditsicherungs- und Verhaltenssteuerungsfunktion.[286] Die Kreditsicherungsfunktion dient dem Erfüllungszwang. Die Gläubiger können zwecks Erfüllung ihrer gegenüber der Gesellschaft bestehenden Verbindlichkeiten auf die Vermögensmassen sowohl der Gesellschaft als auch der Gesellschafter zugreifen.[287] Fehlt diese Haftung wie im Kapitalgesellschaftsrecht, so muss sie durch ein Mindeststammkapital der Gesellschaft sowie Regelungen über die Kapitalaufbringung und -erhaltung ersetzt werden.[288]

Diese Funktion der unbeschränkten Haftung ist indes nur dann gesi-

---

Stimpel, FS-Fleck, S. 345, 360; kritisch *Ulmer*, ZIP 1999, 554, 555 f.; *ders.*, ZIP 1996, 733, 737.

283 *Schäfer*, ZIP 2003, 1225, 1226; *Caspar*, JZ 2002, 1112 f., nach denen die Analogie zu einer Gesetzesvorschrift gegenüber dem Rückgriff auf einen ungeschriebenen Rechtsgrundsatz methodisch vorzugswürdig sei.

284 So *K. Schmidt*, GesR, § 18 IV 1 b bb, S. 540.

285 Vgl. *K. Schmidt*, oHG, S. 102 ff. m.w.N.; ferner *Reiff*, Haftungsverfassungen, S. 11 ff. m.w.N.; nach *Kornblum*, Gesellschafterhaftung, S. 37 f. bildet die beschränkte Haftung den Grundsatz und demnach die unbeschränkte Haftung die Ausnahme; für die Praxis zustimmend *K. Schmidt*, GesR, § 18 IV 1 b bb, S. 540; eingehend zu den und darüber hinaus diskutierten Begründungswegen der unbeschränkten Verbandsmitgliederhaftung *Meyer*, Unbeschränkte Verbandsmitgliederhaftung, S. 104 ff., 124 ff.

286 *Wiedemann*, GesR, Bd. 1, § 10 III 1, S. 539; ähnlich *K. Schmidt*, GesR, § 18 IV 2 a, S. 541, der Leistungserzwingungs-, Verhaltenskontroll- und Kapitalersatzfunktion nennt; *ders.*, oHG, S. 106 ff.; zur Kapitalersatzfunktion vgl. auch *dens.*, JZ 1985, 301, 302 f.; *Schöpflin*, Nichtrechtsfähiger Verein, S. 413 ff.; nach *Eucken*, Wirtschaftspolitik, S. 280 hat die (unbeschränkte) Haftung die gesamtwirtschaftliche Funktion, „die Auslese der Betriebe und leitenden Persönlichkeiten [zu] ermöglichen oder [zu] erleichtern."

287 *Wiedemann*, GesR, Bd. 1, § 10 III 1, S. 539.

288 BGH NJW 1962, 536, 537; *Boerner*, Kommanditistenhaftung, S. 27 f.; *Caspar*, JZ 2002, 1112; *Jo. Dietrich*, Vertragliche Entrechtung der Komplementäre, S. 6; kritisch *Löw*, Abhängigkeit der Personenhandelsgesellschaft, S. 120 f.

chert, wenn das Privatvermögen nicht frühzeitig verlagert wird[289] und die zu tilgende Gesellschaftsschuld nicht außer Verhältnis zu dem Vermögen der Gesellschafter steht. Letzteres kann insbesondere bei personengesellschaftsrechtlich organisierten Großunternehmen der Fall sein.[290] Schließlich sichert das Gesetz nicht, dass überhaupt Privatvermögen des haftenden Gesellschafters vorhanden ist.[291] Der gute Glaube an die Zahlungsfähigkeit des Schuldners ist also rechtlich nicht geschützt,[292] sofern er nicht durch sittenwidriges oder strafrechtliches Verhalten begründet wird.[293] Es kommen dann vertragliche Ansprüche und solche aus sittenwidriger Schädigung gemäß § 826 BGB sowie wegen Betruges nach § 823 Abs. 2 BGB i.V.m. § 263 StGB in Betracht.[294] So wird eine unbeschränkte Haftung von Kommanditisten diskutiert, welche die Unternehmensleitung innerhalb der KG innehaben und eine vermögenslose natürliche Person als Komplementär einsetzen.[295] Allerdings stellt dieser nur in Ausnahmefällen eintretende Schutz des Gläubigers

---

289 Dann schützen nach *Wiedemann*, GesR, Bd. 1, § 10 III 1, S. 539 allerdings die InsO sowie das AnfG die wirtschaftlichen Interessen der Gläubiger.

290 *Wiedemann*, GesR, Bd. 1, § 10 III 1, S. 539.

291 *K. Schmidt*, GesR, § 18 IV 2 c, S. 542 f.; vgl. *dens.*, JZ 1985, 301, 302 f.; *Elsing*, GmbHR 1978, 103; *Kornblum*, Rpfleger 1986, 77, 78 f., dortige Fn. 19; *Boerner*, Kommanditistenhaftung, S. 88 m.w.N. in dortiger Fn. 309; *Konietzko*, Kommanditistenhaftung, S. 175 f., die dies als bewusste Entscheidung des liberalen Gesetzgebers ansieht. Vgl. auch die Entscheidung BGHZ 45, 204, die zeigt, dass der Gläubiger einer KG bei mittelosem Komplementär letztlich doch auf vertraglich vereinbarte Sicherungsmechanismen wie etwa die Bürgschaft angewiesen ist, will er seine Ansprüche durchsetzen, sog. caveat creditor-Prinzip. Vgl. auch *Bruns*, Haftungsbeschränkung, S. 177, der die Verfassungsmäßigkeit der Nichtberücksichtigung der Zahlungsfähigkeit des Schuldners hinterfragt.

292 BGH NJW 1959, 623, 624: „Das Vertrauen in die Zahlungsfähigkeit und die Kreditwürdigkeit eines anderen genießt im Geschäfts- und Wirtschaftsleben keinen besonderen Schutz." OLG Dresden ZIP 2009, 1382, 1383, nach dem die Vermögenslosigkeit des Komplementärs allgemeines Lebensrisiko des Gläubigers ist; *Paulus/Zenker*, JuS 2001, 1, 3; zustimmend *Hofmann*, NJW 1969, 577, 581 f.; *ders.*, GmbHR 1970, 182, 184.

293 *Konietzko*, Kommanditistenhaftung, S. 177 f.; vgl. BGH NJW 1959, 623, 624.

294 BGH NJW 1959, 623, 624; vgl. *Baßler*, Kommanditistenhaftung, S. 147 ff.

295 Zu den in Betracht kommenden Missbrauchsfällen im KG-Recht *Konietzko*, Kommanditistenhaftung, S. 164 ff. m.w.N.; *Boerner*, Kommanditistenhaftung, S. 104 m.w.N.; *Baßler*, Kommanditistenhaftung, S. 160 ff.; *Hofmann*, NJW 1969, 577, 580 ff. m.w.N.; vgl. auch den sog. Rektorfall BGHZ 45, 204 ff., wonach es allein keinen Missbrauch darstellt, wenn der Kommanditist die Geschäfte betreibt und eine mittellose Person als Komplementärin einsetzt.

lediglich eine Erweiterung seiner Ansprüche bzw. Anspruchsgegner dar. So kann der Gläubiger neben dem Komplementär nun ebenfalls den Kommanditisten in Anspruch nehmen. Er kann sich aber auch bei diesem nicht sicher sein, dass in hinreichendem Maße Vermögen zur Erfüllung der Verbindlichkeiten verfügbar ist. Folglich ändert die Missbrauchshaftung nichts daran, dass ein zur Realisierung der Ansprüche ausreichendes Vermögen des unbeschränkt haftenden Schuldners nicht vorhanden sein muss.

Verhaltenssteuerungsfunktion

Die persönliche Einstandspflicht der geschäftsleitenden Gesellschafter animiert zu einer ordentlichen Verwaltung, die nicht nur im Interesse der Gläubiger, sondern auch der Gesellschafter selbst, der Arbeitnehmer und der Allgemeinheit ist.[296] Jedoch ist auch diese sog. Verhaltenssteuerungsfunktion im Personengesellschaftsrecht nicht vollumfänglich gewährleistet, da die Einsetzung einer juristischen Person als Geschäftsführer-Gesellschafter zu einer Trennung von Geschäftsführung und unbeschränkter Einstandspflicht, von Herrschaft und Haftung, führt.[297] Im KG-Recht besteht ferner die Möglichkeit die Unternehmensleitung dem Kommanditisten zu übertragen, ohne dass allein dadurch dessen unbeschränkte Haftung eintritt.[298] So kann dem Kommanditisten Geschäfts-

---

296 *Wiedemann*, GesR, Bd. 1, § 10 III 1, S. 539; so auch *Müller-Erzbach*, AcP 154 (1955), 299, 343, nach dem ein durch unbeschränkte Haftung gesichertes Verantwortungsempfinden zur Gesundung des Wirtschaftslebens beiträgt; ähnlich *Eucken*, Wirtschaftspolitik, S. 280, nach dem die Haftung „gegen eine Verschleuderung von Kapital" wirkt; vgl. auch *Wiedemann*, Übertragung und Vererbung von Mitgliedschaftsrechten, S. 371; *Nitschke*, Personengesellschaft, S. 217; *Boerner*, Kommanditistenhaftung, S. 31; vgl. *Bitter*, Steuerungsfunktionen des Haftungsrechts, S. 57, 72; *Klingberg*, Mitarbeitende Kommanditisten, S. 111.

297 *Wiedemann*, GesR, Bd. 1, § 10 III 1, S. 539 f., der insofern Bedenken gegenüber der Rechtsfigur der GmbH & Co. KG äußert; vgl. auch *Boerner*, Kommanditistenhaftung, S. 113 ff. (fehlende „Bremsfunktion"); ähnlich *Fromm*, Gläubigerschutz in KG und GmbH, S. 23, 47 f.; dagegen für den Fall der Einmann-GmbH & Co. KG *Konietzko*, Kommanditistenhaftung, S. 169; vgl. BGHZ 45, 204 ff.; äußerst kritisch gegenüber der Trennung von Herrschaft und Haftung *Eucken*, Wirtschaftspolitik, S. 281.

298 BGHZ 45, 204 ff.; allgemein zum Zusammenhang zwischen einer Einflusserweiterung des Kommanditisten und dessen Haftung *Kammergruber*, Innen- und Außenhaftung des Kommanditisten, S. 116 ff.

führungsbefugnis sowie Vollmacht, etwa Prokura, erteilt werden.[299] Es besteht also gerade kein zwingender Gleichlauf von Herrschaft und Haftung.[300]

2.1.2.4 Stellungnahme

Vergleicht man den Regelungszweck aus § 105 HGB mit demjenigen aus § 22 BGB, so stellt man eine weitgehende Übereinstimmung fest. Beide Normen enthalten Begrenzungen der Gestaltungsfreiheit zum Zwecke der Sicherheit des Rechtsverkehrs, insbesondere des Gläubigerschutzes. Diese Zwecke prägen auch die Vereinigungsfreiheit. Damit bestätigt Art. 9 Abs. 1 GG, dessen Schutzbereich durch die einfachgesetzlichen Normen aus § 105 HGB und § 22 BGB geprägt und konkretisiert wird, dass der numerus clausus durch diese begründet ist.

2.2 Rechtsfolgen der Rechtsformverfehlung

Es stellt sich die Frage, welche Rechtsfolgen bei Nichtbeachtung des numerus clausus entstehen, d.h. ob und wenn ja wie, der Zusammenschluss ohne Existenz eines Komplementärs rechtlich zu qualifizieren ist. Diese Frage kann sich einerseits bei der Gründung stellen, wenn die Beteiligten Willenserklärungen abgeben, die auf die Gründung einer rechtlich nicht anerkannten Gesellschaftsform[301] oder einer rechtlich anerkannten, aber nicht unter diesen Voraussetzungen anerkannten Gesell-

---

299 Vgl. *Windbichler*, GesR, § 17, Rn. 11, 16; *Wiedemann*, JZ 1969, 470, 471; allgemein zu Einflussmöglichkeiten des Kommanditisten innerhalb der KG *Jander*, Komplementär und Kommanditist, passim.

300 *Hofmann*, NJW 1969, 577, 579 f.; *Wiedemann*, JZ 1969, 470, 471; *ders.*, FS-Bärmann, S. 1037, 1048; *Konietzko*, Kommanditistenhaftung, S. 167 ff.; *Boerner*, Kommanditistenhaftung, S. 56 ff.; allgemein zum umstrittenen Prinzip des Gleichlaufs von Herrschaft und Haftung vgl. *Flume*, BGB AT, Bd. 1, Teil 1, § 14 VIII, S. 244, der meint, „[es sei] bare Ideologie, daß der „Herrschaft" in einem Unternehmen auch die persönliche Haftung für die Verbindlichkeiten des Unternehmens entsprechen müsste, […]." *H. P. Westermann*, Vertragsfreiheit, S. 271 ff.; *K. Schmidt*, oHG, S. 111 ff.; *Blaurock*, FS-Stimpel, S. 553, 554 ff.; vgl. auch *Meyer*, Unbeschränkte Verbandsmitgliederhaftung, S. 104 ff., 113 f.

301 Bsp.: Die Parteien vereinbaren die Gründung einer Personengesellschaft, bei der bei allen Gesellschaftern die Haftung gegenüber den Gesellschaftsgläubigern auf den Betrag einer bestimmten Vermögenseinlage beschränkt ist.

schaftsform[302] gerichtet sind. Andererseits kann es vorkommen, dass ein den numerus clausus beachtender Gesellschaftsvertrag besteht und dieser nachträglich geändert wird.[303] Denkbar ist auch, dass die Voraussetzungen der gewählten Gesellschaftsform unabhängig von einem Beschluss der Gesellschafter nachträglich wegfallen.[304]

In der folgenden Darstellung bleiben Eigenheiten der anfänglichen Rechtsformverfehlung unberücksichtigt, weil diese eine Konstellation bezeichnet, in der die Gesellschafter eine Gesellschaftsform erst entstehen lassen wollen, das Ausscheiden des einzigen Komplementärs aber das Bestehen einer nach § 161 Abs. 1 HGB gegründeten KG voraussetzt.

2.2.1 Bestandsaufnahme

2.2.1.1 Absorptionsfunktion des Rechtsformzwangs im Falle nachträglicher Rechtsformverfehlung

Nach der Rechtsprechung[305] und der ganz h.L.[306] erfolgt bei nachträglicher Rechtsformverfehlung[307] ein auf dem numerus clausus der Gesell-

---

302 Bsp.: Die Parteien kommen überein, eine GbR zu gründen, indem sie gesellschaftsvertraglich den Betrieb eines Handelsgewerbes unter gemeinschaftlicher Firma vereinbaren und dies auch so umsetzen.

303 Bsp.: Nachdem die Parteien die Gründung einer KG vereinbart haben, verändern sie den Gesellschaftsvertrag in der Weise, dass nunmehr bei allen Gesellschaftern die Haftung gegenüber den Gesellschaftsgläubigern auf den Betrag einer bestimmten Vermögenseinlage beschränkt ist.

304 Bsp.: Nachdem die Parteien begonnen haben, ein Handelsgewerbes unter gemeinschaftlicher Firma zu betreiben und damit eine oHG gegründet haben, erfordert das nicht im Handelsregister eingetragene Unternehmen nach seinem Umfang keinen in kaufmännischer Weise eingerichteten Geschäftsbetrieb mehr.

305 BGHZ 10, 91, 97; 22, 240, 244 f.; 32, 307, 310 ff.; BAG NJW 1988, 222, 223; BFH BB 1991, 1326, 1327; abweichend aber BGHZ 19, 269 ff., vgl. dazu noch Kap. 1, 2.2.1.2.1.

306 *K. Schmidt*, oHG, S. 158 ff.; *ders.*, GesR, § 5 II, S. 105; *Flume*, BGB AT, Bd. 1, Teil 1, § 13 III, S. 197; *John*, Rechtsperson, S. 311 f., der von Typenzwang spricht; *Hey*, Freie Gestaltung in Gesellschaftsverträgen, S. 160 ff.; *T. Peters*, GbR, S. 40; *Jü. Dietrich*, Publikums-KG, S. 16; *Schnorbus*, Gestaltungsfreiheit im Umwandlungsrecht, S. 37 f.; *Salomon*, Schein-KG, S. 34 ff., 39 ff., 51 f.; *Bunnemann*, Komplementärausscheiden aus KGaA, S. 57; *Habersack*, JuS 1990, 179, 182. Ausdrücklich differenzierend *Seeger*, Komplementärausscheiden, S. 81, nach dem der Rechtsformzwang bei der aufgelösten Gesellschaft

schaftsformen beruhender automatischer Rechtsformzwang, der sich in einem automatischen identitätswahrenden Rechtsformwechsel äußert.

2.2.1.1.1 Inhalt und Funktionsweise des Rechtsformzwangs

Karsten Schmidt[308] hat sich um die Erläuterung der Wirkungsweise des Rechtsformzwangs verdient gemacht. Nach einer auf ihn zurückgehenden Auffassung[309] hat der numerus clausus im Handelsgesellschaftsrecht eine sog. Absorptionsfunktion[310]. Diese Funktion zeichne sich dadurch aus, dass der Verstoß gegen den numerus clausus nicht die Nichtigkeit des Gesellschaftsvertrags nach § 134 BGB zur Folge habe.[311] Die Rechtsfolge bestehe vielmehr „in der zwangsweisen Zuordnung solcher Gebilde zu einer handelsrechtlichen Gesellschaftsform". Dieser Rechtsformzwang sei „Reaktionsmechanismus für Fälle der Rechtsformverfehlung".[312] Eine im Wege der Privatautonomie geschaffene, nicht gesetz-

---

nicht bzw. eingeschränkt gelten soll. Vgl. dazu noch Kap. 2, 1.2.1.3, Kap. 2, 2.2.1.2. und Kap. 2, 2.2.2.

307 Die Terminologie innerhalb der Literatur ist auch an dieser Stelle nicht einheitlich. So spricht *Lieb*, Ehegattenmitarbeit, S. 24 nicht von Rechtsform-, sondern von Typenverfehlung.

308 *K. Schmidt*, oHG, S. 128 f., 158 ff.

309 *K. Schmidt*, oHG, S. 128 f., 158 ff.; *ders.*, GesR, § 5 II, S. 102.

310 Zum Begriff *K. Schmidt*, oHG, S. 128; ferner *Fleischer*, ZHR 168 (2004), 673, 678; *An. Bergmann*, Fremdorganschaftlich verfasste Gesellschaft, S. 402; *Schlottmann*, Komplementärwegfall, S. 18; *Seeger*, Komplementärausscheiden, S. 70 f. Zwar bestand, wie die o.g. Nachweise belegen, schon vor den Ausführungen *K. Schmidts* die Auffassung, es erfolge ein automatischer identitätswahrender Rechtsformwechsel infolge des Verstoßes gegen den numerus clausus der Rechtsformen. Doch hat erst *K. Schmidt* verdeutlicht, dass eine Gesellschaft stets automatisch GbR oder oHG ist, es sei denn sie erfüllt die Voraussetzungen einer spezielleren Rechtsform.

311 Die Unwirksamkeit bzw. Unbeachtlichkeit des Parteiakts ist die Folge des Verstoßes gegen den sachenrechtlichen numerus clausus. Das Recht stellt einige zulässige Rechtsakte zur Verfügung, die es von anderen – nicht anerkannten – Akten abschichtet, sog. Abschichtungsfunktion des numerus clausus, *Jahnke*, ZHR 146 (1982), 595, 597. Zu den Folgen eines Verstoßes gegen den numerus clausus im Sachen- und Arbeitsrecht *ders.*, ZHR 146 (1982), 595, 600, 613 ff.; zu Unterschieden zwischen dem numerus clausus des Sachen- und dem des Gesellschaftsrechts *Hey*, Freie Gestaltung in Gesellschaftsverträgen, S. 159 f.

312 *K. Schmidt*, GesR, § 5 II, S. 101, der darauf hinweist, dass der Begriff Rechtsformzwang kein Synonym des Begriffs numerus clausus sei; so aber *Jahnke*, ZHR 146 (1982), 595, 596, 602; ebenso *Fenn*, FS-Bosch, S. 171.

lich vorgesehene Handelsgesellschaft oder eine zwar bürgerlich-rechtlich anerkannte Gesellschaft, aber nach dem Willen der Gesellschafter auf den Betrieb eines Handelsgewerbes gerichtete Gesellschaft, wird der als Grundform der Handelsgesellschaften fungierenden Rechtsform zugewiesen.[313] Dazu muss das objektive Recht bestimmte Gesellschaftsrechtsformen zu Grundformen erklären, unter die jeder Personenverband fällt, sofern er nicht die Voraussetzungen einer besonderen Rechtsform erfüllt.[314] *K. Schmidt* versteht dabei die oHG als „Grundform unter den Handelsgesellschaften“[315], die er als „Instrument der Durchsetzung eines Prinzips der unbeschränkten Haftung“[316] ansieht. Bei Personengesellschaften, deren Zweck nicht auf den Betrieb eines Handelsgewerbes gerichtet ist, stellt konsequenterweise die GbR die Grundform dar.[317]

Das Institut des Rechtsformzwangs dient also dazu, alle denkbaren Parteiakte zu erfassen und sie den zulässigen Rechtsformen zuzuordnen.[318] Demzufolge ist eine Gesellschaft je nach Existenz eines Handelsgewerbes GbR oder oHG, es sei denn, sie erfüllt die Voraussetzungen einer anderen, spezielleren Rechtsform, etwa der einer KG.

Dieser Wechsel zwischen GbR, oHG und KG erfolgt nach heute[319] ganz h.M. im Wege eines automatischen identitätswahrenden Rechts-

---

313 *K. Schmidt*, oHG, S. 128; vgl. auch *A. Koller*, Grundfragen Typuslehre, S. 127.

314 *K. Schmidt*, GesR, § 5 II, S. 102.

315 *K. Schmidt*, oHG, S. 139; vgl. schon KGJ Bd. 41 (1912), 117, 122, wo die oHG als „Grund- und Regelform einer Handelsgesellschaft“ bezeichnet wird; zustimmend *Ott*, Typenzwang, S. 203; ferner *Schlottmann*, Komplementärwegfall, S. 25; ähnlich *Quittnat/Schauwecker/Streckel*, Handels- und GesR, 2. A. 3.2.4, S. 183; so auch *Frey*, NZG 2004, 169, 170, wenngleich als Teil seiner rechtspolitischen Überlegungen über europäische Grundsätze für die Struktur von Gesellschaften.

316 *K. Schmidt*, oHG, S. 139, durch dessen Annahme die Verbindung zum Zweck des numerus clausus, der im Schutz der Gläubiger besteht, hergestellt wird; *Kraus*, Rechtsformverfehlung, S. 1, dortige Fn. 3 meint, dass schon der numerus clausus der Gesellschaftsformen dafür sorge, dass § 128 HGB nicht umgangen werde.

317 *K. Schmidt*, GesR, § 5 II, S. 102; *Reinhardt*, FS-Bartholomeyczik, S. 307, 310; *Reiff*, NZG 2000, 281; *Freund*, Rechtsformwechsel, S. 69; *Salomon*, Schein-KG, S. 31; *Schlottmann*, Komplementärwegfall, S. 25; *An. Bergmann*, Fremdorganschaftlich verfasste Gesellschaft, S. 400 f.

318 *Jahnke*, ZHR 146 (1982), 595, 597; *An. Bergmann*, Fremdorganschaftlich verfasste Gesellschaft, S. 400.

319 Zur Rechtslage unter Geltung des ADHGB, dem die identitätswahrende Umwandlung noch unbekannt war vgl. RGZ 32, 46, 47.

formwechsels[320], d.h. die Änderung der Rechtsform hat keinen Einfluss auf die Identität der Gesellschaft in ihrer Eigenschaft als Rechtsträger.[321] Ferner erfolgt der Rechtsformwechsel nach der Rechtsprechung[322] und der ganz h.L.[323] unabhängig vom Willen der Gesellschafter. Die Gesell-

---

320 *Freund*, Rechtsformwechsel, S. 31 definiert den Begriff Rechtsformwechsel als „Übergang von der einen Personengesellschaftsform in die andere bei dem Hinzukommen oder dem Fortfall eines oder mehrerer rechtsformbestimmender Merkmale infolge tatsächlicher oder rechtlicher Gründe".

321 Allgemein zum Rechtsformwechsel zwischen GbR, oHG und KG: MünchKomm-BGB/*Ulmer/Schäfer*, Bd. 5, § 718, Rn. 65; Staub/*Schäfer*, HGB, Bd. 3, § 105, Rn. 56; *Müller-Laube*, FS-Wolf, S. 501, 527 f.; *An. Bergmann*, Fremdorganschaftlich verfasste Gesellschaft, S. 168; *A. Hueck*, oHG, S. 16; *K. Schmidt*, GesR, § 44 III, S. 1306; *Kübler/Assmann*, GesR, § 28 III, S. 412; *Burkholz/Hartmann*, PrivatR, 2. C. IX. 2., S. 561; *Quittnat/Schauwecker/Streckel*, Handels- und GesR, 2. B. 8.2, S. 303; *Mönnig*, GesR, 4 B I, S. 148; *Freund*, Rechtsformwechsel, S. 70 m.w.N. in dortiger Fn. 220; *Limmer*, DStR 2000, 1230 f.; *K.-S. Scholz*, NZG 2002, 414 f.; zum Rechtsformwechsel von GbR zu oHG und umgekehrt: BGH DStR 2010, 284, 285 = NZG 2010, 314, 315; NJW 1967, 821; WM 1962, 10, 12; Oetker/*Weitemeyer*, HGB, § 105, Rn. 8; *Weippert*, Umwandlung, S. 115; vgl. auch *Reiff*, Haftungsverfassungen, S. 245 m.w.N.; zum Rechtsformwechsel von KG zu GbR: BGH WM 1975, 99, 100; WM 1971, 1198; OLG Hamm ZIP 1984, 180; vgl. auch *Kraus*, Rechtsformverfehlung, S. 116; *Eickmann*, Rpfleger 1985, 85, 89; zum Rechtsformwechsel von oHG zu KG und umgekehrt: E/B/J/S/*Wertenbruch*, HGB, Bd. 1, § 105, Rn. 87; Oetker/*Oetker*, HGB, § 161, Rn. 25; *Fischer*, DNotZ 1955, 182, 183; FA-HGR/*v. Wedel*, Kap. 8, Rn. 10; zum Rechtsformwechsel von Vor-GmbH zu GbR bzw. oHG vgl. BGH BB 2008, 1249.

322 OGHBrZ NJW 1949, 382; RGZ 155, 75, 81; 10, 91, 97; 22, 240, 245; BGH WM 1958, 216; BGHZ 32, 307, 312; BGH WM 1962, 10, 12; NJW 1967, 821, 822 = BB 1967, 143; BFH NJW 1995, 478, 479.

323 *K. Schmidt*, oHG, S. 158 ff.; *ders.*, GesR, § 5 II, S. 102; *Reiff*, Haftungsverfassungen, S. 225, 239; *Flume*, BGB AT, Bd. 1, Teil 1, § 13 III, S. 197 f.; *Schünemann*, Gesamthandsgesellschaft, S. 245; *Schulze-Osterloh*, Prinzip der gesamthänderischen Bindung, S. 12; *Hey*, Freie Gestaltung in Gesellschaftsverträgen, S. 162; *Fenn*, FS-Bosch, S. 171, 175; *An. Bergmann*, Fremdorganschaftlich verfasste Gesellschaft, S. 160; MünchKomm-BGB/*Ulmer*, Bd. 5, § 705, Rn. 3, 11; Baumbach/*Hopt*, HGB, § 105, Rn. 8; E/B/J/S/*Wertenbruch*, HGB, Bd. 1, § 105, Rn. 2, 5; MünchHdb/*Happ/Möhrle*, Bd. 1, § 46, Rn. 11; *Schultze-v. Lasaulx*, JZ 1952, 390, 393; *Sudhoff*, DB 1979, 437; *Freund*, Rechtsformwechsel, S. 61 ff.; *Jü. Dietrich*, Publikums-KG, S. 16; *Bunnemann*, Komplementärausscheiden aus KGaA, S. 57, 60 f.; vgl. bereits *Paulick*, Genossenschaft, S. 86, nach dem eine gegen die zwingenden Vorgaben des numerus

schafter sind nicht befugt, den rechtlichen Charakter ihrer Personengesellschaft selbst zu bestimmen.[324] Dies kann zur Folge haben, dass Rechtsgeschäfte entstehen, welche die Beteiligten nicht oder so nicht gewollt haben.[325]

2.2.1.1.2 Rechtsgrundlage des Rechtsformzwangs

2.2.1.1.2.1 Bestandsaufnahme

§§ 139 Abs. 1, 162 Abs. 3 HGB

Die Frage nach der Rechtsgrundlage des Rechtsformzwangs wird in Schrifttum und Rechtsprechung unterschiedlich beantwortet. Nach der schon im Jahre 1901 entwickelten Auffassung *Lehmanns* ändert sich an der Rechtspersönlichkeit der Gesellschaft nichts, wenn sich die KG in eine oHG umwandelt, weil „beide [Gesellschafts-]Typen nur als Spielarten" der einen Gesellschaft anzusehen seien. Die Ähnlichkeit der Rechtsformen ergebe sich daraus, dass § 162 Abs. 3 HGB a.F.[326] „[...] den Fall des Eintritts des Kommanditisten in eine bestehende Handelsgesellschaft, also auch eine offenen Handelsgesellschaft, von dem der Neuerrichtung einer Kommanditgesellschaft scheidet und umgekehrt die Fälle der Ausscheidens des Kommanditisten aus einer Kommanditgesellschaft generell behandelt, gleichgültig, ob noch eine Kommanditgesellschaft übrig bleibt oder die Kommanditgesellschaft sich durch das Ausscheiden in eine offene Handelsgesellschaft umwandelt, [...]."[327] Im Anschluss an Lehmann folgerte auch das RG aus §§ 139 Abs. 1, 162 Abs. 3 HGB a.F., dass die Umwandlung einer KG in eine oHG und umgekehrt unter Beibehaltung ihrer Identität erfolgen könne.[328]

---

clausus verstoßende Gesellschaft „immer wieder auf den vom Gesetzgeber gewollten Typus zurückzuführen" ist.

324 Vgl. *Jahnke*, ZHR 146 (1982), 595, 605.

325 *K. Schmidt*, GesR, § 5 II, S. 102.

326 Der Wortlaut des 1901 geltenden § 162 Abs. 3 HGB a.F. entspricht dem der heutigen Vorschrift.

327 *Lehmann*, ZHR 50 (1901), 1, 37 f., 42, der neben § 162 Abs. 3 HGB die Vorschriften der §§ 139, 176 Abs. 2 HGB a.F. als Rechtsgrundlage der Identitätswahrung anführt; vgl. schon Guttentag-Denkschrift zum HGB-Entwurf 1897, S. 121.

328 RGZ 55, 126, 127 f.; zustimmend *Junck*, JJb 77 (1927), 297, 299, der auch bei dem Formwechsel zwischen oHG bzw. KG und GbR von der Wahrung der Identität ausgeht. In der Entscheidung RGZ 32, 46, 47, die unter Geltung des

Kraus meint, die nach Auffassung des BGH[329] bestehende Identitätswahrung bei Umwandlung der Gesellschaft stelle keine logisch zwingende Feststellung dar, weil die Gesellschaft in der neuen Rechtsform sehr wohl Unterschiede zur Gesellschaft alter Rechtsform aufweise, also nicht mit dieser identisch sei.[330] Doch lasse sich der Rechtsprechung des BGH die Ansicht entnehmen, dass die Gemeinsamkeiten beider Gesellschaften ihre Unterschiede in dem Maße überwiegen würden, dass eine „weitgehende Kontinuität sämtlicher Rechtsverhältnisse" anzunehmen sei. Diese Ansicht könne zum einen damit begründet werden, dass das „gesetzliche System des Personengesellschaftsrechts" die automatische Umwandlung von Personenhandelsgesellschaften in die GbR und umgekehrt vorsehe.[331] Zum anderen spreche der Umstand, dass sich der Gesetzgeber in keiner Weise gegen die Identitätswahrung ausgesprochen habe, für ihre Konformität mit dem Sinn und Zweck des Gesetzes.[332]

ADHGB von 1861 erging, hatte das RG die identitätswahrende Umwandlung zwischen oHG und KG noch als dem Gesetz unbekannt bezeichnet und stattdessen die Auflösung der oHG und das Neuentstehen der KG angenommen. So ebenfalls *Wygold*, Gesamtrechtsnachfolge, S. 2; vgl. auch den wiederum anderen Begründungsweg in RGZ 155, 75, 85, wonach nicht die GbR oder die oHG, sondern ihre jeweiligen Gesellschafter Rechtsträger des gemeinschaftlich betriebenen Geschäfts sind. Demgemäß kommt den Gesellschaftern sowohl vor als auch nach Eintritt des Rechtsformwechsels die Rechtsträgereigenschaft zu, so dass mit dem Wechsel der Rechtsform der Gesellschaft kein Wechsel der Rechtsträgeridentität einhergeht.

329 *Kraus*, Rechtsformverfehlung, S. 116, dortige Fn. 373 nennt BGH WM 1962, 10, 12.

330 *Kraus*, Rechtsformverfehlung, S. 156 f. nennt Unterschiede zwischen GbR und KG im Hinblick auf den Gesellschaftszweck, die Handelsregistereintragung und die Firma.

331 Ähnlich der Gesetzentwurf der Fraktionen CDU und FDP zur Bereinigung des Umwandlungsrechts (UmwBerG), BT-Drs. 12/6699, S. 137, nach dem die „allgemeinen Regeln des bürgerlichen und des Handelsrechts" gesetzliche Vorschriften über die Änderung der Rechtsform darstellen; zustimmend *Kraft/Kreutz*, GesR, B VI 4 b aa, S. 86, D I 5, a dd, S. 180, dortige Fn. 13; ähnlich *Schnorbus*, Gestaltungsfreiheit im Umwandlungsrecht, S. 37.

332 *Kraus*, Rechtsformverfehlung, S. 157.

Alternativlosigkeit und Selbstverständlichkeit des Rechtsformwechsels

Nach *Reiff* kann der Rechtsformzwang der GbR in die oHG[333] und umgekehrt nur im Wege eines identitätswahrenden Rechtsformwechsels erfolgen, weil eine Gesamtnachfolge der GbR in die Rechtsstellung der oHG und umgekehrt auszuschließen ist.[334] Denn die Gesamtrechtsnachfolge scheitere daran, dass weder das Erlöschen der oHG[335] noch die Gesamtrechtsnachfolge der GbR[336] gesetzlich geregelt seien. Eine dritte Charakterisierung des Wechsels von oHG zur GbR komme nicht in Betracht, weil die allein noch denkbaren Möglichkeiten der Subjektlosigkeit sowie des Erlöschens der Rechte und Pflichten der Gesellschaft, auszuschließen seien. Denn das Gesetz lasse keine dauernd subjektlosen Rechte und Pflichten zu[337] und das Erlöschen der Rechte und Pflichten bei Fortbestand des Rechtsträgers widerspreche „dem allgemeinen Prinzip der „Zuordnungskontinuität“[338]. Auch bei Erlöschen des Rechtsträ-

---

333 Hinsichtlich der Umwandlung zwischen oHG und KG lässt *Reiff*, Haftungsverfassungen, S. 249 die §§ 139 Abs. 1, 162 Abs. 3 HGB als Begründung der Identitätswahrung des Rechtsträgers zu.

334 Zustimmend *T. Peters*, GbR, S. 40 f.; gegen die Annahme einer Gesamtrechtsnachfolge auch *Weippert*, Umwandlung, S. 115.

335 Unter Hinweis auf die Gesetzesmaterialien zum BGB meint *Reiff*, Haftungsverfassungen, S. 253, dortige Fn. 499, dass das Erlöschen eines Rechtsträgers nur in ganz besonderen Fällen, wie etwa im Falle des Todes einer natürlichen Person, nicht ausdrücklich geregelt sei. Ferner könne der Geschäftsrückgang auf minderkaufmännisches Niveau kein Erlöschensgrund sein, weil der Vorgang noch nicht einmal einen Auflösungsgrund im insoweit abschließenden § 131 HGB darstelle, *ders.*, Haftungsverfassungen, S. 252 f. Zur Frage, ob § 131 HGB eine abschließende Aufzählung der Auflösungsgründe enthält vgl. Kap. 2, 3.5.1.1.3.

336 Das Erfordernis der ausdrücklichen Anordnung durch das Gesetz zeige sich daran, dass das Gesetz die Gesamtrechtsnachfolge selbst für den Todesfall einer natürlichen Person anordne, obwohl in diesem Fall gar keine andere rechtstechnische Möglichkeit als die Gesamtrechtsnachfolge in Betracht komme, meint *Reiff*, Haftungsverfassungen, S. 253. Vgl. auch *K. Schmidt*, AcP 191 (1991), 495, 497 m.w.N.

337 *Hohner*, Subjektlose Rechte, S. 50 f., 63 ff. m.v.w.N.; *K. Schmidt*, AcP 191 (1991), 495, 497 m.w.N.; *Jhering*, JJb 10 (1871), 387, 390; *Hüffer*, AktG, § 64, Rn. 8; Nieder/*W. Kössinger*, Hdb-Testamentsgestaltung, § 1, Rn. 169. Vorübergehend subjektlose Rechte werden dagegen anerkannt, dazu *Buchda*, Gesamthandlehre, S. 251; *Hohner*, Subjektlose Rechte, S. 63 ff.; *v. Lübtow*, FS-Wolf, S. 421, 431.

338 Dazu *Müller-Laube*, FS-Wolf, S. 501, 505.

gers erfolge kein Erlöschen der Rechte und Pflichten, wie §§ 1922 Abs. 1, 1967 BGB für den Tod eines Menschen sowie §§ 45 - 53, 88 BGB für den Verlust der Rechtsfähigkeit eines Vereins bzw. das Erlöschen der Stiftung zeigten.[339] Dagegen stehe der Annahme der Rechtsträgeridentität nicht entgegen, dass das Gesetz keinerlei Regelung bereithalte, mittels derer sich die Umwandlung der oHG in die GbR dogmatisch begründen lasse. Denn es sei selbstverständlich und normal, dass „rechtserhebliche (Status-)Veränderungen eines Rechtsträgers [...] nicht die Identität des Rechtssubjekts [berühren würden] und eine Rechtsnachfolge daher nicht in Betracht [komme].“[340] Das Fehlen einer Begründung zeige vielmehr, dass es hinsichtlich des Rechtsträgers beim gegenwärtigen Zustand bleiben und insofern keine Rechtsfolge eintreten solle.[341]

§§ 190 ff., 214 ff. UmwG

Nach Meinung *Kießlings* soll sich die Umwandlung von Personengesellschaften infolge Rechtsformverfehlung nach den umwandlungsrechtlichen Vorschriften zum Formwechsel aus §§ 190 ff., 214 ff. UmwG richten.[342] Dem stehe nicht entgegen, dass § 190 Abs. 2 UmwG die Anwendung der Vorschriften über den Formwechsel auf den Rechtsformwechsel zwischen Personengesellschaften ausschließe.[343] Das Analogiever-

---

339 *Reiff*, Haftungsverfassungen, S. 249 ff.

340 *Reiff*, Haftungsverfassungen, S. 255, der als weitere rechtserhebliche Veränderungen die unbeschränkte Geschäftsfähigkeit durch das volljährig Werden, die Namensänderung bei der Heirat und die Änderung der Firma durch Gesellschafterbeitritt, -austritt oder -wechsel beispielhaft nennt; ähnlich auf Zuordnungskontinuität zwischen Rechtsträger und dazugehörigen Rechten und Pflichten abstellend *Müller-Laube*, FS-Wolf, S. 501, 505; vgl. auch *Eickmann*, Rpfleger 1985, 85, 89, der wie *Reiff* den Vergleich mit der Namensänderung bei einer natürlichen Person zieht.

341 *Reiff*, Haftungsverfassungen, S. 255 f.; so wohl auch *Ganßmüller*, DNotZ 1955, 172, 173.

342 *Kießling*, WM 1999, 2391, 2398, der nach eigener Aussage durch die Überlegung von *Wiedemann*, ZGR 1999, 568, „ob nicht jede Vertrags- oder Strukturänderung in einer Personengesellschaft in Zukunft das Verfahren der §§ 43, 217 UmwG einhalten muß, also nun zwingend einer Gesellschafterversammlung und (wenigstens) eines qualifizierten Mehrheitsbeschlusses bedarf [...].“, zu der von ihm vertretenen Auffassung angeregt wurde.

343 Vgl. dazu die Gesetzesbegründung zum UmwBerG vom 28.10.1994 (BGBl. 1994, Teil I, S. 3210), BT-Drs. 12/6699, S. 137, wonach „[...] die allgemeinen Regeln des bürgerlichen und des Handelsrechts, nach denen sich der Über-

bot aus § 1 Abs. 2, 190 Abs. 2 UmwG betreffe lediglich rechtsgeschäftliche, nicht aber gesetzliche Umwandlungsvorgänge. Jedenfalls müsse das Verbot angesichts der Gleichheit zwischen der Interessenlage im Falle der Umwandlung nach UmwG und derer bei Rechtsformverfehlung zurücktreten. Selbst unter Anerkennung des Analogieverbotes verbliebe die Möglichkeit des Rückgriffs auf den Regelungsgehalt der Normen zum Formwechsel, der lediglich in der Bestätigung der sich bereits aus der allgemeinen Dogmatik des Gesellschaftsrechts ergebenden Voraussetzungen des Grundlagengeschäftes der Umwandlung bestehe. Ferner spreche das Bedürfnis nach Rechtssicherheit für eine Anwendung des Umwandlungsrechts auf jegliche Umwandlungen von Personengesellschaften. So bestände Klarheit über Tatbestand und Rechtsfolgen eines jeden personengesellschaftsrechtlichen Formwechsels. Rechtsdogmatisch biete das UmwG, bei der nach h.M. eine Veränderung des Rechtsträgers erfolge und zur Vermeidung einer Rechtsnachfolge die Rechtskontinuität fingiert werde,[344] die einzig überzeugende Begründungsalternative zur Identitäts- sowie zur Gesamtrechtsnachfolgethese.[345]

Kießling erkennt in der Umwandlung eine wesentliche Änderung der Strukturen des Verbandes, die als Grundlagengeschäft[346] nur durch förmliche Änderung des Gesellschaftsvertrags erfolgen könne.[347] Dazu sei ein Beschluss aller Gesellschafter erforderlich, der vorbehaltlich einer anders lautenden gesellschaftsvertraglichen Regelung einstimmig erfolgen müsse.[348] Dieser Beschluss könne allerdings durch konkludente Einwilligung der Gesellschafter in den Rechtsformwechsel ergehen, zumal die die Umwandlung auslösenden tatsächlichen Umstände, wie etwa der Umfang des betriebenen Gewerbes, von Willensübereinstimmung

---

gang von der einen Form der Personenhandelsgesellschaft in die andere richtet [...] und nach denen sich der identitätswahrende Wechsel von der Rechtsform einer Personenhandelsgesellschaft zur Rechtsform der Gesellschaft des bürgerlichen Rechts und umgekehrt vollzieht [...]", gesetzliche Vorschriften darstellen, welche die Anwendung des UmwG auf die Rechtsformänderung infolge Rechtsformverfehlung sperren.

344 *Kießling*, WM 1999, 2391, 2398 f. m.w.N.

345 *Kießling*, WM 1999, 2391, 2398.

346 Als Grundlagengeschäfte werden insbesondere Änderungen des Gesellschaftszwecks oder allgemein des Gesellschaftsvertrags, die nicht von der organschaftlichen Vertretungsmacht umfasst sind, verstanden, vgl. E/B/J/S/*Hillmann*, HGB, Bd. 1, § 126, Rn. 7 ff.

347 Zustimmend *Priester*, DStR 2005, 788, 792 f.

348 *Kießling*, WM 1999, 2391, 2399 f.

abhängig sein würden. Sei eine Zustimmung nicht gegeben, erfolge keine Umwandlung und der Geschäftsführer der Gesellschaft handele als Vertreter ohne Vertretungsmacht, so dass eine Haftung nach § 179 BGB in Betracht kommen könne. Überdies sei eine Rechtsscheinshaftung der Schein-Kaufleute denkbar.[349]

§§ 705 BGB, 1, 105, 161 HGB

Nach der – wenn auch im Detail mehrstimmigen –[350] h.M. stellen die §§ 1 Abs. 2, 105 Abs. 1, 123 Abs. 2[351], 161 HGB und § 705 BGB die Rechtsgrundlage der Umwandlung zwischen GbR, oHG und KG dar.[352] Den Verweisungen in §§ 105 Abs. 3, 161 Abs. 2 HGB sei zu entnehmen, dass oHG und KG die Voraussetzungen der GbR enthielten und deshalb ein Wechsel zwischen diesen Rechtsformen möglich sei, ohne dass dabei eine formale Neugründung unter neuer Rechtsform erfolgen müsse.[353] Der Wortlaut des § 228 Abs. 1 UmwG, wonach § 105 Abs. 1, 2 HGB als Vorschrift betreffend die Gründung einer oHG bezeichnet werden, stehe dem Formwechsel nicht entgegen, weil die Vorschrift nicht den Rechtsformwechsel zwischen Personengesellschaften betreffe. Zudem entstehe die Personengesellschaft durch Formwechsel aus einer Kapitalgesellschaft wie bei ihrer Gründung erstmalig.[354] Schließlich lasse

---

349 *Kießling*, WM 1999, 2391, 2400.

350 Zu den Nuancen innerhalb der h.M. ausführlich *Freund*, Rechtsformwechsel, S. 43 ff.

351 Koller/Roth/Morck/*Koller*, HGB, § 123, Rn. 3 f.; *Habersack*, JuS 1990, 179, 182.

352 *K. Schmidt*, oHG, S. 165; *ders.*, GesR, § 44 III, S. 1306, § 12 I, S. 335 („[allgemeines] Recht der Personengesellschaften"); ähnlich *Hennrichs*, Umwandlungen, S. 27, der § 705 BGB anführt; ebenso *Simon*, DStR 2000, 578, 580; ähnlich auch Schmitt/Hörtnagl/Stratz/*Stratz*, UmwG, § 190, Rn. 4, § 191, Rn. 5, 33, § 214, Rn. 1; Goutier/Knopf/Tulloch/*Laumann*, UmwG, § 190, Rn. 44; ablehnend gegenüber § 705 BGB dagegen *Freund*, Rechtsformwechsel, S. 45; für §§ 105 Abs. 1, 161 Abs. 1 HGB je i.V.m. §§ 1 Abs. 2, 123 Abs. 2 HGB als Rechtsgrundlage des automatischen Rechtsformwechsels auch Freund, Rechtsformwechsel, S. 46 ff., 56; dagegen Lutter/*Decher*, UmwG, Bd. 2, § 190, Rn. 12, nach dem die Umwandlung infolge des Verstoßes gegen den numerus clausus praeter legem anerkannt ist; ebenso *Zöllner*, ZGR 1993, 334, 340.

353 *Freund*, Rechtsformwechsel, S. 46 f.

354 *Freund*, Rechtsformwechsel, S. 47 f. m.w.N.

sich der Rechtsformwechsel als Funktionsweise des Rechtsformzwangs bereits anhand der Vorgeschichte des HGB beweisen.[355]

2.2.1.1.2.2 Kritische Analyse und Stellungnahme

Wie bereits dargestellt ist die GbR Grundform der Personengesellschaften. Auf ihr baut die oHG als handelsgesellschaftsrechtliche Grundform auf. Die KG ist wiederum eine Abart der oHG. Diese Rechtsformen teilen dieselben Merkmale. Sie sind also nicht nur teilweise struktur-, sondern auch zum Teil merkmalsgleich. Durch das Hinzukommen eines einzigen zusätzlichen Merkmals, wie etwa Handelsgewerbe, erfüllt eine Gesellschaft die Voraussetzungen einer spezielleren Rechtsform, weil im Übrigen Gleichheit ihrer Merkmale mit denen der spezielleren Rechtsform besteht. Erfüllt die Gesellschaft die Voraussetzung einer spezielleren Rechtsform, so kann sie angesichts des insofern geltenden numerus clausus nicht mehr die bisherige Rechtsform tragen. Vielmehr hat die Gesellschaft, jedenfalls wenn sie als Gesellschaft fortbestehen will,[356] den numerus clausus zu respektieren. Sie muss dann diejenige Rechtsform aufweisen, deren Voraussetzung sie erfüllt.

Die Struktur- bzw. Merkmalsgleichheit ergibt sich aus dem BGB sowie dem HGB. Insbesondere §§ 705 BGB, 105, 161 HGB lassen dies erkennen. Daneben zeigen §§ 123 Abs. 2, 139 Abs. 1, 162 Abs. 3 HGB, dass eine Rechtsform durch das Hinzukommen oder den Verlust eines Merkmals die Voraussetzungen einer anderen Rechtsform erfüllt. Dies lässt sich also nicht nur einer einzigen Norm, sondern der Systematik insbesondere des HGB entnehmen, in dem die Regelungen zur KG als speziellere Rechtsform im zweiten Abschnitt des zweiten Buches dem ersten Abschnitt des zweiten Buches mit den Vorschriften zur oHG nachgeordnet sind und auf diesem aufbauen. Die oben angeführten Beiträge zur Rechtsgrundlage des Rechtsformwechsels im Personengesellschaftsrecht stehen deshalb nicht in einem Ausschließlichkeitsverhältnis. Vielmehr sind sie Beweis desselben soeben beschriebenen Phänomens. Sie ergänzen sich.

Allerdings enthalten die genannten Vorschriften keine ausdrückliche Bestimmung darüber, dass dieser Rechtsformwechsel automatisch und identitätswahrend in die Rechtsformen erfolgt, deren Voraussetzungen

---

355 *K. Schmidt*, GesR, § 5 II, S. 104 f.; *ders.*, oHG, S. 163 f.

356 Zur Frage, ob eine Gesellschaft bei Verstoß gegen den numerus clausus noch Gesellschaft sein muss, vgl. auch Kap. 1, 2.2.1.2.

vorliegen. Die Annahme, ein derartiger Wechsel verstehe sich von selbst, verbietet sich deshalb.[357] Denn schließlich liegt die Überlegung nicht völlig fern, dass eine Gesellschaft mit dem Fortfall der Rechtsformvoraussetzungen schlicht selbst wegfällt und ihr (Fort-)Bestand von einer Neuerrichtung abhängig ist oder zumindest eine Vermögensübertragung der Gesellschaft alter Rechtsform auf die Gesellschaft neuer Rechtsform erforderlich ist. So konnte jedenfalls früher, als die GbR nicht für rechtsfähig gehalten wurde und die Gesellschafter in ihrer gesamthänderischen Verbindung Rechtsträger waren, die Rechtsträgeridentität beim Formwechsel zwischen GbR und oHG nicht angenommen werden. Denn unter diesem Rechtsverständnis musste notgedrungen eine Nachfolge des Rechtsträgers oHG in die Rechte und Pflichten der ehemals als GbR assoziierten und als Rechtsträger auftretenden Gesellschafter erfolgen.[358] Erst die Darstellung von *Reiff* hat gezeigt, dass es keine Alternative zum automatischen identitätswahrenden Rechtsformwechsel gibt. Sie macht zugleich deutlich, dass es entgegen *Kießling* keines Rückgriffs auf das UmwG bedarf, da der im BGB und HGB dargestellte Fortbestand der Gesellschaft in neuer Rechtsform durch Hinzukommen oder Verlust von Rechtsformmerkmalen nur automatisch und identitätswahrend erfolgen kann. Überdies sind die Vorschriften des UmwG ausweislich des in den Gesetzesmaterialien zum UmwBerG klar geäußerten Willens des Gesetzgebers nicht auf den im BGB und HGB niedergelegten Rechtsformwechsel anwendbar.[359]

---

357 So schon *Reiff*, Haftungsverfassungen, S. 246 ff.; dagegen hält *Peifer*, NZG 2001, 296, 299 unter Verweis auf *G. Hueck*, FS-Zöllner, Bd. 1, S. 275, 282 die Umwandlung unter Wahrung der Identität des Rechtsträgers für eine „gesetzgeberische Fiktion", für die man „weitergehende sachliche Erklärungen" nicht suchen solle.

358 Ungeachtet dessen, dass die Eigenheiten des Rechtsformwechsels zwischen GbR und oHG und umgekehrt hier unberührt bleiben, spricht die mittlerweile erfolgte Anerkennung der Rechtsfähigkeit der GbR zumindest nicht mehr gegen die Annahme der Identitätslösung. Vgl. zu diesem Problemkreis die Ausführungen bei *Freund*, Rechtsformwechsel, S. 70 ff. m.w.N.; zur Anerkennung der Rechtsfähigkeit der GbR vgl. die Grundsatzentscheidung BGHZ 146, 341.

359 BT-Drs. 12/6699, S. 137; vgl. zudem die eingehende Kritik an der Auffassung *Kießlings*, WM 1999, 2391 ff. bei *Freund*, Rechtsformwechsel, S. 47, dortige Fn. 125, S. 57, dortige Fn. 159 sowie bei *Schnorbus*, Gestaltungsfreiheit im Umwandlungsrecht, S. 38, dortige Fn. 81; allgemein zum Verhältnis der Anwendungsbereiche des UmwG und des Formwechsels infolge Rechtsformzwangs auch *Lüttge*, NJW 1995, 417, 422.

2.2.1.1.2.3 Ergebnis

Als Ergebnis ist deshalb festzuhalten, dass der Rechtsformwechsel infolge nachträglicher Rechtsformverfehlung den Vorschriften des BGB und des HGB zu entnehmen ist. Angesichts fehlender rechtlicher Alternativen ist der Rechtsformwechsel automatisch und identitätswahrend.

2.2.1.2 Geltung der allgemeinen Rechtsgeschäftslehre sowie der Grundsätze der fehlerhaften Gesellschaft

2.2.1.2.1 Umdeutung des Gesellschaftsvertrags und Anwendung der Grundsätze der fehlerhaften Gesellschaft

Eine Mindermeinung erkennt zwar den numerus clausus der Gesellschaftsformen und die sich daraus ergebende Möglichkeit einer Rechtsformverfehlung an.[360] Nach dieser Ansicht sind jedoch bei Wegfall konstitutiver Merkmale einer Rechtsform die Vorschriften der allgemeinen Rechtsgeschäftslehre anzuwenden. *Lieb* wendet in Fällen, in denen bei einer ordnungsgemäß gegründeten oHG nach gewisser Zeit kein Handelsgewerbe mehr betrieben wird und damit nur noch die Voraussetzungen einer GbR erfüllt sein können, die Umdeutung gemäß § 140 BGB an und kommt so – vorausgesetzt die Voraussetzungen des § 140 BGB sind im Einzelfall gegeben – zu den von der Rechtsprechung und der h.L. erreichten Ergebnissen.[361] Dagegen könne nach seiner Auffassung regelmäßig keine Umwandlung der GbR, bei der eine ausschließliche Haftung des Gesellschaftsvermögens vereinbart ist,[362] in die oHG oder in die KG gemäß § 140 BGB angenommen werden. Die Umwandlung in

---

360 *Lieb*, Ehegattenmitarbeit, S. 24; *ders.*, RdA 1975, 49; *Battes*, AcP 174 (1974), 429, 433 f., 463 f. spricht von „Funktionsbeschränkung"; vgl. zudem *Kießling*, WM 1999, 2391, 2392, 2393.

361 *Lieb*, Ehegattenmitarbeit, S. 36.

362 Nach der überkommenden Doppelverpflichtungslehre konnte die ausschließliche Haftung des Gesellschaftsvermögens dadurch erreicht werden, dass dem GbR-Vertreter nur Vertretungsmacht für die Gesellschaft, nicht aber für die Gesellschafter eingeräumt wurde. Aufgrund der mittlerweile im Grundsatz allgemein anerkannten Anwendbarkeit der Akzessorietätstheorie auf die GbR kann die Außenhaftung der GbR-Gesellschafter heute nur noch durch Individualvereinbarung mit dem Gläubiger ausgeschlossen werden. Zur Gesellschafterhaftung in der GbR vgl. auch Kap. 2, 3.1.2.1.

die oHG widerspreche „den Absichten der Gesellschafter diametral“.[363] Das Fortbestehen der Gesellschaft in der Rechtsform der KG scheitere zum einen am Fehlen der Handelsregistereintragung der Haftungsbeschränkung[364] und zum anderen daran, dass regelmäßig kein Gesellschafter die Rolle des persönlich unbeschränkt haftenden Komplementärs übernehmen wolle.[365] In Fällen wie diesen, in denen die Voraussetzungen der Umdeutung nicht vorliegen, sei es „allein Sache des Registerrichters oder der sonstigen Beteiligten (Handelskammern etc.), für die Herstellung klarer Verhältnisse zu sorgen“.[366] Zudem zieht *Lieb* die Anwendung der Regeln der fehlerhaften Gesellschaft in Betracht.[367] Dabei soll die fehlerhafte Gesellschaft offenbar in der Rechtsform der beabsichtigten und nicht der objektiv gegebenen Rechtsform bestehen.[368]

Wiedemann will das Problem des Verlusts konstitutiver Merkmale einer Rechtsform ebenfalls durch Umdeutung des Gesellschaftsvertrags und außerdem mit den Mitteln der Auslegung und Ergänzung lösen, sofern der Wegfall auf einem Willensentschluss der Gesellschafter zurückzuführen ist.[369] Ein derartiger Willensentschluss sei etwa anzunehmen, wenn die Gesellschafter durch Änderung des Gesellschaftsvertrags übereinkommen, das Unternehmen zu verpachten, sie also das Handelsgewerbe aufgeben und damit eine Änderung des Gesellschaftszwecks

---

363 Wegen des Gleichlaufs der Haftung bei GbR und oHG kann dies aus haftungsrechtlicher Sicht heute wohl nicht mehr angenommen werden.

364 Zur Klarstellung: Die automatische Umwandlung in eine KG scheitert nicht am Fehlen der Handelsregistereintragung der Haftungsbeschränkung, denn die Eintragung ist nicht Voraussetzung für das Bestehen einer KG. Allerdings unterliegen die Kommanditisten wegen der fehlenden Eintragung der Komplementärhaftung nach §§ 128, 161, 176 HGB, was – lässt man die Doppelverpflichtungslehre zur Anwendung kommen – nicht dem Willen der beschränkt haftenden GbR-Gesellschafter entspricht und damit eine Umdeutung nach § 140 BGB nicht eintreten kann. Nach heutiger Rechtsansicht haften GbR-Gesellschafter ohnehin persönlich unbeschränkt, so dass eine Haftung nach §§ 128, 161, 176 HGB ihrem Willen, was die Haftung anbelangt, nicht entgegensteht.

365 *Lieb*, Ehegattenmitarbeit, S. 36 f.

366 *Lieb*, Ehegattenmitarbeit, S. 37.

367 So ausdrücklich zunächst nur für die Fälle anfänglicher Rechtsformverfehlung, *Lieb*, Ehegattenmitarbeit, S. 34, später aber auch in Fällen nachträglicher Rechtsformverfehlung, *ders.*, RdA 1975, 49.

368 *Lieb*, RdA 1975, 49, 50, Rn. 26.

369 *Wiedemann*, FS-H. Westermann, S. 585, 599 f.; so auch *Battes*, AcP 174 (1974), 429, 458, 459, 464, der §§ 105 Abs. 1, 161 Abs. 1 HGB als Auslegungsregeln sieht.

herbeiführen.[370] Fehle es an dieser Willenslegitimation,[371] so bestehe „bei Gründung oder Weiterführung mit unzulässiger Zweckrichtung oder dem deutschen Recht unbekannter Organisationsstruktur" eine fehlerhafte Gesellschaft.[372] Ähnlich wie *Lieb* ist *Wiedemann* der Meinung, dass die fehlerhafte Gesellschaft den Vorschriften der beabsichtigten Rechtsform unterliegen solle, allerdings – insofern anders als *Lieb* – nur solange die Parteien „in gutem Glauben handeln und gewisse Mindesterfordernisse einhalten"[373] würden. Die Geltung der Regelungen der objektiv gegebenen Rechtsform sei nur gerechtfertigt, sofern die Parteien „die Rechtsformverfehlung beabsichtigt oder wenigstens bemerkt haben."[374] Sie seien verpflichtet, die Gesellschaft unverzüglich umzuwandeln. Verkehrsschutz sei durch Anwendung der §§ 5, 15 HGB sowie der Grundsätze der Rechtsscheinshaftung zu erreichen.[375]

Dagegen will *Battes* die Gesellschaft vom Zeitpunkt der Änderung an so behandeln, als ob sie in dem geänderten Zustand fehlerhaft gegründet worden wäre, sofern die Auslegung des Gesellschaftsvertrags dazu führe, dass die Gesellschaft – aufgrund des Widerspruchs mit „dem deutlich bekundeten Willen oder den wohlverstandenen Interessen einzelner oder aller Gesellschafter"[376] – nicht in der objektiv gegebenen Rechtsform fortbestehen könne.[377] Für die Vergangenheit werde sie als

---

370 So das Beispiel bei *Wiedemann*, FS-H. Westermann, S. 585, 599 f. und *Battes*, AcP 174 (1974), 429, 458.

371 *Wiedemann*, FS-H. Westermann, S. 585, 600 und *Battes*, AcP 174 (1974), S. 429, 458 nennen den Fall, dass der Umfang des Handelsgewerbes die Schwelle vom minder- zum vollkaufmännischen Betrieb über- bzw. unterschreitet, ohne dass diese Veränderung auf einen Gesellschafterbeschluss zurückgeht; vgl. dazu die Kritik von *Reiff*, Haftungsverfassungen, S. 228.

372 *Wiedemann*, FS-H. Westermann, S. 585, 600.

373 *Wiedemann*, FS-H. Westermann, S. 585, 601.

374 *Wiedemann*, GesR, Bd. 1, § 2 I 2 b aa, S. 99.

375 *Wiedemann*, FS-H. Westermann, S. 585, 601.

376 *Battes*, AcP 174 (1974), 429, 464.

377 Ähnlich *F. Bydlinski*, Privatautonomie, S. 31 f., nach dem der Wille der Parteien das Innenverhältnis des Verbands bestimmt und das Außenverhältnis des Zusammenschlusses aus Gründen des Verkehrsschutzes dem der objektiv gegebenen Rechtsform entspricht; im Ergebnis so auch *Buchwald*, BB 1961, 1342, der bei der Vereinbarung einer Kommanditgesellschaft mit ausschließlich beschränkt haftenden Gesellschaftern oder beim Ausscheiden sämtlicher Erben des einzigen Komplementärs gemäß § 139 Abs. 2 HGB eine faktische oHG annimmt.

fehlerhafte Gesellschaft nach außen und innen aufrechterhalten, wobei für die Zukunft ein Auflösungsrecht bestehe.[378]

Die Auffassung, nach welcher der Gesellschaftsvertrag umzudeuten sei, liegt nicht nur den soeben geschilderten Beiträgen aus der Literatur, sondern auch einem Urteil des BGH zu Grunde.[379] Die Entscheidung betraf eine Gesellschaft, die nach dem Gesellschaftsvertrag oHG sein sollte, ohne dass ein Handelsgewerbe betrieben wurde. Der BGH ging in keiner Weise auf den automatisch wirkenden Rechtsformzwang infolge anfänglicher Rechtsformverfehlung ein, sondern stellte die Nichtigkeit des Gesellschaftsvertrags wegen rechtlicher Unmöglichkeit nach § 306 BGB a.F. aufgrund des Verstoßes gegen § 105 HGB fest und bejahte die Umdeutung des oHG- in einen GbR-Vertrag gemäß § 140 BGB.[380]

2.2.1.2.2 Teilnichtigkeit des Gesellschaftsvertrags

Jahnke geht nicht in jedem Fall von der die Umdeutung voraussetzenden (Total-)Nichtigkeit des Gesellschaftsvertrags aus. Er befasst sich in seinen Ausführungen schwerpunktmäßig mit den Fällen anfänglicher Rechtsformverfehlung, überträgt allerdings die so gefundenen Ergebnisse auf Fälle nachträglicher Rechtsformverfehlung.[381] Dabei kommt *Jahnke* nach Durchspielen der möglichen Konstellationen zu dem Schluss, die Gesellschaft werde stets in der objektiv zutreffenden Rechtsform weiter bestehen. Würden die Gesellschafter übersehen, dass ihre Gesellschaft nicht mehr die Voraussetzungen der von ihnen gewählten Form erfülle, trete Teilnichtigkeit des Gesellschaftsvertrags gemäß § 139 BGB ein und der Verband bestehe in der objektiv gegebenen Form weiter. Dagegen handele es sich um einen unbeachtlichen Rechtsfolgenirrtum, sollten die Gesellschafter die neue Rechtslage verkennen, indem sie et-

378 *Battes*, AcP 174 (1974), 429, 463.

379 Vgl. BGHZ 19, 269 ff.

380 BGHZ 19, 269 ff.; zur Kritik am BGH, die sich aber nicht gegen die Anwendung von § 140 BGB anstelle der Anwendung der Grundsätze des Rechtsformzwangs, sondern die Bejahung der Umdeutung im entschiedenen Fall wendet, vgl. die Nachweise bei *Krampe*, Konversion, S. 9 f., 222 ff.

381 *Jahnke*, ZHR 146 (1982), 595, 598, 612 f., der das Heranwachsen des Kleingewerbes zu einem vollkaufmännischen Gewerbe sowie das Absinken des vollkaufmännischen Betriebs auf minderkaufmännisches bzw. auf nichtgewerbliches Niveau nennt.

wa das Fortbestehen des einst betriebenen Handelsgewerbes fälschlicherweise annehmen.[382]

2.2.2 Kritische Analyse

Grundsätzlich bestehen zwei Auffassungen dazu, welche Rechtsfolgen sich ergeben, wenn ein Verstoß gegen den numerus clausus der Rechtsformen des Gesellschaftsrechts erfolgt. Einerseits nimmt die Gesellschaft die objektiv gegebene Rechtsform im Wege eines automatischen identitätswahrenden Rechtsformwechsel an, ohne dass der Wille der Parteien Berücksichtigung findet. Andererseits besteht die Gesellschaft nur dann in der objektiv gegebenen Rechtsform weiter, wenn der Gesellschaftsvertrag dementsprechend unter Berücksichtigung des Parteiwillens ausgelegt bzw. umgedeutet werden kann. Anderenfalls ist der Vertrag (teil-)nichtig, wobei die Grundsätze der fehlerhaften Gesellschaft bzw. die Rechtsscheinsgrundsätze anzuwenden sind.

Eine Auslegung und Umdeutung des KG-Vertrags in einen oHG-Vertrag wird insbesondere nicht in dem hier diskutierten Fall des Ausscheidens des einzigen Komplementärs aus der KG anzunehmen sein. Einer derartigen Auslegung bzw. Umdeutung steht entgegen, dass die Gesellschafter bei Kenntnis der Nichtigkeit des KG-Vertrags keinen oHG-Vertrag abgeschlossen hätten.[383] Die verbleibenden Kommanditisten sind sog. Anlagegesellschafter, die sich deshalb in der Rechtsform der KG assoziiert haben. Sie scheuen die unbeschränkte Haftung und damit den Status eines oHG-Gesellschafters.[384] Ferner steht der Umdeu-

---

382 *Jahnke*, ZHR 146 (1982), 595, 613; zum unbeachtlichen Rechtsfolgenirrtum vgl. zudem *Krampe*, Konversion, S. 225.

383 Nur nach der Auffassung *Wiedemanns* ist zu differenzieren, ob der Wegfall des Komplementärs auf einen Willensentschluss der Gesellschafter zurückzuführen ist oder nicht. Das Ausscheiden des letzten Komplementärs beruht bei § 131 Abs. 3, S. 1, Nr. 5, 6 und § 140 HGB auf einem Willensentschluss. So müsste der Gesellschaftsvertrag beim Komplementärausscheiden nach diesen Regelungen als Vertrag ausgelegt werden, in dem die Unterscheidung zwischen Komplementär und Kommanditist nicht mehr besteht. Da die oHG die einzig zulässige werbende Handelspersonengesellschaft ist, bei der keine unterschiedlichen Gesellschaftergruppen bestehen, ist nach *Wiedemann* eine oHG anzunehmen. Erfolgt das Ausscheiden hingegen nicht auf der Grundlage eines Willensentschlusses, wie es bei § 131 Abs. 3, S. 1, Nr. 1, 2, 3 und 4 HGB der Fall ist, liegt auch nach *Wiedemann* eine fehlerhafte Gesellschaft vor.

384 So auch *Schlottmann*, Komplementärwegfall, S. 62, 64 f.

tung entgegen, dass das nichtige Rechtsgeschäft, hier also der KG-Vertrag, weder sämtlichen Voraussetzungen des Ersatzgeschäfts, hier des oHG-Vertrags entspricht, noch Kongruenz zwischen beiden Rechtsgeschäften besteht.[385] Denn der oHG-Vertrag erfordert, dass sämtliche Gesellschafter der oHG persönlich unbeschränkt haften. Dies ist bei einer KG, bei welcher der einzige Komplementär wegfällt, gerade nicht der Fall. Denn Kennzeichen der verbleibenden Gesellschafter ist die beschränkte Haftung. Nach Ansicht der Mindermeinung muss daher die Folge des Wegfalls des einzigen Komplementärs aus der KG die Nichtigkeit des KG-Vertrags sein,[386] so dass die Grundsätze des Rechtsscheins oder der fehlerhaften Gesellschaft eingreifen. Bei in zurechenbarer[387] Weise gesetztem Rechtsschein des gemeinschaftlichen Betriebs eines Handelsgewerbes durch die vormaligen Kommanditisten besteht demzufolge eine Schein-oHG, auf welche die oHG-Vorschriften Anwendung finden.

Bei Anwendung der Lehre von der fehlerhaften Gesellschaft stellt sich allerdings die Frage, ob der Zusammenschluss als Gesellschaft in der objektiv gegebenen Rechtsform – so *Battes* und *Jahnke* –, damit als oHG, oder in der vom Willen der Gesellschafter gedeckten Rechtsform – so *Lieb* und *Wiedemann* –, also einer KG, zu behandeln ist. Nach der Lehre von der fehlerhaften Gesellschaft ist ein ins Leben getretener Verband grundsätzlich auch dann rechtswirksam entstanden, wenn der Gesellschaftsvertrag Mängel ausweist, die zur Nichtigkeit oder Unwirksam-

---

385 Vgl. zu den insofern strittigen Voraussetzungen der Umdeutung MünchKomm-BGB/*Busche*, Bd. 1, § 140, Rn. 16; Palandt/*Ellenberger*, BGB, § 140, Rn. 5. Bei der Umwandlung infolge Rechtsformzwangs ist dies entgegen der häufig zu findenden missverständlichen Formulierung „die Gesellschaft besteht unter den Voraussetzungen fort, die sie erfüllt“ nicht entscheidend. Hier gilt vielmehr: die Gesellschaft ist stets GbR bzw. oHG, es sei denn, sie erfüllt die Voraussetzungen einer anderen (spezielleren) Rechtsform.

386 Die von *Jahnke*, ZHR 146 (1982), 595, 610 in Betracht gezogene Teilnichtigkeit ist im Falle des Ausscheidens des letzten Komplementärs nicht gegeben, weil es den Gesellschaftern auf die KG als gewählter Rechtsform gerade ankommt.

387 Fraglich ist, unter welchen Umständen den Gesellschaftern der oHG-Rechtsschein zugerechnet werden kann. Zumindest dürfte nicht der bloße Wegfall des einzigen Komplementärs genügen, sondern es müsste das Nichtreagieren der Gesellschafter auf die komplementärlose Situation über einen gewissen Zeitraum zu erfordern sein, wobei es wiederum darauf ankommt, worauf das Ausscheiden beruht, d.h. ob die Kommanditisten insofern keine Möglichkeit der Einflussnahme hatten, vgl. dazu noch Kap. 2, 3.3.5.2.2.

keit führen. Damit besteht gegenüber der allgemeinen Rechtsgeschäftslehre die gesellschaftsrechtliche Besonderheit, dass die vertraglich gewollten Rechtswirkungen nicht durch einen nichtigen oder unwirksamen Vertrag gehindert sind.[388]

Die Lehre von der fehlerhaften Gesellschaft ist im Personengesellschaftsrecht nicht gesetzlich geregelt,[389] sondern geht auf die rechtsfortbildende Rechtsprechung des RG sowie des BGH zurück.[390] Sie ist mittlerweile als „[gesicherter] Bestandteil des Gesellschaftsrechts"[391] weitgehend anerkannt,[392] wenngleich Meinungsunterschiede im Hinblick auf Begründung und Voraussetzungen bestehen.[393] Die maßgebliche dogmatische Grundlage der Lehre der fehlerhaften Gesellschaft liegt in der

---

388 *K. Schmidt*, GesR, § 6 I 1 a, S. 136 f.; *ders.*, AcP 186 (1986), 421 ff.; *ders.*, ZGR 1991, 373, 378 f.; *Lauber-Nöll*, Rechtsfolgen fehlerhafter Unternehmensverträge, S. 35 ff.

389 Hingegen ist die Lehre von der fehlerhaften Gesellschaft im Recht der juristischen Personen durch §§ 275 ff. AktG, §§ 75 ff. GmbHG sowie §§ 94 ff. GenG normiert, vgl. *Paschke*, ZHR 155 (1991), 1 f.; *Goette*, DStR 1996, 266.

390 Vgl. insbesondere RGZ 165, 193; BGHZ 3, 285; 8, 157; 11, 190; 13, 320; 17, 160; 26, 330; 44, 235; 47, 293; 55, 5; 62, 20; 62, 234; 63, 338; BGH WM 1967, 419; NJW 1969, 1483; WM 1973, 900; NJW 1975, 1700; NJW 1976, 894; vgl. auch die Darstellung des Rechtsfortbildungsprozesses bei *Ulmer*, ZHR 161 (1997), 102, 115 ff.; zudem *Oechsler*, NJW 2008, 2471 ff., nach dem die Lehre von der fehlerhaften Gesellschaft letztlich auf Entwicklungen im französischen Recht zurückzuführen ist.

391 BGHZ 55, 5, 8; vgl. auch *Wiesner*, Fehlerhafte Gesellschaft, S. 41, der von einem „normenähnlichen Institut des Gesellschaftsrechts" spricht.

392 Vgl. *K. Schmidt*, AcP 186 (1986), 421 ff.; *Ulmer*, FS-Flume, Bd. 2, S. 301 ff.; *ders.*, ZHR 161 (1997), 102, 115; *Kraft/Kreutz*, GesR, B I 2, S. 39, D V, S. 210 ff. Eine Gegenauffassung lehnt Einschränkungen im Hinblick auf die Anwendung der allgemeinen Rechtsgeschäftslehre ab und plädiert für die bereicherungsrechtliche Abwicklung der Gesellschaft im Innenverhältnis und die Anwendung der Rechtsscheinshaftung im Außenverhältnis. Vgl. dazu die im Einzelnen teilweise voneinander abweichenden Beiträge von *Canaris*, Vertrauenshaftung, S. 120 ff., 167 ff., 447 ff., 523 f.; *Schulze-Osterloh*, Prinzip der gesamthänderischen Bindung, S. 237 ff., 242 ff., 258 f., 272 ff., 278; *H. Weber*, Lehre von der fehlerhaften Gesellschaft, S. 120 ff., 159 ff., 171 ff., 182; *Rödig*, Bereicherung durch Gesellschaftsvertrag, S. 54 ff., 61 ff.; *Wiese*, Scheinhandelsgesellschaft, S. 145 ff.; *Möschel*, FS-Hefermehl, S. 171 ff.; *Reindl*, FS-Demelius, S. 427 ff.; *Müller-Graff*, JuS 1979, 24, 28 f.

393 Zu den einzelnen Begründungen der Lehre der fehlerhaften Gesellschaft *Wiesner*, Fehlerhafte Gesellschaft, S. 42 ff.; *Lauber-Nöll*, Rechtsfolgen fehlerhafter Unternehmensverträge, S. 39 f.; *Goette*, DStR 1996, 266, 267.

Doppelnatur des Gesellschaftsvertrags.[394] Danach erschöpft sich der Gesellschaftsvertrag nicht in der schuldrechtlichen Beziehung der Gesellschafter untereinander. Vielmehr ist er in seiner Eigenschaft als Organisationsvertrag verbandskonstituierend.[395] „Die Überlagerung des Schuldverhältnisses durch die Organisation gibt der Gesellschaft eine zusätzliche Dimension [...].“[396] Es entsteht eine dauerhafte „Leistungsgemeinschaft, für die die Beteiligten Beiträge erbracht und Werte geschaffen, die Gewinnchancen genutzt und vor allem gemeinschaftlich das Risiko getragen haben“[397]. Die Gesellschafter haben deshalb das schutzwürdige Interesse daran, dass die Gesellschaft nicht rückwirkend aus dem Rechtsleben tritt, sondern bis zur Geltendmachung des Anfechtungs- oder Nichtigkeitsgrundes fortbesteht.[398] Daneben dürfen die Vertragspartner der Gesellschaft darauf vertrauen, dass die Gesellschaft, etwa bei Vorliegen eines Gründungsmangels, nicht schuldrechtlich rückabgewickelt wird.[399] Es besteht Bestandsschutz im Innen- und Verkehrsschutz im Außenverhältnis.[400] Folglich wird es als verfehlt angesehen, die auf Austauschverträge gerichteten Regeln der allgemeinen Rechtsgeschäftslehre uneingeschränkt auf Gesellschaftsverträge anzuwenden.[401]

Der Tatbestand der fehlerhaften Gesellschaft setzt voraus, dass ein – wenngleich fehlerhafter – Gesellschaftsvertrag besteht.[402] Auch die feh-

---

394 So *Paschke*, ZHR 155 (1991), 1, 5.

395 So schon *Gierke*, Genossenschaftstheorie, S. 470 ff.; *Flume*, BGB AT, Bd. 1, Teil 1, § 4 III, S. 61; *ders.*, ZHR 136 (1972), 177, 179, 190; zustimmend *Ulmer*, FS-Flume, Bd. 2, S. 301, 308 ff.; *K. Schmidt*, AcP 186 (1986), 421, 424 ff.; *Wiesner*, Fehlerhafte Gesellschaft, S. 79 ff.; vgl. *Crezelius*, Unternehmenserbrecht, S. 80 f.; vgl. auch *Larenz*, Richtiges Recht, S. 114 f.

396 *Ulmer*, FS-Flume, Bd. 2, S. 301, 312.

397 *K. Schmidt*, AcP 186 (1986), 421.

398 *K. Schmidt*, AcP 186 (1986), 421.

399 *Paschke*, ZHR 155 (1991), 1, 3 f.; vgl. *Grunewald*, GesR, 1 A, Rn. 162 f.; *K. Schmidt*, GesR, § 6 I 1 a, S. 121; *Hönn*, Jura 1984, 57, 60 f.

400 Vgl. *Kraft/Kreutz*, GesR, B I 2, S. 39; *Schwintowski*, NJW 1988, 937, 939; *K. Schmidt*, GesR, § 6 I 3, S. 140; FaK GesR/*Lehleiter*, § 105 HGB, Rn. 79; *Goette*, DStR 1996, 266 f.; auch der BGH stellt zur Begründung der Lehre von der fehlerhaften Gesellschaft auf Vertrauens- und Bestandsschutz ab, vgl. BGHZ 3, 285, 288; 13, 320, 324; 55, 5, 8; 62, 20, 26 f.

401 *Flume*, BGB AT, Bd. 1, Teil 1, § 2 III, S. 13; *Ulmer*, FS-Flume, Bd. 2, S. 301, 311; vgl. *Maiberg*, GesR, § 2, Rn. 45a, 55.

402 St. Rspr. BGHZ 11, 190, 191; BGH NJW 1988, 1321 sowie allgemeine Meinung innerhalb der Literatur, vgl. statt vieler FaK GesR/*Lehleiter*, § 105 HGB, Rn. 80;

lerhafte Vertragsänderung erfüllt den Tatbestand, sofern die Änderungen den Status der Gesellschaft betreffen[403] bzw. Folgen für die Organisation haben, also nicht lediglich die schuldrechtlichen Beziehungen der Gesellschafter berühren.[404] Dies wird schon bei dem Wechsel eines Kommanditisten in die Stellung eines Komplementärs anzunehmen sein.[405] Überdies muss die Gesellschaft in Vollzug gesetzt sein.[406] Schließlich dürfen keine schutzwürdigen Interessen einzelner Beteiligter oder der Allgemeinheit bestehen, die der rechtlichen Anerkennung der Gesellschaft widersprechen.[407] Sind diese Voraussetzungen erfüllt, ist die Gesellschaft sowohl im Innen- als auch im Außenverhältnis wirksam.[408]

Sieht man im Ausscheiden des letzten Komplementärs die Nichtigkeit des Gesellschaftsvertrags, die – bei nachträglicher Rechtsformverfehlung unproblematisch gegebene – Invollzugsetzung der Gesellschaft sowie das Fehlen entgegenstehender Interessen, besteht der Gesellschaftsvertrag also fort. Der Auffassung *Liebs* und *Wiedemanns*, die Gesellschaft sei – bis zum Zeitpunkt des Einschreitens des Registergerichts – als Gesellschaft in ihrer bisherigen Form, hier also als KG, zu behan-

---

Kraft/Kreutz, GesR, D V 1 a, S. 210; *Goette*, DStR 1996, 266, 268. Dagegen ist die Theorie vom faktischen Vertrag überholt, nach der allein die faktische Betätigung der Gesellschafter ausreichen sollte. Dazu *Haupt*, FS-Siber, Bd. 2, S. 1 ff.; *Siebert*, FS-Hedemann, S. 266 ff.; *Simitis*, Faktische Vertragsverhältnisse, S. 107 ff., 184 ff.; zur Kritik daran vgl. *Ulmer*, FS-Flume, Bd. 2, S. 301, 314; *Wiesner*, Fehlerhafte Gesellschaft, S. 48 ff.; *K. Schmidt*, AcP 186 (1986), 421, 422 f.; *ders.*, oHG, S. 155 ff.

403 So BGH WM 1955, 1702, 1703; BGHZ 62, 20, 29; *Flume*, BGB AT, Bd. 1, Teil 1, § 2 III, S. 29; *A. Hueck*, oHG, S. 100.

404 So Staub/*Ulmer*, HGB[4], Bd. 2, § 105, Rn. 366; *ders.*, FS-Flume, Bd. 2, S. 301, 319 f.

405 So *A. Hueck*, oHG, S. 100.

406 RGZ 165, 193, 205; BGHZ 3, 285, 288; 13, 320, 321; *Ulmer*, FS-Flume, Bd. 2, S. 301, 310 f.; FaK GesR/*Lehleiter*, § 105 HGB, Rn. 84; *Goette*, DStR 1996, 266, 268 f.; *Windbichler*, GesR, § 13, Rn. 14.

407 *Lauber-Nöll*, Rechtsfolgen fehlerhafter Unternehmensverträge, S. 37; *Windbichler*, GesR, § 13, Rn. 17; MünchHdb/*Bälz*, Bd. 1, § 100, Rn. 228 ff.; kritisch bis ablehnend gegenüber diesem Tatbestandsmerkmal *K. Schmidt*, AcP 186 (1986), 421, 444 ff.; *Schwintowski*, NJW 1988, 937, 941 f.

408 Vgl. BGH NJW 1972, 1466, 1467; *Grunewald*, GesR, 1 A, Rn. 166; *Maiberg*, GesR, § 2, Rn. 45a; *K. Schmidt*, AcP 186 (1986), 421, 441; FaK GesR/*Lehleiter*, § 105 HGB, Rn. 93; *Wiesner*, Fehlerhafte Gesellschaft, S. 122 ff.; missverständlich *Lauber-Nöll*, Rechtsfolgen fehlerhafter Unternehmensverträge, S. 37; *Goette*, DStR 1996, 266, 269.

deln, ist indes zu widersprechen. Eine Gesellschaft ohne Komplementär kann nicht KG sein. Die Gesellschaft kann vielmehr nur oHG sein. Andernfalls bestünde ein Verstoß gegen den numerus clausus der Rechtsformen des Gesellschaftsrechts, den *Lieb* und *Wiedemann* wie gesehen auch selbst anerkennen. Darüber hinaus besteht keine (fehlerhafte) KG, weil eine entsprechende Anwendung der Lehre von der fehlerhaften Gesellschaft zu einer Beeinträchtigung derjenigen Interessen führen würde, die Gegenstand ihrer dogmatischen Begründung sind. Denn sowohl der numerus clausus als auch die Lehre von der fehlerhaften Gesellschaft bezwecken den Schutz des Rechtsverkehrs. Deren Anwendung kann also nicht zur Einschränkung des numerus clausus führen.[409]

Es ist festzuhalten, dass bei Übertragung der Auffassung der ganz h.M. zur nachträglichen Rechtsformverfehlung auf das Ausscheiden des einzigen Komplementärs eine oHG entsteht. Nach der Gegenauffassung kann allenfalls eine fehlerhafte oHG oder eine Schein-oHG vorliegen, wobei die Gegenauffassung nicht deutlich macht, ob beide Erscheinungsformen in einem Ausschließlichkeitsverhältnis zueinander stehen. Nach der Rechtsprechung und h.L. sind die Rechtsscheinsgrundsätze bei nichtigen Gesellschaftsverträgen weder anstelle noch neben der Lehre der fehlerhaften Gesellschaft heranzuziehen. Denn die Geltung des Rechtsträgers nur gegenüber individuellen Dritten sei aufgrund ihrer Relativität unbefriedigend.[410] Die Rechtsscheinsgrundsätze seien nur anzuwenden, wenn es an einem – wenngleich fehlerhaften – Gesellschaftsvertrag fehle.[411] Denn dann werde eine Willenserklärung, die fehlt, als bestehend fingiert.[412]

---

409 So auch *Schlottmann*, Komplementärwegfall, S. 66 f., der zu Recht darauf hinweist, dass die Annahme einer fehlerhaften KG die Schaffung einer Kommanditistengesellschaft bedeuten würde; im Ergebnis so auch *Jahnke*, ZHR 146 (1982), 595, 606 f. Da die fehlerhafte KG wegen Fehlens eines unbeschränkt haftenden Gesellschafters wohl nicht die nach *Wiedemann* erforderlichen „gewissen Mindesterfordernisse" im Interesse des Verkehrs einhalten würde, müsste nach ihm eine Schein-oHG angenommen werden. Zur Ansicht *Liebs* vgl. ferner *Reiff*, Haftungsverfassungen, S. 226; *Fenn*, FS-Bosch, S. 171, 173; *Jahnke*, ZHR 146 (1982), 595, 606.

410 Vgl. BGH NJW 1972, 1466, 1467; *K. Schmidt*, AcP 186 (1986), 421, 424; *dens.*, GesR, § 6 I 2 c, S. 139; *Grunewald*, GesR, 1 A, Rn. 163; *Wiesner*, Fehlerhafte Gesellschaft, S. 79.

411 *K. Schmidt*, HandelsR, § 10 VIII 2 b, S. 325, § 14 III 1 d, S. 406; *Kraft/Kreutz*, GesR, D V 4, S. 215; *Goette*, DStR 1996, 266, 268.

412 Vgl. *Hönn*, Jura 1984, 57, 61.

Mithin ist die Meinungslage im Hinblick auf die Rolle des Parteiwillens im Falle des Verstoßes gegen den numerus clausus gespalten. Gleichwohl fällt auf, dass die Meinungsverschiedenheit im Hinblick auf die Rechtsfolge des Verstoßes gegen den numerus clausus durch Ausscheiden des einzigen Komplementärs im Ergebnis nur geringfügig zu Tage tritt. Nach h.M. müsste eine oHG, nach der Gegenauffassung eine fehlerhafte oHG oder eine Schein-oHG bestehen.[413] Folglich nimmt auch die Gegenauffassung – mit Ausnahme von *Lieb* und *Wiedemann* – zumindest faktisch bzw. in Form des Rechtsscheins den Fortbestand der verfehlten Rechtsform, hier der oHG, an.[414]

2.2.3 Stellungnahme

Mögen beide Auffassungen zu weitgehend identischen Ergebnissen kommen, so sprechen doch die besseren Argumente für die h.M. Denn das den Gegenstand des Rechtsgeschäfts regelnde Recht und nicht die allgemeine Rechtsgeschäftslehre entscheidet, welche für ein bestimmtes Rechtsverhältnis angeordneten Rechtsfolgen vom Parteiwillen umfasst sein müssen.[415] Die Absorptionsfunktion des numerus clausus verkürzt den Mindestinhalt eines Gesellschaftsvertrags.[416] Die Merkmale der einzelnen Gesellschaftsformen sind insbesondere nicht zu den essentialia negotii zu zählen.[417] Dabei hat der numerus clausus auch Einfluss auf

---

413 In den Fällen, in denen das Fortbestehen der Gesellschaft in der objektiv gegebenen Rechtsform dem Ergebnis der Auslegung bzw. Umdeutung entspricht, kommen h.M. und Gegenauffassung sogar vollends zu gleichen Ergebnissen.

414 Im Ergebnis so auch *Schlottmann*, Komplementärwegfall, S. 67 f.

415 *K. Schmidt*, GesR, § 5 II, S. 105; *Fischer*, ZHR 144 (1980), 1, 15 f.; vgl. *Flume*, AcP 161 (1962), 52 ff.; vgl. auch *Hey*, Freie Gestaltung in Gesellschaftsverträgen, S. 163.

416 *K. Schmidt*, oHG, S. 158.

417 *Hey*, Freie Gestaltung in Gesellschaftsverträgen, S. 164; vgl. *Schlottmann*, Komplementärwegfall, S. 69 m.w.N.; vgl. auch *K. Schmidt*, oHG, S. 162 f.: „Der Begriff der essentialia negotii ist lediglich auf die Abgrenzung der notwendig vom Rechtsfolgewillen zu umfassenden gegenüber jenen Rechtsfolgen zugeschnitten, die zwar der privatautonomen Gestaltung zugänglich, für den Zweifelsfall aber im Gesetz geregelt und deshalb nicht notwendiger Gegenstand der Erklärungen sind. Er dient der Unterscheidung zwischen unentbehrlichem und entbehrlichem Rechtsfolgewillen, nicht dagegen zwischen beachtlichem und unbeachtlichem Rechtsfolgewillen.“ Für die Einordnung der Gesellschaftsmerkmale als essentialia negotii dagegen *Lieb*, Ehegattenmitarbeit, S. 25 f.; vgl.

die subjektiven Bestandteile einer Willenserklärung.[418] Der gesamte Rechtsfolgenkomplex eines Rechtsgeschäfts muss nicht vom Rechtsfolgewillen der Parteien gedeckt sein. Es gibt keine Rechtsgeschäftsarten, bei denen die Rechtsordnung nicht wenigstens einen Teil der Rechtsfolgen als gewollt unwiderleglich unterstellt.[419] Der Parteiwille muss lediglich die Verfolgung eines gemeinsamen Zwecks sowie den Gegenstand und den Inhalt der vertraglichen Förderungspflichten der Parteien umfassen.[420] Der Wille der Parteien muss dagegen nicht auf die Wahl einer bestimmten Rechtsform gerichtet sein.[421] Ferner ist der Wille, eine Gesellschaft im Rechtssinne gründen zu wollen, nicht notwendig.[422]

Demgemäß berechtigt die zwangsweise Zuordnung eines Zusammenschlusses zu einer gesetzlich anerkannten Gesellschaftsform nicht zur Anfechtung wegen Irrtums nach § 119 Abs. 1 BGB.[423] Denn die Vorschrift gewährt nur das Recht, sich von Rechtsfolgen einer Willenserklärung zu lösen, die dem auslegungsfähigen Willen der Parteien unterliegen. Dagegen erlaubt sie nicht, die nachträgliche Lösung von Folgen eines unerwünschten Geschäfts, die ungeachtet des Parteiwillens von Rechts wegen eintreten.[424]

Kießling, WM 1999, 2391, 2395; zu dem Begriff der essentialia negotii *Enneccerus/Nipperdey*, BGB AT, Hbbd. 2, § 189 II, S. 1151.

418 So schon *K. Schmidt*, oHG, S. 166, der sich bei seiner Argumentation auf Fälle anfänglicher Rechtsformverfehlung bezieht, aber klar macht, dass seine Erwägungen bei nachträglicher Rechtsformverfehlung noch deutlicher werden.

419 *K. Schmidt*, oHG, S. 161 f. mit Verweis auf *Radbruch*, Rechtsphilosophie, S. 245 f.

420 Vgl. MünchKomm-BGB/*Ulmer*, Bd. 5, § 705, Rn. 128.

421 *Fischer*, ZHR 144 (1980), 1, 13 f.; *Hey*, Freie Gestaltung in Gesellschaftsverträgen, S. 164; missverständlich *Melichar*, ZHR 127 (1965), 280, 298. Im Widerspruch dazu *Lieb*, Ehegattenmitarbeit, S. 24; *ders.*, RdA 1975, 49, 50 f.; *Battes*, AcP 174 (1974), 429, 464; *F. Bydlinski*, Privatautonomie, S. 31.

422 *K. Schmidt*, oHG, S. 170; MünchKomm-BGB/*Ulmer*, Bd. 5, § 705, Rn. 129.

423 MünchKomm-HGB/*K. Schmidt*, Bd. 2, § 105, Rn. 235; Schlegelberger/*ders.*, HGB, § 105, Rn. 208; anders MünchKomm-BGB/*Ulmer*, Bd. 5, § 705, Rn. 23, der bei anfänglicher Rechtsformverfehlung bis zum Vollzug des Gesellschaftsvertrags eine Anfechtung wegen beachtlichen Rechtsfolgenirrtums und nach Invollzugsetzung die Auflösung aus wichtigem Grund zulässt; differenzierend *Schäfer*, Fehlerhafter Verband, S. 222 ff.

424 *K. Schmidt*, oHG, S. 168 f.; vgl. *Flume*, BGB AT, Bd. 2, § 23, 4 d, S. 465; vgl. ferner *Enneccerus/Nipperdey*, BGB AT, Hbbd. 2, § 167 IV, S. 1041 f.; MünchKomm-BGB/*Armbrüster*, Bd. 1, § 119, Rn. 82; aus der Rechtsprechung vgl. BGH NJW 2002, 3100, 3103.

Dem steht nicht entgegen, dass Rechtsprechung und die h.L. einräumen, dass die Rechtsformmerkmale vom Willen der Gesellschafter umfasst sein *können*.[425] Sie sind dann vom Parteiwillen umfasst, wenn dieser auf eine für einen bestimmten Zweck vom Gesetz als zulässig angesehene Rechtsform gerichtet ist. Lediglich in dem Fall – und dies ergibt sich aus der Zulässigkeit von zwingenden Vorschriften –, in dem Wille und objektive Sachlage nicht übereinstimmen, kommt es nicht auf den Parteiwillen an. In diesen Fällen zeigt sich, dass die Rechtsformmerkmale nicht vom Gesellschafterwillen umfasst sein *müssen*, damit die objektive gegebene Rechtsform besteht. Der Gründung bzw. der nach Wegfall eines Begriffsmerkmals erfolgenden Fortführung der Gesellschaft in der objektiv gegebenen Rechtsform steht weder ein diesbezüglich *fehlender*[426] Wille noch ein diesbezüglich *entgegenstehender* Wille der Parteien entgegen.

Weiterhin ist zu berücksichtigen, dass der Rechtsverkehr vor durch die Parteien selbst kreierten Rechtsformen geschützt werden muss, welche die aus Sicht des Gesetzgebers notwendigen Mindestanforderungen insbesondere an Vertretung und Haftung nicht einhalten.[427] Das Recht kann einen, dem numerus clausus der Rechtsformen nicht entsprechenden Zusammenschluss nicht für nichtig, also für rechtlich nicht existent erklären.[428] Denn schließen sich mehrere Personen zu einem Verband zusammen, schaffen sie eine rechtsfähige Organisation, welche gegenüber Dritten wie eine anerkannte Gesellschaft wirkt und damit diesen

---

425 Demgegenüber *Lieb*, Ehegattenmitarbeit, S. 25 f.

426 So auch *Lieb*, Ehegattenmitarbeit, S. 32, der seinen eigenen Begründungsansatz abschwächt, indem er eine Gesellschaft in der objektiv gegebenen Rechtsform entstehen lassen will, „wenn die Parteien überhaupt keine spezifischen rechtlichen Vorstellungen hatten“, also die nach *Lieb* als essentialia negotii bezeichneten Begriffsmerkmale der Rechtsform nicht vom rechtsgeschäftlichen Willen umfasst waren. Das Umfassen der essentialia negotii vom rechtsgeschäftlichen Willen ist aber für das Zustandekommen eines Vertrags unerlässlich. Schließlich äußert *Lieb* „unabdingbare Voraussetzung ist lediglich, dass die Beteiligten wenigstens ihren gesellschaftlichen Zusammenschluss als solchen in dem Bewusstsein herbeigeführt haben, damit eine rechtliche Sonderverbindung einzugehen“, was den Eindruck erweckt, auch nach *Lieb* sei der Wille der Gesellschafter, welche Rechtsform sie wählten, unbeachtlich.

427 In diesem Sinne *K. Schmidt*, GesR, § 5 II, S. 96; vgl. auch *Fleischer*, ZHR 168 (2004), 673, 678.

428 So *Ott*, Typenzwang, S. 279; im Ergebnis auch *Freund*, Rechtsformwechsel, S. 66 f.; im Zusammenhang mit Mängeln des Gesellschaftsvertrags *A. Hueck*, oHG, S. 73.

gegenüber Vertrauen in die finanzielle und wirtschaftliche Potenz des Zusammenschlusses erweckt.[429] Der rechtlich nicht zulässige Zusammenschluss ist „in der Welt“[430] und muss folglich einem anerkannten Rechtsstatut zugewiesen werden.[431] Sowohl der numerus clausus als auch der Rechtsformzwang sind daher zum Schutz des Rechtsverkehrs erforderlich.[432] Es gelten die bereits im Rahmen der Begründung des numerus clausus dargestellten Zusammenhänge.[433]

Dagegen sorgt die Anwendung der allgemeinen Rechtsgeschäftslehre nicht für die im Rechtsverkehr notwendige Rechtssicherheit.[434] Insbesondere gewährleisten die von *Lieb* genannten §§ 5, 15 HGB sowie die Grundsätze der Rechtsscheinshaftung im Bereich des Deliktsrechts keinen ausreichenden Verkehrsschutz.[435] Außerdem spricht schon das zum Schutz des Verkehrs erforderliche Vorliegen sämtlicher Rechtsscheinsvoraussetzungen gegen die Anwendung der Rechtsscheinsgrundsätze. Die letztlich durch eine Wertung im Einzelfall zu beantwortende Frage, ob ein Rechtsschein in zurechenbarer Weise gesetzt wurde, verträgt sich nicht mit der im Geschäftsverkehr nötigen Rechtssicherheit.[436] Schließlich lässt sich wie gezeigt auch der von der h.M. vertretene automatische identitätswahrende Rechtsformwechsel begründen.[437]

---

429 Vgl. bereits Kap. 1, 2.1.2.3.2.

430 *K. Schmidt*, GesR, § 5 II, S. 102.

431 *K. Schmidt*, GesR, § 5 II, S. 102.

432 Vgl. *K. Schmidt*, GesR, § 5 II, S. 96; *Jahnke*, ZHR 146 (1982), 595, 602 f.; *Lieb*, Ehegattenmitarbeit, S. 34; *Kraft/Kreutz*, GesR, A V 1, S. 11; *Wiedemann*, GesR, Bd. 1, § 1 III 1, S. 42 f.; *Haupt/Reinhardt*, GesR, § 1 III, S. 3; *Freund*, Rechtsformwechsel, S. 66 f.; *Steding*, NZG 2000, 182; vgl. auch *Schultze-v. Lasaulx*, JZ 1952, 390, 393; *Reul*, DNotZ 2007, 184, 188 f.; *Schlottmann*, Komplementärwegfall, S. 70 f.; zurückhaltend *H. P. Westermann*, Vertragsfreiheit, S. 118 ff.; *Paulus/Zenker*, JuS 2001, 1, 4.

433 Vgl. dazu Kap. 1, 2.1.2.

434 *K. Schmidt*, GesR, § 5 II, S. 105.

435 *Reiff*, Haftungsverfassungen, S. 228.

436 Vgl. auch *K. Schmidt*, GesR, § 5 II, S. 102, nach dem die Anwendung der Rechtsscheinsgrundsätze denkbar erscheint, allerdings durch den Rechtsformzwang verdrängt wird.

437 Vgl. dazu Kap. 1, 2.2.1.1.2. Dagegen aber *Lieb*, Ehegattenmitarbeit, S. 35, nach dem die Gesellschaftsumwandlung „bewusst rechtsgestaltende Erklärungen der Gesellschafter“ erfordert.

2.2.4 Ergebnis und Ausblick auf Haftungslage

Der Verstoß gegen den numerus clausus der Rechtsformen des Gesellschaftsrechts hat einen automatischen identitätswahrenden Rechtsformwechsel zur Folge. Eine die Rechtsform verfehlende Gesellschaft besteht in den Grundformen der GbR bzw. oHG fort, es sei denn, die Gesellschaft erfüllt die Voraussetzungen einer speziellen Rechtsform. In diesem Fall besteht sie in dieser Rechtsform fort. Ein dem Rechtsformwechsel entgegenstehender Wille der Gesellschafter ist unbeachtlich. Bei Übertragung dieser Rechtsfolge auf die KG, welche durch das Ausscheiden ihres einzigen Komplementärs das Begriffsmerkmal „Komplementär" verliert, müsste diese „an sich" in der Rechtsform der GbR oder oHG fortbestehen. Denn die Voraussetzungen einer spezielleren Rechtsform sind nicht gegeben. Dies hätte zur Folge, dass die ehemaligen Kommanditisten gemäß §§ 128 ff. HGB (analog) unbeschränkt für sämtliche Gesellschaftsverbindlichkeiten haften müssten.

3 Wegfall des vorletzten Gesellschafters einer Personengesellschaft

Das HGB gibt keine bestimmte Zahl an Gesellschaftern vor, die in einer KG versammelt sein müssen. Eine KG kann aus je einem Komplementär und Kommanditisten bestehen. Es ist daher zu untersuchen, wie sich der Wegfall des vorletzten Gesellschafters aus der Personengesellschaft, hier des einzigen Komplementärs aus der zweigliedrigen KG, auswirkt.

3.1 Erfordernis wenigstens zweier Gesellschafter

3.1.1 Bestandsaufnahme

3.1.1.1 Rechtsprechung

Besonderheiten zu der Situation in der mehrgliedrigen KG ergeben sich zunächst daraus, dass beim ersatzlosen Ausscheiden des Komplementärs aus der zweigliedrigen KG nur noch der Kommanditist verbleibt.[438] Nach ständiger Rechtsprechung ist die KG in diesem Fall vollbeendet, da eine Einpersonen-Personengesellschaft nicht anerkannt ist.[439] Die vertragliche Rechtsnatur und die Gesamthandsstruktur der Gesellschaft sprächen gegen die generelle Anerkennung der nur aus einer Person bestehenden Personengesellschaft.[440]

Allerdings differenziert die Rechtsprechung in Fällen, in denen der Kommanditist Rechtsnachfolger des ausgeschiedenen Komplementärs

---

438 Indes kann diese Situation auch bei der mehrgliedrigen KG mit nur einem Kommanditisten eintreten, nämlich durch das Ausscheiden sämtlicher Komplementäre. Entscheidend ist also, dass nur ein Kommanditist verbleibt, was vorliegend am Beispiel des Ausscheidens aus der zweigliedrigen KG dargestellt wird.

439 BGHZ 65, 79, 83 = BGH NJW 1975, 1774, 1775; WM 1981, 1387, 1388 = MDR 1982, 220; BayObLG BB 2000, 1211, 1212; KG NZG 2004, 1172, 1173; OLG Hamm ZIP 2007, 1233, 1236; allgemein zur Ablehnung der Einpersonen-Personengesellschaft BFH NJW-RR 1997, 1225 f.; OLG Düsseldorf NZG 1999, 26; OLG Stuttgart NZG 2004, 766, 768; OLG Schleswig DNotZ 2006, 374, 376; OLG Karlsruhe NZG 2007, 265, 267.

440 LG Hamburg NZG 2005, 926, 927.

ist. Grundsätzlich könne der Kommanditist nicht den Komplementäranteil mit der Folge übernehmen, dass er nunmehr sowohl Kommanditist als auch Komplementär sei[441] und die Gesellschaft damit fortbestehe. Vielmehr ergebe sich aus dem Grundsatz der Einheitlichkeit der Mitgliedschaft[442], dass sich beide Anteile zu einem Komplementäranteil vereinigen.[443] Wie die Ablehnung der Einpersonen-Personengesellschaft ergebe sich der Grundsatz der Einheitlichkeit der Mitgliedschaft aus der Gesamthandsstruktur der Gesellschaft und dem vertraglichen Charakter der Gesellschaft.[444] Ausnahmsweise nimmt die Rechtsprechung den Fortbestand der Gesellschaft trotz Ausscheidens des vorletzten Gesellschafters an. Dies soll dann gelten, wenn der Kommanditist Rechtsnachfolger des ausscheidenden Komplementärs ist und ein gesondertes Fortbestehen beider Gesellschaftsanteile im Interesse Dritter geboten ist. So ist die zweigliedrige Gesellschaft nach Auffassung des BGH nicht als erloschen anzusehen, wenn einer der beiden Gesellschafter den anderen beerbt und der Testamentsvollstrecker den vererbten Gesellschaftsanteil im Interesse der übrigen Nachlassbeteiligten, etwa der Vermächtnisnehmer, verwaltet.[445] Das OLG Hamm entschied, dass der Nachlassinsolvenzverwalter Zugriff auf den Geschäftsanteil des verstorbenen und vom Mitgesellschafter beerbten Erblasser habe, damit der Anteil nicht durch den Zugriff der Privatgläubiger des Erben zum Nachteil der Nachlassgläubiger geschmälert werde. Das Gericht ließ allerdings offen, ob dazu die Gesellschaft als Einpersonen-Personengesellschaft fortbestehe oder ob dies zum Zwecke der Nachlassinsolvenz lediglich fingiert werde.[446] Unter Bezugnahme auf die bei Testamentsvollstreckung geltende Ausnahme vom Grundsatz der Gesellschaftermehrheit nahm schließlich das LG Hamburg den Fortbestand der Gesellschaft trotz Zusammenfallens beider Anteile in einer Person infolge der rechtsgeschäftlichen Übertragung

441 Vgl. BGH NJW 1991, 2564, 2566; OLG Düsseldorf GmbHR 1995, 233, 234.

442 Zu diesem Grundsatz, wonach ein KG-Gesellschafter nur einen einzigen Anteil hält, er also entweder Kommanditist oder Komplementär ist, vgl. BGHZ 24, 106, 108; 47, 293, 296; 58, 316, 318; 66, 98, 101; 91, 132, 137; 101, 123, 129; OLG Schleswig DNotZ 2006, 374, 376.

443 BGH WM 1963, 989; NJW 1987, 3184, 3186; OLG Hamm NJW 1982, 835 f.

444 OLG Schleswig DNotZ 2006, 374, 376.

445 BGH NJW 1986, 2431, 2433 f.; NJW 1996, 1284, 1286 unter Bezugnahme auf BGH NJW 1989, 3152, 3155 sowie BGH NJW 1985, 1953 f.

446 OLG Hamm ZEV 1999, 234, 236.

des Anteils des einen auf den anderen Gesellschafter an, weil der übertragende Anteil mit einem Nießbrauch belastet war.[447]

3.1.1.2 Literatur

3.1.1.2.1 Gesellschaftermehrheit und Einheitlichkeit der Beteiligung

3.1.1.2.1.1 Grundsatz

Die ganz h.L. teilt die Auffassung der Rechtsprechung. Im Falle des Ausscheidens des Komplementärs aus der zweigliedrigen KG sei diese vollbeendet, weil eine Einpersonen-Personengesellschaft grundsätzlich nicht anzuerkennen sei.[448] Der Gesellschaftsvertrag als schuldrechtliche Vereinbarung nach § 705 BGB sowie die partnerschaftliche Stellung der Gesellschafter innerhalb der Gesellschaft stünden der Anerkennung einer nur aus einer Person bestehenden Personengesellschaft entge-

---

447 LG Hamburg NZG 2005, 926, 927, das zudem die Fälle der Nachlassverwaltung denen der Testamentsvollstreckung und Nießbrauchsbelastung gleichstellt; vgl. auch OLG Schleswig, DNotZ 2006, 374, 376 f.; dagegen ablehnend bei Nießbrauch OLG Düsseldorf NZG 1999, 26; für die Vollbeendigung der Gesellschaft trotz Belastung des Anteils mit einem Pfandrecht OLG Stuttgart NZG 2004, 766, 768.

448 Staub/*Schäfer*, HGB, Bd. 3, § 131, Rn. 111; E/B/J/S/*Lorz*, HGB, Bd. 1, § 131, Rn. 10; *Wiedemann*, GesR, Bd. 2, § 9 II 6 b, S. 792; *Kraft/Kreutz*, GesR, E IV, S. 248; *Klauss/Mittelbach*, KG, 1 E III 3, Rn. 397; *Reck*, Ausscheiden aus zweigliedriger KG, S. 33 f.; *Nägel*, Einmanngesellschaften, S. 47; *Eckardt*, NZG 2000, 449, 450 f.; *Bork/Jacoby*, ZGR 2005, 611, 625; *Klöhn*, JuS 2003, 360 f.; gegen die Einpersonen-Personengesellschaft unabhängig vom Ausscheiden des Komplementärs *Schünemann*, Gesamthandsgesellschaft, S. 196, welcher die Einmann-Gesamthandsgesellschaft als „ein begriffliches Monstrum ohne jede juristische Lebensfähigkeit" bezeichnet; ähnlich *Reimann*, MittBayNot 1986, 232, 234; *Müller-Laube*, FS-Wolf, S. 501, 522; *Wiedemann*, GS-Lüderitz, S. 839, 843; *Stimpel*, FS-Rowedder, S. 477; *Görg*, FS-Runkel, S. 313; *Seeger*, Komplementärausscheiden, S. 127; *A. Hueck*, oHG, S. 25; *K. Schmidt*, GesR, § 8 IV 2 b, S. 209; *ders.*, ZIP 2008, 2337, 2341 f.; *Maiberg*, GesR, § 2, Rn. 9; *U. Seibert*, Reform des Handelsstandes und der Personengesellschaften, S. 119, 126; Ensthaler/*Ensthaler*, HGB, § 131, Rn. 18; E/B/J/S/*Weipert*, HGB, Bd. 1, § 161, Rn. 1; *Michalski*, HGB, § 131, Rn. 7; Schmitt/Hörtnagl/Stratz/*Hörtnagl*, UmwG, § 124, Rn. 31; *Buchberger*, Rpfleger 1994, 54; *Fett/Brand*, NZG 1999, 45, 50; *Pentz*, BGH-Report 2004, 1092; gegen die Einpersonengesellschaft bei Ausschließung eines Gesellschafters aus der zweigliedrigen Personengesellschaft ausdrücklich BT-Drs. 13/10332, S. 30 re. Sp.; so auch BT-Drs. 13/8444, S. 67 re. Sp.; im Ergebnis auch *Bippus*, AcP 195 (1995), 13, 32.

gen.[449] Vorwiegend ältere Literaturbeiträge stellen auf das Gesamthandsprinzip ab. Danach sei das der Verfolgung des Gesellschaftszwecks unterliegende Vermögen getrennt von dem Privatvermögen der Gesellschafter gebunden. Verpflichtungen in Bezug auf das Gesellschaftsvermögen könnten nur durch die Gesellschafter in ihrer Eigenschaft als Gesamthänder bzw. durch die Vertreter der Gesamthand getroffen werden. Sei nur ein Gesellschafter vorhanden, komme nur dieser als Vertreter einer Gesamthand in Betracht, wodurch die erforderliche Trennung der Berechtigung über sein Privatvermögen und über das gebundene Gesamthandsvermögen aufgehoben wäre.[450]

Wie die Rechtsprechung geht auch die h.L. vom Grundsatz der Einheitlichkeit der Mitgliedschaft aus,[451] so dass ein und derselbe Gesellschafter grundsätzlich nicht zugleich Komplementär und Kommanditist

---

449 Vgl. *Ulmer*, ZHR 167 (2003), 103, 104; E/B/J/S/*Weipert*, HGB, Bd. 1, § 161, Rn. 1; *K. Schmidt*, oHG, S. 194; *ders.*, GesR, § 8 IV 2 b, S. 209, der die Sozietäts- in Abgrenzung zur Gesamthandskonstruktion als Hindernis der Einpersonen-Personengesellschaft sieht; *Stimpel*, FS-Rowedder, S. 477, 478; *Bork/Jacoby*, ZGR 2005, 611, 625; *Klöhn*, JuS 2003, 360 f., der zudem die bewusste Beschränkung der Einpersonen-Personengesellschaft auf das Kapitalgesellschaftsrecht als Argument nennt; Röhricht/v. Westphalen/*v. Gerkan/Haas*, HGB, § 161, Rn. 20, nach denen sich die einheitliche Mitgliedschaft aus der „personenrechtlichen Natur der gesellschafterlichen Beteiligung" ergibt; vgl. *Timmann*, Vor- und Nacherbschaft, S. 16 f.; eingehend *Nägel*, Einmanngesellschaften, S. 37 ff.

450 *Huber*, Vermögensanteil, S. 102 ff.; so auch *Baur/Grunsky*, ZHR 133 (1970), 209, 218; vgl. *Eckardt*, NZG 2000, 449, 450 f., der zudem von der „Sozietätskonstruktion der Personengesellschaften" spricht; ebenso *Bork/Jacoby*, ZGR 2005, 611, 625 f.; vgl. ferner *Wiedemann*, GesR, Bd. 1, § 2 I 3 a, S. 102; zu den unterschiedlichen Gesamthandslehren vgl. in diesem Zusammenhang *T. Schmidt*, Einmann-Personengesellschaften, S. 38 ff.

451 Koller/Roth/Morck/*Koller*, HGB, § 124, Rn. 2; Baumbach/*Hopt*, HGB, § 124, Rn. 16; MünchKomm-BGB/*Ulmer*, Bd. 5, § 705, Rn. 61 f.; *ders.*, NJW 1990, 73, 76; *Sieveking*, FS-Schippel, S. 505, 518; *Seeger*, Komplementärausscheiden, S. 131; *K. Schmidt*, GesR, § 45 I 2 b, S. 1312; *Joussen*, DB 1992, 1173, 1174; *Steinbeck*, DB 1995, 761, 762 ff.; *Wiedemann*, FS-Zöllner, Bd. 1, S. 635, 642; vgl. *S. Peters*, Grundsatz der Einheitlichkeit der Mitgliedschaft, passim; differenzierend *Bippus*, AcP 195 (1995), 13, 24 ff., die zwischen der notwendigerweise einheitlichen Mitgliedschaft im Außenverhältnis und zulässigen mehrfachen Gesellschaftsbeteiligungen im Innenverhältnis unterscheidet. Letzteres soll jedenfalls bei ungleichartigen Beteiligungen wie einer Kommandit- und einer Komplementärbeteiligung gelten.

sein könne.[452] Fielen beide Anteile in einer Person zusammen, verbleibe nur der Komplementäranteil.[453] Zur Begründung wird wiederum auf die vertragliche Grundlage der Gesellschaft nach § 705 BGB und die Eigenschaft der Gesellschafter als Vertragspartner abgestellt.[454] Mitglied eines Personenverbandes könne eine Person nur einmal sein.[455] Andernfalls stünden die Gesellschafter mit sich selbst in schuldrechtlich-gesellschaftsvertraglicher Beziehung.[456]

3.1.1.2.1.2 Ausnahmen

Auch innerhalb der Literatur haben sich Ausnahmen von den Grundsätzen der Gesellschaftermehrheit und der Einheitlichkeit der Beteiligung herausgebildet. Dabei geht es um Konstellationen, in denen der Kommanditist Rechtsnachfolger des Komplementärs wird und insbesondere Dritte bei Zusammenfallen sämtlicher Gesellschaftsbeteiligungen in einer

---

452 Ensthaler/*Fahse*, HGB, vor §§ 161 ff., Rn. 1; Röhricht/v. Westphalen/*v. Gerkan/Haas*, HGB, § 161, Rn. 20; Baumbach/*Hopt*, HGB, § 161, Rn. 4; Oetker/*Oetker*, HGB, § 161, Rn. 8; Henssler/Strohn/*Gummert*, HGB, § 161, Rn. 7; Staub/*Schilling*, HGB[4], Bd. 2, § 161, Rn. 38; *Siegmann*, Personengesellschaftsanteil, S. 242; *Kick*, Haftung des Erben eines Personenhandelsgesellschafters, S. 185; *Wiedemann*, FS-Zöllner, Bd. 1, S. 635, 644 f.; *K. Schmidt*, GesR, § 8 IV 2 c, S. 210; *Eisenhardt/Wackerbarth*, GesR I, § 24, Rn. 481; *Ulmer*, ZHR 167 (2003), 103, 115 f.; *Steinbeck*, DB 1995, 761; FA-HGR/*v. Wedel*, Kap. 8, Rn. 8, nach dem wohl schon der allgemeine Rechtsgrundsatz der Konfusion einer Mitgliedschaft sowohl als Komplementär als auch als Kommanditist entgegensteht; i.d.S. auch *T. Schmidt*, Einmann-Personengesellschaften, S. 71; unklar FaK GesR/*Partikel*, § 161 HGB, Rn. 13 f.

453 *Wiedemann*, FS-Zöllner, Bd. 1, S. 635, 643 („Vorrangprinzip"); Oetker/*Oetker*, HGB, § 161, Rn. 8; E/B/J/S/*Weipert*, HGB, Bd. 1, § 161, Rn. 22; Henssler/Strohn/*Gummert*, HGB, § 161, Rn. 7; *Kick*, Haftung des Erben eines Personenhandelsgesellschafters, S. 185; *Frey/Schumann*, EWiR § 24 HGB 2/2000, 677; differenzierend *Bippus*, AcP 195 (1995), 13, 30.

454 *Ulmer*, NJW 1990, 73, 76; *ders.*, ZHR 167 (2003), 103, 104; *K. Schmidt*, GesR, § 8 IV 2 c, S. 210; zustimmend *Sieveking*, FS-Schippel, S. 505, 506, 518; anders *Kanzleiter*, FG-Weichler, S. 39, 43, der aus § 15 Abs. 2 GmbHG den Umkehrschluss zieht, es bestehe ein allgemeiner Grundsatz, wonach sich mehrere Gesamthandsanteile in der Hand einer Person vereinigen.

455 *Joussen*, DB 1992, 1173, 1174; *Steinbeck*, DB 1995, 761, 762 f.

456 *Sieveking*, FS-Schippel, S. 505, 514; *Siegmann*, Personengesellschaftsanteil, S. 242.

Hand ein Interesse am Fortbestand der Gesellschaft haben.[457] Dieses Interesse erstreckt sich auf bestimmte Merkmale des Anteils, etwa Beschränkungen oder Belastungen, deren gänzlicher Untergang für ebenso wenig sachgerecht gehalten wird, wie ihre Ausdehnung auf den infolge des Zusammenfallens beider Anteile bestehenden Anteil des Gesellschafters.[458] So bleibe die Gesellschaft trotz Ausscheidens des Komplementärs bestehen, wenn dessen auf den Kommanditisten übergehender Anteil der Testamentsvollstreckung unterliege,[459] mit einem Nießbrauch[460] oder einem Pfandrecht[461] belastet oder Gegenstand der Nachlassinsolvenz[462] sei.

---

457 Vgl. *Baumann*, FS-Otte, S. 15, 21; *Söring*, Mehrfachbeteiligung an einer Personengesellschaft, S. 135; *S. Peters*, Grundsatz der Einheitlichkeit der Mitgliedschaft, S. 70 f. kritisiert das „Regel-Ausnahme-System“ als unübersichtlich und zu Rechtsunsicherheit führend. Vgl. auch *Raiser*, AcP 194 (1994), 495, 509 f.

458 Vgl. *Lüttge*, NJW 1994, 5; auch Koller/Roth/Morck/*Koller*, HGB, § 124, Rn. 2, § 140, Rn. 4; in Bezug auf die GbR MünchKomm-BGB/*Ulmer*, Bd. 5, § 705, Rn. 63 f.; *ders.*, ZHR 167 (2003), 103, 114 f.; nach *Sieveking*, FS-Schippel, S. 505, 507 ff. besteht keine Notwendigkeit für Ausnahmen vom Grundsatz, weil Konflikte mit Interessen Dritter schon durch Anwendung geltenden Rechts umgangen werden können; so auch *Fett/Brand*, NZG 1999, 45, 50 ff.

459 *Lüttge*, NJW 1994, 5, 8; *Wiedemann*, FS-Zöllner, Bd. 1, S. 635, 647; MünchHdb/*Klein/Lindemeier*, Bd. 2, § 42, Rn. 47; *K. Schmidt*, GesR, § 45 I 2 b bb, S. 1313; *T. Schmidt*, Einmann-Personengesellschaften, S. 51 ff.; *Kanzleiter*, FG-Weichler, S. 39, 50; vgl. *Siegmann*, Personengesellschaftsanteil, S. 241 ff.

460 *Lüttge*, NJW 1994, 5, 8; *Baumann*, NZG 2005, 919, 920; *Steinbeck*, DB 1995, 761, 763 f.; *Kanzleiter*, FG-Weichler, S. 39, 46, 50; *K. Schmidt*, GesR, § 45 I 2 b bb, S. 1313; *T. Schmidt*, Einmann-Personengesellschaften, S. 55 ff.; *Flume*, BGB AT, Bd. 1, Teil 1, § 7 III, S. 102 f.; vgl. *Baumann*, FS-Otte, S. 15, 17 f.; vgl. auch *Esch*, BB 1993, 664, 666, nach dem die Annäherung von Personengesellschafts- und Kapitalgesellschaftsrecht die Anerkennung der Mehrfachbeteiligung jedenfalls für die kapitalistisch ausgestaltete Kommanditbeteiligung rechtfertigt. Ein Kommanditist soll daher mehrere Kommanditbeteiligungen innehaben, der unbeschränkt haftende Gesellschafter hingegen nur eine Beteiligung halten können.

461 *Lüttge*, NJW 1994, 5, 8; *Kanzleiter*, FG-Weichler, S. 39, 46, 50; *K. Schmidt*, GesR, § 45 I 2 b bb, S. 1313; *T. Schmidt*, Einmann-Personengesellschaften, S. 58 ff.; *Flume*, BGB AT, Bd. 1, Teil 1, § 7 III, S. 103; vgl. *Esch*, BB 1993, 664, 666.

462 *Kanzleiter*, FG-Weichler, S. 39, 50; E/B/J/S/*Wertenbruch*, HGB, Bd. 1, § 105, Rn. 34.

Darüber hinaus seien weitere Ausnahmetatbestände anzuerkennen.[463] So bestehe die Gesellschaft im Falle des Todes einer der Gesellschafter fort, wenn Mitgesellschafter als Vorerben eingesetzt seien. Der Vorerbe verwalte dann sowohl den ihm schon vor dem Erbfall zustehenden als auch den geerbten Gesellschaftsanteil. Sterbe der Vorerbe, falle dem Nacherben der einst dem Erblasser gehörende Anteil zu. Hingegen erhalte der eigene Erbe des Vorerben dessen nicht von der Vorerbschaft erfassten Anteil, so dass schließlich wiederum eine zweigliedrige Gesellschaft bestehe. Zweck des Fortbestands beider Anteile in der Person des Vorerben und damit der Gesellschaft sei der Schutz des Nacherben vor der Schmälerung des Nachlasses und somit vor der Verschlechterung der ihm zugedachten Gesellschafterstellung.[464] Überdies bedürfe es keiner Neugründung der Gesellschaft durch den Nacherben und eigenen Erben des Vorerben, wenn die Gesellschaft im Zeitpunkt des Ausscheidens des Erblasser-Gesellschafters nicht vollbeendet sei, sondern vielmehr durch den Vorerben bis zu dessen Tod allein geführt werde.[465] Be-

---

463 Zu den diskutierten Fallgruppen von Mehrfachbeteiligungen vgl. *Lüttge*, NJW 1994, 5 ff., 9 f.; zu Mehrfachbeteiligungen beim Formwechsel der AG in die KG nach §§ 190 ff., 226 UmwG vgl. *Schöne*, FS-Lutter, S. 905 ff.; zu Mehrfachbeteiligungen bei Treuhandverhältnissen vgl. Schlegelberger/*K. Schmidt*, HGB, § 105, Rn. 26; *dens.*, GesR, § 45 I 2 b bb, S. 1313; *Kanzleiter*, FG-Weichler, S. 39, 49; *Lüttge*, NJW 1994, 5, 7 f.; Koller/Roth/Morck/*Koller*, HGB, § 140, Rn. 5; *Ulmer*, ZHR 167 (2003), 103, 115; in Bezug auf die GbR MünchKomm-BGB/*ders.*, Bd. 5, § 705, Rn. 63; ablehnend E/B/J/S/*Wertenbruch*, HGB, Bd. 1, § 105, Rn. 34.

464 Grundlegend in Bezug auf die oHG *Baur/Grunsky*, ZHR 133 (1970), 209, 224 f., 227 f., die § 1256 Abs. 1, S. 2 BGB analog als Rechtsgrundlage heranziehen; im Ergebnis so auch *Tielmann*, Vor- und Nacherbschaft, S. 139 f.; *T. Schmidt*, Einmann-Personengesellschaften, S. 47; *Nägel*, Einmanngesellschaften, S. 249; *Pfister*, Einmann-Personengesellschaft, S. 136, 138 f.; *Lüttge*, NJW 1994, 5, 8 f., 11; ablehnend dagegen *Stimpel*, FS-Rowedder, S. 477, 481 ff.; *Flume*, BGB AT, Bd. 1, Teil 1, § 7 III, S. 99 ff.; *Timmann*, Vor- und Nacherbschaft, S. 92 ff.; *Buchberger*, Rpfleger 1994, 54, 55 f.; *Hefermehl*, FS-H. Westermann, S. 223, 233, dortige Fn. 26; vgl. auch *Langner*, Vor- und Nacherbschaft, S. 197 ff.; in Bezug auf die GbR auch MünchKomm-BGB/*Ulmer*, Bd. 5, § 705, Rn. 65.

465 Vgl. *Nägel*, Einmanngesellschaften, S. 265; *Weimar*, ZIP 1997, 1769, 1777; für Mehrfachbeteiligungen im Falle der Vor- und Nacherbschaft auch MünchKomm-HGB/*K. Schmidt*, Bd. 2, § 139, Rn. 34; *ders.*, GesR, § 45 I 2 b bb, S. 1313; *Kanzleiter*, FG-Weichler, S. 39, 50; *Lüttge*, NJW 1994, 5, 8 f.; Koller/Roth/Morck/*Koller*, HGB, § 140, Rn. 5; E/B/J/S/*Lorz*, HGB, Bd. 1, § 139, Rn. 58; Baumbach/*Hopt*, HGB, § 131, Rn. 19; *Weimar*, ZIP 1997, 1769, 1772 f.; *Baumann*, FS-Otte, S. 15, 21; *T. Schmidt*, Einmann-Personengesellschaften, S.

zogen auf die KG und das Ausscheiden des Komplementärs bedeutet dies, dass der Kommanditist zusätzlich zu seinem Kommanditanteil den Anteil des Komplementärs übernimmt, also sowohl Kommanditist als auch Komplementär ist.[466]

3.1.1.2.2 Einzelgesellschafter und Mehrfachbeteiligung

3.1.1.2.2.1 Grundsätzliche Zulässigkeit der Mehrfachbeteiligung

Nach einer weitergehenden Auffassung kann ein Gesellschafter stets sowohl Kommanditist als auch Komplementär sein, sofern die Gesellschafter im Gesellschaftsvertrag vereinbart haben, den Fortbestand mehrerer Gesellschaftsbeteiligungen beim Zusammenfall in einer Hand zuzulassen.[467] Trete der Kommanditist in die Rechte des Komplementärs ein und halte er damit sowohl einen Kommandit- als auch einen Komplementäranteil, gelte – zum Schutz der Gesellschaftsgläubiger – im Außenverhältnis des Gesellschafters das Haftungsstatut des Komplementärs. Der Gesellschafter hafte demnach unbeschränkt mit seinem gesamten Privatvermögen nach § 128 HGB.[468] Demgemäß könne eine Person zwar nicht zugleich einerseits beschränkt andererseits unbeschränkt haften, wohl aber sowohl Kommanditist als auch Komplementär sein.[469] Mehrfachbeteiligungen an Personengesellschaften durch denselben Gesellschafter seien weder durch Gesetz noch durch allgemeine Rechtsprinzipien ausgeschlossen. Denn die Gesellschaft sei nicht lediglich schuldrechtlicher Vertrag der Gesellschafter, sondern mittlerweile[470]

51, 81 f., 87; *Marotzke*, AcP 187 (1987), 223, 243; kritisch *Ulmer*, ZHR 167 (2003), 103, 115; ablehnend E/B/J/S/*Wertenbruch*, HGB, Bd. 1, § 105, Rn. 35.

466 *Lüttge*, NJW 1994, 5, 11.

467 *Priester*, DB 1998, 55, 60; MünchKomm-HGB/*Grunewald*, Bd. 3, § 161, Rn. 5; *S. Peters*, Grundsatz der Einheitlichkeit der Mitgliedschaft, S. 150; ebenso *Baumann*, BB 1998, 225, 229; vgl. *Schöne*, FS-Lutter, S. 905, 912; für Fälle des Zusammentreffens von Komplementär- und Kommanditanteil durch Erbfolge so auch *Lamprecht*, Mehrfachbeteiligung, S. 310 f., 324.

468 *Priester*, DB 1998, 55, 59; MünchKomm-HGB/*Grunewald*, Bd. 3, § 161, Rn. 4 f.

469 MünchKomm-HGB/*Grunewald*, Bd. 3, § 161, Rn. 4; ähnlich *Karsten*, Einheitlichkeit der Mitgliedschaft, S. 150 f., der mit Hinweis auf die KGaA eine Koexistenz von Kommanditisten- und Komplementärhaftung in einer Person für denkbar hält, wenngleich die beschränkte in der unbeschränkten Haftung aufgehe; für unterschiedliche Haftungen auch *Lamprecht*, Mehrfachbeteiligung, S. 306.

470 *Priester*, DB 1998, 55, 57 f. betont die Rechtsentwicklung der vormals als schuldrechtlicher Vertrag und als von den Gesellschaftern abhängig verstande-

ein rechtlich von den Gesellschaftern unabhängiger, rechtsfähiger Verband, der gegenüber dem einzelnen Gesellschafter mehrfache Rechtsbeziehungen unterhalten könne.[471] Ferner lasse das Gesetz die mehrfache Mitgliedschaft einer Person in einer Gesellschaft gerade zu. Denn das AG- und GmbH-Recht, in dem der Gesellschaftsanteil die Mitgliedschaft verkörpere, zeige die Zulässigkeit mehrerer Gesellschaftsanteile und damit Mitgliedschaften.[472]

3.1.1.2.2.2 Ausschließlicher Verbleib der Kommanditbeteiligung

Scheide der einzige Komplementär ersatzlos aus der Gesellschaft aus, so dass die Komplementärbeteiligung nicht auf den Kommanditisten übergeht, falle der Komplementäranteil hingegen fort. Die Gesellschaft setze sich mit dem Kommanditisten, der nur seinen Kommanditanteil halte, als Einpersonen-oHG fort.[473] Wie die Anerkennung der Vor-GmbH als Einmann-Gesamthand sowie die Ausnahmen vom Sozietätsgedanken in den Fällen der Vorerbschaft des einzigen Mitgesellschafters zeigten, stünden weder das Gesamthands- noch das Sozietätsprinzip der Einpersonen-Personengesellschaft entgegen.[474] Zudem sei das Verständnis der Gesellschaft als Sozietät ohnehin mittlerweile überholt, weil diese heute nicht mehr als reines Schuldverhältnis, sondern als ein rechtlich selbstständiger von der Rechtssphäre der Gesellschafter zu unterscheidender Verband verstanden werde.[475] Dem entsprächen auch praktische Gesichtspunkte wie etwa die Entbehrlichkeit der Neugründung der Gesellschaft nach Ausscheiden des vorletzten Gesellschafters und die Entbehrlichkeit von Grundbuchberichtigungen.[476]

---

nen Personengesellschaft „zu einer mehr am Kapitalbeitrag orientierten Vereinigung".

471 *Priester*, DB 1998, 55, 57; so auch *Baumann*, BB 1998, 225, 229; besonders deutlich *ders.*, FS-Otte, S. 15, 20; *Schöne*, FS-Lutter, S. 905, 910 f.; vgl. *S. Peters*, Grundsatz der Einheitlichkeit der Mitgliedschaft, S. 142.

472 *Priester*, DB 1998, 55, 56; so auch *Rieker*, Mehrfachbeteiligung an einer Personengesellschaft, S. 9 f. Die Gründung einer Personengesellschaft mit nur einer Person soll jedenfalls unzulässig sein, vgl. *Weimar*, ZIP 1997, 1769, 1778; *Baumann*, BB 1998, 225, 231; *dens.*, NZG 2005, 919, 920.

473 *Weimar*, ZIP 1997, 1769, 1777.

474 *Weimar*, ZIP 1997, 1769, 1772 f.

475 So *Baumann*, BB 1998, 225, 226 ff.; *ders.*, FS-Otte, S. 15, 18 f.

476 *Weimar*, ZIP 1997, 1769, 1772 ff.

3.1.2 Stellungnahme

Bei Annahme einer Einpersonen-Personengesellschaft nach ersatzlosem Ausscheiden des Komplementärs aus der zweigliedrigen KG besteht die Gesellschaft fortan nur noch aus dem Kommanditisten. Sie kann dann aufgrund nachträglichen Rechtsformzwangs allenfalls Einpersonen-oHG sein,[477] so dass die unbeschränkte Haftung des ehemaligen Kommanditisten nach §§ 128, 130 HGB im Raum steht.[478] Scheidet der Komplementär dagegen nicht ersatzlos aus, weil der Kommanditist den Komplementäranteil, etwa als nachfolgeberechtigter Erbe, übernimmt, verbleibt zwar ebenfalls nur der Kommanditist.[479] Anders als bei ersatzlosem Ausscheiden kommt aber eine – jedenfalls bei bestehenden Drittinteressen am Fortbestand der Gesellschaft durchaus sinnvolle – Mehrfachbeteiligung des Kommanditisten in Betracht. Danach ist der Kommanditist nunmehr zusätzlich als Komplementär an der jetzt als Einpersonen-KG fortbestehenden Gesellschaft beteiligt. Seine Komplementäreigenschaft zieht zwingend seine unbeschränkte Gesellschafterhaftung gemäß §§ 128, 130 HGB nach sich.[480] Dagegen bleibt der Kommanditist bei Ablehnung einer Einpersonen-Personengesellschaft als Einzelperson zurück. Er unterliegt aber ebenfalls der grundsätzlich unbeschränkten Haftung.[481] Folglich besteht diese Haftung des verbleibenden Kommanditisten unabhängig davon, ob er Gesellschafter einer Einpersonen-Personengesellschaft oder Einzelperson ist.

Auch hinsichtlich der Unternehmensführung gegenüber Dritten bestehen keine Unterschiede. Ist der verbleibende Kommanditist Einzelperson, verpflichtet er sich selbst, wohingegen er als Gesellschafter einer Einpersonen-Personengesellschaft diese kraft organschaftlicher Vertretungsmacht bindet. In beiden Konstellationen steht es ihm frei, Dritte

---

477 Dazu bereits Kap. 2, 2.2.1.1.

478 Zu den haftungsrechtlichen Folgen eines etwaigen Rechtsformwechsels der KG in die oHG durch Rechtsformzwang vgl. noch Kap. 2, 3.1.

479 Tritt ein Dritter im Wege der Nachfolgeregelung in die Gesellschaft ein, kann die KG ohne weiteres fortbestehen, solange der Komplementärerbe nicht nach § 139 Abs. 1, 2 HGB Kommanditist wird oder aus der Gesellschaft austritt. Entsprechendes – mit Ausnahme der Anwendbarkeit des § 139 HGB – gilt, wenn ein Dritter den Komplementär ersetzt, ohne dass dieser verstirbt. Zur Frage inwieweit der Kommanditist billigerweise Schutz vor unbeschränkter Haftung bedarf vgl. noch Kap. 2, 3.3.5.2.

480 Dazu bereits Kap. 1, 2.1.2.3.2.

481 Dazu noch Kap. 1, 3.2.4.

durch Einräumung rechtsgeschäftlicher Vertretungsmacht in weitreichendem Maße an der Unternehmensführung zu beteiligen.[482] Dies lässt die Rechtsmacht des verbleibenden Kommanditisten, sich selbst oder die Gesellschaft zu verpflichten, jedoch unberührt. Sowohl als Einzelperson als auch als Gesellschafter ist er weiterhin verpflichtungs- und verfügungsfähig. In der Personengesellschaft folgt dies aus dem zwingenden Grundsatz der Selbstorganschaft, wonach die Gesellschafter stets in der Lage sein müssen, die Gesellschaft auch ohne Beteiligung eines Vertreters, der nicht Gesellschafter ist, zu vertreten. Eine sog. verdrängende oder ausschließende Vollmacht, welche die rechtsgeschäftliche Handlungsfähigkeit des Vertretenen bzw. die organschaftliche Vertretungsmacht des Gesellschafters einschränken würde, ist nicht statthaft.[483]

Der Umstand, dass die weitgehende Zulassung einer Einpersonen-Personengesellschaft weder eine Änderung in Bezug auf das Haftungsrecht noch bezüglich des Geschäftsführungs- und Vertretungsrechts des verbleibenden Gesellschafters mit sich bringt,[484] führt dazu, dass an dieser Stelle eine Entscheidung für oder gegen eine Einpersonen-Personengesellschaft unterbleiben kann. Gleichwohl spricht dieser Umstand wohl eher gegen ihre Anerkennung über die diskutierten Ausnahmen hinaus. Denn eine Abkehr von einer über Jahre weitgehend unstreitigen und dem Verständnis der Gesellschaft als Sozietät entsprechenden Auffassung, liegt fern, wenn keine praktischen Gründe für sie sprechen.

3.2 Rechtsfolgen des Ausscheidens des vorletzten Gesellschafters

Die regelmäßige Vollbeendigung der Personengesellschaft bei Ausscheiden des Komplementärs aus der zweigliedrigen KG ergibt sich also daraus, dass das deutsche Gesellschaftsrecht grundsätzlich keine Einpersonen-Personengesellschaft kennt. Vollbeendigung einer Gesellschaft bedeutet die Beseitigung des Rechtsträgers Gesellschaft. Diese

---

482 Vgl. MünchKomm-BGB/*Schramm*, Bd. 1, Vorbem § 164, Rn. 70; E/B/J/S/*Hillmann*, HGB, Bd. 1, § 125, Rn. 7, 9; zu denkbaren Gestaltungsmöglichkeiten vgl. *Reymann*, ZEV 2005, 457, 460 ff.

483 Vgl. BGHZ 36, 292, 295; BGH NJW-RR 1994, 98; Baumbach/*Hopt*, HGB, § 125, Rn. 7; Koller/Roth/Morck/*Koller*, HGB, § 125, Rn. 2; MünchKomm-BGB/*Schramm*, Bd. 1, § 164, Rn. 135, § 167, Rn. 114 m.w.N.

484 So auch *Söring*, Mehrfachbeteiligung an einer Personengesellschaft, S. 135.

ändert somit nicht lediglich ihre Rechtsform, sondern sie ist nicht mehr Rechtsträger und somit nicht mehr fähig, Zuordnungssubjekt von Rechten und Pflichten zu sein.[485] Im Gegensatz zur Vollbeendigung der Gesellschaft infolge ihrer Auseinandersetzung erfordert die Vollbeendigung der Gesellschaft infolge des Wegfalls des vorletzten Gesellschafters nicht die vorherige Abwicklung der Gesellschaft. Es stellt sich daher die Frage, auf welche Art und Weise vorhandene Rechte und Pflichten der vollbeendeten Gesellschaft dem nachfolgenden Rechtsträger zuzuweisen sind.[486] Klar ist dabei zum einen, dass der verbleibende Kommanditist neues Zuordnungssubjekt sowohl der Rechte als auch der Pflichten ist.[487] Zum anderen liegt es auf der Hand, dass die Zuordnung der Rechtsposition der KG zu dem Kommanditisten jedenfalls nicht aufgrund eines automatischen identitätswahrenden Rechtsformwechsels der KG in die Rechtsform des verbleibenden Kommanditisten erfolgen kann. Denn dieser Formwechsel setzt den Erhalt der Rechtsträgerschaft voraus, der hier gerade nicht gegeben ist, da eine der Voraussetzungen des Rechtsträgers Gesellschaft, nämlich das Vorhandensein von wenigstens zwei Gesellschaftern, nicht mehr besteht. Die Rechte und Pflichten der KG können dem Kommanditisten daher nur zugewiesen sein, wenn sie entsprechend übergegangen sind.

---

485 So auch *Seeger*, Komplementärausscheiden, S. 141.

486 Die dauernde Subjektlosigkeit von Rechten und Pflichten will das Recht nämlich gerade vermeiden, dazu bereits Kap. 1, 2.2.1.1.2.1. Auch das Erlöschen der Rechte und Pflichten kommt nicht in Betracht, weil das Erlöschen des Rechtsträgers grundsätzlich nicht auch das Erlöschen seiner Schuld bedeutet, *Reiff*, Haftungsverfassungen, S. 250; in diese Richtung auch *Bork/Jacoby*, ZGR 2005, 611, 628. Gleichwohl meinen *Buchner*, AcP 169 (1969), 483, 496 und *Huber*, Vermögensanteil, S. 70 f., dass die Gesellschaftsschulden schon gar nicht ohne weiteres auf den verbleibenden Gesellschafter übergehen. Zum Übergang der Passiva vgl. auch *Schlottmann*, Komplementärwegfall, S. 194 ff.

487 *Eckardt*, NZG 2000, 449, 451, 455; *Seeger*, Komplementärausscheiden, S. 122. Dies ergibt sich aus der wegen des Gesellschaftsverhältnisses bestehenden Nähe des Kommanditisten zur Gesellschaft, vgl. *Schlottmann*, Komplementärwegfall, S. 193.

3.2.1 Anwachsung

Weite Teile der Rechtsprechung[488] und Literatur[489] vertreten die Ansicht, dass dem verbleibenden Kommanditisten das Gesellschaftsvermögen gemäß § 738 Abs. 1 BGB (analog) anwachse, wobei teilweise zusätzlich von einem Vermögensübergang im Wege der Gesamtrechtsnachfolge ausgegangen wird. Ausgangspunkt der Begründung ist § 142 Abs. 1 HGB a.F., der bei Vorliegen der Ausschließungsvoraussetzungen die Übernahme des Geschäfts ohne Liquidation mit Aktiven und Passiven vorsah.[490] Diese Vorschrift werde von § 142 Abs. 3 HGB a.F. in Bezug genommen, welcher den das Anwachsungsprinzip enthaltenen § 738 BGB für entsprechend anwendbar erkläre.[491] Die nur entsprechende Anwendbarkeit ergebe sich daraus, dass der von § 738 BGB vorausgesetzte Fortbestand von Gesamthandsvermögen und Gesellschaft bei der

---

488 BGH DStR 2005, 750, 751 = ZIP 2005, 854 = NZG 2005, 481, 482; OLGR Frankfurt 2009, 488; BGH ZIP 2000, 229, 230 = NZG 2000, 474 (Anwachsung und Gesamtrechtsnachfolge); zur Anwachsung beim Komplementär BGH NJW 1993, 1917, 1918; BayObLG MDR 1987, 588, 589; BAG ZIP 1998, 1973, 1974 (Anwachsung und Gesamtrechtsnachfolge); ebenso BayObLG GmbHR 2001, 776 f.; so auch AG Hamburg ZIP 2006, 390, 391 (Anwachsung und Gesamtrechtsnachfolge); zur Anwachsung beim letztverbleibenden Gesellschafter allgemein BGH NJW-RR 2002, 704; BFH BB 1983, 2042; BGHZ 50, 307, 308 = BB 1968, 975; RGZ 136, 97, 98 f.; 68, 410, 414 ff.; 65, 227, 238 ff.

489 Palandt/*Sprau*, BGB, § 736, Rn. 4, § 738, Rn. 1; MünchHdb/*Piehler/Schulte*, Bd. 2, § 36, Rn. 2; *Seibt*, FS-Röhricht, S. 603, 604 f., 614 f.; *Hübner/Maurer*, ZEV 2009, 361, 365; sowohl für Gesamtrechtsnachfolge als auch für „Anwachsungsmodell" *Hennrichs*, Umwandlungen, S. 27; bei Ausscheiden des Komplementärs aus zweigliedriger KG gänzlich offen lassend Staub/*Schäfer*, HGB, Bd. 3, § 131, Rn. 9 m.w.N.; im Ergebnis offen lassend auch *Eckardt*, NZG 2000, 449, 451 f., 455. Zur Rechtslage vor dem HRefG: *Müller-Laube*, FS-Wolf, S. 501, 519 ff.; Heymann/*Emmerich*, HGB, § 142, Rn. 24; *Huber*, Vermögensanteil, S. 65 ff.; Staub/*Ulmer*, HGB[3], Bd. 2, Halbbd. 1, § 124, Rn. 34, § 142, Rn. 1, 22, 27 ff.; *Flume*, BGB AT, Bd. 1, Teil 1, § 17 VIII, S. 371 f.; *Ensthaler*, Liquidation, S. 87 ff.; *Riegger*, Ausscheiden aus zweigliedriger Personalgesellschaft, S. 13 ff.; *Dißars*, DStR 1996, 345, 347.

490 Vgl. Heymann/*Emmerich*, HGB, § 142, Rn. 24.

491 BAG ZIP 1998, 1973, 1974; NJW 1993, 848; BGHZ 50, 307, 308 f. = BB 1968, 975; Heymann/*Emmerich*, § 142, Rn. 24; vgl. *Paul*, NJW 1947/48, 417, 419; *Technau*, Anwachsungsmodell, S. 8; ähnlich aber verallgemeinernd auf alle Fälle des Ausscheidens eines Gesellschafters aus der zweigliedrigen Gesellschaft *Huber*, Vermögensanteil, S. 65 ff.; Staub/*Ulmer*, HGB[3], Bd. 2, Halbbd. 1, § 124, Rn. 34, § 142, Rn. 1, 22, 27 ff.

Geschäftsübernahme nicht gegeben sei.[492] Trotz Aufhebung des § 142 HGB a.F. sei auch nach derzeitiger Rechtslage von einer Anwachsung gemäß § 738 BGB analog auszugehen.[493]

3.2.2 Gesamtrechtsnachfolge

An anderer Stelle gehen Rechtsprechung[494] und Literatur[495] davon aus, das Ausscheiden des Komplementärs aus der zweigliedrigen KG führe zur liquidationslosen Vollbeendigung der KG und zum Übergang des Gesellschaftsvermögens auf den Kommanditisten einzig im Wege der Gesamtrechtsnachfolge. Zum Teil geben Rechtsprechung[496] und Literatur[497] hierzu in Fällen, die den Neuregelungen des HRefG unterliegen,

---

492 Staub/*Ulmer*, HGB[3], Bd. 2, Halbbd. 1, § 142, Rn. 27.

493 BayObLG GmbHR 2001, 776 f.; MünchKomm-BGB/*Ulmer/Schäfer*, Bd. 5, § 738, Rn. 11; Staub/*Schäfer*, HGB, Bd. 3, § 131, Rn. 9.

494 BGH ZInsO 2010, 1452, 1453 = NZI 2010, 901; BGH Az. II ZR 150/07 (zitiert nach juris); BFH/NV 2008, 806; BFH/NV 2007, 888 f.; BGH NZG 2004, 611 = WM 2004, 1138 = BB 2004, 1244 = ZIP 2004, 1047; BGHZ 113, 132 = BGH NJW 1991, 844, 845 = JZ 1991, 731; BPatG Az. 9 W (pat) 47 04, Rn. 26 (zitiert nach juris); OLG Dresden Az. 17 W 956/10, Rn. 16 (zitiert nach juris); OLG Hamm ZIP 2007, 1233, 1236 f.; BayObLG BB 2000, 1211, 1212; OLG Düsseldorf GmbHR 1997, 903 f. = NJW-RR 1998, 245, 246 f.; FG Düsseldorf DStRE 2004, 1363, 1364; zur Gesamtrechtsnachfolge des Komplementärs bei Ausscheiden des Kommanditisten BGH WM 1957, 512, 513 = LM § 138 HGB Nr. 2; zur Gesamtrechtsnachfolge des letztverbleibenden Gesellschafters allgemein BGH WM 1999, 2262, 2263; BGH ZIP 1990, 505, 506; WM 1989, 102, 103 = NJW 1989, 1030, 1031; BGHZ 71, 296, 300 = NJW 1978, 1525 = BB 1978, 887; BGHZ 65, 79, 82 f. = BGH NJW 1975, 1774, 1775; BGHZ 50, 232, 237; 48, 203, 206.

495 MünchKomm-HGB/*K. Schmidt*, Bd. 2, § 131, Rn. 7, 55, 105; *ders.*, GesR, § 8 IV, S. 209, § 11 V, S. 309, § 44 II, S. 1304 f., § 53 V, S. 1554 f.; Baumbach/*Hopt*, HGB, § 105, Rn. 8, § 131, Rn. 35, 39, § 140, Rn. 25; E/B/J/S/*Lorz*, HGB, Bd. 1, § 131, Rn. 10, 29; *Seibt*, FS-Röhricht, S. 603, 604 f.; *Nägel*, Einmanngesellschaften, S. 47; *Bork/Jacoby*, ZGR 2005, 611, 625 ff.; *Zimmermann*, WuB II G. § 131 HGB 1.04, 686; *Dreyer*, JZ 2007, 606, 610; *Wertenbruch*, NZG 2006, 408, 421; *Kindler*, JuS 2006, 865, 869; allgemein bei Ausscheiden eines Gesellschafters aus der zweigliedrigen Gesellschaft so auch RegE HRefG BT-Drucksache 13/8444, S. 66 li. Sp.

496 So BFH/NV 2008, 806; BGH NZG 2004, 611 = WM 2004, 1138 = BB 2004, 1244 = ZIP 2004, 1047; OLG Hamm ZIP 2007, 1233, 1236 f.

497 MünchKomm-HGB/*K. Schmidt*, Bd. 2, § 131, Rn. 7, 55, 105, § 140, Rn. 9 („Rechtsfolge der Ausschließung – und zwar gesetzliche, wenn auch im Gesetz

keine Begründung. Teilweise wird § 1922 BGB analog als Rechtsgrundlage genannt.[498] *Bork/Jacoby* meinen, die Vollbeendigung des Rechtssubjekts Gesellschaft erfordere die Gesamtrechtsfolge, damit die Aktiva nicht rechtsträgerlos würden. Zwar könne auch das Erlöschen der Passiva erwogen werden, doch widerspreche dies dem Prinzip der Gesamtrechtsnachfolge in § 1922 BGB und § 142 HGB a.F. Diese Vorschriften würden die Passiva ausdrücklich mit einschließen.[499] Dagegen ist *Dreyer* unter Verweis auf *Hopt*[500] der Ansicht, dass sich eine Rechtsnachfolge kraft Gesetzes im Fall des Erlöschens einer Gesellschaft wegen Ausscheidens des vorletzten Gesellschafters bereits aus § 131 Abs. 3 HGB ergebe.[501]

Vor Inkrafttreten des HRefG erfolgte die Begründung der Gesamtrechtsnachfolge des verbleibenden Gesellschafters infolge des Ausscheidens des vorletzten Gesellschafters mittels § 142 Abs. 1 HGB a.F. (analog),[502] teilweise in Verbindung mit § 738 BGB.[503] Eine Gesamtrechtsnachfolge des verbleibenden Gesellschafters sollte nicht nur bei Übernahme des Geschäfts, sondern in entsprechender Anwendung des § 142 HGB a.F. auch bei einem sonstigen Ausscheiden des Komple-

---

nicht zum Ausdruck gebrachte Rechtsfolge – ist im Fall des Abs. 1 Satz 2 […] der Anfall des gesamten Gesellschaftsvermögens bei dem die Ausschließung betreibenden Gesellschafter im Wege der Gesamtrechtsnachfolge."), 86; *ders.*, GesR, § 8 IV, S. 209, § 11 V, S. 309, § 44 II, S. 1304, § 53 V, S. 1554 f.; Baumbach/*Hopt*, HGB, § 105, Rn. 8, § 131, Rn. 35, § 140, Rn. 25; E/B/J/S/*Lorz*, HGB, Bd. 1, § 131, Rn. 10, § 140, Rn. 39 ff.; *Zimmermann*, WuB II G. § 131 HGB 1.04, 686; *Kindler*, JuS 2006, 865, 869.

498 *Marotzke*, ZHR 156 (1992), 17, 29; *ders.*, ZInsO 2009, 590, 591; Staub/*Schäfer*, HGB, Bd. 3, § 131, Rn. 9; *Seeger*, Komplementärausscheiden, S. 143.

499 *Bork/Jacoby*, ZGR 2005, 611, 628.

500 Baumbach/*Hopt*, HGB[32], § 105, Rn. 8, § 131, Rn. 35, § 140, Rn. 25.

501 *Dreyer*, JZ 2007, 606, 610.

502 BGH ZIP 2000, 229, 230 = NZG 2000, 474; WM 1999, 2262, 2263; WM 1989, 102, 103 = NJW 1989, 1030, 1031; BGHZ 71, 296, 300 = NJW 1978, 1525 = BB 1978, 887; BGHZ 48, 203, 206; BGH NJW 1966, 827 f.; OLG Düsseldorf GmbHR 1997, 903 f. = NJW-RR 1998, 245, 246 f.; Schlegelberger/*K. Schmidt*, HGB, § 142, Rn. 3, 25 ff.; *Barz*, FS-Ballerstedt, S. 143, 145 f.; *Bork/Jacoby*, ZGR 2005, 611, 625 mit Verweis auf BGH NJW 2000, 1119 = ZIP 2000, 229, 230; vgl. BGHZ 32, 307, 315; 71, 296; 113, 132, 133; BAGE 88, 229 = BAG ZIP 1998, 1973, 1974.

503 BAG ZIP 1998, 1973, 1974; BGH NJW 1993, 848; BGHZ 50, 307, 308 f. = BB 1968, 975. So auch für die derzeitige Rechtslage BayObLG GmbHR 2001, 776 f.

mentärs erfolgen.[504] Sinn und Zweck der Norm bestanden demgemäß darin, das Unternehmen im Fall des Wegfalls des vorletzten Gesellschafters durch Übergang auf den verbleibenden Gesellschafter zu erhalten.[505]

3.2.3 Stellungnahme

3.2.3.1 Beschränkte praktische Relevanz

Die Entscheidung darüber, ob es sich bei dem Vermögensübergang auf den Kommanditisten um Anwachsung, Gesamtrechtsnachfolge oder gar um beides handelt, mag rechtsdogmatisch von Interesse sein.[506] Praktische Relevanz hat sie nicht.[507] Denn im Ergebnis meinen beide Rechtsinstitute dasselbe.[508] Beide gehen von einem Übergang aus, der sämtliche Aktiva und Passiva der Gesellschaft betrifft und sich im Zeitpunkt des Ausscheidens des Komplementärs automatisch vollzieht, also kraft Gesetzes erfolgt und keinerlei rechtsgeschäftliche Erklärungen bedarf.[509] Bei der Anwachsung erfolgt der Übergang der Mitberechtigung, ohne dass dazu Einzelübertragungsakte erforderlich und möglich sind, als gesetzliche Folge des Verlusts der Mitgliedschaft des ausscheidenden Gesellschafters.[510] Die vor allem aus dem Erbrecht bekannte Gesamtrechtsnachfolge zeichnet sich dadurch aus, dass das Vermögen einschließlich der Nachlassverbindlichkeiten unmittelbar, insgesamt sowie

---

504 BGH ZIP 2000, 229, 230 = NZG 2000, 474.

505 Schlegelberger/*K. Schmidt*, HGB, § 142, Rn. 1; Heymann/*Emmerich*, HGB, § 142, Rn. 1; Staub/*Ulmer*, HGB^3, Bd. 2, Halbbd. 1, § 142, Rn. 1.

506 So Staub/*Schäfer*, HGB, Bd. 3, § 131, Rn. 9.

507 Vgl. *K. Schmidt*, FS-Huber, S. 969, 992 („Frage [...] rein theoretischer Art."); E/B/J/S/*Lorz*, HGB, Bd. 1, § 131, Rn. 58; *Köhler*, FS-Spiegelberger, S. 791.

508 Statt vieler vgl. *Barz*, FS-Ballerstedt, S. 143, 145; zum Übergang der Verbindlichkeiten schon *Riegger*, Ausscheiden aus zweigliedriger Personalgesellschaft, S. 59 f.; vgl. *Claussen*, Gesamtnachfolge und Teilnachfolge, S. 98 f.; a.A. *Huber*, Vermögensanteil, S. 70 f., nach dem der Ausscheidende gemäß §§ 128, 159 HGB a.F. nachhaftet und die Übernahme der Passiven nur das Verhältnis der beiden Gesellschafter untereinander betrifft, d.h. der übernehmende Gesellschafter nach §§ 142 Abs. 3 HGB a.F., §§ 738 Abs. 1, S. 2, 3 BGB gegenüber dem Ausgeschiedenen zur Schuldbefreiung bzw. Sicherheitsleistung verpflichtet ist.

509 I.d.S. auch *Eckardt*, NZG 2000, 449, 451 f.

510 Palandt/*Sprau*, BGB, § 719, Rn. 1, § 738, Rn. 1.

ungeteilt als Gesamtheit übergeht. Ein Übergang von Rechten an einzelnen Gegenständen erfolgt nicht.[511]

Außerdem ist dieser Übergang durch Anwachsung und Gesamtrechtsnachfolge die einzig in Betracht kommende Art und Weise des Übergangs. Denn ein identitätswahrenden Formwechsel und die rechtsgeschäftliche Einzelrechtsnachfolge scheiden offensichtlich als Alternative aus. Ein Formwechsel scheitert daran, dass KG und Kommanditist zwei voneinander zu trennende Rechtsträger sind. Hingegen wird ein rechtsgeschäftlicher Übergang dem Erfordernis der stetigen Zuordnung von Rechten und Pflichten zu einem Rechtsträger nicht gerecht. Denn das Vermögen wäre ab dem Eintritt der Vollbeendigung der KG rechtsträgerlos, hätten Gesellschaft und Kommanditist nicht durch antizipierte Einigung, die durch den Eintritt der Vollbeendigung bedingt sein müsste, die Vermögensübertragung der einzelnen Gegenstände vereinbart. Dies widerspräche nicht nur dem Gebot der Vermeidung subjektloser Rechte und Pflichten, sondern ferner dem Grundsatz der Unternehmenskontinuität, gemäß dem die Übertragung der Gesamtheit des Gesellschaftsvermögens auf den neuen Rechtsträger erfolgen soll.

Zusammenfassend ist daher festzuhalten, dass es zur Erzielung richtiger Ergebnisse nicht darauf ankommt, welchen Titel die Art und Weise des Vermögensübergangs trägt.

3.2.3.2 Kein Erwerb einer Gesamthandsberechtigung

Gleichwohl sollte der korrekte Terminus technicus gebraucht werden. Dies kann nur der Begriff der Gesamtrechtsnachfolge sein. Dagegen kann der Übergang des Gesellschaftsvermögens auf die Person des Kommanditisten nicht als Anwachsung bezeichnet werden.[512] Die in §

511 Palandt/*Weidlich*, BGB, § 1922, Rn. 10. Der Grundsatz der Gesamtrechtsnachfolge wird nur ausnahmsweise durch das Bestehen einer Sondererbfolge unterbrochen, etwa bei der erbrechtlichen Nachfolge in den Geschäftsanteil eines unbeschränkt haftenden Personengesellschafters, Palandt/*ders.*, BGB, § 1922, Rn. 11, 17. Zur Gesamtrechtsnachfolge vgl. grundlegend *Muscheler*, Universalsukzession, passim; *Claussen*, Gesamtnachfolge und Teilnachfolge, passim; *K. Mertens*, Umwandlung und Universalsukzession, passim.

512 So *Bork/Jacoby*, ZGR 2005, 611, 627 f.; *Seeger*, Komplementärausscheiden, S. 144; allgemein für den Wegfall eines Gesellschafters aus der Zweipersonengesellschaft so auch MünchKomm-HGB/*K. Schmidt*, Bd. 2, § 131, Rn. 105; *ders.*, FS-Huber, S. 969, 993; Baumbach/*Hopt*, HGB, § 131, Rn. 35, 39, § 140, Rn. 25; *Wirbel*, Gesellschafter als Vorerbe, S. 103.

738 Abs. 1, S. 1 BGB vorgesehene Anwachsung des Anteils des ausgeschiedenen Gesellschafters am Gesellschaftsvermögen meint die Erweiterung des Rechts an der Gesamthand, einem ideellen und nicht verfügbaren Recht. Es erfolgt „die Veränderung der prozentualen, also relativen Vermögensbeteiligung im „horizontalen“ Verhältnis der Gesellschafter untereinander.“[513] Die Mitberechtigung des ausgeschiedenen Gesellschafters am gesamthänderisch gebundenen Gesellschaftsvermögen geht auf die verbleibenden Gesellschafter über. Bei dieser Mitberechtigung handelt es sich nicht um ein dingliches Teilrecht an den Sachen und Rechten aus dem Gesellschaftsvermögen, über das der Gesellschafter verfügen könnte.[514] Überdies bleibt das Gesellschaftsvermögen durch die Anwachsung unangetastet.[515]

Dagegen entfällt die gesamthänderische Bindung bei der Vollbeendigung der Gesellschaft,[516] so dass dem verbleibenden Gesellschafter kein Recht an der Gesamthand mehr anwachsen kann.[517] Ihm fallen die verkehrsfähigen Rechte und Pflichten der Gesellschaft sachenrechtlich zu. Diese Rechte sind nicht solche des ausgeschiedenen Gesellschafters am Gesamthandsvermögen. Dieses wird verschoben und damit angetastet. Es erhält anders als bei der Anwachsung einen neuen Rechtsträger.

---

513 MünchKomm-HGB/*K. Schmidt*, Bd. 2, § 131, Rn. 103; *ders.*, FS-Huber, S. 969 ff.; allgemein zum Anwachsungsprinzip *ders.*, Gutachten und Vorschläge zur Überarbeitung des Schuldrechts, S. 413, 473.

514 Palandt/*Sprau*, BGB, § 718, Rn. 1, § 719, Rn. 1.

515 MünchKomm-HGB/*K. Schmidt*, Bd. 2, § 131, Rn. 103; *Seeger*, Komplementärausscheiden, S. 144.

516 BGH WM 1993, 1080, 1083; i.d.S. *Wiedemann*, GS-Lüderitz, S. 839, 843; auch *Eckardt*, NZG 2000, 449, 451 f. nimmt an, dass nach der Anwachsung beim letztverbleibenden Gesellschafter „die Gesamthand [...] mit der Vereinigung der Anteile in der Hand eines Gesellschafters notwendigerweise [erlösche] und der verbleibende Gesellschafter auf diese Weise ohne Weiteres zum alleinigen Rechtsträger der zum Gesellschaftsvermögen gehörenden materiellen und immateriellen Rechte [werde].“ Es bestehe „Einzelrechtsnachfolge, die sich lediglich in Gestalt eines Gesamtübergangstatbestands ohne die hierfür sonst notwendigen Einzelübertragungsakte [vollziehe].“

517 I.d.S. *Schünemann*, Gesamthandsgesellschaft, S. 197; *Wirbel*, Gesellschafter als Vorerbe, S. 104 f.; vgl. *Pfister*, Einmann-Personengesellschaft, S. 182.

3.2.3.3 Bestätigung durch Willen des Gesetzgebers

Dieses Ergebnis wird durch § 142 Abs. 1 HGB a.F., der vor Inkrafttreten des HRefG als Rechtsgrundlage der Gesamtrechtsnachfolge verstanden wurde und der von den Gesetzesmaterialien zum HRefG in Bezug genommen wird, bestätigt. Aufgrund dieser Bezugnahme ist § 140 S. 2 HGB selbst durch Auslegung nach dem Willen des Gesetzgebers[518] die erforderliche gesetzliche Grundlage der Gesamtrechtsnachfolge.[519] Denn im Rahmen der Gesetzesbegründung zur Aufhebung des § 142 HGB a.F. bzw. zu dessen Inkorporierung in § 140 HGB durch das HRefG beabsichtigte der Gesetzgeber keine Änderung, sondern vielmehr eine Beibehaltung des nach § 142 HGB a.F. vorgesehenen Übergangsmechanismus, wenngleich die Gesamtrechtsnachfolge im Wortlaut des § 140 HGB keinen Niederschlag gefunden hat.[520] Nach den Gesetzesmaterialen zum HRefG entspricht es gleichwohl dem ausdrücklichen Willen des Gesetzgebers, dass der verbleibende Gesellschafter auch nach neuem Recht Gesamtrechtsnachfolger der zweigliedrigen KG ist, wenn der vorletzte Gesellschafter ausscheidet.[521] Dies gilt unabhängig davon, weshalb sich die Gesellschafteranzahl auf eins reduziert, da es für das

518 Zum gesetzgeberischen Willen als Kriterium der Auslegung vgl. *Larenz*, Methodenlehre der Rechtswissenschaft, S. 328 ff.

519 *Reiff*, Haftungsverfassungen, S. 253 betont die Erforderlichkeit der gesetzlichen Grundlage einer Gesamtrechtsnachfolge. *Eckardt*, NZG 2000, 449, 451 legt dar, dass die weiteren Fälle, in denen die Gesamtrechtsnachfolge gesetzlich angeordnet ist, der Übergang des Vermögens vom Erblasser auf den Erben (§ 1922 BGB), die Bildung des Gesamtguts durch Vereinbarung der Gütergemeinschaft von Mann und Frau (§ 1416 BGB) sowie die umwandlungsrechtliche Verschmelzung von Rechtsträgern (§ 20 Abs. 1, Nr. 1 UmwG) seien. Dagegen steht dem von *Dreyer*, JZ 2007, 606, 610 als Rechtsgrundlage herangezogenen § 131 Abs. 3 HGB entgegen, dass dieser über die Voraussetzung der Existenz wenigstens zweier Gesellschafter und über die Rechtsfolgen des Fehlens dieser Voraussetzung keine Regelung trifft. Die Gesellschaft soll vielmehr zwecks Erhaltung des Unternehmens auch nach dem Ausscheiden eines Gesellschafters Rechtsträger sein, ohne dass eine Rechtsnachfolge stattfindet. Zum Zweck des § 131 Abs. 3 HGB vgl. noch Kap. 2, 3.3.1.

520 I.d.S. auch *Dreyer*, JZ 2007, 606, 610.

521 RegE HRefG BT-Drucksache 13/8444, S. 66 li. Sp.: „Soweit ein Gesellschafter aus einer zweigliedrigen Gesellschaft ausscheidet, erlischt die Gesellschaft ohne Liquidation und geht das Gesellschaftsvermögen auf den Verbliebenen im Wege der Gesamtrechtsnachfolge über.“ Zum Übergang der Aktiva und Passiva aufgrund § 140 HGB vgl. auch BT-Drs. 13/10332, S. 30 re. Sp.

Erfordernis der Zuordnung des Gesellschaftsvermögens zu einem Rechtsträger nicht auf den Grund seines Wegfalls ankommen kann.[522] Damit ist ein Rückgriff auf § 142 HGB a.F. entbehrlich, der angesichts des Außerkrafttretens der Norm nach neuer Rechtslage wohl schon gar nicht zulässig war.[523]

3.2.4 Zwischenergebnis und Ausblick auf Haftungslage

Hinsichtlich der bisher gegenüber der KG bestandenen Verbindlichkeiten hat dies zur Folge, dass nunmehr der verbleibende Kommanditist verpflichtet ist. Diesem wird das Unternehmen „aufgedrängt“[524], es besteht eine Übernahmepflicht.[525]

Rückt der Kommanditist in die Rechte und Pflichten der KG ein, bleibt zu untersuchen, welche haftungsrechtlichen Folgen dies für ihn hat. Wie bereits dargestellt gilt der Grundsatz, dass der Schuldner einer Verbindlichkeit unbeschränkt haftet.[526] Dies gilt auch für den Rechtsnachfolger in den weiteren gesetzlichen Fällen der Gesamtrechtsnachfolge. So haftet der umwandlungsrechtliche Gesamtrechtsnachfolger grundsätzlich unbeschränkt für die auf ihn vom Rechtsvorgänger übergegangenen Verbindlichkeiten.[527] Zudem kommt eine unbeschränkte Haftung des einen Ehegatten für die Verbindlichkeiten des anderen Ehegatten in Betracht, wenn sich Vermögen der in Gütergemeinschaft lebenden Eheleute im Wege der Gesamtrechtsnachfolge zu gesamthände-

---

522 In Bezug auf § 142 HGB a.F. vgl. BGH ZIP 2000, 229, 230 = NZG 2000, 474; in Bezug auf die derzeitige Rechtslage E/B/J/S/*Lorz*, HGB, Bd. 1, § 140, Rn. 41.

523 Anders aber *Wiedemann*, GS-Lüderitz, S. 839, 843, der § 142 HGB a.F. auch weiterhin als Rechtsgrundlage der Gesamtrechtsnachfolge heranziehen will. Dagegen meint *K. Schmidt*, JZ 2003, 585, 595 f. schlicht, dass der Unternehmensanfall kraft Gesetzes erfolge und daher kein Grund ersichtlich sei, § 142 HGB a.F. „nachzutrauern oder dessen Weiterwirkung zu postulieren“.

524 So *Lamprecht*, ZIP 1997, 919, 922.

525 Ausdrücklich bezogen auf die dadurch entstehenden Haftungsgefahren des Kommanditisten schon *Lamprecht*, ZIP 1997, 919, 921 f.

526 Vgl. *Meyer*, Unbeschränkte Verbandsmitgliederhaftung, S. 86 m.w.N. von Rechtsprechung und Literatur; *Wirbel*, Gesellschafter als Vorerbe, S. 106; vgl. ferner Kap. 1, 2.1.2.3.2. Im hier beschriebenen Zusammenhang auch *Seeger*, Komplementärausscheiden, S. 124.

527 *Bork/Jacoby*, ZGR 2005, 611, 635.

risch gebundenem Gesamtgut umgewandelt hat.[528] Denn bei gemeinschaftlicher Verwaltung des Gesamtguts nach §§ 1450 ff. BGB, haften grundsätzlich beide Ehegatten als Gesamtschuldner gemäß § 1459 BGB – nicht nur mit dem Gesamtgut – sondern auch mit ihren jeweiligen Vorbehalts- (§ 1417 BGB) und Sondergütern (§ 1418 BGB) für die Gesamtgutsverbindlichkeiten des jeweils anderen Ehegatten.[529] Schließlich haftet auch der Erbe als Gesamtrechtsnachfolger nach §§ 1922, 1967 BGB grundsätzlich unbeschränkt,[530] wie durch die Möglichkeit der Beschränkung dieser (unbeschränkten) Haftung gemäß §§ 1975 ff., 1990 f. BGB deutlich wird.

Unter Berücksichtigung dieser Haftungsgrundsätze könnte der Kommanditist seine unbeschränkte[531] Haftung nur dann einseitig beschränken, wenn dies auch für ihn gesetzlich vorgesehen ist.[532] Ob eine derartige Regelung zu Gunsten des Kommanditisten besteht, wird noch zu untersuchen sein.[533] Festzuhalten ist jedenfalls, dass der Schutz der Gläubiger beim Verbleib nur eines Gesellschafters auf andere Weise als

---

528 Statt vieler Palandt/*Brudermüller*, BGB, § 1416, Rn. 1 ff., § 1437, Rn. 1.

529 Statt vieler Palandt/*Brudermüller*, BGB, § 1459, Rn. 1 ff.

530 Missverständlich *Bork/Jacoby*, ZGR 2005, 611, 628 f., 635 f., die einen Grundsatz der unbeschränkten Gesamtrechtsnachfolgerhaftung bezweifeln, weil die Haftung etwa im Erbfall beschränkt werden könne. Die Gesamtrechtsnachfolge bedeute die Neuzuordnung der Rechte und Pflichten, bestimme aber nicht den Umfang der Haftung des neuen Schuldners. I.d.S. auch *Marotzke*, ZHR 156 (1992), 17, 29 f.; *Lieb*, ZGR 1991, 572, 577; *Müller-Laube*, FS-Wolf, S. 501, 520, 523 ff. Nach *Bork/Jacoby*, ZGR 2005, 611, 635 f. besteht die unbeschränkte Haftung nur, wenn die Schuldbegründung auf einem vom Willen getragenen Verhalten des Gesamtrechtsnachfolgers beruht, wie etwa bei derivativer Schuldübernahme nach §§ 414 f. BGB oder bei Umwandlung gemäß §§ 20, Nr. 1, 131, Nr. 1, 133 UmwG.

531 Letztlich gehen auch *Bork/Jacoby*, ZGR 2005, 611, 636 von einer grundsätzlich unbeschränkten Haftung des Kommanditisten nach § 27 Abs. 1 HGB analog aus, weil – wie im Erbfall – eine Haftungsbeschränkung auf das übergegangene Gesellschaftsvermögen wegen der Vermischung von Alt- und Neuvermögen nicht herstellbar sei. I.d.S. auch *Marotzke*, ZHR 156 (1992), 17, 27 ff.; *Lieb*, ZGR 1991, 572, 577; *Lamprecht*, ZIP 1997, 919, 922. Auf § 27 Abs. 1 HGB (neben §§ 1922, 1967 BGB) abstellend auch *Seeger*, Komplementärausscheiden, S. 145 ff.

532 Vgl. *Dauner-Lieb*, Unternehmen in Sondervermögen, S. 31 f.; *Schöpflin*, Nichtrechtsfähiger Verein, S. 411; *Peifer*, NZG 2001, 193, 197; *Meyer*, Unbeschränkte Verbandsmitgliederhaftung, S. 86; *Seeger*, Komplementärausscheiden, S. 124.

533 Vgl. dazu noch Kap. 3, 1.

beim Verbleib mehrerer Gesellschafter erreicht wird. Verbleiben mehrere Gesellschafter, besteht die Gesellschaft kraft Rechtsformzwangs als GbR oder oHG fort, es sei denn, sie erfüllt die Voraussetzungen einer spezielleren Rechtsform. Wenigstens ein Gesellschafter haftet also unbeschränkt. Verbleibt dagegen nur ein Gesellschafter, gehen die Rechte und Pflichten der erloschenen Gesellschaft auf den Gesellschafter, der nunmehr Einzelkaufmann oder Kleingewerbetreibender ist, im Wege einer Gesamtrechtsnachfolge über. Die Subjektlosigkeit der Rechte und Pflichten wird vermieden und es besteht die grundsätzlich unbeschränkte Haftung des Einzelnen für die auf ihn übergegangenen Verbindlichkeiten.[534]

534 Im Ergebnis so auch *Seeger*, Komplementärausscheiden, S. 144 f.

Zweites Kapitel Rechtsfolgen beim Ausscheiden des letzten Komplementärs aus der mehrgliedrigen KG

Die bisherigen Ausführungen haben u.a. zu dem Ergebnis geführt, dass die Personengesellschaft bei Wegfall eines ihrer Begriffsmerkmale je nach Bestehen oder Nichtbestehen eines Handelsgewerbes GbR oder oHG ist, es sei denn, sie erfüllt die Voraussetzungen einer spezielleren Rechtsform. Dann besteht sie in dieser, also als Partnerschaftsgesellschaft, als EWIV oder als Partenreederei fort. Bei Übertragung dieser Rechtsfolge auf die KG, welche durch die erörterten Ausscheidensgründe das Begriffsmerkmal „Komplementär" verliert, müsste diese „an sich" in der Rechtsform der GbR oder oHG fortbestehen, weil die Voraussetzungen einer spezielleren Rechtsform nicht gegeben sind. Trotz dieser Vorgabe durch numerus clausus der Rechtsformen und Rechtsformzwang besteht innerhalb von Rechtsprechung und Literatur Streit darüber, welche Rechtsfolgen sich aus dem Ausscheiden des einzigen Komplementärs aus der mehrgliedrigen KG ergeben.

1 Bestandsaufnahme

1.1 Rechtsprechung

1.1.1 Fortbestand als aufgelöste KG

Nach Ansicht der Rechtsprechung hat der Wegfall des einzigen Komplementärs die Auflösung der KG zur Folge.[535] Nach dem BGH tritt die Abwicklung der Gesellschaft ein, „da keiner ihrer Gesellschafter die persönliche und unbeschränkte Haftung für die Gesellschaftsschulden“[536] habe. Der BGH fügt hinzu, dass die Aufnahme eines neuen Komplementärs die Umwandlung der Liquidationsgesellschaft in die werbende KG bewirke.[537] An anderer Stelle nennt der BGH beiläufig die „durch den Wegfall des persönlich haftenden Gesellschafters aufgelöste KG“[538] und meint dabei offensichtlich, dass das Ausscheiden des letzten Komplementärs zur Auflösung der Gesellschaft führt. Das Hessische LAG begründet die KG-Auflösung mit Verweis auf die Vorschriften aus §§ 131, 161 Abs. 2 HGB.[539] Weshalb es trotz Wegfalls eines Begriffsmerkmals nicht zum Rechtsformzwang in die oHG kommen soll, erklärt das OLG

---

535 BGH NJW 1979, 1705, 1706; WM 1978, 675; BGHZ 8, 35, 37 f.; 6, 113, 116 (Ausschließung des einzigen Komplementärs durch die Kommanditisten); KG JW 1939, 163, 165 (Wechsel des Erben des einzigen Komplementärs in die Kommanditistenstellung gemäß § 139 Abs. 1 HGB); OLG Rostock OLGR 2009, 947; OLG Jena OLGR 2009, 467; LAG Hessen Az. 19 Sa 686/06, Rn. 37 (zitiert nach juris); OLG Köln NZG 2002, 87, 88; BayObLG BB 2000, 1211, 1212; OLG Hamm ZIP 1984, 180, 181; FG Münster EFG 1990, 112; wohl auch OGH WBl 1992, 96, 97.

536 BGHZ 8, 35, 37 f.; ebenso BayObLG BB 2000, 1211, 1212, das unter Verweis auf BGHZ 8, 35, 37 f. annimmt, „mit dem Ausscheiden des persönlich haftenden Gesellschafters wurde die Gesellschaft aufgelöst, da sie mangels Eintritts eines neuen Komplementärs nicht als werbende KG fortgeführt werden konnte.“ Ferner OLG Köln NZG 2002, 87, 88, wonach die Gesellschaft „durch das Ausscheiden ihres einzigen persönlich haftenden Gesellschafters [aufgrund Eröffnung des Insolvenzverfahrens über sein Vermögen] in das Stadium der Abwicklung getreten“ ist.

537 BGHZ 8, 35, 38.

538 BGH NJW 1979, 1705, 1706.

539 LAG Hessen Az. 19 Sa 686/06, Rn. 37 (zitiert nach juris).

Hamm damit, dass die „bisherigen Kommanditisten nicht uneingeschränkt haften (§ 105 Abs. 1 HGB)."[540]

1.1.2 Umwandlung in oHG bei Nichtbetreiben der Liquidation

Erst unter der Voraussetzung, dass die (Liquidations-)Gesellschafter die Gesellschaft werbend fortführen, anstatt die Abwicklung zu betreiben, solle sich die KG kraft Gesetzes in eine oHG umwandeln.[541] Dazu genüge ein Verhalten i.S.d. § 105 Abs. 2 HGB.[542] Der BGH führt hierzu aus: „Denn auch eine durch den Wegfall des persönlich haftenden Gesellschafters aufgelöste KG wäre, wenn die bisherigen Kommanditisten die werbende Tätigkeit fortgesetzt haben, kraft Gesetzes zur OHG geworden, weil es eine handelsrechtliche Personengesellschaft ohne einen solchen Gesellschafter nicht gibt. Eine Gesellschaft, deren Zweck auf den Betrieb eines Handelsgewerbes unter gemeinschaftlicher Firma gerichtet ist, ist nach § 105 HGB immer OHG, für deren Schulden sämtliche Gesellschafter unbeschränkt und persönlich haften, es sei denn, ihnen gelänge der Beweis, daß ihre Gesellschaft eine andere gesetzlich anerkannte Gesellschaftsform besitzt."[543]

1.2 Literatur

1.2.1 Fortbestand als aufgelöste KG und bei Nichtbetreiben der Liquidation Umwandlung in oHG

In Übereinstimmung mit der Rechtsprechung besteht bei Ausscheiden des einzigen Komplementärs aus der KG nach h.L. eine aufgelöste

---

540 OLG Hamm ZIP 1984, 180, 181.

541 BGH NJW 1979, 1705, 1706; OLG Rostock OLGR 2009, 947; KG NJW-RR 1995, 1442, 1443; FG Münster EFG 1990, 112; auf die Umwandlung der Kommandit- in die oHG-Mitgliedschaft, sondern auf das Entfallen der Haftungsbeschränkung der Kommanditisten abstellend LAG Hessen Az. 19 Sa 686/06, Rn. 37 (zitiert nach juris).

542 OLG Rostock OLGR 2009, 947.

543 BGH NJW 1979, 1705, 1706.

KG.[544] Betreiben die Gesellschafter allerdings die Liquidation nicht nach-

---

544 Staub/*Schäfer*, HGB, Bd. 3, § 131, Rn. 45 (Auflösung, da die Gesellschaft bei Wegfall des Tatbestandsmerkmals Komplementär nicht werbend fortgeführt werden kann); MünchKomm-HGB/*K. Schmidt*, Bd. 2, § 131, Rn. 46 (Auflösung weil Anforderungen an § 161 Abs. 1 HGB nicht mehr erfüllt); Schlegelberger/*ders.*, HGB, § 131, Rn. 43; *ders.*, GesR, § 44 III 1 a, S. 1306, § 51 I 1 c, S. 1530, § 53 V 1 a, S. 1554 f.; *ders.*, BB 2011, 707, 709 f.; *ders.*, BB 1989, 1702, 1705; *ders.*, ZHR 153 (1989), 270, 279; *ders.*, ZGR 2004, 227, 237; E/B/J/S/*Lorz*, HGB, Bd. 1, § 131, Rn. 29 (Auflösung ohne gesonderten Auflösungsbeschluss); so auch Henssler/Strohn/*Klöhn*, HGB, § 131, Rn. 23; E/B/J/S/*Weipert*, HGB, Bd. 1, § 161, Rn. 24 (Auflösung, da es eine handelsrechtliche Personengesellschaft ohne persönlich haftenden Gesellschafter nicht gibt); so auch *Demuth*, BB 2007, 1569, 1570; ebenso *Krüger*, NJW 1982, 2847; BeckPersGesHdb/*Landsittel*, § 8, Rn. 7a (Auflösung wegen Wegfalls eines Tatbestandsmerkmals); Ensthaler/*Fahse*, HGB, vor §§ 161 ff., Rn. 168; Röhricht/v. Westphalen/*v. Gerkan/Haas*, HGB, § 131, Rn. 6, 23; Koller/Roth/Morck/*Koller*, HGB, § 131, Rn. 8, § 161, Rn. 26, 32; Oetker/*Kamanabrou*, HGB, § 131, Rn. 18, § 140, Rn. 5; Oetker/*Oetker*, HGB, § 161, Rn. 10; Baumbach/*Hopt*, HGB, § 131, Rn. 18; FaK GesR/*Lehleiter*, § 131 HGB, Rn. 27, § 140 HGB, Rn. 2; FaK GesR/*Partikel*, § 161 HGB, Rn. 42, § 177 HGB, Rn. 1; Haag/Löffler/*Lämmer*, HGB, § 131, Rn. 35; Haag/Löffler/*Heybrock*, HGB, § 161, Rn. 26; eingehend *Seeger*, Komplementärausscheiden, S. 78 ff.; HdbPersGes/*H. P. Westermann*, Bd. 1, § 37, Rn. 1217 [März 2006]; MünchHdb/*Piehler/Schulte*, Bd. 2, § 36, Rn. 2, § 37, Rn. 6 (KG ohne Komplementäre dem Gesetz unbekannt); MünchHdb/*Klein/Lindemeier*, Bd. 2, § 40, Rn. 11, 16; MünchHdb/*Schmid*, Bd. 2, § 45, Rn. 77; Hesselmann/Tillmann/Mueller-Thuns/*Lüke*, Hdb.GmbH&Co.KG, § 10, Rn. 29; *Gänzle*, Rechtsstellung des Kommanditisten, S. 62; *Windbichler*, GesR, § 17, Rn. 9; *Eisenhardt/Wackerbarth*, GesR I, § 27, Rn. 525 („Auflösung der Gesellschaft, weil eine KG ohne Komplementär nicht bestehen kann"); *Pleyer/Pesch*, GesR, S. 45; *Lehmann/Dietz*, GesR, S. 208 f.; *Reinhardt/Schultz*, GesR, III § 25 I 3, Rn. 286; *Mönnig*, GesR, 2 C VII, S. 63; *Klauss/Mittelbach*, KG, 1 E I 8, Rn. 348, 1 E III 2 c, Rn. 393, 1 F II 7 b, Rn. 436 (KG ohne Komplementär undenkbar); *Jü. Dietrich*, Publikums-KG, S. 183 f.; *Hartmann*, Gesellschafterausscheiden, 1 C II 1 b, S. 93; *Rötelmann*, NJW 1956, 1617; *Bork/Jacoby*, ZGR 2005, 611, 614 f.; *Eckardt*, NZG 2000, 449, 454; *Tillmann*, DB 1974, 1705, 1706; *Krings/Otte*, NZG 2012, 761, 762 f.; *Blaurock/Suttmeyer*, JuS 1989, 96, 98 weisen darauf hin, dass das Fehlen eines Komplementärs in der KG nicht im Katalog der Auflösungsgründe nach § 131 HGB zu finden ist, nehmen aber ungeachtet dessen die Auflösung der KG an. *Schaub*, ZEV 1994, 71, 77; *Wiedemann/Kleppe*, EWiR § 131 HGB 1/2000, 825 f. (Auflösung, da es keine werbende Kommanditistengesellschaft geben kann); *Wiedemann*, GesR, Bd. 2, § 9 II 6 a, S. 791; *ders.*, GS-Lüderitz, S. 839, 855; Sudhoff/*Salger*, GmbH & Co. KG, § 45, Rn. 5; *Binz/Sorg*, GmbH & Co. KG, § 7, Rn. 6; *Crezelius*, Unternehmenserbrecht, S. 213; anders offenbar *Wagner*, GesR, S. 183, nach dem

haltig oder setzen sie die Gesellschaft gar werbend fort, erfolgt ebenfalls in Übereinstimmung mit der Rechtsprechung die Umwandlung in die Rechtsform der oHG.[545] Der Rechtsformwechsel in die oHG soll nach verbreiteter Meinung nur unter der Voraussetzung eintreten, dass die Gesellschafter nicht innerhalb von drei Monaten (§ 139 Abs. 3 HGB analog) mit der Liquidation der Gesellschaft beginnen[546] oder die Gesellschafter nicht fristgerecht einen neuen Komplementär, etwa in Gestalt einer von den Gesellschaftern selbst ad-hoc gegründeten Komplemen-

---

der Auflösungsgrund darin besteht, dass die Erreichung des Gesellschaftszwecks ohne Komplementär unmöglich sei. Ungenau, da nicht deutlich wird, woraus sich die Liquidation ergeben soll, MünchKomm-HGB/*Grunewald*, Bd. 3, § 161, Rn. 3, die meint, durch Wegfall des Komplementärs liege keine KG, aber eine KG i.L. vor. Für KG-Auflösung auch *Frey/v. Bredow*, ZIP 1998, 1621, 1622, nach denen die Ausscheidensgründe nach § 131 Abs. 3 HGB bei Ausscheiden des einzigen Komplementärs zu Auflösungsgründen werden, im Übrigen aber abweichend, vgl. dazu Kap. 2, 1.2.3; zustimmend in Bezug auf § 131 Abs. 3, S. 1, Nr. 1 HGB MünchHdb/*Klein/Lindemeier*, Bd. 2, § 40, Rn. 11.

545 Baumbach/*Hopt*, HGB, Einleitung vor § 105, Rn. 21; Staub/*Schäfer*, HGB, Bd. 3, § 131, Rn. 46; E/B/J/S/*Lorz*, HGB, Bd. 1, § 131, Rn. 30; E/B/J/S/*Hillmann*, HGB, Bd. 1, § 145, Rn. 14; HK/*Stuhlfelner*, HGB, § 131, Rn. 7; *Habersack*, Reform des Handelsstandes und der Personengesellschaften, S. 73, 89; MünchKomm-HGB/*K. Schmidt*, Bd. 2, § 131, Rn. 46; Schlegelberger/*ders.*, HGB, § 131, Rn. 43; *ders.*, GesR, § 5 II 3 d, S. 104, § 44 III 1 a, S. 1306, § 51 I 1 c, S. 1530, § 53 V 1 a, S. 1555; *ders.*, BB 2011, 707, 710; *ders.*, BB 1989, 1702, 1705; *ders.*, ZHR 153 (1989), 270, 279; Koller/Roth/Morck/*Koller*, HGB, § 131, Rn. 8; Oetker/*Kamanabrou*, HGB, § 131, Rn. 18; Oetker/*Oetker*, HGB, § 161, Rn. 10; Henssler/Strohn/*Klöhn*, HGB, § 131, Rn. 23; Haag/Löffler/*Lämmer*, HGB, § 131, Rn. 35; MünchHdb/*Piehler/Schulte*, Bd. 2, § 36, Rn. 2, § 37, Rn. 6; *Windbichler*, GesR, § 17, Rn. 9; *Binz/Sorg*, GmbH & Co. KG, § 7, Rn. 6, 9; *Bork/Jacoby*, ZGR 2005, 611, 615; *Gänzle*, Rechtsstellung des Kommanditisten, S. 63; *Wiedemann/Kleppe*, EWiR § 131 HGB 1/2000, 825, 826; *Demuth*, BB 2007, 1569, 1570; *Krings/Otte*, NZG 2012, 761, 763.

546 Staub/*Schäfer*, HGB, Bd. 3, § 131, Rn. 46; MünchKomm-HGB/*Grunewald*, Bd. 3, § 161, Rn. 3 mit Verweis in dortiger Fn. 2 auf *Frey*, ZGR 1988, 281, 285; *Wiedemann*, GesR, Bd. 2, § 9 II 6 a, S. 791, der zusätzlich § 27 Abs. 2 HGB als Rechtsgrundlage der Frist nennt; ebenso MünchHdb/*Klein/Lindemeier*, Bd. 2, § 40, Rn. 11; so auch *Bork/Jacoby*, ZGR 2005, 611, 615; ebenfalls *Seeger*, Komplementärausscheiden, S. 71 f.; *Binz/Sorg*, GmbH & Co. KG, § 7, Rn. 9; *Demuth*, BB 2007, 1569, 1570 f. stellt nur auf § 27 Abs. 2 HGB ab. Anders MünchKomm-HGB/*K. Schmidt*, Bd. 2, § 145, Rn. 88 („binnen angemessener Frist“).

tär-GmbH, in die Gesellschaft aufnehmen.[547] Kommt es zum Rechtsformwechsel in die oHG, hat dies die unbeschränkte Gesellschafterhaftung der ehemaligen Kommanditisten gemäß §§ 128, 130 HGB zur Folge.[548]

1.2.1.1 Zusammensetzung der Gesellschaft und Haftungsverhältnisse

Nach h.L. sind in der Liquidation der Gesellschaft sämtliche Kommanditisten Liquidatoren, § 146 Abs. 1, S. 1 HGB.[549] Sind diese dazu nicht in der Lage, kommt die gerichtliche Bestellung eines Liquidators aus wichtigem Grund gemäß § 146 Abs. 2 HGB in Betracht.[550] In haftungsrechtlicher Hinsicht sollen die Kommanditisten ihre bisherige Stellung nach §§ 128, 171 ff. HGB behalten.[551] Den Altgläubigern haftet daher lediglich die

---

547 Staub/*Schäfer*, HGB, Bd. 3, § 131, Rn. 46; *Binz/Sorg*, GmbH & Co. KG, § 7, Rn. 9; Hesselmann/Tillmann/Mueller-Thuns/*Lüke*, Hdb.GmbH&Co.KG, § 10, Rn. 29; *Wiedemann/Kleppe*, EWiR § 131 HGB 1/2000, 825, 826, die zusätzlich § 27 Abs. 2 HGB als Rechtsgrundlage der Frist nennen; so auch Münch-Hdb/*Klein/Lindemeier*, Bd. 2, § 40, Rn. 11; wiederum anders MünchKomm-HGB/*K. Schmidt*, Bd. 2, § 145, Rn. 88. Angesichts der geforderten Dreimonatsfrist nach § 139 Abs. 3 HGB analog empfiehlt *Zattler*, Gesellschaftsverträge in GmbH & Co. KG, S. 212 die vertragliche Vereinbarung einer höchstens zwei Monate laufenden Frist, „um sich auf alle Fälle auf der sicheren Seite zu bewegen."

548 Klarstellend *Seeger*, Komplementärausscheiden, S. 105 f.

549 *Bork/Jacoby*, ZGR 2005, 611, 616; MünchKomm-HGB/*Grunewald*, Bd. 3, § 161, Rn. 3; MünchKomm-HGB/*K. Schmidt*, Bd. 2, § 131, Rn. 46; *ders.*, ZGR 2004, 227, 237; *ders.*, GmbHR 2011, 113, 115; Röhricht/v. Westphalen/*v. Gerkan/Haas*, HGB, § 146, Rn. 3; Oetker/*Kamanabrou*, HGB, § 131, Rn. 18; Oetker/*Oetker*, HGB, § 161, Rn. 10; *Seeger*, Komplementärausscheiden, S. 86; allgemein zur Eigenschaft des Kommanditisten als Liquidator vgl. BGH WM 1982, 1170.

550 *Bork/Jacoby*, ZGR 2005, 611, 616; *Wiedemann*, GesR, Bd. 2, § 9 II 6 a, S. 791 f.; *Seeger*, Komplementärausscheiden, S. 87.

551 *Bork/Jacoby*, ZGR 2005, 611, 619; so auch *Wiedemann*, GesR, Bd. 2, § 9 II 6 a, S. 792; *ders./Kleppe*, EWiR § 131 HGB 1/2000, 825, 826; Koller/Roth/Morck/*Koller*, HGB, § 131, Rn. 8. Die Fortgeltung der Haftungsverhältnisse bedeutet, dass die Nichthaftung der Kommanditisten gegenüber den Gesellschaftsgläubigern natürlich die Erbringung ihrer Einlageleistung gegenüber der Gesellschaft voraussetzt, vgl. § 171 Abs. 1, Hs. 2 HGB. Ausführlich zur Haf-

Gesellschaft sowie – vorbehaltlich einer nach §§ 159, 160 HGB eintretenden Enthaftung – der ausgeschiedene Komplementär.[552] Hingegen soll den Neugläubigern ausschließlich die Gesellschaft haften. Eine Haftung der Kommanditisten komme wegen des Fortbestands ihrer Haftungsbeschränkung regelmäßig nicht in Betracht. Die Inanspruchnahme des ausgeschiedenen Komplementärs scheitere an dessen fehlender Gesellschafterstellung.[553]

Diese Haftungslage sei den Neugläubigern zuzumuten, weil ungeachtet des Fortfalls der Möglichkeit des Zugriffs auf das gesamte Privatvermögen wenigstens eines Gesellschafters weitere Mechanismen zu ihrem Schutz bestünden.[554] So seien das Ausscheiden des Komplementärs (§ 143 Abs. 2 HGB), die Auflösung der KG (§ 143 Abs. 1 HGB) sowie die Vertretungsbefugnis der Liquidatoren (§ 148 HGB) in das Handelsregister einzutragen. Überdies sei das Fehlen des Komplementärs durch entsprechende Änderung der Firma der KG kenntlich zu machen, § 19 Abs. 2 HGB (analog).[555] Schließlich seien die Liquidatoren nach § 153 HGB verpflichtet, im geschäftlichen Schriftverkehr einen Liquidationszusatz zu der Firma zu führen.[556] Bei Missachtung dieser Publizitäts-

---

tungsverfassung während der Liquidation *Seeger*, Komplementärausscheiden, S. 91 ff.

552 *Bork/Jacoby*, ZGR 2005, 611, 618.

553 *Bork/Jacoby*, ZGR 2005, 611, 619.

554 *Bork/Jacoby*, ZGR 2005, 611, 619; zustimmend *Seeger*, Komplementärausscheiden, S. 81 f.; Staub/*Schäfer*, HGB, Bd. 3, § 131, Rn. 46, der auf das regelmäßig kurze Abwicklungsstadium verweist; ebenso E/B/J/S/*Lorz*, HGB, Bd. 1, § 131, Rn. 30; ebenfalls Oetker/*Kamanabrou*, HGB, § 131, Rn. 18; *Zattler*, Gesellschaftsverträge in GmbH & Co. KG, S. 211; vgl. auch *Krings/Otte*, NZG 2012, 761, 763.

555 *Bork/Jacoby*, ZGR 2005, 611, 619 sprechen sich für die Bezeichnung „XY KG ohne Komplementär" aus, wohingegen Staub/*Schäfer*, HGB, Bd. 3, § 131, Rn. 46, dortige Fn. 125 „Kommanditistengesellschaft i.L. ohne Komplementär" für aussagekräftiger hält; ähnlich *Seeger*, Komplementärausscheiden, S. 88 ff., nach dem eine derart „sperrige" Bezeichnung die nötige Publizitätswirkung gerade verstärkt; vgl. auch Koller/Roth/Morck/*Koller*, HGB, § 131, Rn. 8; Hdb-PersGes/*H. P. Westermann*, Bd. 1, § 37, Rn. 1217 [März 2006].

556 *Bork/Jacoby*, ZGR 2005, 611, 619; Koller/Roth/Morck/*Koller*, HGB, § 131, Rn. 8; *Zattler*, Gesellschaftsverträge in GmbH & Co. KG, S. 211; zurückhaltend, da Hinweis nur „unspezifische Warnung" sei, Staub/*Schäfer*, HGB, Bd. 3, § 131, Rn. 46. Üblich sind Zusätze wie „in Liquidation", „in Abwicklung", „i.L.", „i.Liqu." oder „i.A.", vgl. dazu E/B/J/S/*Hillmann*, HGB, Bd. 1, § 153, Rn. 2; MünchKomm-HGB/*K. Schmidt*, Bd. 2, § 153, Rn. 7.

pflichten stehe die Rechtsscheinshaftung im Raum.[557] Daneben komme eine Haftung aus culpa in contrahendo wegen Inanspruchnahme besonderen persönlichen Vertrauens oder wegen vorsätzlicher sittenwidriger Schädigung nach § 826 BGB in Betracht, wenn die Liquidatoren potentielle Vertragspartner der Gesellschaft über die Auflösung der Gesellschaft und das Fehlen des Komplementärs täuschten.[558] Schließlich fänden auch die Insolvenzantragspflichten aus §§ 130a, 130b a.F.[559], 177a HGB zum Schutz der Gläubiger Anwendung, weil es beim Ausscheiden des letzten Komplementärs aus der KG an einem Komplementär, der natürliche Person ist, fehle.[560]

1.2.1.2 Begründung des Auflösungsgrundes

Innerhalb der h.L. bestehen allerdings unterschiedliche Begründungen hinsichtlich des Auflösungsgrundes sowie des Ausbleibens des Rechtsformwechsels in die oHG. *Bork/Jacoby* meinen, das Ausscheiden des einzigen Komplementärs aus einer mehrgliedrigen KG sei gesetzlich nicht ausdrücklich geregelt[561] und stelle einen ungeschriebenen Auflösungsgrund dar.[562] Es handele sich dabei um eine „Auflösung der Gesellschaft wegen des nachträglichen Wegfalls der Rechtsformvoraussetzungen“[563], die vom nachträglich wirkenden Rechtsformzwang abzugrenzen sei. Eines Auflösungsbeschlusses bedürfe es nicht.[564] Als Bei-

---

557 *Bork/Jacoby*, ZGR 2005, 611, 619 f. meinen, es komme eine Rechtsscheinshaftung des Komplementärs nach § 15 Abs. 1 HGB in Betracht, wenn dessen Ausscheiden nicht im Handelsregister eingetragen sei. Zum anderen bestehe eine Vertrauenshaftung der Kommanditisten, wenn diese entgegen § 19 Abs. 2 HGB nicht auf das Fehlen des Komplementärs hinweisen würden. Ähnlich Staub/*Schäfer*, HGB, Bd. 3, § 131, Rn. 46, der die Angabepflicht aus § 125a HGB nennt. Dazu auch *Seeger*, Komplementärausscheiden, S. 96 ff.

558 *Eckardt*, NZG 2000, 449, 454.

559 § 130b a.F. HGB ist durch Art. 3, Nr. 13 des Gesetzes zur Modernisierung des GmbH-Rechts und zur Bekämpfung von Missbräuchen (MoMiG) vom 23.10.2008, BGBl. 2008, Teil I, S. 2026, m.W.v. 1.11.2008 weggefallen.

560 *Bork/Jacoby*, ZGR 2005, 611, 620.

561 *Bork/Jacoby*, ZGR 2005, 611, 614; weiter *Binz/Sorg*, GmbH & Co. KG, § 7, Rn. 5 („nicht geregelt“).

562 *Bork/Jacoby*, ZGR 2005, 611, 614.

563 *Bork/Jacoby*, ZGR 2005, 611, 615; ähnlich *Seeger*, Komplementärausscheiden, S. 80.

564 *Bork/Jacoby*, ZGR 2005, 611, 615.

spiel führen *Bork/Jacoby* die Auflösung der Vor-GmbH bei Wegfall der Eintragungsabsicht der Gesellschafter an.[565]

Ähnlich äußert sich *K. Schmidt*, wenn er formuliert, der Katalog der Auflösungsgründe gemäß § 131 HGB sei durch einen „allgemeinen Grundsatz" erweitert. Danach sei eine Handelsgesellschaft aufgelöst, wenn eine ihrer Normativbestimmungen[566] wegfalle, deren Existenz den Rechtsträgerstatus der Gesellschaft voraussetze. Demgemäß sei die KG im Falle des Ausscheidens des letzten Komplementärs aufgelöst. Eine werbende oHG sei von den Kommanditisten nicht gewollt und eine werbende Kommanditistengesellschaft könne nicht bestehen.[567]

1.2.1.3 Begründung des Ausbleibens des Rechtsformzwangs

1.2.1.3.1 Wertungsgesichtspunkte

Auch *Frey* und *v. Bredow*, die selbst einen anderen Ansatz vertreten,[568] stimmen der h.M. insofern zu, als ein Rechtsformzwang der KG in die oHG nicht allein durch Ausscheiden des einzigen Komplementärs erfolgen solle. Zwar liege beim Ausscheiden des letzten Komplementärs die Annahme nahe, dass sich die von den verbleibenden Kommanditisten als werbend fortgesetzte Gesellschaft kraft Rechtsformzwangs in eine

---

565 *Bork/Jacoby*, ZGR 2005, 611, 615, dortige Fn. 23.

566 Normativbestimmungen bestehen nach *K. Schmidt*, GesR, § 11 III 1, S. 294 sowohl im Recht der juristischen Personen als auch – wegen der Rechtssubjektivität der Gesamthandsgesellschaften, *ders.*, ZHR 153 (1989), 270, 279, dortige Fn. 51 – bei rechtsfähigen Außen-Personengesellschaften. Das Bestehen mindestens eines Komplementärs in der KG, das Erfordernis von natürlichen Personen und Freiberuflern in der Partnerschaftsgesellschaft sowie der Betrieb eines Seeschiffes in der Partenreederei stellen danach Normativbestimmungen des Rechts der rechtsfähigen Außen-Personengesellschaften dar. Auch *Paura*, Liquidation, S. 47, 53 spricht von „Auflösung [...] durch Nichterfüllung von Normativbestimmungen".

567 *K. Schmidt*, ZHR 153 (1989), 270, 279; zu den Rechtsfolgen des Wegfalls des einzigen Kommanditisten (insofern missverständliche Darstellung, die den Eindruck entstehen lässt, als sei die unbeschränkte Haftung der Komplementäre Voraussetzung für die Umwandlung in die oHG!) bzw. Komplementärs vgl. auch *dens.*, GesR, § 53 V, S. 1554 f. sowie zur Auflösung infolge Wegfalls des einzigen Komplementärs MünchKomm-HGB/*dens.*, Bd. 2, § 131, Rn. 46.

568 Vgl. dazu Kap. 2, 1.2.2 und Kap. 2, 1.2.3.

oHG umwandelt.[569] Doch spreche die sich aus dem oHG-Recht ergebende rückwirkend eintretende unbeschränkte persönliche Gesellschafterhaftung nach §§ 128, 130 HGB gegen die Anwendung des oHG-(Haftungs-)Rechts. Der Eintritt dieser Haftung sei der neuralgische Punkt beim Wegfall des letzten Komplementärs aus der KG.[570] Das Versprechen der kommanditrechtlichen Haftungsbegrenzung könne nicht aufgrund von Umständen verweigert werden, auf welche die Gesellschafter keinen Einfluss hätten.[571] Kommanditisten seien nach dem gesetzlichen Leitbild Anlagegesellschafter, die erstens den Geschäftserfolg der KG und zweitens die meisten der in § 131 HGB genannten Ausscheidensgründe kaum beeinflussen könnten. „Unter dem Damoklesschwert eines

---

569 *Frey/v. Bredow*, ZIP 1998, 1621, 1622; so schon *Frey*, ZGR 1988, 281, 283 (Lösung, die „konstruktiv am nächsten liegt"); ähnlich Sudhoff/*Salger*, GmbH & Co. KG, § 45, Rn. 5; vgl. auch *Paura*, Liquidation, S. 50 f. Dagegen meint *Reck*, Ausscheiden aus zweigliedriger KG, S. 27, einer derartigen Umwandlung stünden „gesellschaftsrechtlich keine Bedenken entgegen".

570 *Frey/v. Bredow*, ZIP 1998, 1621, 1622. Die unbeschränkte Haftung der Kommanditisten für bereits vor dem den Rechtsformwechsel auslösenden Ausscheiden entstandenen Verbindlichkeiten (§ 130 HGB analog) wird als Kern der Problematik des Ausscheidens des einzigen Komplementärs betrachtet, vgl. MünchKomm-HGB/*K. Schmidt*, Bd. 2, § 131, Rn. 46; Staub/*Schäfer*, HGB, Bd. 3, § 131, Rn. 46; *Schlottmann*, Komplementärwegfall, S. 27, 30; *Seeger*, Komplementärausscheiden, S. 71; *Gänzle*, Rechtsstellung des Kommanditisten, S. 61 f.; *Krings/Otte*, NZG 2012, 761, 762. Dagegen hält *Reck*, Ausscheiden aus zweigliedriger KG, S. 27, 29 ff. den Eintritt dieser Haftung offenbar für gerechtfertigt.

571 *Seeger*, Komplementärausscheiden, S. 71; *Frey*, ZGR 1988, 281, 284. Nach der – allerdings in dem Beitrag *Frey/v. Bredow*, ZIP 1998, 1621 nicht mehr vertretenen – Auffassung *Freys* kann die Umwandlung der KG in die oHG (offenbar in Liquidation) allenfalls in Betracht kommen, wenn zum Schutz der Kommanditisten deren Haftung für Altverbindlichkeiten aus § 130 HGB analog aufgehoben werde. So könne dem § 176 Abs. 2 HGB der Gedanke entnommen werden, dass es keine Rückwirkung der persönlichen Haftung ohne Grundlage im Gesellschaftsvertrag gebe. Vor neuen „riskanten Rechtsgeschäften der oHG" seien die Kommanditisten dadurch geschützt, dass die aufgelöste oHG nur durch sie selbst als gesamtvertretungsberechtigte Liquidatoren und nicht mehr durch Prokuristen, deren Vertretungsmacht mit der Auflösung erlösche, verpflichtet werden könne. Probleme sieht *Frey* bei der Haftung für Altverbindlichkeiten aus Dauerschuldverhältnissen, da die Gläubiger lediglich auf den ausgeschiedenen Komplementär bzw. dessen vererbtes Vermögen verwiesen wären. Schließlich hafteten die Kommanditisten für Ansprüche auf Leistung von Sozialabgaben und für Deliktsansprüche nach § 31 BGB, § 128 HGB.

kaum vermeidbaren Haftungsrisikos zu leben", sei für Kommanditisten unzumutbar.[572] Überdies führe die Annahme des Rechtsformzwangs in die oHG zur Unattraktivität der Rechtsform der KG.[573] Schließlich erfordere der Schutz der Gesellschaftsgläubiger keinen bereits mit Ausscheiden des Komplementärs aus der aufgelösten Gesellschaft eintretenden Rechtsformzwang, weil andere Schutzmechanismen[574] bestünden.[575]

1.2.1.3.2 Rechtstechnische Argumente

Bork/Jacoby sind der Ansicht, dass das Ausscheiden des einzigen Komplementärs nicht schlechthin zur Anwendung des nachträglich wirkenden Rechtsformzwangs führe, von dem die Auflösung der Gesellschaft aufgrund des nachträglichen Wegfalls der Rechtsformvoraussetzungen abzugrenzen sei. Sie sprechen von einem ungeschriebenen Auflösungsgrund bei Ausscheiden des einzigen Komplementärs aus einer mehrgliedrigen KG.[576] Durch den Verweis auf die Rechtsprechung des BGH[577] zur Vor-GmbH soll nach *Bork/Jacoby* offenbar auch im Falle des Wegfalls der Absicht, die Vor-Gesellschaft zur Eintragung in das Handelsregister zu bringen, ein Auflösungsgrund vorliegen.[578] Bei ihnen heißt es: „Der Rechtsformzwang kann den Gesellschaftern eine nicht gewollte Rechtsform nur auferlegen, wenn sie sich nicht an die zur Wahl gestellten Rechtsformen halten. Fallen die Voraussetzungen einer Rechtsform nachträglich fort, kann der Rechtsformzwang daher nur greifen, wenn die

---

572 *Frey/v. Bredow*, ZIP 1998, 1621, 1622; ebenso *Schaub*, ZEV 1994, 71, 77; Staub/*Schäfer*, HGB, Bd. 3, § 131, Rn. 46; *Zattler*, Gesellschaftsverträge in GmbH & Co. KG, S. 211; ähnlich *Schlottmann*, Komplementärwegfall, S. 27; *Seeger*, Komplementärausscheiden, S. 22 f.; HdbPersGes/*Blaum*, Bd. 1, § 55, Rn. 3276 [März 2006]; HdbPersGes/*Aderhold*, Bd. 1, § 48, Rn. 2267 [September 2006].

573 *Frey/v. Bredow*, ZIP 1998, 1621, 1622; zustimmend *Zattler*, Gesellschaftsverträge in GmbH & Co. KG, S. 211.

574 Zu diesen vgl. Kap. 2, 1.2.1.1.

575 So *Seeger*, Komplementärausscheiden, S. 81, 87 f.; vgl. *Krings/Otte*, NZG 2012, 761, 763.

576 *Bork/Jacoby*, ZGR 2005, 611, 614 f.; vgl. auch die Annahme bei *Zattler*, Gesellschaftsverträge in GmbH & Co. KG, S. 211, wonach „der Rechtsformzwang zur Auflösung der KG führt"; vgl. auch *Frey/v. Bredow*, ZIP 1998, 1621, 1623, nach dem die h.M. den Rechtsformzwang als Auflösungsgrund ansieht.

577 Vgl. BGHZ 152, 290, 294 f.

578 Vgl. *Bork/Jacoby*, ZGR 2005, 611, 615, dortige Fn. 23.

Gesellschafter die Gesellschaft ohne Rücksicht auf diesen Wegfall in der alten Rechtsform fortsetzen."[579] Sie begründen die zuletzt genannte Annahme wiederum mit Hinweis ein BGH-Urteil zur Vor-GmbH.[580] Entfielen die Voraussetzungen der Vor-GmbH wegen Aufgabe der Eintragungsabsicht durch die Gesellschafter, sei die Gesellschaft aufgelöst und abzuwickeln. Eine unechte Vor-GmbH entstehe nur dann, wenn die Gesellschafter die Gesellschaft ungeachtet der fehlenden Eintragungsabsicht fortsetzten.[581] Demgemäß nehmen sie an, dass die Kommanditisten erst nach Ausscheiden des letzten Komplementärs auf die Vorgaben des numerus clausus der Gesellschaftsrechtsformen zu reagieren haben, so dass eine Umwandlung in die oHG erst erfolgt, wenn die Gesellschafter die Fortsetzung der Gesellschaft beschließen.[582]

1.2.2 KG i.L. und teilweise Haftungsbeschränkung der Kommanditisten

Frey hält die Auffassung h.M. für präzisierungsbedürftig.[583] Eine ausschließlich aus Kommanditisten bestehenden Gesellschaft sei problematisch, weil kein Gesellschafter für die in der Liquidation gemäß § 149 S. 1, Hs. 2 HGB neu entstehenden rechtsgeschäftlichen Verbindlichkeiten unbeschränkt hafte. Das Vertrauen der Gläubiger auf die Existenz wenigstens eines unbeschränkt haftenden Gesellschafters in der KG sei auch dann geschützt, wenn sich die Gesellschaft in Liquidation befinde. Schließlich entwerte die Anerkennung einer derartigen Kommanditisten-

579 *Bork/Jacoby*, ZGR 2005, 611, 615; auf den fehlenden Willen zur Übernahme der unbeschränkten Haftung durch die Kommanditisten stellt auch Hesselmann/Tillmann/Mueller-Thuns/*Lüke*, Hdb.GmbH&Co.KG, § 10, Rn. 29 ab.

580 *Bork/Jacoby*, ZGR 2005, 611, 615, dortige Fn. 23 mit Hinweis auf BGHZ 152, 290, 294 f.

581 *Bork/Jacoby*, ZGR 2005, 611, 615, dortige Fn. 23.

582 *Bork/Jacoby*, ZGR 2005, 611, 615; ähnlich *K. Schmidt*, ZHR 153 (1989), 270, 286, nach dem erst das Nichtbetreiben der Liquidation – ähnlich wie die fehlende Verfolgung der Eintragung einer Kapitalgesellschaft – den Rechtsformzwang auslöst. I.d.S. auch *Seeger*, Komplementärausscheiden, S. 71. Eine Parallele zur unechten Vor-Gesellschaft zieht auch Staub/*Habersack*, HGB, Bd. 3, § 145, Rn. 21; Hesselmann/Tillmann/Mueller-Thuns/*Lüke*, Hdb.GmbH&Co.KG, § 10, Rn. 29 meint schlicht, es sei für die Liquidation unerheblich, dass die Gesellschaft keinen unbeschränkt haftenden Gesellschafter mehr habe.

583 *Frey*, ZGR 1988, 281, 283 ff.; im Grundsatz zustimmend *Paura*, Liquidation, S. 50 f.

gesellschaft die Rechtsform der GmbH, da die beschränkte Gesellschafterhaftung ohne das Aufbringen eines Mindeststammkapitals möglich wäre.[584] Angesichts dessen schlägt er zur „Präzisierung der Rechtsfortbildung des [BGH]" vor, den Fortbestand der Haftungsbeschränkung der Kommanditisten zwecks Rechtssicherheit nicht allein von den einzelfallbezogenen Merkmalen Beschließen und Betreiben der Liquidation abhängig zu machen, sondern die Regelungen der §§ 139 Abs. 3, 146 Abs. 2, S. 1 HGB heranzuziehen.[585] Danach sei Voraussetzung der Haftungsvergünstigung, dass die Kommanditisten innerhalb einer Frist von drei Monaten ab Kenntnis von dem Ausscheiden des Komplementärs (§ 139 Abs. 3 HGB analog) einen neuen Komplementär aufnehmen oder ihre Absicht, die Gesellschaft zu liquidieren, durch die Beantragung der Ernennung von Liquidatoren seitens des Gerichts nach § 146 Abs. 2, S. 1 HGB bestätigen würden.[586] Diese Haftungsvergünstigung gelte aber nur hinsichtlich der Altverbindlichkeiten. Für neue, rechtsgeschäftlich begründete Verbindlichkeiten sollten die Kommanditisten unbeschränkt haften, da sie in ihrer Eigenschaft als gesamtvertretungsberechtigte Liquidationsgesellschafter deren Entstehen nunmehr verhindern könnten. Die Haftungsbeschränkung gelte nur für solche Verbindlichkeiten, bei denen wie in dem Anwendungsbereich des § 176 Abs. 2 HGB kein neues Vertrauen gegenüber Dritten erregt würde.[587]

---

584 *Frey*, ZGR 1988, 281, 283 f.; nach *Paura*, Liquidation, S. 190 f. zwingt das Fehlen eines unbeschränkt haftenden Gesellschafters in der Liquidation die Kommanditisten zu einem entsprechenden Hinweis gegenüber Dritten bei jedem geschäftlichen Kontakt. Versäumen die Kommanditisten dies, soll eine Haftung aus culpa in contrahendo in Betracht kommen.

585 *Frey*, ZGR 1988, 281, 285, der hinsichtlich der Haftungsbeschränkung einen Vergleich zwischen den Kommanditisten bei Liquidation der KG und den Vor-GmbH-Gesellschaftern während des Betreibens der Eintragung der Gesellschaft zieht; ähnlich Staub/*Habersack*, HGB, Bd. 3, § 145, Rn. 21.

586 *Frey*, ZGR 1988, 281, 285 f.; ähnlich *Paura*, Liquidation, S. 50 ff., nach dem die Umwandlung der KG in die oHG und der Fortfall der Haftungsbeschränkung jedoch nur erfolgen, wenn sämtliche Kommanditisten Kenntnis vom Ausscheiden des Komplementärs haben und die Fortführung der Gesellschaft dulden, was nur bei der typischen KG, nicht aber bei der Massen-KG gegeben sein kann.

587 *Frey*, ZGR 1988, 281, 285 f.; für eine Beschränkung der Kommanditistenhaftung auf Altverbindlichkeiten auch Staub/*Habersack*, HGB, Bd. 3, § 145, Rn. 21. Nach *Paura*, Liquidation, S. 191 können die Kommanditisten ihre Haftungsbeschränkung für jegliche Verbindlichkeiten erhalten. Sofern sie gegenüber Gläu-

1.2.3 KG i.L. mit Komplementär bzw. dessen Erben

Später hat *Frey* seine Auffassung nicht wiederholt. Stattdessen spricht er sich – nun gemeinsam mit *v. Bredow* – entgegen der h.M. für einen Verbleib des Komplementärs bzw. dessen Erben in der aufgelösten KG aus und plädiert damit in der Sache für eine teleologische Reduktion der Ausscheidensgründe im Falle des Ausscheidens des einzigen Komplementärs.[588] *Frey* und *v. Bredow* räumen ein, dass der Verbleib des Komplementärs der Intention des Handelsrechtsreformgesetzgebers zuwiderlaufe, wenn der Komplementär bzw. dessen Erbe die im Zweifel einstimmig zu fassende Fortsetzung der Gesellschaft blockiere oder seine Zustimmung unter die Bedingung einer zu Lasten des Eigenkapitals der

---

bigern auf ihre Haftungsbeschränkung hinweisen, sind diese nicht mehr schutzbedürftig. Zum sog. caveat creditor-Prinzip vgl. auch die Nachweise in Fn. 264.

588 *Frey/v. Bredow*, ZIP 1998, 1621, 1624 f.; zustimmend für die Situation in der mehrgliedrigen KG HdbPersGes/*Aderhold*, Bd. 1, § 48, Rn. 2268 [September 2006]; so wohl auch MünchHdb/*Piehler/Schulte*, Bd. 2, § 36, Rn. 2. Eine der Meinung von *Frey/v. Bredow* ähnelnde Auffassung bestand bereits in der älteren Literatur, vgl. Düringer/Hachenburg/*Flechtheim*, HGB, § 177, Rn. 13; Schlegelberger/*Geßler*, HGB^4, § 177, Rn. 17; *ders.*, JZ 1952, 530; *Lehmann*, GesR, § 28 VI I 1, S. 160. Danach wurde die Ausschließung des einzigen Komplementärs einer mehrgliedrigen KG nach § 140 HGB – ohne gleichzeitige Aufnahme eines neuen Komplementärs – für unzulässig bzw. unmöglich gehalten, da es keine Personengesellschaft ohne unbeschränkt haftenden Gesellschafter gebe und die Umwandlung in die oHG den Interessen der Kommanditisten widerspreche. Gleichwohl konnten die Gesellschafter nach dieser Meinung statt der Auflösung das Ausscheiden selbst des einzigen Komplementärs gemäß § 138 HGB a.F. vereinbaren, wodurch die komplementärlose KG dann allerdings entsprechend der heute h.M. aufgelöst war und letztlich doch und in Widerspruch zu *Geßler*, JZ 1952, 530 eine aufgelöste KG ohne Komplementär für statthaft gehalten wurde, vgl. Düringer/Hachenburg/*Flechtheim*, HGB, § 177, Rn. 11. Vgl. auch Schlegelberger/*Geßler*, HGB^4, § 177, Rn. 15, allerdings missverständlich bzgl. des Ausscheidens nach § 141 HGB a.F. bei Rn. 18, wonach die Kommanditisten nach § 142 Abs. 2 HGB a.F. analog das Geschäft in einer von ihnen zu bestimmenden Rechtsform fortführen können, ohne dass die Gesellschaft aufgelöst ist. Für die Fälle nach § 139 HGB a.F. wurde vertreten, dass der Komplementärerbe nicht die Kommanditistenstellung in der werbenden KG verlangen konnte. Da ihm aber auch nicht die Übernahme der unbeschränkten Haftung zugemutet werden konnte, sollte er die Wahl zwischen der Komplementär- und der Kommanditistenbeteiligung haben, letztere allerdings an der aufgelösten KG, vgl. Düringer/Hachenburg/*Flechtheim*, HGB, § 177, Rn. 12 m.w.N.; Schlegelberger/*Geßler*, HGB^4, § 177, Rn. 16.

Gesellschaft erfolgenden Geldzahlung stelle.[589] Deshalb solle der Komplementär bzw. dessen Erbe bei einem etwaigen Fortsetzungsbeschluss dem Stimmverbot nach § 141 HGB a.F. analog unterliegen, so dass die Kommanditisten die Fortsetzung des Unternehmens auch gegen den Willen des Komplementärs bzw. dessen Erben herbeiführen können.[590] Ein entsprechender Beschluss sowie die zur Fortsetzung als KG erforderliche Aufnahme eines neuen Komplementärs müssten innerhalb einer Frist erfolgen, die einen Umfang von mehr als drei Monaten haben solle.[591] Erst dann scheide der Altkomplementär bzw. dessen Erbe aus der Gesellschaft aus. Verständigten sich die Kommanditisten dagegen auf ein nachhaltiges Betreiben der Gesellschaftsabwicklung, verbleibe der Komplementär bzw. dessen Erbe – entsprechend der Rechtslage vor Inkrafttreten des HRefG – in der Gesellschaft. Der Komplementärerbe könne seine Haftung erbrechtlich auf den Nachlass beschränken.[592] *Piehler/Schulte* fügen hinzu, dass die durch den Verbleib des Komplementärs vermeidbare Liquidation der Gesellschaft allein durch die Kommanditisten dem Willen sowohl der Kommanditisten als auch des Komplementärs widerspreche. Denn die Kommanditisten müssten den Komplementär bzw. dessen Erben, die gegebenenfalls durch gesellschaftsvertragliche Abfindungsbeschränkungen benachteiligt seien, mit dem zu liquidierenden Gesellschaftsvermögen abfinden.[593]

---

589 *Frey/v. Bredow*, ZIP 1998, 1621, 1624 meinen, der Komplementär sei im Hinblick auf sein Interesse, die Fortsetzung der Gesellschaft durch entsprechende Stimmabgabe zu verhindern, nicht mehr schutzwürdig. Vgl. dazu noch Kap. 2, 2.3.2.2.2.

590 *Frey/v. Bredow*, ZIP 1998, 1621, 1624; ähnlich HdbPersGes/*Aderhold*, Bd. 1, § 48, Rn. 2268 [September 2006], der den Erben an der Entscheidung über die werbende Fortsetzung der Gesellschaft und die Aufnahme eines neuen Komplementärs nicht beteiligen will.

591 *Frey/v. Bredow*, ZIP 1998, 1621, 1624, die bei Kündigung des Komplementärs oder eines Gläubigers die entsprechende Kündigungsfrist anwenden.

592 *Frey/v. Bredow*, ZIP 1998, 1621, 1624.

593 MünchHdb/*Piehler/Schulte*, Bd. 2, § 36, Rn. 2. Das Argument, die Zahlung der Abfindung an die Erben beeinträchtige das Gesellschaftsvermögen und damit letztlich den Fortbestand des Unternehmens, dessen Sicherung gerade das Anliegen des HRefG war, ist Teil der allgemeinen rechtspolitischen Kritik an § 131 Abs. 3, S. 1, Nr. 1 HGB. Zu dieser Kritik vgl. eingehend MünchKomm-HGB/*K. Schmidt*, Bd. 2, § 131, Rn. 63; *dens.*, ZIP 1997, 909, 917; *dens.*, DB 1998, 61, 63 f.; *dens.*, NJW 1998, 2161, 2166; *dens.*, BB 2001, 1, dortige Fn. 9; *dens.*, JZ 2003, 585, 593 f.; *Wiedemann*, GS-Lüderitz, S. 839, 843; tiefgehend *Lamp-*

1.2.4 Umwandlung in oHG und Haftungsbeschränkung nach § 139 Abs. 4 HGB analog

Nach *Schlottmann* wandelt sich die KG in eine oHG bzw. GbR um. Der Schutz der ehemaligen Kommanditisten vor unbeschränkter Haftung soll durch analoge Anwendung von § 139 Abs. 4 HGB gewährleistet werden. Eine KG, die ein Handelsgewerbe betreibe, § 161 Abs. 1 HGB, wandele sich bei Ausscheiden des einzigen Komplementärs in eine oHG um. Dagegen solle dies bei einer Gesellschaft, die gemäß § 105 Abs. 2 HGB kraft Eintragung KG sei, nicht gelten. Es fehle an einer Handelsregistereintragung als oHG, so dass die Gesellschaft nur GbR sein könne.[594] In beiden Fällen erfolge keine Auflösung der Gesellschaft.[595]

Der erforderliche Schutz der Kommanditisten vor rückwirkend unbeschränkter Haftung solle durch analoge Anwendung von § 139 Abs. 4 HGB erreicht werden.[596] Die dazu erforderliche Regelungslücke bestehe darin, dass die gesetzlichen Vorschriften über das Ausscheiden von Gesellschaftern keine Einschränkung in Bezug auf den einzigen Komplementär enthielten. Diese Lücke sei planwidrig, weil das Komplementärausscheiden im Widerspruch zur Teleologie des Gesetzes den Eintritt

---

recht, ZIP 1997, 919, 920 f., 922 f., der im Laufe des Gesetzgebungsverfahrens eine Anpassung des Abfindungsanspruchs gemäß § 242 BGB in Betracht zog und sich für ein Wahlrecht aus § 141 HGB a.F. analog aussprach. *Marotzke*, ZEV 1997, 389, 390 f. schlägt die werbende Fortsetzung der Gesellschaft mit den Erben als Kommanditisten vor. *Seeger*, Komplementärausscheiden, S. 21; *Weber/Jacob*, ZRP 1997, 152, 155; *R. Schmitt*, WiB 1997, 1113, 1121; *Gustavus*, GmbHR 1998, 17, 20; *Giehl*, MittBayNot 1998, 293, 296; *Schlitt*, NZG 1998, 580, 583; *Priester*, DNotZ 1998, 691, 704 f.; *Hörtnagl*, INF 1998, 750, 754; *Schäfer*, BB-Special 05/2004, 14, der im Zusammenhang mit § 131 Abs. 3, S. 1, Nr. 1 HGB von einer „Todesfalle" spricht. Bereits zur alten Rechtslage betonte *Wiedemann*, Übertragung und Vererbung von Mitgliedschaftsrechten, S. 50 die Gefahr für den Bestand des Unternehmens durch Abfindungszahlungen, die anders als die Auflösung nicht rückgängig zu machen seien. Dagegen grundsätzlich zustimmend zu der Neuregelung des § 131 HGB *P. Bydlinski*, ZIP 1998, 1169, 1175.

594 *Schlottmann*, Komplementärwegfall, S. 109 ff.; für das Entstehen einer oHG auch *Schmittmann*, ZInsO 2005, 1314, 1315, der allerdings für die mehrgliedrige KG keine Problemlösung für die drohende unbeschränkte Haftung der Kommanditisten anbietet.

595 *Schlottmann*, Komplementärwegfall, S. 109.

596 *Schlottmann*, Komplementärwegfall, S. 111 ff.

der unbeschränkten Haftung der Kommanditisten hervorrufen würde.[597] Des Weiteren sei die § 139 Abs. 4 HGB zu Grunde liegende Interessenlage mit der bei Komplementärwegfall vergleichbar.[598] Der Norm sei die Wertung zu entnehmen, „dass niemand ohne sein Zutun (*fehlende Willenslegitimation*) und ohne eine Vermeidemöglichkeit (*fehlende Reaktionsmöglichkeit*)[[599]], der Gefahr einer unbegrenzten Inanspruchnahme seines Privatvermögens ausgesetzt sein soll."[600]

Die Willenslegitimation fehle nicht nur bei § 139 Abs. 4 HGB, sondern auch bei dem Ausscheiden infolge der §§ 131 Abs. 3, S. 1, Nr. 1 - 4, 139 Abs. 2 HGB sowie infolge der gesetzlich nicht geregelten außerordentlichen Kündigung, da diese Ausscheidensgründe „der Sphäre des einzigen Komplementärs" entstammten und sich so dem „unmittelbaren Einfluss der Kommanditisten" entzögen.[601] Aber auch beim Ausscheiden aufgrund gesellschaftsvertraglich vereinbarter Gründe nach § 131 Abs. 3, S. 1, Nr. 5, 6 HGB bestehe keine Willenslegitimation. In diesem Fall bestehe die Ursache des Ausscheidens zwar in einer gesellschaftsvertraglichen Vereinbarung, das Ausscheiden gehe daher auf den Gesellschafterwillen zurück. Doch falle den Kommanditisten die Stellung eines unbeschränkt haftenden Gesellschafters auch hier willensunabhängig zu, weil sie bei der Vereinbarung ereignisbezogener Ausscheidensgründe weder Einfluss auf den Zeitpunkt des Ausscheidens hätten, noch ihr Wille zur unbeschränkten Haftung für die Funktionsweise des Rechtsformzwangs bedeutsam sei.[602] Ferner fehle es an einer Willenslegitimation, wenn der einzige Komplementär durch die Kommanditisten gemäß § 140 HGB aus der KG ausgeschlossen wird. „Denn in einem Ausschluss des Komplementärs aus einem wichtigen Grund, der die Grundlage für ein Vorgehen nach § 140 HGB bildet, ist mitnichten zugleich eine Willensbekundung der Kommanditisten zu sehen, die unbeschränkte Haftung zu übernehmen."[603] Die unbeschränkte Haftung als Rechtsfolge

---

597 *Schlottmann*, Komplementärwegfall, S. 112, der aber in diesem Zusammenhang nicht auf die Teleologie des Gesetzes eingeht und insbesondere nicht erläutert, weshalb das Gesetz die unbeschränkte Haftung der Kommanditisten angeblich nicht zulassen will.

598 *Schlottmann*, Komplementärwegfall, S. 119 ff.

599 Vgl. dazu *Schlottmann*, Komplementärwegfall, S. 124 f.

600 So *Schlottmann*, Komplementärwegfall, S. 118 unter Bezugnahme auf *Kraus*, Rechtsformverfehlung, S. 132 sowie BGHZ 113, 132, 135.

601 *Schlottmann*, Komplementärwegfall, S. 119.

602 *Schlottmann*, Komplementärwegfall, S. 120 f.

603 *Schlottmann*, Komplementärwegfall, S. 122.

der Ausschließung würde das Recht, den Komplementär herauszudrängen, faktisch verweigern. Folglich könnten die Kommanditisten die Gesellschaftsbeteiligung des Komplementärs lediglich durch die Auflösungsklage nach § 133 HGB beenden, wodurch sie auf ihre eigene möglicherweise ertragreiche Beteiligung verzichten müssten.[604] Die Willenslegitimation sei nur dann gegeben, wenn das Komplementärausscheiden nicht auf einem wichtigen Grund, sondern auf der freien Entscheidung der Kommanditisten beruhe.[605]

Innerhalb der dreimonatigen Schwebezeit nach § 139 Abs. 3 HGB, die nach *Schlottmann* im Zeitpunkt der Kenntniserlangung des Kommanditisten von dem ersatzlosen Ausscheiden des Komplementärs beginne,[606] bestehe grundsätzlich Gesamtgeschäftsführungs- und Gesamtvertretungsbefugnis der GbR-Gesellschafter nach §§ 709 Abs. 1, 714 BGB. Allerdings könne die Geschäftsführungs- und Vertretungsbefugnis ausnahmsweise einem oder einigen Gesellschaftern zustehen, wenn diesen bereits zur Zeit des Bestehens der KG – also in der Eigenschaft als Kommanditisten – die Geschäftsführungsbefugnis und/oder die nichtorganschaftliche Vertretungsmacht eingeräumt gewesen seien.[607] Bei Umwandlung in die oHG sei im Zuge ergänzender Auslegung des Gesellschaftsvertrags davon auszugehen, dass entgegen der gesetzlichen dispositiven Vorschriften nach §§ 114 ff., 125 ff. HGB nicht jeder Gesellschafter einzeln zur Geschäftsführung und Vertretung befugt sein solle, sondern Gesamtgeschäftsführungs- und Gesamtvertretungsbefugnis bestehe.[608] Der Umstand, dass die Kommanditisten zur Zeit des Bestehens der KG in der Regel nicht an Geschäftsführung und Vertretung beteiligt gewesen seien, ihnen nun aber die Leitung der Gesellschaft obliege, sei – im Gegensatz zu dem Eintritt ihrer unbeschränkten Haftung im Zeitpunkt des Rechtsformwechsels – hinzunehmen.[609]

---

604 *Schlottmann*, Komplementärwegfall, S. 122 f.

605 *Schlottmann*, Komplementärwegfall, S. 123, der den Wechsel des Komplementärs in die Kommanditistenstellung und Ad-hoc-Ausscheidensvereinbarungen als Beispiele nennt.

606 *Schlottmann*, Komplementärwegfall, S. 149 f.

607 *Schlottmann*, Komplementärwegfall, S. 139, insbesondere die dortige Fn. 557.

608 *Schlottmann*, Komplementärwegfall, S. 139 f. Gemäß der Lösung *Schlottmanns* in der GbR müsste die Geschäftsführung und Vertretung in der oHG den – sofern vorhandenen – ehemaligen Kommanditisten mit Geschäftsführungsbefugnis und/oder nichtorganschaftlicher Vertretungsmacht zukommen.

609 *Schlottmann*, Komplementärwegfall, S. 140 f.

Innerhalb der Schwebezeit könnten die gesellschaftsrechtlich in Anspruch genommenen Gesellschafter die Leistung aus ihrem Privatvermögen verweigern. Das Bestehen eines Zeitraums, in dem kein Gesellschafter unbeschränkt hafteten, sei – wie bei unmittelbarer Anwendung des § 139 HGB auf den Erben des einzigen Komplementärs – von den Gläubigern hinzunehmen,[610] zumal die Gesellschafter kraft Rechtsscheins unbeschränkt haften würden, sollten sie sich entsprechend verhalten.[611] Komme es innerhalb der Schwebezeit zur Auflösung der Gesellschaft nach § 139 Abs. 4, Alt. 2 HGB analog, sollten die Altkommanditisten endgültig von der unbeschränkten Haftung befreit sein.[612] Gleiches gelte, wenn die Gesellschafter nach § 139 Abs. 4, Alt. 3 HGB analog den Wechsel in die Rechtsform der KG beschließen würden.[613] Ferner hafte derjenige Gesellschafter beschränkt, der innerhalb der Schwebezeit aus der Gesellschaft nach § 139 Abs. 4, Alt. 1 HGB analog ausscheide. Das Ausscheidensrecht ergebe sich wegen Fehlens eines Antrags auf Aufnahme als Kommanditist, nicht aus der diesbezüglich ablehnenden Entscheidung der Mitgesellschafter gemäß § 139 Abs. 2 HGB, sondern aus einem außerordentlichen Austrittsrecht. Dieses stehe nach §§ 29, 207 UmwG analog insbesondere demjenigen Gesellschafter zu, welcher der Umwandlung der Gesellschaft in eine Kapitalgesellschaft oder der Fortsetzung der Gesellschaft als GbR oder oHG, also „tiefgreifenden Strukturänderungen durch die Gesellschaftermehrheit"[614], widersprochen habe.[615] Machten die Gesellschafter innerhalb der Schwebezeit von keiner dieser Enthaftungsmöglichkeiten Gebrauch, trete die unbeschränkte Gesellschafterhaftung ein.[616]

---

610 *Schlottmann*, Komplementärwegfall, S. 142 f. mit Verweis in dortiger Fn. 575 auf S. 129 ff.

611 *Schlottmann*, Komplementärwegfall, S. 147 ff.

612 *Schlottmann*, Komplementärwegfall, S. 151 ff., nach dem die Umwandlung der Gesellschaft in eine Kapitalgesellschaft nach UmwG innerhalb der Schwebezeit der Auflösung gleichsteht.

613 *Schlottmann*, Komplementärwegfall, S. 161 ff.

614 *Schlottmann*, Komplementärwegfall, S. 172.

615 *Schlottmann*, Komplementärwegfall, S. 169 ff.

616 *Schlottmann*, Komplementärwegfall, S. 176.

2 Kritische Analyse

Grundsätzlich gilt nach dem im ersten Kapitel Gesagten: Fällt ein Begriffsmerkmal einer Personengesellschaft fort und erfüllen die verbleibenden Merkmale nicht die Voraussetzungen einer speziellen Rechtsform, ist der Verband automatisch GbR oder oHG.[617] Danach wechseln die einzelnen Kommanditisten jeweils in die Stellung eines GbR- oder oHG-Gesellschafters, wenn der einzige Komplementär aus der KG ausscheidet. § 130 HGB ist nicht nur beim Eintritt eines Außenstehenden in die Gesellschaft, sondern auch beim Wechsel von der Stellung eines Kommanditisten in die eines unbeschränkt haftenden Gesellschafters anwendbar.[618] Folglich haften die ehemaligen Kommanditisten unbeschränkt für bereits vor dem Beteiligungswechsel entstandene Verbindlichkeiten.

Unter Berücksichtigung der mittlerweile anerkannten Grundsätze des Rechtsformzwangs infolge nachträglicher Rechtsformverfehlung sowie bei wortgetreuer Anwendung des § 130 HGB ergäbe sich damit eine eindeutige Lösung für jegliche Fälle des Fortfalls des einzigen Komplementärs. Diese Lösung bedeutet eine einschneidende Belastung der Kommanditisten, die sich einer Gesellschaft regelmäßig in der Erwartung anschließen, nur mit einem im Vorfeld festgelegten Teil ihres Vermögens am betriebenen Unternehmen teilzuhaben. Hinzu kommt, dass die Kommanditisten die eintretende Belastung in bestimmten Fällen kaum verhindern können. Angesichts dessen haben Rechtsprechung und Literatur die verschiedenen vorgestellten Konzepte zum Schutz der Kommanditisten entwickelt. Diese unterscheiden sich zum einen in ihrer Zielsetzung, zum anderen in der Wahl ihrer Mittel.

---

617 Der Verband ist GbR, wenn er zuvor KG kraft Eintragung war, und oHG, wenn er zuvor KG kraft Betriebs eines Handelsgewerbes war, vgl. dazu Kap. 2, 2.4.1.

618 Vgl. BGHZ 23, 17, 22; E/B/J/S/*Hillmann*, HGB, Bd. 1, § 130, Rn. 5; Koller/Roth/Morck/*Koller*, HGB, § 130, Rn. 1; HK/*Stuhlfelner*, HGB, § 130, Rn. 3; *Mayer-Maly*, FS-H. Westermann, S. 369, 377.

2.1 Zweck und Mittel der Konzepte

2.1.1 Zweck

Augenscheinlich haben sämtliche Lösungskonzepte das Ziel, die unbeschränkte Haftung aller Kommanditisten für Altverbindlichkeiten zu vermeiden. Bei genauerer Untersuchung fällt indes auf, dass die Umsetzung des Konzepts *Schlottmanns* teilweise zu dem Ergebnis einer nicht für sämtliche Kommanditisten geltenden Haftungsverschonung führt. Lediglich die frühere Meinung *Freys* fordert die unbeschränkte Haftung für Neuverbindlichkeiten.[619] Die übrigen Auffassungen sprechen sich für den Fortbestand der beschränkten Haftung auch für Neuverbindlichkeiten aus.

Weitgehende Einigkeit besteht über die Frage, weshalb es des Schutzes der Kommanditisten vor unbeschränkter Haftung zumindest für Altverbindlichkeiten bedarf. Es wird allgemein auf die Unzumutbarkeit eines derartigen Haftungseintritts für die Kommanditisten verwiesen. Dabei wird sowohl auf die Eigenschaft der Kommanditisten als Anlagegesellschafter als auch auf die fehlende Möglichkeit der Einflussnahme auf das Ausscheiden des einzigen Komplementärs hingewiesen. Eine nähere Auseinandersetzung darüber, aus welchen speziellen Rechtsgründen – abgesehen von dem allgemeinen Grundsatz der Unzumutbarkeit bzw. Unverhältnismäßigkeit – es eines Schutzes der Kommanditisten bedarf, erfolgt indes nicht. Zudem unterbleibt eine Differenzierung der Schutzbedürftigkeit der Kommanditisten je nach Grund des Ausscheidens des einzigen Komplementärs. Die Kommanditisten bedürften des Schutzes vor unbeschränkter Haftung unabhängig davon, welchen Grund das Ausscheiden habe.[620]

---

619 Vgl. *Frey*, ZGR 1988, 281 ff.

620 Differenziert wird nur beim Ausscheiden des Komplementärs aus der zweigliedrigen KG. Dort soll der Kommanditist unbeschränkt haften, wenn er den Komplementär nach § 140 HGB aus der Gesellschaft ausschließt, vgl. dazu Koller/Roth/Morck/*Koller*, HGB, § 140, Rn. 4; E/B/J/S/*Lorz*, HGB, Bd. 1, § 140, Rn. 40; Staub/*Schäfer*, HGB, Bd. 3, § 140, Rn. 26, 51; *Eckardt*, NZG 2000, 449, 453. Zur zweigliedrigen KG vgl. noch Kap. 3.

2.1.2 Mittel

Unterschiede bestehen auch bei der Wahl des Anknüpfungspunktes und der Mittel zur Erreichung der Haftungsvermeidung aller bzw. einzelner Kommanditisten. Einerseits wird auf Tatbestands- andererseits auf Rechtsfolgenseite angesetzt. Dabei unterscheiden sich jene Auffassungen, die einen rechtsfortbildenden Eingriff auf Tatbestandsseite vornehmen, hinsichtlich der eingesetzten Mittel der Rechtsfortbildung. Einerseits wird durch teleologische Reduktion des § 131 Abs. 3 HGB die Nichtanwendbarkeit eines Tatbestandes und damit auch seiner Rechtsfolgen in Gestalt der Umwandlung der KG in die GbR bzw. oHG und der Haftung für Altverbindlichkeiten (§ 130 HGB) erreicht.[621] Andererseits stellt die rechtsfortbildende Modifikation der Begriffsmerkmale der KG nach § 161 Abs. 1 HGB in der Weise, dass eine KG auch dann besteht, wenn (vorübergehend) kein unbeschränkt haftender Gesellschafter vorhanden ist,[622] sowie die Anerkennung einer Kommanditistengesellschaft i.L. eine Erweiterung des numerus clausus der Rechtsformen und somit eine Rechtsfortbildung im Wege der Analogie dar.[623] Nach beiden Lösungen besteht die Kommanditistenhaftung nach §§ 171 ff. HGB sämtlicher Gesellschafter fort.

Hingegen lässt diejenige Meinung, die eine Rechtsfortbildung auf Rechtsfolgenseite zum Gegenstand hat, den Tatbestand des Ausscheidens des Komplementärs und die Umwandlung in die GbR bzw. die oHG unberührt. Sie spricht sich für eine analoge Anwendung des § 139 Abs. 4 HGB in der GbR bzw. oHG aus.[624] Schließlich hat die Auffassung, welche gemäß der h.M. den Fortbestand der Gesellschaft als aufgelöste Kommanditistengesellschaft unter Modifizierung der Kommanditistenhaf-

---

621 So im Ergebnis *Frey/v. Bredow*, ZIP 1998, 1621 ff., die zusätzlich – insbesondere zum Schutz der Privatgläubiger des einzigen Komplementärs – die Auflösung bei Vorliegen eines Ausscheidensgrundes rechtsfortbildend hinzufügen.

622 So letztlich diejenigen Stimmen der h.M., die bei Fortfall des einzigen Komplementärs von einer KG, wenngleich i.L., sprechen. So im Ergebnis auch *Bork/Jacoby*, ZGR 2005, 611, 615 und ähnlich *K. Schmidt*, ZHR 153 (1989), 270, 286, nach denen der nachträgliche Rechtsformzwang – im Falle des Ausscheidens des einzigen Komplementärs – erst dann wirkt und sich die KG in die oHG umwandelt, wenn die Kommanditisten nicht auf die Rechtsformverfehlung reagieren und die werbende Fortsetzung der Gesellschaft beschließen.

623 So letztlich diejenigen Stimmen der h.M., die bei Fortfall des einzigen Komplementärs von einer „Kommanditistengesellschaft", wenngleich i.L., sprechen.

624 So die Lösung bei *Schlottmann*, Komplementärwegfall, S. 109 ff.

tung aus §§ 171 ff. HGB vorsieht, eine Rechtsfortbildung sowohl auf Tatbestands- als auch auf Rechtsfolgenseite zum Gegenstand.[625]

2.2 „Kommanditistengesellschaft i.L." bzw. KG i.L. bestehend nur aus Kommanditisten

2.2.1 Auflösung

2.2.1.1 Bloße Behauptung eines Auflösungsgrundes

Nach h.M. stellt der Wegfall des einzigen unbeschränkt haftenden Gesellschafters den Grund für die Auflösung einer Gesellschaft dar. Die Rechtsprechung lässt offen, woraus sich dieser Auflösungsgrund ergibt. Eine Begründung ist allerdings erforderlich, da die Auflösung der Gesellschaft in diesem Falle keinesfalls offensichtlich ist.[626] Denn zum einen ist das Ausscheiden des einzigen Komplementärs nicht vom möglichen Wortsinn des für die Auflösung der KG geltenden § 131 Abs. 1 HGB erfasst, so dass die unmittelbare Anwendung dieser Norm ausscheidet.[627] Zum anderen ist keinesfalls gewiss, dass die im Einzelnen sorgfältig zu prüfenden Voraussetzungen einer analogen Anwendung der Norm gegeben sind, so dass die Gerichte diese Prüfung keinesfalls übergehen dürfen.[628] Insbesondere liegt es nicht auf der Hand, dass das Ausschei-

---

625 So die Lösung bei *Frey*, ZGR 1988, 281 ff.

626 Völlig zu Recht betont dies auch *Schlottmann*, Komplementärwegfall, S. 45, 47, der den nach h.M. angeblich geltenden numerus clausus der Auflösungsgründe als weiteres Argument für die Begründungsbedürftigkeit eines Auflösungsgrundes bei Ausscheiden des einzigen Komplementärs nennt. Hierzu und zum Bestehen eines numerus clausus der Auflösungsgründe vgl. noch Kap. 2, 3.5.

627 Anders aber offenbar LAG Hessen Az. 19 Sa 686/06, Rn. 37 (zitiert nach juris), das zwecks Begründung des Auflösungsgrundes schlicht auf §§ 131, 161 Abs. 2 HGB verweist.

628 So stellt *Würdinger*, AcP 206 (2006), 946, 977 zu Recht heraus: „Damit der Analogieschluss nicht zu einem ergebnisorientierten Kunstgriff mutiert, ist es wichtig, dass die Voraussetzungen für eine Analogie stets herausgestellt werden und sodann eine umfassende Subsumtion erfolgt, die die gesetzlichen Basiswertungen betont. Apodiktische Aussagen sind fehl am Platz." Dem liegt der Gedanke zu Grunde, dass nur eine sorgfältige Prüfung der Analogievoraussetzungen die Gefahr des Rechtsanwenders ausschließen kann, sich zu weit vom Willen des Gesetzgebers zu entfernen, vgl. *Regenfus*, JA 2009, 579, 582. Zur

den des einzigen Komplementärs als Wegfall eines für die Rechtsform der KG notwendigen Begriffsmerkmals ein Auflösungsgrund ist.[629] Die Begründungsbedürftigkeit eines derartigen Auflösungsgrundes ist umso akuter, desto mehr man sich mit der Normgeschichte des § 131 HGB auseinandersetzt. Denn der Gesetzgeber hat durch Erlass des HRefG ausdrücklich erklärt, dass das Ausscheiden eines Gesellschafters gerade nicht mehr zur Auflösung der Gesellschaft, sondern vielmehr zu ihrem werbenden Fortbestand mit den verbleibenden Gesellschaftern führen soll.[630] Auch weite Teile der h.L. verwenden zur Begründung eines Auflösungsgrundes Formulierungen, die der Rechtsprechung ähnlich sind. Somit ist im Ergebnis festzuhalten, dass weder die Rechtsprechung noch große Teile der Literatur eine Begründung für das Bestehen eines Auflösungsgrundes geben.[631]

2.2.1.2 Keine Auflösung wegen nachträglichen Wegfalls der Rechtsformvoraussetzungen

2.2.1.2.1 Alternativität von Rechtsformzwang und Vertragsnichtigkeit

Bork/Jacoby meinen, der nachträgliche Wegfall einer Rechtsformvoraussetzung lasse den Rechtsformzwang nicht immer greifen, sondern unter Umständen einen Auflösungsgrund.[632] Dem ist nicht zu folgen. Beide Au-

---

Frage, ob § 131 Abs. 1, 2 HGB tatsächlich analog auf das Ausscheiden des einzigen Komplementärs anwendbar ist, vgl. noch Kap. 2, 3.5.

629 Zu dieser Frage sogleich. Die Rechtsprechung scheint dies anders zu sehen. So heißt es bei BGHZ 8, 35, 37 f., dass die Abwicklung der KG eintrete, „da keiner ihrer Gesellschafter die persönliche und unbeschränkte Haftung [...] habe. Ebenso BayObLG BB 2000, 1211, 1212, das meint, „mit dem Ausscheiden des persönlich haftenden Gesellschafters wurde die Gesellschaft aufgelöst, da sie mangels Eintritts eines neuen Komplementärs nicht als werbende KG fortgeführt werden konnte." Ähnlich jüngst auch OLG Rostock OLGR 2009, 947 nach dem die Auflösung der KG erfolge, „da diese ohne ihren nach § 164 HGB allein vertretungsberechtigten Gesellschafter das Handelsgewerbe nicht fortführen kann."

630 Vgl. dazu RegE HRefG BT-Drs. 13/8444, S. 41 f., 65 f. Vgl. auch die diesbezügliche Kritik an der Annahme eines Auflösungsgrundes bei *Schlottmann*, Komplementärwegfall, S. 92 f.

631 *Schlottmann*, Komplementärwegfall, S. 60 lehnt deshalb das Ausscheiden des einzigen Komplementärs aus der KG als Auflösungsgrund ab. So bereits *Reck*, Ausscheiden aus zweigliedriger KG, S. 21 ff.

632 Vgl. *Bork/Jacoby*, ZGR 2005, 611, 615.

toren erkennen grundsätzlich den numerus clausus der Gesellschaftsformen an. Danach können sich die Gesellschafter nur solcher Rechtsformen bedienen, die rechtlich vorgesehen sind. Weist die Gesellschaft nicht die rechtlich vorgegebenen und bei der Gründung noch erfüllten Voraussetzungen einer Rechtsform auf, muss zwingend geklärt werden, welche Folgen der Wegfall der Rechtsform auf die Gesellschaft hat, denn eine Gesellschaft ohne jegliche Rechtsform kann der numerus clausus aufgrund seines Schutzzwecks ebenso wenig zulassen wie eine ihm unbekannte, durch die Gesellschafter erdachte Rechtsform. Ausschließlich zwei Rechtsfolgen kommen daher in Betracht. Entweder bedeutet das Ende der Rechtsform auch das Ende der Gesellschaft, so dass der ihr zu Grunde liegende Vertrag nichtig ist.[633] Oder die Gesellschaft besteht mit derjenigen Rechtsform fort, deren Voraussetzungen erfüllt sind. Die ganz h.M. spricht sich für die zweite Alternative aus. Die Gesellschaft wird automatisch und identitätswahrend in die Rechtsform der GbR bzw. oHG oder in eine speziellere Rechtsform, sofern deren Voraussetzungen erfüllt sind, umgewandelt.[634]

2.2.1.2.2 *Weitgehende Identität von werbender und aufgelöster Gesellschaft*

2.2.1.2.2.1 Auflösung und Auseinandersetzung

Unter der Auflösung einer Gesellschaft versteht man die Änderung des Gesellschaftszwecks mit dem Eintritt bestimmter Ereignisse, der sog. Auflösungsgründe. Der Gesellschaftszweck besteht nunmehr in der Auseinandersetzung des Vermögens.[635] Für die Personenhandelsgesell-

---

633 So die insbesondere von *Lieb* vertretene Auffassung, vgl. dazu Kap. 1, 2.2.1.2.1.

634 So die ganz h.M., vgl. dazu Kap. 1, 2.2.1.1.

635 RGZ 123, 151, 155; *Kraft/Kreutz*, GesR, B IV 2, S. 64; *Wiedemann*, GesR, Bd. 2, § 6 III 1 a, S. 552; E/B/J/S/*Lorz*, HGB, Bd. 1, § 131, Rn. 9; E/B/J/S/*Hillmann*, HGB, Bd. 1, § 145, Rn. 12; FaK GesR/*Lehleiter*, § 145 HGB, Rn. 6; Staub/*Schäfer*, HGB, Bd. 3, § 131, Rn. 7; Ensthaler/*Ensthaler*, HGB, § 131, Rn. 2; *Gundlach/Frenzel/N. Schmidt*, DStR 2004, 1658; a.M. *K. Schmidt*, ZHR 153 (1989), 270, 281 f., nach dem der Zweck des Liquidationsverfahrens den Gesellschaftszweck lediglich überlagert, also der Gesellschaftszweck im Falle der Auflösung unverändert fortbesteht; zustimmend *Paura*, Liquidation, S. 20; ebenso BeckPersGesHdb/*Eberhard*, § 11, Rn. 49; vermittelnd *Dellinger*, Personengesellschaften in Liquidation, S. 47 f., nach dem der bisherige Gesellschaftszweck durch den Zweck, „geordnete und sachgerechte Abwicklung der

schaft bedeutet dies, dass ihr Zweck nicht mehr in dem gemeinschaftlichen Betrieb eines Handelsgewerbes, sondern in der Erreichung ihrer Vollbeendigung besteht.[636]

Die sich der Auflösung anschließende Abwicklung, sog. Liquidation, meint dagegen die Auseinandersetzung unter den Gesellschaftern (vgl. § 145 Abs. 1 HGB).[637] Im Rahmen dieser Auseinandersetzung erfolgen insbesondere die Loslösung der Rechtsbeziehungen der Gesellschaft gegenüber Dritten, die Liquidation des Gesellschaftsvermögens und die Verteilung eines etwaigen Überschusses an die Gesellschafter.[638]

Die Vollbeendigung ist das Ziel der Auseinandersetzung infolge Auflösung.[639] Nach h.M. ist die Vollbeendigung erreicht, wenn das (Aktiv-)Vermögen der Gesellschaft vollständig verteilt bzw. nicht mehr vorhanden ist,[640] nach anderer Auffassung, wenn alle Vermögensverhältnisse der Gesellschaft vollbeendigt sind.[641] Die gesetzlich vorgegebene Art

---

Verhältnisse der Gesellschaft und der Gesellschafter mit dem bestmöglichen Verwertungsergebnis für alle Gesellschafter zu ermöglichen" ersetzt wird. Der davon zu unterscheidende Liquidationszweck soll in dem „Ziel des Liquidationsverfahrens [bestehen], die Vollbeendigung der Gesellschaft zu erreichen."

636 Vgl. *Dellinger*, Personengesellschaften in Liquidation, S. 47.

637 So etwa *Wiedemann*, GesR, Bd. 2, § 6 III 1 a, S. 552; vgl. E/B/J/S/*Lorz*, HGB, Bd. 1, § 131, Rn. 9.

638 So etwa Staub/*Schäfer*, HGB, Bd. 3, § 131, Rn. 7; Koller/Roth/Morck/*Koller*, HGB, § 145, Rn. 2; *Hillers*, Personengesellschaft und Liquidation, S. 6 ff., 10.

639 *K. Schmidt*, ZHR 153 (1989), 270, 274 f. betont, dass angesichts der mittlerweile anerkannten Rechtsfähigkeit der Handelspersonengesellschaften die Vollabwicklung des gesamthänderischen Rechtsträgers und nicht nur die Verteilung des gesamthänderisch gebundenen Sondervermögens Liquidationsziel sei. Zustimmend *Kießling*, Vorgründungs- und Vorgesellschaft, S. 211; auf die Vermögensverteilung abstellend etwa Koller/Roth/Morck/*Koller*, HGB, § 145, Rn. 2.

640 BGH NJW 1979, 1592; Staub/*Schäfer*, HGB, Bd. 3, § 131, Rn. 7; E/B/J/S/*Lorz*, HGB, Bd. 1, § 131, Rn. 9; FaK GesR/*Lehleiter*, § 145 HGB, Rn. 5; MünchHdb/*Schmid*, Bd. 2, § 46, Rn. 109; *Dellinger*, Personengesellschaften in Liquidation, S. 48, 389 ff.; *Kraft/Kreutz*, GesR, B IV 2, S. 64, D IV 2, S. 208. Nach h.M. steht das Vorhandensein insbesondere von Sozialverbindlichkeiten sowie Gesellschaftsverbindlichkeiten der Vollbeendigung nicht entgegen, weil die Gesellschafter untereinander gesamtschuldnerisch gemäß §§ 421 ff. BGB und gegenüber den Gesellschaftsgläubigern nach §§ 128 ff. HGB auch nach der Vollbeendigung der Gesellschafter haften, vgl. E/B/J/S/*Hillmann*, HGB, Bd. 1, § 145, Rn. 1; MünchHdb/*Schmid*, Bd. 2, § 46, Rn. 114; FaK GesR/*Lehleiter*, § 145 HGB, Rn. 5.

641 Ensthaler/*Ensthaler*, HGB, § 131, Rn. 2; vgl. *dens.*, Liquidation, S. 61 ff.; so auch *Wiedemann*, GesR, Bd. 2, § 6 III 1 a, S. 552; MünchKomm-HGB/*K.*

und Durchführung der Auseinandersetzung des Gesellschaftsvermögens (vgl. §§ 145 ff. HGB) ist – anders als in dem vom Grundsatz der gläubigerschützenden Vermögensbindung geprägten Kapitalgesellschaftsrecht – im Personengesellschaftsrecht nicht zwingend, da den Gläubigern auch während der Liquidation wenigstens ein unbeschränkt haftender Gesellschafter zur Verfügung steht.[642] Eine Ausnahme hiervon könnte allerdings in den Auflösungsfällen des § 131 Abs. 2 HGB erwogen werden. Denn hier ist die theoretisch bestehende unbeschränkte Haftung wenigstens eines Gesellschafters durch die Masse- und Vermögenslosigkeit praktisch entwertet. Indes ist das Vertrauen des Gläubigers darauf, dass der unbeschränkt haftende Gesellschafter seine Verbindlichkeiten auch tatsächlich erfüllt, nicht geschützt.[643] Entscheidend ist allein, ob den Gläubigern ein unbeschränkt haftender Gesellschafter gegenüber steht.

2.2.1.2.2.2 Geltung drittschützender Normen über werbendes Stadium hinaus

Soll die Gesellschaft, aus welchen Gründen und in welchem Interesse auch immer,[644] „aus dem Verkehr gezogen werden", so kann die Auflösung regelmäßig nur den Beginn eines Auflösungsstadiums darstellen.[645] Denn die Gesellschaft ist, wie gezeigt, nicht nur als Vertrag zwischen den Gesellschaftern, sondern als eine gegenüber Dritten wirkende Ver-

---

Schmidt, Bd. 2, § 145, Rn. 17. Die Gegenauffassung hält die h.M. insbesondere deshalb für überholt, da diese entsprechend früherer Ansicht die Gesamthandsgemeinschaft als Sondervermögen verstehe und demzufolge bei ihrer Liquidation nur auf die Verteilung eben dieses Vermögens abstelle, vgl. insbesondere MünchKomm-HGB/*K. Schmidt*, Bd. 2, § 145, Rn. 17, § 149, Rn. 27, § 155, Rn. 2; *dens.*, ZHR 153 (1989), 270, 274 f.

642 *Kraft/Kreutz*, GesR, B IV 2 b, S. 65; vgl. E/B/J/S/*Hillmann*, HGB, Bd. 1, § 145, Rn. 1; FaK GesR/*Lehleiter*, § 145 HGB, Rn. 5, 8; *Hillers*, Personengesellschaft und Liquidation, S. 11; eingehend *Heil*, Einpersonen-Vor-GmbH, S. 133 ff.; vgl. auch *Hintzen*, Auflösung und Liquidation, S. 65. Näher zum Haftungsstatut innerhalb der aufgelösten Gesellschaft sogleich.

643 Vgl. dazu Kap. 1, 2.1.2.3.2.3.

644 Zu den einzelnen Auflösungsgründen vgl. Kap. 2, 3.5.1.1.

645 *Kraft/Kreutz*, GesR, B IV, S. 63 f.

bandsorganisation zu verstehen.[646] Sie ist Zuordnungssubjekt von Rechten und Pflichten. Als solches kann sie grundsätzlich erst entfallen, wenn ihr keinerlei Rechte und Pflichten[647] mehr zugewiesen sind,[648] d.h. diese vollständig abgewickelt oder einem anderen Rechtsträger aufgrund gesetzlicher Gesamtrechtsnachfolge angehören.[649] Im zuletzt genannten Fall der Gesamtrechtsnachfolge erfolgt die Vollbeendigung der Gesellschaft ohne vorhergehende Liquidation, so etwa bei der Verschmelzung gemäß § 20 Abs. 1, Nr. 2 UmwG, der Spaltung nach § 131 Abs. 1, Nr. 2 UmwG und der Löschung einer vermögenslosen Gesellschaft[650] nach § 131 Abs. 2, S. 1, Nr. 2 HGB. Weiterhin ist die Personengesellschaft liquidationslos vollbeendet, wenn alle Mitgliedschaftsrechte der Gesellschafter in einer Person zusammenfallen. Mögliche Fälle sind, dass alle Mitgesellschafter des allein in der Gesellschaft verbleibenden Gesellschafters ausscheiden oder ausgeschlossen werden oder alle Mitgliedschaftsrechte von einem Gesellschafter von Todes wegen oder unter Lebenden erworben werden.[651]

Findet die Auseinandersetzung statt, bleibt die Gesellschaft erhalten. Die Auflösung berührt nicht den Bestand und die Identität der Gesellschaft.[652] Bleibt die Gesellschaft bestehen und bleibt sie somit Rechts-

---

646 Vgl. *Heil*, Einpersonen-Vor-GmbH, S. 132, nach dem das Gesellschaftsvermögen zur Befriedigung der Gläubiger und Gesellschafter zunächst erhalten bleiben muss.

647 Nach h.M. ist die Gesellschaft trotz Bestehens von Gesellschaftsverbindlichkeiten vollbeendigt, so dass diese ihr fortan nicht mehr zugeordnet sein können. Dies kann hingenommen werden, weil die Gesellschafter weiterhin nach §§ 128 ff., 171 ff. HGB haften. Vgl. dazu Kap. 2, 2.2.1.2.2.2.

648 Ein vorheriger Wegfall der Gesellschaft scheidet aus, da dauerhaft subjektlose Rechte und Pflichten, wie gezeigt, nicht anerkannt sind.

649 Vgl. dazu *K. Schmidt*, GesR, § 11 V 3, S. 308 ff.

650 Dabei ist zu beachten, dass nach § 145 Abs. 3 HGB ein Liquidationsverfahren stattfinden kann, vgl. dazu MünchKomm-HGB/*K. Schmidt*, Bd. 2, § 131, Rn. 42.

651 Zum Ganzen MünchKomm-HGB/*K. Schmidt*, Bd. 2, § 131, Rn. 7; Baumbach/*Hopt*, HGB, § 145, Rn. 1; *Wiedemann*, GesR, Bd. 2, § 6 III 1 b cc, S. 556. Zur liquidationslosen Vollbeendigung von Gesellschaften vgl. bereits Kap. 1, 1.1.2.2. und Kap 1., 3.2.

652 RGZ 3, 54, 55; 123, 289, 294; BGHZ 84, 379, 381; BGH NJW 1982, 2821; BayObLG BB 2000, 1211, 1212; Staub/*Schäfer*, HGB, Bd. 3, § 131, Rn. 7; Baumbach/*Hopt*, HGB, § 145, Rn. 4; E/B/J/S/*Hillmann*, HGB, Bd. 1, § 145, Rn. 1, 11; MünchHdb/*Schmid*, Bd. 2, § 45, Rn. 98 ff.; BeckPersGesHdb/*Eberhard*, § 11, Rn. 49; *Paura*, Liquidation, S. 4, 19; *Hillers*, Personengesellschaft und Liquidation, S. 20; *Ensthaler*, Liquidation, S. 5, 90; *Dellinger*, Personengesell-

subjekt, so muss sie – wie während ihres werbenden Stadiums – die Voraussetzungen erfüllen, welche die Rechtsordnung zum Schutze etwa des redlichen Verkehrs an rechtsfähige Verbände stellt. Daher untersteht die Gesellschaft bis zu ihrer Vollbeendigung sowohl im Außen- als auch im Innenverhältnis weitgehend dem für sie vorgesehenen Recht.[653] Gemäß § 156 HGB gelten – mit Ausnahme der besonderen auflösungsbezogenen Vorschriften nach §§ 145 bis 158 HGB – sämtliche Vorschriften über die werbende Gesellschaft auch für die aufgelöste Gesellschaft.[654] Insbesondere die §§ 105 Abs. 1, 161 Abs. 1 HGB, welche die zwingenden Rechtsformmerkmale der oHG und KG enthalten, sind einschlägig.[655] Ferner finden die §§ 128 ff., 171 ff. HGB Anwendung,[656] so dass auch in der aufgelösten Personengesellschaft wenigstens ein Gesellschafter unbeschränkt sowohl für vor der Auflösung als auch im Zeitraum der Auseinandersetzung begründete Verbindlichkeiten unbeschränkt haftet.[657] Denn schließlich sind die Interessen der Gesellschaftsgläubiger an

---

schaften in Liquidation, S. 47, 78 („Identitätstheorie"); *Wiedemann*, GesR, Bd. 2, § 6 III 1 b bb, S. 554 f., 3 a, S. 567; *Kraft/Kreutz*, GesR, B IV 2, S. 64; MünchKomm-HGB/*K. Schmidt*, Bd. 2, § 145, Rn. 20; *ders.*, ZHR 153 (1989), 270, 273; *ders.*, ZHR 152 (1988), 105, 111. Zu den überholten Liquidationstheorien, der Sukzessions- sowie der Fiktionstheorie vgl. *Wimpfheimer*, Gesellschaften im Stadium der Liquidation, S. 81 ff.

653 Statt vieler *K. Schmidt*, ZHR 153 (1989), 270, 273; *Dellinger*, Personengesellschaften in Liquidation, S. 78.

654 Statt vieler MünchKomm-HGB/*K. Schmidt*, Bd. 2, § 156, Rn. 2; *ders.*, ZHR 152 (1988), 105, 111; Baumbach/*Hopt*, HGB, § 156, Rn. 1 ff.

655 So ausdrücklich MünchKomm-HGB/*K. Schmidt*, Bd. 2, § 156, Rn. 21, 37. An der Geltung der §§ 105 Abs. 1, 161 Abs. 1 HGB ist indes zu zweifeln, wenn man der h.M. in Bezug auf den Zweck der aufgelösten Gesellschaft folgt. Denn der Zweck in Form der Erreichung der Vollbeendigung anstelle des Betriebs eines Handelsgewerbes müsste konsequenterweise zum Wegfall jeglichen Gewerbebetriebs und damit ungeachtet einer Handelsregistereintragung zum Rechtsformwechsel der oHG bzw. KG in die GbR führen. Gleichwohl geht die h.M. vom Fortbestand der oHG bzw. KG aus. Vgl. dazu *Dellinger*, Personengesellschaften in Liquidation, S. 78 f.

656 Vgl. *Dellinger*, Personengesellschaften in Liquidation, S. 81; MünchKomm-HGB/*K. Schmidt*, Bd. 2, § 156, Rn. 18, 33, § 159, Rn. 7; *dens.*, ZHR 152 (1988), 105, 112; *dens.*, ZHR 153 (1989), 270, 292; Baumbach/*Hopt*, HGB, § 156, Rn. 4; *Paura*, Liquidation, S. 44 ff.; *Windbichler*, GesR, § 13, Rn. 32.

657 Vgl. MünchKomm-HGB/*K. Schmidt*, Bd. 2, § 159, Rn. 7; *dens.*, ZHR 152 (1988), 105, 121. Im Grundsatz räumt auch *Seeger*, Komplementärausscheiden, S. 132 dies ein. Dass die aufgelöste Gesellschaft einstweilen die Geschäfte fortführen und somit Verbindlichkeiten eingehen kann, ist allgemein anerkannt, vgl. BGHZ

der Erfüllung der KG-Verbindlichkeiten während der Liquidation nicht weniger bedroht als bei werbender Tätigkeit. Zum einen kann es auch im Zuge der Liquidation zu Produkthaftungs- und Verkehrsunfällen kommen. Zum anderen bergen gerade Abbruch- und Aufräumarbeiten die Gefahr von Personen- oder Umweltschäden, zu deren Ersetzung die Geschädigten oftmals auf die Inanspruchnahme eines unbeschränkt haftenden Gesellschafters angewiesen sind.[658] Neben rechtsgeschäftlichen machen also auch gesetzliche, insbesondere deliktische Verbindlichkeiten die unbeschränkte Gesellschafterhaftung erforderlich. Ferner rechtfertigt diese dem Schutz der Gläubiger dienende Haftung die im Übrigen dispositive Art der Auseinandersetzung der Gesellschaft. Ließe das Liquidationsrecht entsprechend dem Kapitalgesellschaftsrecht eine nur beschränkte Haftung der Gesellschafter zu, müsste es wie im Kapitalgesellschaftsrecht zwingend ausgestaltet sein. Nach alledem ist festzuhalten, dass eine ausschließlich aus Kommanditisten bestehende Gesellschaft auch dann nicht anerkannt ist, wenn sie aufgelöst ist.[659]

2.2.1.2.2.3 Ausnahmen der Haftungskontinuität

Haftungsrechtliche Besonderheiten der aufgelösten Gesellschaft ergeben sich zunächst aus § 159 HGB[660]. Nach § 159 Abs. 1 HGB verjähren

---

1, 324, 329 f.; BGH MDR 1959, 369; Baumbach/*Hopt*, HGB, § 149, Rn. 6; E/B/J/S/*Hillmann*, HGB, Bd. 1, § 149, Rn. 7 f. Denn die Erhaltung des Unternehmens steht nicht zwingend der Liquidation der Gesellschaft entgegen. So kann die Liquidation etwa durch Veräußerung des Unternehmens erfolgen, die aber oftmals nur sinnvoll ist, wenn der Betrieb zuvor – durch Begründung neuer Rechtsverhältnisse – erhalten wurde. Vgl. dazu *Wiedemann*, GesR, Bd. 2, § 6 III 1 b aa, S. 553, bb, S. 555; *Hillers*, Personengesellschaft und Liquidation, S. 66.

658 So zu Recht *Frey/v. Bredow*, ZIP 1998, 1621, 1623 f.

659 So schon *Geßler*, JZ 1952, 530; *Reck*, Ausscheiden aus zweigliedriger KG, S. 24; ähnlich *Frey/v. Bredow*, ZIP 1998, 1621, 1623; *Bunnemann*, Komplementärausscheiden aus KGaA, S. 31.

660 Die Regelung ist umstritten. Vgl. dazu kritisch MünchKomm-HGB/*K. Schmidt*, Bd. 2, § 159, Rn. 6 ff.; *dens.*, ZHR 152 (1988), 105 ff., *dens./Schneider*, BB 2003, 1961, 1967 f., die sich für den Zeitpunkt der Vollbeendigung als Fristbeginn aussprechen, allerdings die geltende Regelung aufgrund ihrer Bestätigung durch das Nachhaftungsbegrenzungsgesetz (BGBl I 1994, 560) als bindend anerkennen; zu § 159 HGB a.F. schon ablehnend Schlegelberger/*K. Schmidt*, HGB, § 159, Rn. 14; zur Kritik an § 159 HGB vgl. auch *Dellinger*, Personengesellschaften in Liquidation, S. 81.

die Ansprüche gegen einen Gesellschafter aus Gesellschaftsverbindlichkeiten spätestens in fünf Jahren nach Auflösung der Gesellschaft. Die Verjährungsfrist beginnt grundsätzlich mit dem Ende des Tages zu laufen, an dem die Eintragung der Auflösung in das Handelsregister erfolgt, § 159 Abs. 2 HGB. Der Vorschrift liegt das Verständnis des Gesetzgebers des 19. Jahrhunderts zugrunde, wonach der Rechtsträgerstatus und damit der mitunternehmerische Haftungsstatus der Gesellschaft mit der Auflösung beendigt war und der Verband deshalb zum Zwecke der Liquidation fingiert werden musste, soweit der Auseinandersetzungszweck es erforderte.[661] Dieses Verständnis der Auflösung, als Beendigung der Gesellschaft, erstreckte sich auch auf die Haftung ihrer Gesellschafter. Man ging davon aus, dass einzig die Abwicklung bestehender Rechtsverhältnisse Gegenstand der Abwicklung ist. Das Entstehen neuer Verbindlichkeiten der Gesellschaft in der Liquidation, für welche die Gesellschafter nach § 128 HGB hafteten, kam seinerzeit nicht in Betracht. Folglich stand keine Gesellschafterhaftung für Neuverbindlichkeiten gemäß § 128 HGB in einer aufgelösten Gesellschaft im Raum. Die Situation des Gesellschafters entsprach derer des ausgeschiedenen Gesellschafters, der mangels Gesellschaftszugehörigkeit keine Haftung für nach seinem Ausscheiden begründete Verbindlichkeiten zu befürchten hatte. Ein Problembewusstsein in Bezug auf nach der Auflösung begründete Verbindlichkeiten konnte sich also nicht entwickeln. Demgemäß war der historische Gesetzgeber lediglich darauf bedacht, sowohl dem Ausgeschiedenen als auch dem Gesellschafter der aufgelösten Gesellschaft Schutz vor einer in zeitlicher Hinsicht weitreichenden Inanspruchnahme durch die Altgläubiger zu gewähren.[662]

Ob § 159 HGB angesichts dieses entstehungsgeschichtlichen Hintergrundes unter dem heutigen Verständnis der Gesellschaft als ein auch nach ihrer Auflösung beteiligungsfähiges Rechtssubjekt bestehen kann, darf bezweifelt werden. Eine Veränderung des Haftungsstatus des Gesellschafters der aufgelösten Gesellschaft scheint gerade nicht vorzuliegen, weil der Gesellschafter anders als der Ausgeschiedene nach dessen Ausscheiden für nunmehr entstehende Verbindlichkeiten haftet.[663] Selbst wenn man die Norm als eine auflösungsbedingte haftungsrechtli-

---

661 MünchKomm-HGB/*K. Schmidt*, Bd. 2, § 156, Rn. 1 ff., § 159, Rn. 7; *Wiedemann*, GesR, Bd. 2, § 6 III 1 b bb, S. 554.

662 Zum Ganzen *K. Schmidt*, ZHR 152 (1988), 105, 108 ff., 117; vgl. auch Schlegelberger/*dens.*, HGB, § 159, Rn. 1 ff.

663 So auch *Paura*, Liquidation, S. 44 f.

che Veränderung ansieht, steht die Norm dem Grundsatz, dass wenigstens ein Personengesellschafter unbeschränkt haften muss, nicht entgegen. Denn die Norm betrifft nur die zeitliche Komponente der Haftung nicht aber den Umfang des Haftungsobjekts, auf das der Gläubiger zugreifen darf. Sie ermöglicht, den aus damaliger Sicht schon mit der Auflösung nicht mehr zur Gesellschaft gehörenden Gesellschafter nach einer gewissen Zeit von der Haftung für Verbindlichkeiten der Gesellschaft zu verschonen. Eine Abkehr von der unbeschränkten Haftung bedeutet dies jedoch nicht.

Außer durch § 159 HGB kann auch durch § 139 HGB eine auflösungsbedingte Veränderung des Haftungsstatuts auftreten.[664] Erfolgt gemäß § 139 Abs. 4 HGB die Auflösung der Gesellschaft innerhalb der in § 139 Abs. 3 HGB gesetzten Frist, unterliegt der Komplementärerbe lediglich der Kommanditistenhaftung. Diese haftungsbezogene Rechtsfolge tritt indes nicht nur bei Auflösung der Gesellschaft auf, sondern auch dann, wenn dem Komplementärerben die Stellung des Kommanditisten seitens der übrigen Gesellschafter eingeräumt wird. Die Haftungsveränderung kann demnach auch innerhalb des werbenden Stadiums erfolgen und ist keine Besonderheit des Wechsels in die Liquidation. Ferner berührt auch diese Vorschrift nicht den Grundsatz, dass wenigstens ein unbeschränkt haftender Gesellschafter in der Personengesellschaft vorhanden sein muss.[665]

Die Behauptung, die Auflösung wegen Wegfalls des einzigen Komplementärs führe zu einer Veränderung der Haftung und damit zu einer Diskontinuität der Haftung, trifft nicht zu.[666] Eine solche Einschätzung widerspricht den dargelegten dogmatischen Grundsätzen, ohne dafür eine Begründung zu liefern, die sich nicht bloß in der Betonung des Schutzes der Kommanditisten vor unbeschränkter Haftung erschöpft. Eine Ausnahme von einem anerkannten, über Jahre gewachsenen Grundsatz,

---

664 *Dellinger*, Personengesellschaften in Liquidation, S. 81 f.

665 Zu § 139 HGB insbesondere zu der Frage, ob die Norm de lege lata eine Gesellschaft erlaubt, die infolge des Ausscheidens des einzigen Komplementärs ausschließlich aus Kommanditisten besteht, vgl. Kap. 2, 2.4. Eine derartige Deutung der Vorschrift ist schon deshalb abzulehnen, weil der Gesetzgeber diese nicht bedacht hat und deshalb weiter vom Grundsatz der unbeschränkten Haftung ausgeht. Denn hätte er das nicht auf § 139 HGB beschränkte Problem des Ausscheidens des einzigen Komplementärs erkannt, hätte er diesbezüglich eine allgemeine Regel geschaffen und es nicht bei einer unmittelbar nur auf den Erbfall anwendbaren Ausnahmevorschrift belassen.

666 Anders aber offensichtlich *Paura*, Liquidation, S. 46 ff., 190.

hier die Diskontinuität der Haftung anstelle der Haftungskontinuität der Gesellschaft und damit der Gesellschafter in der Liquidation, ist aber nur angängig, wenn eine tragfähige Begründung gegeben wird. Diese muss eine der juristischen Techniken der Rechtsfortbildung, wie etwa den Analogieschluss oder die teleologische Reduktion enthalten. Solange eine Begründung nicht gegeben wird, ist eine nur aus Kommanditisten bestehende Gesellschaft nicht anzuerkennen.

Es ist mithin festzuhalten, dass sowohl die werbende als auch die aufgelöste Gesellschaft einer rechtlich anerkannten Rechtsform zugewiesen ist. Die KG ist bis zum Eintritt ihrer Vollbeendigung KG und unterliegt einem im Wesentlichen homogenen Rechtsstatut. Sowohl für die aufgelöste als auch für die werbende Personengesellschaft gilt deshalb der Grundsatz der unbeschränkten Haftung wenigstens eines Gesellschafters.[667] Deshalb kann die Auflösung der Gesellschaft nicht die Rechtsfolge des Ausscheidens des einzigen Komplementärs sein.[668]

2.2.1.3 Keine Auflösung wegen Wegfalls einer Normativbestimmung

Nach dem Ansatz *K. Schmidts* soll § 131 HGB um einen Auflösungsgrund erweitert werden. Eine Handelsgesellschaft soll auch dann aufgelöst sein, wenn einer ihrer Normativbestimmungen, die ihren Rechtsträgerstatus voraussetzen, wegfällt.

2.2.1.3.1 Begriffe

2.2.1.3.1.1 Handelsgesellschaft als Rechtsträger

Handelsgesellschaften sind die oHG und die KG gemäß der Überschrift des zweiten Buches des HGB, die AG und die KGaA nach §§ 3 Abs. 1, 278 Abs. 3 AktG sowie die GmbH gemäß § 13 Abs. 3 GmbHG.[669] Nach § 1 EWIV-VO gilt auch die EWiV als Handelsgesellschaft. Bei der Partenreederei ist dies umstritten. Die überwiegende Meinung versteht sie unter Verweis auf § 489 Abs. 2 HGB nicht als solche.[670] Alle diese Gesell-

---

667 Im Ergebnis so auch *Geßler*, JZ 1952, 530; *Reck*, Ausscheiden aus zweigliedriger KG, S. 24; *Frey/v. Bredow*, ZIP 1998, 1621, 1623.

668 Vgl. auch *Schlottmann*, Komplementärwegfall, S. 45.

669 Vgl. auch *Wiedemann*, GesR, Bd. 1, § 2 I 2 a, S. 96.

670 Für einen Überblick vgl. MünchHdb/*Bote/Weipert*, Bd. 1, § 87, Rn. 30 m.w.N.

schaften sind Rechtsträger. Für die oHG und die KG ergibt sich dies aus §§ 124, 161 Abs. 3 HGB, für die EWIV schon aus Art. 1 Abs. 2 EWIV-VO. Der AG, der KGaA und der GmbH spricht die Rechtsordnung weitgehende Rechtsfähigkeit in ihrer Eigenschaft als juristische Personen zu.[671]

2.2.1.3.1.2 Normativbestimmung

Der Begriff Normativbestimmung steht im Zusammenhang mit der Erlangung der Rechtsfähigkeit juristischer Personen. Diese kann nach drei Systemen erfolgen, dem der freien Körperschaftsbildung[672], dem Konzessions-[673] sowie dem Registrierungssystem[674], das auch System der Normativbestimmungen heißt.[675]

---

671 So etwa *Reiff*, Haftungsverfassungen, S. 28; zur Rechtsfähigkeit der juristischen Person vgl. grundlegend *v. Tuhr*, BGB AT, Bd. 1, § 32, S. 455 ff.

672 Danach tritt Rechtsfähigkeit durch Erfüllung des Tatbestands der Vereinigung mehrerer Personen in körperschaftlicher Verfassung zu einem gemeinsamen Zweck ein. Der Staat ist hier – bis auf die normative Setzung des zu erfüllenden Tatbestands – weder unmittelbar noch mittelbar an der Entstehung der Rechtsfähigkeit beteiligt. Vgl. dazu *Enneccerus/Nipperdey*, BGB AT, Hbbd. 1, § 106 III 1, S. 637 f.; *Gierke*, PrivatR, Bd. 1, S. 488 f., der diese Art der Erlangung der Rechtsfähigkeit mit der einer natürlichen Person, die durch Geburt Rechtsfähigkeit erlangt, vergleicht; eingehend auch *K. Schmidt*, GesR, § 8 II 5 a, S. 192; *Kraft/Kreutz*, GesR, B I 4 b cc, S. 41 f.

673 Hierzu, wonach die Rechtsfähigkeit von einer staatlichen Erlaubnis abhängt, die entweder bei Vorliegen bestimmter Voraussetzungen erteilt werden muss, sog. gebundene Konzession, oder im Ermessen der Behörde steht, sog. freie Konzession, vgl. bereits Kap. 1, 2.1.2.2; ferner *Gierke*, PrivatR, Bd. 1, S. 490 f.; *Wiedemann*, GesR, Bd. 1, § 4 II 1 b, S. 206 f.; *K. Schmidt*, GesR, § 8 II 5 c bb, S. 194 f.; *Windbichler*, GesR, § 25, Rn. 26.

674 Danach entsteht die juristische Person durch Eintragung im Handels-, Vereins- oder Genossenschaftsregister. Anlässlich dieser Eintragung kontrolliert der Staat, ob die formellen und materiellen Voraussetzungen der Erlangung der Rechtsfähigkeit erfüllt sind. Durch Eintragung wird die Entstehung des Rechtssubjekts für jedermann offenkundig gemacht. Vgl. *Wiedemann*, GesR, Bd. 1, § 4 II 1 c, S. 207; *Gierke*, PrivatR, Bd. 1, S. 489 f.; *Enneccerus/Nipperdey*, BGB AT, Hbbd. 1, § 106 III 3, S. 638.

675 Terminologie nach *Wiedemann*, GesR, Bd. 1, § 4 II 1, S. 206 f. Die Dreiteilung der Systeme zur Erlangung der Rechtsfähigkeit juristischer Personen geht auf *Gierke* sowie *Enneccerus* zurück, vgl. *Gierke*, PrivatR, Bd. 1, S. 488 ff.; *Enneccerus/Nipperdey*, BGB AT, Hbbd. 1, § 106 III, S. 637 ff.; vgl. auch *v. Tuhr*, BGB AT, Bd. 1, § 33 I, S. 466 f.; *Haupt/Reinhardt*, GesR, § 4 III 4, S. 24 f.; *Lehmann*,

Nach Auffassung *K. Schmidts* stehen die drei Systeme nicht in einem Exklusivitätsverhältnis, sondern kommen zum Teil gleichzeitig zur Anwendung, da sie unterschiedliche Elemente betreffen. So sei zwischen den Fragen, welches Verfahren zur Entstehung der juristischen Person durchlaufen werden müsse (formelles Element) und welche Voraussetzungen die Organisation zur Entstehung der juristischen Person erfüllen müsse (materielles Element), zu unterscheiden.[676] Erfülle der Verband bestimmte Normativbestimmungen, so erfordere die Erlangung der Rechtsfähigkeit zusätzlich regelmäßig die Mitwirkung des Staates in Form der Registrierung oder der Verleihung.[677] Bestimmte gesetzliche Voraussetzungen müssten auch nach dem System der freien Körperschaftsbildung erfüllt werden. Allerdings sei in formeller Hinsicht keine Mitwirkung des Staates durch einen administrativen oder registerrechtlichen Konstitutivakt nötig. Es handele sich um ein System, das eine in formeller Hinsicht freie, in materieller Hinsicht jedoch rechtsgebundene Bildung der juristischen Person ermögliche.[678]

Dieses System, nach dem der Eintritt der Rechtsfähigkeit einzig die Erfüllung von Normativbestimmungen erfordert, lässt sich auf die Gesamthandsgesellschaft übertragen.[679] Denn auch dort setzt die Rechtsfähigkeit voraus, dass bestimmte materiellrechtliche Voraussetzungen erfüllt sind. So ist die Gesamthandsgesellschaft rechtsfähig, wenn die Gesellschaft selbst entsprechend dem Gesellschaftsvertrag durch ihre Organe am Rechtsverkehr teilnimmt. Sie besteht dann in der Rechtsform der (Außen-)GbR.[680] Eines staatlichen Verleihungs- oder Registrierungsakts bedarf es nicht.[681] Die unbeschränkte Haftung wenigstens eines Gesamthandsgesellschafters rechtfertigt das Fehlen eines staatlichen

---

GesR, § 4 IV III 1, S. 29; *Windbichler*, GesR, § 25, Rn. 26 f.; *Kießling*, Vorgründungs- und Vorgesellschaft, S. 131 ff.; *Reuter*, Mitbestimmung, S. 16.

676 *K. Schmidt*, GesR, § 8 II 5 a, S. 192; *ders.*, Verbandszweck, S. 58 ff.

677 Vgl. dazu näher *K. Schmidt*, GesR, § 8 II 5, S. 193 ff.

678 *K. Schmidt*, Verbandszweck, S. 60 f.

679 So auch *K. Schmidt*, GesR, § 8 II 5 b, S. 193 f., 5 c cc, S. 195; *ders.*, ZHR 153 (1989), 270, 279, dortige Fn. 51; missverständlich *Schlottmann*, Komplementärwegfall, S. 50 f.

680 Statt vieler MünchKomm-BGB/*Ulmer*, Bd. 5, § 705, Rn. 303 ff. Die (rechtsfähige) Gesellschaft besteht als oHG, wenn sie ein kaufmännisches Gewerbe gemäß § 1 HGB betreibt oder nach §§ 2, 3, 105 Abs. 2 HGB in das Handelsregister eingetragen ist, MünchKomm-HGB/*K. Schmidt*, Bd. 2, § 123, Rn. 3 f., § 124, Rn. 2; vgl. *dens.*, GesR, § 8 II 5 b, S. 193 f.

681 So auch *Schlottmann*, Komplementärwegfall, S. 50.

Akts und der dadurch bewirkten Publizität insbesondere über die Haftungsverhältnisse der Gesellschaft.[682] Dies zeigt einmal mehr, dass die Einführung einer Gesamthandsgesellschaft ohne unbeschränkt haftenden Gesellschafter mit der Änderung bestehender Vorschriften, hier mit solchen bezüglich der Entstehung der Rechtsfähigkeit, einhergehen muss. Ließe man eine „Kommanditistengesellschaft“ zu, so müsste das System der freien Körperschaftsbildung durch das Konzessions- oder Registrierungssystem ersetzt werden.

2.2.1.3.2 Wegfall einer Normativbestimmung

2.2.1.3.2.1 Wegfall eines Merkmals der Rechtsfähigkeit

Normativbestimmungen sind also die Voraussetzungen für den Eintritt der Rechtsfähigkeit eines Verbands. Fällt eine dieser Voraussetzungen nachträglich fort, so ist die Gesamthandsgesellschaft vollbeendet und damit nicht mehr Rechtsträger. Dies ist, wie gezeigt, zum einen der Fall, wenn es an zwei Gesellschaftern fehlt, etwa weil einer von beiden nach § 736 Abs. 1 BGB ausgeschieden ist und sämtliche Aktiva und Passiva auf den verbleibenden Gesellschafter übergehen. Zum anderen tritt Vollbeendigung mit dem Ende der gemeinsamen Zweckverfolgung gemäß dem Gesellschaftsvertrag ein. Letzteres liegt vor, wenn die Gesellschaft nach §§ 730 ff. BGB oder auf eine andere Art auseinandergesetzt ist.[683]

2.2.1.3.2.2 Wegfall eines Merkmals der Rechtsform

Dagegen sollten die weiteren Begriffsmerkmale der einzelnen Rechtsformen, in denen eine Gesamthandsgesellschaft bestehen kann, entgegen der Meinung *K. Schmidts*[684] nicht als Normativbestimmungen be-

---

682 Vgl. *K. Schmidt*, GesR, § 8 II 5 c cc, S. 195.

683 Vgl. dazu statt vieler MünchKomm-BGB/*Ulmer/Schäfer*, Bd. 5, § 730, Rn. 63 ff. Die Auflösung markiert noch nicht das Ende der Zweckverfolgung, vgl. Kap. 2, 2.2.1.2.2.1.

684 Vgl. *K. Schmidt*, GesR, § 11 III 1, S. 294 f., der einerseits die Begriffsmerkmale Komplementär, Freiberuflereigenschaft der natürlichen Person in der PartG nach § 1 Abs. 1 PartGG sowie Betrieb eines Seeschiffes bei der Partenreederei gemäß § 489 HGB als Normativbestimmungen bezeichnet und anderseits von Normativbestimmungen im Zusammenhang mit der Rechtsträgereigenschaft und dem „ins Leben [T]reten“ der Personengesellschaft spricht. Vgl. auch *Schlottmann*, Komplementärwegfall, S. 52 der meint, das „System der Norma-

zeichnet werden. Denn die Merkmale, wie etwa Handelsgewerbe, Komplementär oder Kommanditist sind nicht Voraussetzung für die Rechtsträgerschaft der Gesamthandsgesellschaft, sondern lediglich für ihre Rechtsform.[685] Das Hinzukommen oder der Wegfall dieser Merkmale hat, wie gezeigt, keinerlei Auswirkungen auf die Gesellschaft in ihrer Eigenschaft als Rechtsträger. Fallen Rechtsformmerkmale einer Gesellschaft ersatzlos weg, wandelt sie sich unter Wahrung ihrer Identität in die Rechtsform um, deren Voraussetzungen sie nunmehr erfüllt.[686] So ist die KG etwa bei Ausscheiden des einzigen Kommanditisten nicht mehr KG, sondern oHG.[687] Sie bleibt aber Handelsgesellschaft sowie – und dies ist zu betonen – rechtsfähige Gesamthandsgesellschaft. Voraussetzungen ihres Rechtsträgerstatus fallen also nicht fort. Vielmehr ist die Gesellschaft weiterhin als Gesamthandsgesellschaft rechtsfähig, weil sie selbst entsprechend dem Gesellschaftsvertrag durch ihre Organe am Rechtsverkehr teilnimmt.[688]

Die Auflösung der Gesellschaft aufgrund Wegfalls eines Begriffsmerkmals kann auch nicht an den Beispielen der PartG sowie der Partenreederei begründet werden. Der Verweis *K. Schmidts* auf das Merkmal der ausschließlichen Gesellschaftszugehörigkeit freiberuflich tätiger Gesellschafter in der PartG geht schon deshalb fehl, weil das Gesetz den gegen dieses Merkmal verstoßenden Gesellschafter nach § 9 Abs. 3 PartGG ausscheiden lässt und gerade nicht die Auflösung der Gesellschaft anordnet.[689] Die Auflösung der PartG tritt vielmehr in Fällen nach

---

tivbestimmungen" sei nur bei einem derartigen Verständnis „sinnvoll auf das Personengesellschaftsrecht [zu] erstrecken".

685 In diesem Sinne auch *Schlottmann*, Komplementärwegfall, S. 51.

686 Vgl. dazu Kap. 1, 2.2.1.1.

687 Allgemeine Auffassung, statt aller BGH BB 1968, 230; OLG Hamm OLGZ 1977, 53, 54; Koller/Roth/Morck/*Koller*, HGB, § 105, Rn. 35; E/B/J/S/*Wertenbruch*, HGB, Bd. 1, § 105, Rn. 87; *Michalski*, HGB, § 105, Rn. 40.

688 In diesem Sinne auch *Frey/v. Bredow*, ZIP 1998, 1621, 1623, dortige Fn. 14, der den Fortbestand der Rechtssubjektivität der aufgelösten Gesellschaft nach §§ 156, 124 HGB betont; ähnlich *Schlottmann*, Komplementärwegfall, S. 51, der zu Recht darauf hinweist, dass die Rechtsfähigkeit aller Personengesellschaften (genauer: aller rechtfähigen Gesamthandsgesellschaften) bei Vorliegen der Normativmerkmale, die schon für die GbR gelten, gegeben sei.

689 So zutreffend *Schlottmann*, Komplementärwegfall, S. 55; zu der Rechtsfolge des Ausscheidens vgl. MünchKomm-BGB/*Ulmer*, Bd. 5, § 9 PartGG, Rn. 18 ff.; Meilicke/*Hoffmann*, PartGG, § 9, Rn. 21 ff.

§ 9 Abs. 1 PartGG i.V.m. § 131 Abs. 1 HGB ein.[690] Dagegen ist die Partenreederei gemäß § 506 Abs. 1 HGB aufgelöst, wenn die Mitreeder beschließen, das Schiff zu veräußern. Allerdings beruht die Auflösung in diesem, wie auch im Fall des Schiffsverlusts nicht auf dem Wegfall eines Begriffsmerkmals der Partenreederei, sondern auf dem Unmöglichwerden der Gesellschaftszweckerreichung i.S.d. § 726 BGB.[691] Zudem erscheint die spezielle Rechtsform der Partenreederei wenig tauglich, Grundlage eines allgemeinen personengesellschaftsrechtlichen Grundsatzes der Auflösung bei Wegfall eines Begriffsmerkmals zu sein.[692] Schließlich scheidet eine derartige Ausstrahlungswirkung dieser Rechtsform wegen ihrer geplanten Abschaffung aus.

Es ist damit festzuhalten, dass anders als bei Wegfall einer Normativbestimmung der Fortfall eines Rechtsformmerkmals anerkanntermaßen nicht zur Auflösung und Vollbeendigung und auch nicht zum Untergang der Rechtsfähigkeit der Gesellschaft führt.[693] Daran kann sich auch dann nichts ändern, wenn der Wegfall eines Begriffsmerkmals durch den Wegfall einer Normativbestimmung umetikettiert wird. Es bleibt bei dem bereits festgestellten Ergebnis, dass die Auflösung wegen der nach § 156 HGB angeordneten Fortdauer des (Haftungs-)Rechts der KG zumindest keine Alternative zu dem nachträglichen Rechtsformzwang sein kann. Folglich ist die Auffassung, wonach der Wegfall einer Normativbestimmung zur Auflösung der Gesellschaft führt, nicht auf den Fall des Ausscheidens des einzigen Komplementärs zu übertragen.

2.2.2 „Kommanditistengesellschaft"

In der Personengesellschaft muss wenigstens ein Gesellschafter unbeschränkt haften. Wie gezeigt, muss dies zum Schutz der Gläubiger auch in der Personengesellschaft i.L. gelten.[694] Die Absorptionsfunktion des Rechtsformzwangs sichert daher auch hier den Grundsatz der unbeschränkten Haftung, indem sie jeden Verband, der nicht (mehr) die Vor-

---

690 Meilicke/*Hoffmann*, PartGG, § 9, Rn. 69 ff.; MünchKomm-BGB/*Ulmer*, Bd. 5, § 9 PartGG, Rn. 6.

691 Näher insbesondere hinsichtlich des Rückriffs auf den Auflösungsgrund aus § 726 BGB *Schlottmann*, Komplementärwegfall, S. 55 f.; vgl. MünchHdb/*Bote/Weipert*, Bd. 1, § 93, Rn. 5 f.

692 So auch *Schlottmann*, Komplementärwegfall, S. 56.

693 Vgl. dazu auch Kap. 2, 2.2.1.2.

694 Vgl. dazu Kap. 2, 2.2.1.2.2.2.

aussetzungen einer speziellen Rechtsform erfüllt, den Grundformen der GbR oder der oHG zuweist.[695] Die Auffassung der Rechtsprechung sowie der h.L. missachtet diese Wirkungsweise des Rechtsformzwangs sowie den ihm zu Grunde liegenden numerus clausus der Rechtsformen. Denn sie kommen zu dem Ergebnis, dass eine Kommanditistengesellschaft i.L. bzw. eine KG i.L. ohne Komplementär, also jedenfalls eine Personengesellschaft ohne unbeschränkt haftenden Gesellschafter, besteht. Die Bezeichnung der Gesellschaft ohne Komplementär als KG i.L. ist schon deshalb bedenklich, weil danach eine KG sowohl aus Kommanditisten und Komplementären als auch nur aus Kommanditisten bestehen kann. Der Rechtsform der KG werden somit alternative Voraussetzungen unterstellt, was zum Nachteil der Gläubiger der erforderlichen Rechtsklarheit widerspricht. Ferner kann die Verwendung des Rechtsformzusatzes wie etwa „Kommanditistengesellschaft" infolge analoger Anwendung des § 19 Abs. 2 HGB nicht den Rechtsformzwang oder den numerus clausus des Gesellschaftsrechts ersetzen bzw. erweitern.[696] Denn einer Analogie zu § 19 Abs. 2 HGB bei Fehlen eines unbeschränkt

---

695 Vgl. dazu Kap. 1, 2.2.1.1. Für einen Rechtsformzwang sowohl bei werbenden als auch bei aufgelösten Gesellschaften auch *Frey/v. Bredow*, ZIP 1998, 1621, 1623 f., dortige Fn. 15, nach denen nur für das österreichische Recht bei Straube/*Koppensteiner*, HGB², § 177, Rn. 1 durch den Satz „Denn das Vorhandensein zumindest eines unbeschränkt haftenden Gesellschafters ist unabdingbare Voraussetzung einer (werbenden) KG (vgl § 161 Rz 7)." ausdrücklich erklärt wird, dass der Komplementär nur bei der werbenden KG zwingendes Rechtsformmerkmal ist. An anderer Stelle bezeichnet Straube/*Koppensteiner*, HGB², § 161, Rn. 7 den Komplementär als Voraussetzung der KG, ohne zwischen werbender und aufgelöster Gesellschaft zu unterscheiden, so dass i.E. nicht von einer ausdrücklichen Anerkennung der „Kommanditistengesellschaft i.L." auszugehen ist. Ausdrücklich ablehnend gegenüber einer nur aus Kommanditisten bestehenden aufgelösten KG *Geßler*, JZ 1952, 530 sowie *Reck*, Ausscheiden aus zweigliedriger KG, S. 24, die daraus allerdings unterschiedliche Schlüsse im Hinblick auf die Rechtsfolge des Ausscheidens des einzigen Komplementärs ziehen. *Reck*, Ausscheiden aus zweigliedriger KG, S. 29 ff. hält die Umwandlung der KG in die oHG und die unbeschränkte Haftung der ehemaligen Kommanditisten für gerechtfertigt. Dagegen meint *Geßler*, JZ 1952, 530, die Ausschließung des einzigen Komplementärs nach § 140 HGB sei nicht möglich, da es keine Personengesellschaft ohne unbeschränkt haftenden Gesellschafter gebe und die Umwandlung in die oHG den Interessen der Kommanditisten widerspräche.

696 Zweifel an ausreichendem Gläubigerschutz durch den Rechtsformzusatz äußert auch *Schlottmann*, Komplementärwegfall, S. 98 f.

haftenden Gesellschafters steht schon der im Rahmen der Analogie zu berücksichtigende Sinn und Zweck des HGB entgegen, wonach eine Personengesellschaft ohne unbeschränkt haftenden Gesellschafter gerade nicht anerkannt ist.

2.2.2.1 Vereinbarung unbeschränkter Haftung nicht oHG-Voraussetzung

Angesichts der Grundsätze des numerus clausus sowie der nachträglichen Rechtsformverfehlung kann der Rechtsformwechsel der KG in die oHG bei Ausscheiden des einzigen Komplementärs entgegen des Urteils des OLG Hamm[697] nicht daran scheitern, dass die Kommanditisten die unbeschränkte Haftung aus § 105 Abs. 1 HGB ausgeschlossen haben. Denn die Vereinbarung unbeschränkter Haftung ist nicht Voraussetzung der oHG. Deren Tatbestand ist vielmehr erfüllt, wenn wenigstens zwei Personen in Mitunternehmerschaft ein Handelsgewerbe betreiben.

2.2.2.2 Unabhängigkeit des Rechtsformzwangs von Gesellschafterreaktion

Die Annahme der h.M., es bestehe auch im Falle des Ausscheidens des letzten Komplementärs eine KG, entspricht nicht dem numerus clausus der Gesellschaftsformen, nach dem eine KG wenigstens einen Komplementär aufweisen muss. Sie missachtet die Wirkungsweise des nachträglichen Rechtsformzwangs. Die entgegen anerkannter Grundsätze erfolgende Differenzierung zwischen werbendem und aufgelöstem Stadium ist nicht zu begründen und auch nicht gerechtfertigt. Denn der automatische Formwechsel infolge nachträglicher Rechtsformverfehlung setzt gerade nicht voraus, dass die Gesellschaft werbend fortgeführt wird bzw. die Liquidation nicht betrieben wird. Dieser wie auch der numerus clausus müssen im Interesse der Gläubiger sowohl im werbenden als auch im aufgelösten Stadium der Gesellschaft gelten.[698] Wenn es weder eine KG noch – wie der BGH selbst bemerkt – eine sonstige Handelsgesellschaft ohne unbeschränkt haftenden Gesellschafter gibt, kann die Gesellschaft im Zeitpunkt des Ausscheidens nur oHG sein.

---

697 Vgl. OLG Hamm ZIP 1984, 180, 181.

698 So auch *Bunnemann*, Komplementärausscheiden aus KGaA, S. 29 f.

Ebenso abzulehnen ist die im Kern der Meinung der Rechtsprechung gleich kommende und auf *Bork/Jacoby* zurückgehende Auffassung, wonach der Rechtsformzwang nur im Falle eines Fortsetzungsbeschlusses der Gesellschafter oder bei Verstreichen lassen einer dreimonatigen „Reaktionsfrist" eintritt, in der mit dem Beginn der Abwicklung der Gesellschaft zu beginnen ist.[699] Wie die Rechtsprechung widersprechen *Bork/Jacoby* auch hier den anerkannten Grundsätzen des Rechtsformzwangs, ohne dafür eine tragfähige Argumentation zu liefern. Dem numerus clausus ist nach allgemeiner Meinung nur dann entsprochen, wenn die Gesellschaft stets einer anerkannten Rechtsform zugeordnet ist, also zu keiner Zeit eine Gesellschaft besteht, welche die gesetzlich zwingenden Anforderungen missachtet. Daher kann einzig das Vorliegen der entsprechenden Begriffsmerkmale dafür entscheidend sein, ob sich die rechtsformverfehlende Gesellschaft in die Grundformen der GbR bzw. oHG oder in eine speziellere Rechtsform umwandelt.[700] Denn andernfalls bestünde bis zum Ablauf des Reaktionszeitraums und bei fristgerechtem Beginn der Abwicklung sogar darüber hinaus ein Verband mit rechtlich nicht anerkannten Rechtsformmerkmalen. Dementsprechend können die Gesellschafter dem Rechtsformwechsel nicht dadurch entgehen, dass sie sich gegen die Fortführung der Gesellschaft aussprechen und ihre Liquidation betreiben. Dies gilt im Übrigen unabhängig vom Willen der Gesellschafter, die Gesellschaft in einer bestimmten Rechtsform zu betreiben. Denn die Gestaltungsfreiheit der Gesellschafter umfasst lediglich die Gründung der Gesellschaft, nicht aber die Wahl ihrer Rechtsform. Folglich kann der Rechtsformzwang den Gesellschaftern sehr wohl auch dann eine nicht gewollte Rechtsform auferlegen, wenn sie sich an die zur Wahl gestellten Rechtsformen halten wollen.[701]

Etwas anderes ergibt sich auch nicht aus der von *Bork/Jacoby* gezogenen Parallele zur Rechtsform der Vor-GmbH. Diese Vorgesellschaft entsteht im Zeitpunkt des Abschlusses des GmbH-Gesellschaftsvertrags (§§ 2 f. GmbHG),[702] sofern die Gesellschafter die Absicht haben, die Ge-

---

699 Im Ergebnis so auch *Schlottmann*, Komplementärwegfall, S. 82 ff.

700 Dies verkennt auch *Schlottmann*, Komplementärwegfall, S. 78, wenn er es für noch denkbar hält, „dass sich die formwechselnde Umwandlung des Rechtsträgers nicht unmittelbar nach Wegfall des einzigen Komplementärs vollzieht, sondern in gewisser Weise suspendiert ist."

701 Vgl. dagegen die Formulierung bei *Bork/Jacoby*, ZGR 2005, 611, 615.

702 Allgemein dazu und zum Erfordernis der notariellen Beurkundung i.S.d. § 128 BGB nach § 2 Abs. 1, S. 1 GmbHG Roth/Altmeppen/*Roth*, GmbHG, § 2, Rn. 22

sellschaft als GmbH in das Handelsregister eintragen zu lassen.[703] Die Vor-GmbH ist Rechtsform sui generis.[704] Der nachträgliche Wegfall der Eintragungsabsicht allein führt jedoch nicht zur Umwandlung der Vor-GmbH in eine GbR oder oHG infolge nachträglicher Rechtsformverfehlung. Der Formwechsel bleibt aus, sofern die Gesellschafter die Liquidation betreiben.[705] Die Gesellschaft ist nach Fortfall der Eintragungsab-

---

ff.; *Wicke*, GmbHG, § 11, Rn. 1; *Grunewald*, GesR, 2 F, Rn. 11, 35; *Kraft/Kreutz*, GesR, B I 5 b, S. 43; *Deiß*, Verlustdeckungshaftung, S. 9.

703 Fehlt die Eintragungsabsicht, entsteht aufgrund anfänglicher Rechtsformverfehlung der (echten) Vor-GmbH eine sog. unechte Vor-GmbH. Diese ist keine Rechtsform sui generis, sondern je nach Bestehen und Umfang des Gewerbebetriebs GbR oder oHG, vgl. dazu BGHZ 22, 240, 244 f.; 51, 30, 32; 152, 290 ff.; BFH NJW 1998, 2926, 2927; BSG DStR 2000, 744, 745; Ulmer/*Ulmer*, GmbHG, Bd. 1, § 11, Rn. 6, 26; FaK GesR/*Schauer*, § 11 GmbHG, Rn. 4, 10; Sudhoff/*Ihrig*, GmbH & Co. KG, § 11, Rn. 15; *Ehses*, Gründerhaftung, S. 43; *Servatius*, NJW 2001, 1696, 1697; *Boujong*, NZG 2003, 497, 500; *Heidinger*, GmbHR 2003, 189, 192; *Schwarz*, ZIP 1996, 2005, 2006; *Lousanoff*, NZG 2008, 490.

704 BGHZ 21, 242, 246; 45, 338, 347; 51, 30, 32; 72, 45, 48 f.; 80, 129, 132; 117, 323, 326; 134, 333, 336; BGH NJW 2000, 1193, 1194; Baumbach/Hueck/*Hueck/Fastrich*, GmbHG, § 11, Rn. 6; Scholz/*K. Schmidt*, GmbHG, Bd. 1, § 11, Rn. 24; Michalski/*Funke*, GmbHG, Bd. 1, § 11, Rn. 43; *Wicke*, GmbHG, § 11, Rn. 3; *Wiedemann*, GesR, Bd. 1, § 3 I 1 a, S. 146; *Kraft/Kreutz*, GesR, B I 5 b, S. 44; Sudhoff/*Ihrig*, GmbH & Co. KG, § 11, Rn. 15; Oppenländer/Trölitzsch/*St. Oppenländer*, GmbH-Geschäftsführung, § 4, Rn. 4; *Ehses*, Gründerhaftung, S. 9 ff.; *Deiß*, Verlustdeckungshaftung, S. 12; *Lousanoff*, NZG 2008, 490; *Raab*, WM 1999, 1596, 1600; zum Problemkreis der Rechtsnatur der Vor-GmbH vgl. eingehend *Schaffner*, Vorgesellschaft, S. 54 ff.; Roth/Altmeppen/*Roth*, GmbHG, § 11, Rn. 39; *A. Schröder*, Einmann-Vorgesellschaft, S. 155 ff.

705 BGHZ 152, 290 ff.; Ulmer/*Ulmer*, GmbHG, Bd. 1, § 11, Rn. 27; Roth/Altmeppen/*Roth*, GmbHG, § 11, Rn. 58 f.; *Peetz*, GmbHR 2003, 933, 934; vgl. *Eisenhardt/Wackerbarth*, GesR I, § 38, Rn. 700 f.; *Theobald*, Vor-GmbH und Gründerhaftung, S. 51; *Windbichler*, GesR, § 21, Rn. 33. Unter welchen Voraussetzungen im Einzelnen noch von einer echten und schon von einer unechten Vor-GmbH auszugehen ist, bedarf hier keiner Klärung. Denn entscheidend ist lediglich, dass jedenfalls der Fortfall der Eintragungsabsicht allein nicht den Rechtsformzwang in GbR oder oHG auslöst. Für eine Übersicht der Auffassungen zum Fortfall der Eintragungsabsicht und zum den Rechtsformzwang hindernden Betreiben der Liquidation vgl. *Schlottmann*, Komplementärwegfall, S. 81; auch *K. Schmidt*, oHG, S. 284 ff.; *Murawo*, Unechte Vorgesellschaft, S. 45 ff.

sicht weiterhin echte Vor-GmbH, wenngleich in Liquidation.[706] Eine Änderung der Rechtsform erfolgt also nicht. Damit ist die Aufgabe der Eintragungsabsicht kein Fall des Wegfalls einer Rechtsformvoraussetzung und demzufolge nicht mit dem Wegfall des letzten Komplementärs aus der KG zu vergleichen.[707]

Schließlich scheint es zweifelhaft zu sein, dass der nachträgliche Wegfall der Eintragungsabsicht überhaupt ein Auflösungsgrund ist. Nach Auffassung des BGH müssen die Gesellschafter der Vor-GmbH „die Geschäftstätigkeit sofort einstellen und die Vorgesellschaft abwickeln"[708] und damit die Auflösung wohl eher selbst gemäß § 60 Abs. 1, Nr. 2 GmbHG beschließen.[709] Das Erfordernis eines Beschlusses, der in das Handelsregister einzutragen ist, sorgt für Transparenz und verhindert, dass der Zeitpunkt der Aufgabe der Eintragungsabsicht bzw. allgemein des Scheiterns der Eintragung nicht festzustellen ist.[710] Es wird damit vermieden, dass Unklarheiten über die Haftungslage der Gesellschafter, die vom Bestehen der Aufgabe der Eintragungsabsicht abhängig ist, bestehen.[711] Überdies spricht gegen eine Auflösung der Gesellschaft kraft Gesetzes, dass diese nicht geboten ist. Denn zum einen stellt die Be-

---

706 BGH NJW 2008, 2441, 2442; NJW 1998, 1079, 1080; besonders deutlich *M. Scholz*, Haftung im GmbH-Gründungsstadium, S. 101, der einen Vergleich zur KG zieht, die auch im Stadium der Liquidation KG und nicht oHG sei; *Ganssmüller*, GmbHR 1963, 101; *ders.*, GmbHR 1970, 170, 172; Roth/Altmeppen/*Roth*, GmbHG, § 11, Rn. 58 f.; *Murawo*, Unechte Vorgesellschaft, S. 45; *Müther*, MDR 2001, 366, 370; vgl. Ulmer/*Ulmer*, GmbHG, Bd. 1, § 11, Rn. 27; Scholz/*K. Schmidt*, GmbHG, Bd. 1, § 11, Rn. 143.

707 Ähnlich *Schlottmann*, Komplementärwegfall, S. 81, 84 ff.

708 BGHZ 152, 290 ff.

709 So ausdrücklich *M. Scholz*, Haftung im GmbH-Gründungsstadium, S. 76; so wohl auch *Peetz*, GmbHR 2003, 933, 936; ebenso *Heidinger*, GmbHR 2003, 189, 193; *Frey*, ZGR 1988, 281, 285. Nach *Schlottmann*, Komplementärwegfall, S. 82 f. beruht die Auflösung der Vor-GmbH auf dem Unmöglichwerden des Gesellschaftszwecks nach § 726, Alt. 2 BGB bzw. auf dem Fortfall der Funktion ihrer Rechtsform sui generis. Für § 726 BGB analog bei Ablehnung der Registereintragung schon Baumbach/Hueck/*Hueck/Fastrich*, GmbHG, § 11, Rn. 30; allgemein bei Scheitern der Gründung so auch *Servatius*, NJW 2001, 1696, 1698; ebenso *Müther*, MDR 2001, 366, 370.

710 Auf die schwierige Feststellbarkeit des entsprechenden Zeitpunkts verweist *Heidinger*, GmbHR 2003, 189, 193.

711 Zu Einzelheiten der Gesellschafterhaftung in der Vor-GmbH vgl. Baumbach/Hueck/*Hueck/Fastrich*, GmbHG, § 11, Rn. 23 ff., 45 ff., 66; Roth/Altmeppen/*Roth*, GmbHG, § 11, Rn. 49 ff.

schlussfassung für die Gesellschafter keine unzumutbare Belastung dar, weil sie zur Vermeidung der unbeschränkten Haftung nach §§ 128 ff. HGB (analog) ohnehin Liquidationsmaßnahmen ergreifen müssen. Zum anderen sind die Gläubiger nicht benachteiligt, denn ihnen steht im Falle des Ausbleibens der Liquidation eine werbende GbR oder oHG gegenüber, welche die gesellschaftsrechtlichen Anforderungen an den Gläubigerschutz gänzlich erfüllen.

2.3 Teleologische Reduktion von § 131 Abs. 3 HGB

Das Lösungskonzept der Autoren *Frey* und *v. Bredow* besteht einerseits aus der teleologischen Reduktion der Ausscheidensgründe nach § 131 Abs. 3 HGB und andererseits in der Erweiterung der Auflösungsgründe der KG um den Fall des Ausscheidens des einzigen Komplementärs aus der Gesellschaft.

2.3.1 Vorteil der Tatbestandsanknüpfung

Das Konzept hat den Vorteil, dass der Fortfall des einzigen Komplementärs nach § 131 Abs. 3 HGB nicht erfolgt und damit die Begriffsmerkmale der KG bis zum Eintritt ihrer Vollbeendigung gegeben sind. Das Eintreten des Rechtsformzwangs infolge nachträglicher Rechtsformverfehlung mitsamt seinen Folgeproblemen bleibt somit aus.

2.3.2 Regelungs- und Begründungsdefizite

2.3.2.1 Regelungsdefizite

Frey und *v. Bredow* beschränken sich darauf, die Vorschrift des § 131 Abs. 3 HGB teleologisch zu reduzieren. Zu den weiteren Ausscheidensfällen insbesondere nach §§ 139, 140 HGB nehmen sie keine Stellung.[712] Es ist unklar, ob dadurch ausgedrückt werden soll, dass es in diesen Fällen zu einem Ausscheiden des Komplementärs und damit zu

712 Zu Recht kritisiert *Schlottmann*, Komplementärwegfall, S. 106 f. diese eingeschränkte Betrachtung.

einer Umwandlung in die oHG kommen soll,[713] oder ob schlicht die fehlende Auseinandersetzung mit den übrigen Ausscheidensgründen Grund für ihre Nichtberücksichtigung ist. Im letzteren Falle bestünde ein Regelungsdefizit. Im anderen Falle läge der Ansatz einer notwendigen Differenzierung zwischen den einzelnen Ausscheidensgründen vor. Es wird noch zu zeigen sein, ob die Rechtsfolge der unbeschränkten Haftung der Kommanditisten bei jedem Ausscheidensgrund unbillig ist.

Schließlich bleibt offen wie die Fortgeltung der Gesellschaftsbeteiligung gemäß § 161 Abs. 1 HGB gewährleistet werden soll, wenn die einzige Komplementärgesellschaft infolge ihrer Liquidation vollbeendet ist.[714] Denn in diesem Fall kann sich das Ausscheiden des Komplementärs nicht erst aus § 131 Abs. 3 HGB, sondern bereits daraus ergeben, dass nur Rechtssubjekte Gesellschafter sein können.[715] Es kommt hinzu, dass anders als bei § 131 Abs. 3, S. 1, Nr. 1 HGB[716] das Bestehen der Komplementärstellung nicht durch einen Rechtsnachfolger gesichert werden kann, weil nach Vollbeendigung der Gesellschaft keine Rechte und Pflichten bestehen, die Gegenstand eines Vermögensübergangs sein können.[717] Die teleologische Reduktion des § 131 Abs. 3 HGB passt daher insoweit nicht.[718]

---

713 Jedenfalls werden *Frey/v. Bredow* angesichts ihrer Kritik an der h.M. in diesen Fällen wohl nicht von einer aufgelösten Gesellschaft ausschließlich bestehend aus Kommanditisten ausgehen.

714 Dies kritisiert auch *Schlottmann*, Komplementärwegfall, S. 106 f.

715 Vgl. Kap. 1, 1.1.2.2.3.1.

716 Im Falle des § 131 Abs. 3, S. 1, Nr. 1 HGB ist die Rechtsnachfolge gesichert, da jedenfalls der Staat gemäß § 1936 BGB erbt, wenn kein anderer Erbe vorhanden ist. Dem steht nicht die Mutmaßung von *Schlottmann*, Komplementärwegfall, S. 106 f. entgegen, wonach die Gesellschaftsbeteiligung des Staates und daher dessen Anspruch auf den Liquidationserlös (§ 155 HGB) bzw. den Abfindungsanspruch (§ 738 Abs. 1, S. 2 BGB) von den Kommanditisten „nicht ernsthaft gewollt sein kann".

717 Vgl. Kap. 1, 1.1.2.2.3.1.

718 Dies erkennt auch *Schlottmann*, Komplementärwegfall, S. 106 f.; ebenso *Zattler*, Gesellschaftsverträge in GmbH & Co. KG, S. 211.

2.3.2.2 Begründungsdefizite

2.3.2.2.1 Fehlende Begründung des Auflösungsgrundes

Neben einem möglichen Regelungsdefizit weist das Konzept der Autoren *Frey* und *v. Bredow* zudem Begründungsdefizite auf. Denn wie weite Teile der h.M. erläutern die Autoren nicht, weshalb die KG im Falle des Ausscheidens des einzigen Komplementärs aufgelöst ist.[719] Zwar ist zutreffend, dass die Haftung der Kommanditisten nach §§ 128, 130 HGB deshalb nicht in Betracht kommen dürfe, weil es sich bei Kommanditisten nach dem gesetzlichen Leitbild um Anlagegesellschafter handele, die erstens den Geschäftserfolg der KG und zweitens die meisten der in § 131 HGB genannten Ausscheidensgründe schlechterdings nicht beeinflussen könnten. Würde sich die KG ohne weiteres in die oHG umwandeln, hätten die Kommanditisten ein nicht nur kaum, sondern gar nicht vermeidbares Haftungsrisiko zu tragen, da sie die in § 131 Abs. 3, S. 1, Nr. 1-4 HGB genannten Ausscheidensgründe überhaupt nicht beeinflussen können. Die rechtliche Konstruktion eines Auflösungsgrundes, etwa mittels analoger Anwendung einer Norm, ist dadurch jedoch nicht gegeben. Schließlich verlangt sowohl die teleologische Reduktion als auch die Analogie die eingehende Auseinandersetzung mit Sinn und Zweck der entsprechenden Norm.[720] Die bloße Annahme, § 131 Abs. 3 HGB sei

---

719 Dies kritisiert *Seeger*, Komplementärausscheiden, S. 78; vgl. auch Staub/*Schäfer*, HGB, Bd. 3, § 131, Rn. 112.

720 Zum Sinn und Zweck als insofern maßgeblichen Prüfungspunkt statt aller *Larenz*, Methodenlehre der Rechtswissenschaft, S. 333 ff., 366. Zur Frage, ob § 131 Abs. 3 HGB teleologisch reduziert und ein Auflösungsgrund durch Analogie angenommen werden kann vgl. Kap. 2, 3. Oetker/*Kamanabrou*, HGB, § 131, Rn. 18 meint, es fehle schon an einer die teleologische Reduktion voraussetzenden verdeckten Regelungslücke. Im Ergebnis ebenso *Schlottmann*, Komplementärwegfall, S. 105 f., nach dem bei Nichtanwendung des § 131 Abs. 3 HGB die Rechtsfolgen des § 131 HGB a.F. gelten würden, so dass dem gesetzgeberischen Regelungsziel der Unternehmenskontinuität widersprochen würde. I.d.S. bereits *Eckardt*, NZG 2000, 449, 454. Vgl. ferner MünchHdb/*Klein/Lindemeier*, Bd. 2, § 40, Rn. 11, nach denen Sinn und Zweck des § 131 Abs. 3, S. 1, Nr. 1 HGB darin bestehen, die Gesellschaft ausschließlich mit den überlebenden Gesellschaftern und ohne Beteiligung und damit ohne Entscheidungsgewalt und Haftung der Komplementärerben fortzuführen. Im Ergebnis ebenfalls ablehnend MünchKomm-HGB/*K. Schmidt*, Bd. 2, § 131, Rn. 55, 64; *ders.*, JZ 2003, 585, 595; vgl. auch E/B/J/S/*Lorz*, HGB, Bd. 1, § 131, Rn. 30.

teleologisch zu reduzieren, genügt insbesondere dann nicht, wenn Zweifel an der Vereinbarkeit der Reduktion mit dem Sinn und Zweck des Gesetzes bestehen.[721]

Zudem können diese Zweifel entgegen *Frey* und *v. Bredow* nicht erst bei der Frage nach der Umsetzbarkeit eines etwaigen Fortsetzungsbeschlusses zum Tragen kommen. Denn die ratio legis des § 131 HGB ist bereits bei der Prüfung der Voraussetzungen der teleologischen Reduktion des § 131 Abs. 3 HGB und der Erweiterung der Auflösungsgründe durch Analogie zu untersuchen.[722] Lässt der Gesetzeszweck keine Reduktion sowie Analogie zu, bleibt es bei dem durch Auslegung der Norm erzielten Subsumtionsergebnis,[723] so dass der Komplementär aus der Gesellschaft ausscheidet. Zu der von den beiden Autoren problematisierten Blockade der werbenden Fortsetzung der KG seitens des Komplementärs kommt es erst gar nicht.

2.3.2.2.2 Einflussverlust des Komplementärs nur Folge des § 131 Abs. 3 HGB

Auch in der Sache kann die Einschätzung nicht überzeugen, der Verbleib des Komplementärs in der KG stehe dem HRefG dann entgegen, wenn dieser die Fortsetzung der Gesellschaft blockiere und damit die weitere Liquidation erzwinge.[724] Denn sie macht eine bloße Rechtsfolge des § 131 Abs. 3 HGB zum Zweck der Norm. Zwar sieht das Gesetz vor, dass der Gesellschafter aus den Gründen des § 131 Abs. 3 HGB aus der KG ausscheidet und infolge dessen die Rechte und Pflichten verliert, an Gesellschafterbeschlüssen, etwa über die Auflösung, mitzuwirken. Die Entziehung dieser Mitwirkungsrechte und -pflichten ist indessen nicht Grund für das Ausscheiden, denn keiner der in § 131 Abs. 3 HGB geregelten gesetzlichen Ausscheidensgründe bezweckt einen derartigen

---

721 *Frey/v. Bredow*, ZIP 1998, 1621, 1624 selbst räumen ein, dass der Verbleib des Komplementärs in der KG die Fortsetzung der Gesellschaft entgegen dem Anliegen des HRefG erschweren kann.

722 Zu den Voraussetzungen beider Rechtsinstitute, insbesondere zur Bedeutung der ratio legis, vgl. Kap. 1, 1.1.2.2.2., Kap. 1, 1.1.2.2.3, Kap. 2, 3.3. und Kap. 2, 3.5.

723 Die Grenze der Auslegung bildet der mögliche Wortsinn des § 131 Abs. 3 HGB, vgl. *v. Tuhr*, BGB AT, Bd. 1, Einl, S. 40; *T. I. Schmidt*, JuS 2003, 649, 651. Da dieser keine Differenzierung zwischen jeglichem und dem einzigen Komplementär zulässt, kommt es danach in beiden Fällen zum Ausscheiden.

724 Dazu etwa *Seeger*, Komplementärausscheiden, S. 78 ff., 83 m.w.N.

Ausschluss des Komplementärs. Die Trennung von Gesellschafter und Gesellschaft hat vielmehr andere Gründe, die – wie dargestellt – im Interesse der Insolvenz- oder Privatgläubiger des Gesellschafters (§ 131 Abs. 3, S. 1, Nr. 2 und 4 HGB) oder des Gesellschafters selbst (§ 131 Abs. 3, S. 1, Nr. 3 HGB) sind. § 131 Abs. 3, S. 1, Nr. 1 HGB will zwar die Erben von der Mitwirkung in der Gesellschaft ausschließen, doch hat dies angesichts des Grundsatzes der Unternehmenskontinuität eben nur für die Beteiligung an der werbenden Gesellschaft zu gelten.[725] Sind diese Interessen durch die Auflösung an Stelle des Ausscheidens gewahrt, ist kein Grund ersichtlich, den Komplementär von den Entscheidungsprozessen auszuschließen. Er ist ein vollwertiges Mitglied des Verbandes, das wie jeder seiner Mitgesellschafter[726] gegen diese stimmen und somit die Auflösung der KG verhindern kann.[727] Missbräuchlichem Blockieren oder Erzwingen von Entscheidungen stehen die gesellschaftsrechtliche Treuepflicht und die Strafgesetze entgegen.[728] Realisiert der in der aufgelösten KG verbleibende Komplementär sein „gefährliches Verhinderungspotential“[729], etwa indem er die für die Fortführung des Unternehmens erforderliche Aufnahme eines neuen Komplementärs ablehnt, sind die Kommanditisten zudem auf die Ausschließung nach § 140 HGB zu verweisen.

2.4 § 139 Abs. 4 HGB analog

Die Annahme *Schlottmanns*, bei Ausscheiden des einzigen Komplementärs aus der KG entstehe eine oHG bzw. GbR, respektiert den bestehenden numerus clausus der Rechtsformen sowie die Absorptionsfunkti-

---

725 Zur Nichtanwendung des § 131 Abs. 3, S. 1, Nr. 1 HGB in der aufgelösten Gesellschaft vgl. Staub/*Schäfer*, HGB, Bd. 3, § 131, Rn. 110; E/B/J/S/*Hillmann*, HGB, Bd. 1, § 156, Rn. 12; Henssler/Strohn/*Klöhn*, HGB, § 131, Rn. 40; i.d.S. wohl auch MünchHdb/*Klein/Lindemeier*, Bd. 2, § 40, Rn. 9.

726 Dies räumen auch *Frey/v. Bredow*, ZIP 1998, 1621, 1625 ein.

727 Die Belegung des in der KG verbleibenden Komplementärs bzw. dessen Erben mit einem Stimmverbot bei Fortsetzungsbeschlüssen hält *Schlottmann*, Komplementärwegfall, S. 105 f. wegen der untrennbaren Verbundenheit von Mitgliedschaft und Stimmrecht nach §§ 717 BGB, 105 Abs. 3, 161 Abs. 2 HGB für unzulässig. Im Ergebnis so auch *Seeger*, Komplementärausscheiden, S. 82, der auf die gesetzlichen Sonderfälle eines Stimmverbots hinweist.

728 Zur Treuepflicht vgl. BGH DB 1979, 1836.

729 So die Formulierung bei *Eckardt*, NZG 2000, 449, 454.

on des nachträglichen Rechtsformzwangs. Die Rechtsfortbildung zum Schutz der Kommanditisten beschränkt sich danach auf die Haftungsverhältnisse der oHG bzw. GbR. Im Unterschied zu den übrigen Lösungsansätzen bleiben die Kommanditisten nach Auffassung *Schlottmanns* in bestimmten Konstellationen vollumfänglich von der unbeschränkten Haftung verschont, wohingegen in anderen Fällen ihre unbeschränkte Haftung eintritt.

2.4.1 Rechtsformwechsel in GbR bei KG kraft Eintragung

Schlottmann geht davon aus, dass sich die KG, die nur kraft Eintragung nach § 105 Abs. 2 HGB KG ist, bei Wegfall ihres einzigen Komplementärs nicht in eine oHG, sondern in eine GbR umwandelt.[730] Ausgangspunkt dieser zutreffenden Annahme ist der nachträgliche Rechtsformzwang, wonach jede Gesellschaft GbR ist, sofern sie nicht die Voraussetzungen einer spezielleren Rechtsform aufweist. Eine oHG liegt daher nur dann vor, wenn sie entweder ein Handelsgewerbe nach §§ 105 Abs. 1, 1 Abs. 2 HGB betreibt oder nach § 105 Abs. 2, S. 1 HGB im Handelsregister eingetragen ist.

Bei einer Gesellschaft, die kraft Eintragung KG ist, kann beim Ausscheiden des einzigen Komplementärs wegen Fehlens des Handelsgewerbes nur eine Umwandlung in eine oHG kraft Eintragung in Betracht kommen. Allerdings umfasst die Eintragung der Firma in das Handelsregister jene des Rechtsformzusatzes gemäß § 19 Abs. 1, Nr. 2 HGB.[731] Diesbezügliche Änderungen sind ebenfalls einzutragen.[732] Dies sorgt für Publizität zum Schutz des Rechtsverkehrs.[733] An der Eintragung als oHG

---

730 *Schlottmann*, Komplementärwegfall, S. 109 ff.

731 MünchKomm-HGB/*Langhein*, Bd. 2, § 106, Rn. 3; MünchKomm-HGB/*Heidinger*, Bd. 1, § 19, Rn. 13 ff.; E/B/J/S/*Zimmer*, HGB, Bd. 1, § 19, Rn. 8 ff.; BGHZ 44, 286, 287; *Giehl*, MittBayNot 1998, 293, 297.

732 Vgl. MünchKomm-HGB/*Langhein*, Bd. 2, § 107, Rn. 3, 10 m.w.N.; Baumbach/*Hopt*, HGB, § 107, Rn. 1; E/B/J/S/*Märtens*, HGB, Bd. 1, § 107, Rn. 5, 9, nach denen die Rechtsform der oHG infolge ihrer Umwandlung aus der KG als neue Rechtsform i.S.d. § 106 HGB anmeldepflichtig und daher einzutragen ist.

733 Zur Eintragung der oHG im Handelsregister zum Schutz des Rechtsverkehrs bei Umwandlung der KG in die oHG vgl. schon BGH NJW 1977, 383 f.; OLG Hamm NJW 1977, 648; ferner *Wessel*, BB 1969, 885, 887 f.; *Veismann*, BB 1971, 975, 976.

im Handelsregister, insbesondere durch Vermerk eines entsprechenden Rechtsformzusatzes, fehlt es der Gesellschaft, aus welcher der einzige Komplementär ausgeschieden ist. Eine automatische Umwandlung in die oHG kann somit nicht erfolgen. Die Gesellschaft kann nur GbR sein.[734]

2.4.2 Regelungslücke

Eine Analogie zu § 139 Abs. 4 HGB setzt wie jede Analogie das Bestehen einer Gesetzeslücke voraus. Das Gesetz ist lückenhaft, wenn es eine Unvollständigkeit aufweist, die nicht dem Gesetzesplan entspricht. Es fragt sich also, ob der Gesetzgeber eine Regelung zum Schutz der Kommanditisten vor unbeschränkter Haftung infolge des Ausscheidens des einzigen Komplementärs lediglich versäumt hat oder bewusst nicht schaffen wollte. *Schlottmann* behauptet mit Verweis auf *Larenz*[735] schlicht, dass der Eintritt der unbeschränkten Haftung ohne das Zutun der Kommanditisten nach der Teleologie des Gesetzes eine Regelung zu deren Schutz erforderlich mache.[736] Damit nimmt er der Prüfung des gesetzlichen Regelungsplans ein Ergebnis zu Gunsten der Kommanditisten vorweg.[737] Entgegen *Schlottmann* ist vielmehr bereits an dieser Stelle zu erörtern, ob der Sinn und Zweck des Gesetzes eine Regelung zum Schutz der Kommanditisten erfordert.

2.4.2.1 Teleologie des HGB

Zu berücksichtigen ist dabei der Sinn und Zweck des einzelnen Gesetzes, in dem die Einfügung einer Regelung in Betracht kommt, und nicht der Telos anderer Gesetzes bzw. der Rechtsordnung insgesamt.[738] Denn

---

734 Dagegen *Freund*, Rechtsformwechsel, S. 144 f., nach der sich die KG kraft Eintragung bei Veränderung der Haftungsverhältnisse in eine oHG kraft Eintragung umwandelt, weil sich beide Rechtsformen hinsichtlich der Eintragung nicht unterscheiden.

735 *Larenz*, Methodenlehre der Rechtswissenschaft, S. 377.

736 *Schlottmann*, Komplementärwegfall, S. 112.

737 Vgl. in diesem Zusammenhang BVerfG NJW 1990, 1593, 1594, das die Wertung des Gesetzes nicht nur zur Ausfüllung, sondern bereits zur Feststellung der Lücke betont.

738 *Larenz*, Methodenlehre der Rechtswissenschaft, S. 375 ff., der den Begriff der Rechtslücke kritisiert, wonach die Lücke nicht schon nach Maßstab des einzelnen Gesetzes, sondern erst gemessen an der Rechtsordnung insgesamt rege-

die Rechtsordnung unterliegt keiner bestimmten Regelungsabsicht bzw. keinem einheitlichen Gesamtplan, weil sie in stetiger Bewegung ist. Zwar gilt „für alle Regeln einer Rechtsordnung die Forderung der logischen Widerspruchslosigkeit, der sachlichen Vereinbarkeit und der Übereinstimmung der Wertungen“, doch lassen sich aufgrund zeitlichen Abstands zwischen den einzelnen Vorschriften „Wertungswidersprüche nicht immer völlig vermeiden“.[739]

2.4.2.2 Haftungsbeschränkung zum Schutz vor unbeschränkter Haftung

Ist lediglich das Gesetz, dessen Reichweite im Wege der Analogie ausgeweitet werden soll, Maßstab der Teleologie, dann liegt eine Gesetzeslücke nur vor, wenn das die KG regelnde HGB nach seinem Sinn und Zweck eine Vorschrift zum Schutz der Kommanditisten vor unbeschränkter Haftung verlangt. Eine derartige Zweckrichtung des HGB unterstellt, kann der Schutz sämtlicher Kommanditisten nur dadurch gewährleistet werden, dass die Kommanditisten weiterhin und dauerhaft beschränkt haften. Diese Alternativlosigkeit ergibt sich daraus, dass die unbeschränkte und die beschränkte Haftung grundsätzlich die einzig denkbaren Haftungsmodelle sind, wenngleich sie im Einzelnen differenziert ausgestaltet sein können. Wenn keine unbeschränkte Haftung besteht, dann kann die Haftung also nur – in irgendeiner Weise – beschränkt sein. Haften die Gesellschafter dagegen unbeschränkt, scheidet eine Haftungsbeschränkung aus. Folglich sind nur solche Rechtsfortbildungen sachgerecht, die auf Dauer zum Fortbestand der beschränkten Haftung der Kommanditisten führen.

Damit erweisen sich mehrere von *Schlottmann* vorgetragene Lösungskonzepte als untauglich. Angesichts des Interesses jedes Kommanditisten an der Haftungsbeschränkung ist zunächst die Umwandlung der oHG bzw. GbR in die KG nicht geeignet, um die „endgültige Enthaf-

---

lungsplanwidrig sein soll. So wird die Auffassung vertreten, dass wegen der Bindung des Richters an Gesetz und Recht gemäß Art. 20 Abs. 3 GG die gesamte Rechtsordnung den Bewertungsmaßstab für die Lückenfeststellung darstellen müsse, vgl. *Canaris*, Lücken im Gesetz, S. 37 ff.; *Würdinger*, AcP 206 (2006), 946, 950 f.; im Ergebnis so auch *Looschelders/Roth*, Juristische Methodik, S. 282, nach denen „Rechtsnormen des betrachteten Gesetzes selbst oder [andere Teile] der Gesamtrechtsordnung“ als Maßstab zu berücksichtigen sind.

739 *Larenz*, Methodenlehre der Rechtswissenschaft, S. 376 f.

tung“[740] zu erreichen. Denn die Beschränkung der Haftung eines jeden Kommanditisten ist gerade nicht gewährleistet. Vielmehr setzt dieses Mittel voraus, dass die Kommanditisten den Eintritt der unbeschränkten Haftung wenigstens eines Gesellschafters aushandeln. In der Regel wird keiner der Kommanditisten als Einziger bereitwillig die unbeschränkte Haftung übernehmen;[741] dies zu Recht, denn jeder einzelne ist im Hinblick auf sein Haftungsstatut schutzwürdig, jedenfalls nicht weniger schutzwürdig als der jeweils andere.[742]

Der weitere Vorschlag *Schlottmanns*, wonach den Kommanditisten die Einsetzung einer von ihnen selbst gegründeten GmbH als Komplementärin[743] oder die Umwandlung der GbR bzw. oHG in eine Kapitalgesellschaft[744] zugemutet werden könne, kann ebenfalls keine Alternative zur unbeschränkten Haftung sein. Denn auch hier haften die Kommanditisten durch die Pflicht zur Aufbringung des Stammkapitals gemäß § 19 GmbHG summenmäßig über den Betrag ihrer Einlage hinaus mit ihrem gesamten Vermögen. Ferner droht jedem Kommanditisten eine darüber hinausgehende Haftung nach § 24 GmbHG, wenn die jeweils anderen Kommanditisten der Kapitalaufbringungspflicht nicht nachkommen.

Es könnte allerdings die Gründung einer Unternehmergesellschaft (haftungsbeschränkt)[745] als Komplementärin in Betracht zu ziehen sein. Auch die UG kann nämlich grundsätzlich Komplementärin sein.[746] Bezüglich der UG-Komplementärin ohne Kapitalanteil und ohne Gewinnbeteiligung wird aber eine Ausnahme hiervon unter dem Aspekt diskutiert, dass diese die ihr nach § 5a Abs. 3 GmbHG zugedachte Aufgabe der

---

740 So *Schlottmann*, Komplementärwegfall, S. 161, der die Umwandlung in die KG anstelle der Haftungsbeschränkung infolge des Antrags auf Einräumung der Kommanditistenstellung nach § 139 Abs. 1 HGB anwendet.

741 So auch *Seeger*, Komplementärausscheiden, S. 61.

742 Zur Schutzwürdigkeit der Kommanditisten sogleich.

743 Vgl. *Schlottmann*, Komplementärwegfall, S. 163.

744 Vgl. *Schlottmann*, Komplementärwegfall, S. 151 ff., 169 ff.

745 Diese ist bloß Sonderform der GmbH, besteht also in der Rechtsform der GmbH, vgl. RegE MoMiG BT-Drs. 16/6140, S. 31 re. Sp. („Rechtsformvariante“); Michalski/*Miras*, GmbHG, Bd. 1, § 5a, Rn. 4; Baumbach/Hueck/*Fastrich*, GmbHG, § 5a, Rn. 7; *Wicke*, GmbHG, § 5a, Rn. 3; *Heckschen*, DStR 2009, 166, 169. Im Folgenden wird statt Unternehmergesellschaft (haftungsbeschränkt) das Kürzel UG verwendet.

746 OLG Hamm DNotZ 2011, 230, 236; KG NZG 2009, 1159; Michalski/*Miras*, GmbHG, Bd. 1, § 5a, Rn. 98; Baumbach/Hueck/*Fastrich*, GmbHG, § 5a, Rn. 36; *Seeger*, Komplementärausscheiden, S. 63.

Bildung von Rücklagen nicht nachkommen kann.[747] Die Gründung einer UG scheidet also per se schon vielfach aus, sofern man eine derart eingeschränkte Komplementärfähigkeit der UG annimmt. Ungeachtet dessen ist die Kapitalaufbringung in der UG leicht möglich, denn der Geschäftsanteil eines Gesellschafters muss lediglich auf 1 € lauten (§§ 5a Abs. 1, 5 Abs. 2, S. 1 GmbHG). Allerdings kann bei materieller Unterkapitalisierung eine Durchgriffshaftung der UG-Gesellschafter, im vorliegenden Fall also der Kommanditisten, nicht ausgeschlossen werden.[748] Ein zu geringes Stammkapital birgt zudem die Gefahr einer Insolvenz der UG und bei nicht rechtzeitigem Stellen des Insolvenzantrags nach § 15a InsO Haftungs- und Strafbarkeitsrisiken.[749] Die Eröffnung des Insolvenzverfahrens führt dann zum Ausscheiden der Gesellschaft aus der KG (§ 131 Abs. 3, S. 1, Nr. 2 HGB) und damit zur Neuauflage des Wegfalls der einzigen Komplementärin. Um all diesem sicher zu entgehen, müssen die Kommanditisten also letztlich doch ein nicht unerhebliches Stammkapital aufbringen, wobei mangels insoweit eingreifender UG-spezifischer Kapitalaufbringungsregeln das herkömmliche GmbH-Recht gilt,[750] also insbesondere die o.g. Haftung der Kommanditisten nach §§ 19, 24 GmbHG. Schließlich ist die Vorschrift des § 5a GmbHG durch die Verpflichtung zur Schaffung von Rücklagen darauf angelegt, dass die UG ihre Besonderheit hinsichtlich des Stammkapitals früher oder später aufgibt, indem sie eine Rücklage in Höhe von 25.000 € bildet, und so sämtlichen Voraussetzungen einer herkömmlichen GmbH entspricht.[751]

---

747 Vgl. dazu die Darstellungen bei Baumbach/Hueck/*Fastrich*, GmbHG, § 5a, Rn. 36 m.w.N.; *Wicke*, GmbHG, § 5a, Rn. 19; *Veil*, GmbHR 2007, 1080, 1084; *Stenzel*, NZG 2009, 186 ff.

748 Vgl. eingehend Michalski/*Miras*, GmbHG, Bd. 1, § 5a, Rn. 17, 22 ff.; Roth/Altmeppen/*Roth*, GmbHG, § 5a, Rn. 23; dagegen kritisch Baumbach/Hueck/*Fastrich*, GmbHG, § 5a, Rn. 29 m.w.N.; *Wicke*, GmbHG, § 5a, Rn. 5.

749 Michalski/*Miras*, GmbHG, Bd. 1, § 5a, Rn. 26 ff.; Baumbach/Hueck/*Fastrich*, GmbHG, § 5a, Rn. 30; *Römermann*, NZI 2008, 641, 643; *Drygala*, NZG 2007, 561 ff.

750 Vgl. RegE MoMiG BT-Drs. 16/6140, S. 31 re. Sp., wonach alle Vorschriften des GmbH-Rechts auf die UG Anwendung finden, soweit § 5a GmbHG nicht etwas anderes bestimmt. Deshalb gilt etwa auch die Haftungsbeschränkung aus § 13 Abs. 2 GmbHG für die UG.

751 Vgl. *Wicke*, GmbHG, § 5a, Rn. 4; Michalski/*Miras*, GmbHG, Bd. 1, § 5a, Rn. 119; *Joost*, ZIP 2007, 2242, 2245. Dabei erfolgt wegen der Rechtsformidentität von GmbH und UG kein Formwechsel im Rechtssinne, vgl. Baumbach/Hueck/*Fastrich*, GmbHG, § 5a, Rn. 32; Michalski/*Miras*, GmbHG, Bd. 1, § 5a, Rn. 11; *Veil*, GmbHR 2007, 1080, 1081.

Es widerspräche daher der gesetzgeberischen Intention, nach Ausscheiden des einzigen Komplementärs eine UG als Komplementärin zu installieren.

Schließlich können auch ausländische Rechtsformen Komplementär sein, wie etwa die englische private company limited by shares (limited).[752] Eine Haftung der Gesellschafter für Verbindlichkeiten der limited gegenüber Dritten besteht grundsätzlich nicht, sofern dies in den Gründungsformularen angegeben ist.[753] Der Gründungsaufwand ist zudem gering, da die Aufbringung eines bestimmten Mindestkapitals nicht erforderlich ist.[754] Allerdings gilt auch hier, dass eine allzu zurückhaltende Kapitalausstattung der Gesellschaft das Risiko ihrer Insolvenz erzeugt, diese also bei Eröffnung des Insolvenzverfahrens als einzige Komplementärin aus der KG ausscheidet. Ferner dürfen sich die in der Regel unternehmerisch unbedarften Kommanditisten ihrer Haftungsbeschränkung keineswegs gewiss sein. Denn das ihnen wohl kaum geläufige und ausdifferenzierte englische Haftungsrecht sieht in verschiedenen Fällen die unbeschränkte Haftung von Gesellschaftern und Geschäftsführern vor.[755] Auch die Gründung einer limited sollte Ihnen somit nicht zugemutet werden.

Schließlich können die Kommanditisten auch nicht auf die Möglichkeit der Aufnahme einer natürlichen Person als Neukomplementär verwiesen werden. Denn dies liegt, wie schon das Ausscheiden des Komplementärs, außerhalb des Einflussbereichs der Kommanditisten. Wie der Komplementär entscheidet auch ein Nicht-Gesellschafter letztlich allein darüber, ob er an der Gesellschaft beteiligt sein will.[756] Daher birgt die Verpflichtung zur fristgemäßen Aufnahme eines neuen Komplementärs, wie schon das Ausscheiden des einzigen Komplementärs, die Gefahr der unbeschränkten Haftung ohne Einflussnahme der Kommanditisten. Es droht also ein Ergebnis, dass gerade vermieden werden soll. Schützt demnach nur der Fortbestand der beschränkten Haftung die

---

752 So in Bezug auf die limited BayObLG NJW 1986, 3029, 3030; OLG Frankfurt DNotZ 2008, 860; MünchHdb/*Levedag*, Bd. 2, § 57, Rn. 29.

753 Vgl. *Just*, Limited, Rn. 91.

754 Dazu *Just*, Limited, Rn. 211 f.

755 Für einen Überblick hierzu und zur Anwendbarkeit englischen Rechts auf die in Deutschland tätige limited vgl. *Schall*, DStR 2006, 1229 ff.; *Just*, Limited, Rn. 92, 171 ff.

756 *Seeger*, Komplementärausscheiden, S. 108 bezweifelt die Bereitwilligkeit eines Dritten, neuer Komplementär zu werden.

Kommanditisten, müsste dies auch dem Sinn und Zweck des HGB entsprechen.

2.4.2.3 Keine allseitige Haftungsbeschränkung durch § 139 HGB

2.4.2.3.1 Grundsatz der unbeschränkten Haftung

Es ist zu bezweifeln, dass der von *Schlottmann* als Grundlage der Rechtsfortbildung vorgeschlagene § 139 HGB den Kommanditisten eine allseitige Haftungsbeschränkung gewähren und sie damit vor der unbeschränkten Haftung schützen kann. Denn der Fortbestand der beschränkten Haftung steht bei gleichzeitigem Ausscheiden des einzigen Komplementärs im Widerspruch zu dem fundamentalen Grundsatz des Rechts der Personengesellschaften, dass wenigstens ein Gesellschafter unbeschränkt haftet.[757] Dieser gilt sowohl für die werbende als auch für die aufgelöste Personengesellschaft.[758] *Schlottmann* missachtet dies, wenn er die Haftungsbeschränkung der Kommanditisten bei Auflösung der GbR bzw. oHG fortbestehen lässt[759] und dadurch faktisch eine Kommanditistengesellschaft i.L. anerkennt. Der Zeitraum, in dem kein Gesellschafter unbeschränkt haftet, erstreckt sich dann nicht nur über drei Monate[760] (§ 139 Abs. 3 HGB), sondern bis zum Eintritt der Vollbeendigung der Gesellschaft. Zudem widerspricht er sich, wenn er einerseits einer Kommanditistengesellschaft ablehnend gegenüber steht,[761] andererseits aber das so erzielte „haftungsrechtliche Ergebnis der h.M.“[762] akzeptiert, ohne dafür eine tragfähige Begründung zu liefern.[763]

2.4.2.3.2 Haftungssystem des § 139 HGB

Die unbeschränkte Haftung ist Rechtsfolge des Tatbestands der Gesellschaft, deren Bestehen sich auf den gemeinschaftlich gewollten Gesell-

---

757 Vgl. Kap. 1, 2.1.2.3.2.

758 Vgl. Kap. 2, 2.2.1.2.2.2.

759 Vgl. *Schlottmann*, Komplementärwegfall, S. 151 ff.

760 Von drei Monaten geht aber *Schlottmann*, Komplementärwegfall, S. 129 aus.

761 Vgl. *Schlottmann*, Komplementärwegfall, S. 21 ff., 101 f.

762 *Schlottmann*, Komplementärwegfall, S. 102.

763 So betont *Schlottmann*, Komplementärwegfall, S. 131, dass insbesondere § 139 Abs. 4 HGB analog nicht Rechtsgrundlage der Anerkennung einer „Personengesellschaft mbH“ sein könne.

schaftsvertrag gründet. Zunächst entspricht es somit dem Sinn und Zweck des HGB, dass die Gesellschafter allein dadurch vor unbeschränkter Haftung hinreichend geschützt sind, dass diese nicht ohne den Willen, einen Gesellschaftsvertrag abzuschließen, eintreten kann. Ein weitergehender Schutz durch § 139 HGB kann nur bestehen, wenn diese Norm tatsächlich eine infolge des Ausscheidens des einzigen Komplementärs entstehende Personengesellschaft ohne unbeschränkt haftenden Gesellschafter zuließe. Dazu sei zunächst auf das Haftungssystem des § 139 HGB eingegangen, der einige haftungsrechtliche Besonderheiten für den Fall des Todes des Komplementärs vorsieht. Stirbt der Komplementär und scheidet er gemäß § 131 Abs. 3, S. 1, Nr. 1 HGB aus der Gesellschaft aus, können ihn die Gläubiger nicht mehr in Anspruch nehmen. Bei der dann in Betracht kommenden Haftung des Erben ist zwischen der Haftung für Nachlassverbindlichkeiten, der sog. Erbenhaftung, und der Haftung als Gesellschafter, der sog. Eigenhaftung, zu unterscheiden.[764] Im Gegensatz zur Erbenhaftung setzt die unbeschränkte Eigenhaftung eines Komplementärs das Nachrücken des Erben in die Stellung des verstorbenen Komplementärs voraus. Diese Voraussetzung ist in dem vorliegend erörterten Fall des Ausscheidens des einzigen Komplementärs nicht gegeben. Denn es ist gerade nicht vom Verbleib oder Eintritt eines Komplementärs auszugehen, sondern von dessen Wegfall bzw. Nichteintritt. Folglich ist hier die Haftungslage von Relevanz, die entsteht, wenn der einzige Komplementär ersatzlos ausscheidet, also dessen Erbe nicht innerhalb der Frist aus § 139 Abs. 2 HGB Komplementär wird und keine unbeschränkte Eigenhaftung des Erben entsteht.[765] Es geht daher erstens um die Konstellation, in der keine Nachfolgeklausel besteht. Zweitens sind Fälle betroffen, in denen zwar eine Nachfolgeklausel besteht, der Komplementärerbe aber fristgerecht gemäß § 139 Abs. 1, 2 HGB in die Kommanditistenstellung rückt[766] oder aber infolge der Weigerung seitens der verbleibenden Kommanditisten, ihm die Stellung des Kommanditisten zu gewähren, fristgerecht

---

764 MünchKomm-HGB/*K. Schmidt*, Bd. 2, § 139, Rn. 98.

765 Zur unbeschränkten Haftung des Erben, der von der Haftungsbeschränkung aus § 139 HGB keinen Gebrauch macht, vgl. BGH NJW 1982, 45 f.

766 Obwohl §§ 128, 172 Abs. 1, 2 HGB nach BGHZ 108, 187 auf den in die Gesellschaft eintretenden Erben nicht anwendbar sind, sollte zwecks Vermeidung der unbeschränkten Rechtsscheinshaftung über § 15 Abs. 1 HGB der Eintritt in das Handelsregister eingetragen werden, vgl. dazu auch E/B/J/S/*Lorz*, HGB, Bd. 1, § 139, Rn. 126 f.

ausscheidet.[767] Drittens tritt eine Haftungsprivilegierung ein, wenn die Auflösung in der Phase zwischen Eintritt in die Gesellschaft, also dem Tod des Erblassers, und Ende der in § 139 Abs. 3 HGB enthaltenen Frist erfolgt, § 139 Abs. 4 HGB.

2.4.2.3.2.1 Fehlen einer Nachfolgeklausel

Fehlt eine Nachfolgeklausel, ist der Komplementäranteil nicht vererblich gestellt.[768] Da der Erbe damit nicht in die Gesellschaft einrückt, haftet er weder für Neu-, noch für Altverbindlichkeiten der Gesellschaft aus §§ 128, 130 HGB. Die kraft der Gesellschafterstellung des Erblassers begründeten Altverbindlichkeiten sind aber Nachlassverbindlichkeiten, für die der Erbe nach §§ 1967 ff. BGB haftet,[769] und zwar sowohl mit der Erbschaft als auch mit seinem übrigen Vermögen. Allerdings kann er die Haftung unter bestimmten Voraussetzungen und mittels bestimmter Maßnahmen auf den Nachlass beschränken. So kann er gemäß §§ 1975 ff., 1990 ff. BGB eine gegenständlich auf den Nachlass beschränkte Haftung erreichen. Schließlich kann der Erbe durch die auf den Erbfall zurückwirkende Ausschlagung der Erbschaft erreichen, dass er von Anfang an Nichterbe ist.[770] Dies ermöglicht, jedweder Haftung für Altverbindlichkeiten des Komplementärerblassers zu entgehen.[771] Schließlich erbt der Staat (§ 1936 BGB), wenn jeder der vorrangigen gewillkürten und gesetzlichen Erben von seinem Ausschlagungsrecht Gebrauch macht. Gemäß § 1942 Abs. 2 BGB ist der Staat nicht zur Ausschlagung berechtigt. Er kann seine Haftung für die Nachlassverbindlichkeiten aber nach

---

767 Sowohl der Antrag des Erben auf Umwandlung der Mitgliedschaft und dessen Annahme durch die Gesellschafter als auch das Ausscheiden des Erben müssen innerhalb der Frist erfolgen, damit der Erbe das Haftungsprivileg erhält, MünchKomm-HGB/*K. Schmidt*, Bd. 2, § 139, Rn. 123 f.

768 So etwa *Sethe*, JZ 1997, 989, 993 f.; MünchKomm-BGB/*Leipold*, Bd. 9, § 1922, Rn. 69; E/B/J/S/*Lorz*, HGB, Bd. 1, § 139, Rn. 2; vgl. auch BGH NJW 1977, 1339, 1340. Eine Nachfolgeklausel fehlt auch hinsichtlich derjenigen Erben, die nicht von einer qualifizierten Nachfolgeklausel erfasst sind, vgl. dazu E/B/J/S/*Lorz*, HGB, Bd. 1, § 139, Rn. 125.

769 MünchKomm-HGB/*K. Schmidt*, Bd. 2, § 139, Rn. 99.

770 Palandt/*Weidlich*, BGB, § 1953, Rn. 1; zur Ausschlagung vgl. auch E/B/J/S/*Lorz*, HGB, Bd. 1, § 139, Rn. 118.

771 So *Glaser*, DB 1956, 933.

den o.g. Regeln beschränken.[772] Zudem kommen ihm die Regelungen aus §§ 1966, 2011 BGB sowie § 780 Abs. 2 ZPO zu Gute.

2.4.2.3.2.2 Umwandlung in Kommanditistenstellung oder Austritt

Zu einem ersatzlosen Ausscheiden des Komplementärs kann es trotz Vorliegens einer Nachfolgeklausel kommen. Gemäß § 139 HGB ist dies gegeben, wenn sein Erbe Kommanditist wird oder aus der Gesellschaft ausscheidet. Erfolgt die Auflösung der Gesellschaft innerhalb der in § 139 Abs. 3 HGB genannten Frist bleibt der Erbe zwar Komplementär, er ist dann aber ebenfalls haftungsrechtlich privilegiert. § 139 HGB gewährt dem Komplementärerben nämlich die Möglichkeit, in die Kommanditistenstellung zu wechseln oder aus der Gesellschaft auszuscheiden, ohne der Haftung aus §§ 128, 130 HGB ausgesetzt zu sein. Zwar ist der Erbe im Zeitraum zwischen dem Tod des Erblassers und dem in § 139 Abs. 3 genannten Fristende, dem Wechsel in die Stellung des Kommanditisten oder seinem Ausscheiden aus der Gesellschaft, unbeschränkt haftender Gesellschafter.[773] Gleiches muss bis zum Eintritt der Auflösung der Gesellschaft gelten. Allerdings entfällt die ab dem Eintritt in die Gesellschaft, also dem Tod des Erblassers, bestehende unbeschränkte Haftung rückwirkend im Zeitpunkt des Endes der Schwebezeit, sofern es tatsächlich zur Umwandlung in die Kommanditbeteiligung, zum Ausscheiden oder zur Auflösung kommt.[774]

Nehmen die Gesellschaftsgläubiger den Erben während der Schwebezeit in Anspruch, ist dieser berechtigt, die Leistung aus seinem Privatvermögen vorläufig zu verweigern.[775] Teilweise wird vertreten, dass der

---

772 Vgl. statt vieler MünchKomm-BGB/*Leipold*, Bd. 9, § 1936, Rn. 24.

773 So auch BGHZ 55, 267, 273; MünchKomm-HGB/*K. Schmidt*, Bd. 2, § 139, Rn. 102; Baumbach/*Hopt*, HGB, § 139, Rn. 45; E/B/J/S/*Lorz*, HGB, Bd. 1, § 139, Rn. 119; Heymann/*Emmerich*, HGB, § 139, Rn. 49; Staub/*Schäfer*, HGB, Bd. 3, § 139, Rn. 120; vgl. *Wiedemann*, Übertragung und Vererbung von Mitgliedschaftsrechten, S. 239 ff.

774 I.d.S. BGH NJW 1982, 45, 46; MünchKomm-HGB/*K. Schmidt*, Bd. 2, § 139, Rn. 101; Baumbach/*Hopt*, HGB, § 139, Rn. 45, 47 ff.; E/B/J/S/*Lorz*, HGB, Bd. 1, § 139, Rn. 124; Staub/*Schäfer*, HGB, Bd. 3, § 139, Rn. 120; Heymann/*Emmerich*, HGB, § 139, Rn. 52 a; *Geiger*, LZ 1910, Sp. 120/121; a.M. wohl *Saßenrath*, Umwandlung, S. 169 f., 202.

775 MünchKomm-HGB/*K. Schmidt*, Bd. 2, § 139, Rn. 104; Düringer/Hachenburg/*Flechtheim*, HGB, § 139, Rn. 31; E/B/J/S/*Lorz*, HGB, Bd. 1, § 139, Rn. 119; Heymann/*Emmerich*, HGB, § 139, Rn. 49; Staub/*Schäfer*, HGB,

Erbe persönlich haftet, er aber seine Haftung erbrechtlich nach §§ 1967, 1975 ff. BGB beschränken kann.[776] Erfüllt er die Forderung der Gläubiger mittels seines Privatvermögens, kann er Regress von der Gesellschaft nach § 110 HGB oder vom Nachlass gemäß §§ 1978 f. BGB nehmen.[777]

Die genannten Voraussetzungen des § 139 HGB können auch außerhalb der Frist erfüllt werden.[778] So wird der Erbe etwa auch dann Kommanditist, wenn die verbleibenden Kommanditisten dem verspäteten Umwandlungsgesuch des Erben entsprechen.[779] Jedoch führt die Verfristung dazu, dass die Enthaftungswirkung nach § 139 Abs. 4 HGB nicht eintritt. Der Erbe haftet daher für alle Verbindlichkeiten, die vor seinem „Eintritt" als Kommanditist begründet wurden. Er haftet somit für Altverbindlichkeiten und für Zwischenneuschulden, d.h. für zwischen dem Erbfall und der Anteilsumwandlung begründete Gesellschaftsschulden, unbeschränkt gemäß §§ 130, 128 HGB. Für Neuverbindlichkeiten haftet der Erbe als Kommanditist, wobei es anders als im Falle des § 139 Abs. 4 HGB nunmehr gemäß § 171 Abs. 1 HGB darauf ankommt, ob der ererbte Anteil zur Zeit der Umwandlung auch tatsächlich dem Wert der Haftsumme entspricht.[780]

Kommen die verbleibenden Kommanditisten dem Verlangen des Komplementärerben, in die Kommanditistenstellung zu wechseln, gemäß der in § 139 Abs. 3 HGB vorgeschriebenen Frist nach, haftet der Erbe für Neuverbindlichkeiten nach §§ 171, 172 HGB. Hinsichtlich der Altverbindlichkeiten und den Zwischenneuschulden gilt die beschränkte Komman-

---

Bd. 3, § 139, Rn. 121; Koller/Roth/Morck/*Koller*, HGB, § 139, Rn. 10; *Emmerich*, ZHR 150 (1986), 193, 196 ff., der aber eine Verweigerung des Zugriffs auf das Privatvermögen zum Schutze der Gesellschaftsgläubiger nur zulässt, wenn Nachlass und Privatvermögen trennbar vorhanden sind.

776 Vgl. dazu *Emmerich*, ZHR 150 (1986), 193, 196 f.

777 MünchKomm-HGB/*K. Schmidt*, Bd. 2, § 139, Rn. 104; Düringer/Hachenburg/*Flechtheim*, HGB, § 139, Rn. 31; Staub/*Schäfer*, HGB, Bd. 3, § 139, Rn. 122; *Emmerich*, ZHR 150 (1986), 197.

778 Dies ergibt sich aus dem Grundsatz der Vertragsfreiheit. Denn es muss den Gesellschaftern erlaubt sein, jederzeit einvernehmlich die Umwandlung eines Komplementär- in einen Kommanditanteil sowie den Austritt von Gesellschaftern zu vereinbaren. Da die in § 139 Abs. 4 HGB genannte Auflösung ihren Grund nicht in dieser Vorschrift hat, kann sie auch nach Fristablauf erfolgen.

779 MünchKomm-HGB/*K. Schmidt*, Bd. 2, § 139, Rn. 123.

780 MünchKomm-HGB/*K. Schmidt*, Bd. 2, § 139, Rn. 123 f.

ditistenhaftung unter den Voraussetzungen des § 173 HGB.[781] Wie § 139 Abs. 4 HGB zeigt, haftet der Erbe allerdings für Altverbindlichkeiten nach den erbrechtlichen Regelungen der §§ 1967 ff. BGB.[782] Da § 139 Abs. 4 HGB die Haftung für die bis zur Einräumung der Kommanditistenstellung entstandenen Gesellschaftsschulden vorsieht, besteht auch eine erbrechtliche Haftung für Zwischenneuschulden.[783]

Lehnen die Kommanditisten das Begehren des Erben dagegen ab, kann dieser innerhalb der in § 139 Abs. 3 HGB bezeichneten Frist ohne Einhaltung einer Kündigungsfrist aus der Gesellschaft ausscheiden, § 139 Abs. 1, 2 HGB.[784] Macht der Erbe von seinem Austrittsrecht Gebrauch, sorgt das Haftungsprivileg aus § 139 Abs. 4 HGB dafür, dass seine Gesellschafterhaftung für Altverbindlichkeiten nach §§ 128, 130 HGB sowie für Zwischenneuschulden gemäß § 128 HGB rückwirkend beseitigt wird. Eine Haftung für Neuschulden besteht nicht. Allerdings unterliegt der Erbe der bürgerlich-rechtlichen Erbenhaftung für Alt- und Zwischenneuschulden.[785]

2.4.2.3.2.3 Auflösung

Nach § 139 Abs. 4 HGB ist der Erbe auch dann haftungsrechtlich privilegiert, wenn die Gesellschaft innerhalb der Frist aufgelöst ist, bevor er die unbeschränkte Gesellschafterhaftung durch seinen Wechsel in die Kommanditistenstellung oder sein Ausscheiden selbst beseitigen konnte.

---

781 MünchKomm-HGB/*K. Schmidt*, Bd. 2, § 139, Rn. 112, 113; Staub/*Schäfer*, HGB, Bd. 3, § 139, Rn. 125; Baumbach/*Hopt*, HGB, § 139, Rn. 45; a.M. *Glaser*, DB 1956, 933, 934, nach dem § 173 HGB wegen des spezielleren § 139 Abs. 4 HGB nicht anwendbar ist und lediglich eine auf den Nachlass beschränkbare bürgerlich-rechtliche Haftung besteht.

782 MünchKomm-HGB/*K. Schmidt*, Bd. 2, § 139, Rn. 111; Staub/*Schäfer*, HGB, Bd. 3, § 139, Rn. 125.

783 MünchKomm-HGB/*K. Schmidt*, Bd. 2, § 139, Rn. 113; E/B/J/S/*Lorz*, HGB, Bd. 1, § 139, Rn. 123.

784 Die Voraussetzungen des § 139 HGB können auch dann erfüllt werden, wenn das Ausscheiden nicht durch einseitige Erklärung, sondern infolge der Vereinbarung zwischen den Gesellschaftern und dem Komplementärerben erfolgt. Denn auch hier sind Sinn und Zweck von Bedeutung, die haftungsrechtliche Zwangslage des Erben zu beseitigen, BGH NJW 1971, 1268, 1269 f.

785 Statt vieler MünchKomm-HGB/*K. Schmidt*, Bd. 2, § 139, Rn. 115 f.; Staub/*Schäfer*, HGB, Bd. 3, § 139, Rn. 126; Koller/Roth/Morck/*Koller*, HGB, § 139, Rn. 19.

Da § 139 HGB in der nunmehr aufgelösten Gesellschaft nicht gilt,[786] ist der Erbe nicht nur vor der Haftung für die bis zum Eintritt der Haftung entstandenen Verbindlichkeiten gemäß §§ 128, 130 HGB geschützt. Ihn trifft zudem keine Einstandspflicht für die während der Abwicklung entstehenden Verbindlichkeiten. Von alledem unberührt gilt aber die Erbenhaftung für Alt- und Zwischenneuschulden, die auch für während der Liquidation entstandene Neuverbindlichkeiten gelten soll.[787] Der Erbe soll entsprechend § 139 Abs. 4 HGB auch dann nur der Erbenhaftung unterliegen, wenn die Gesellschaft vor dem Erbfall oder durch den Erbfall aufgelöst ist, der Erbe somit Mitglied einer aufgelösten Gesellschaft geworden ist. Letzteres tritt durch eine entsprechende Vertragsklausel ein und stellt die Rechtslage dar, die unter § 131 Nr. 4 HGB a.F. galt.[788]

2.4.2.3.3 Keine Ausnahme durch § 139 HGB

2.4.2.3.3.1 Wortlaut

§ 139 Abs. 1 HGB bestimmt, dass jeder Erbe sein Verbleiben in der Gesellschaft von der Einräumung der Kommanditistenstellung abhängig machen kann. § 139 Abs. 4 HGB sieht vor, dass der Komplementärerbe dann nur nach Maßgabe der Haftung für Nachlassverbindlichkeiten gemäß BGB haftet. Eine Haftung als Komplementär gemäß §§ 128 ff. HGB besteht nach dem Wortlaut damit nicht. Ausweislich des Wortlauts des § 139 Abs. 1 HGB gelten die vorgenannten Regelungen für jeden Erben. Weder die Möglichkeit der Einräumung der Kommanditistenstellung nach

---

786 So die h.M., vgl. Staub/*Schäfer*, HGB, Bd. 3, § 139, Rn. 127; Baumbach/*Hopt*, HGB, § 139, Rn. 49; E/B/J/S/*Lorz*, HGB, Bd. 1, § 139, Rn. 131; a.A. MünchKomm-HGB/*K. Schmidt*, Bd. 2, § 139, Rn. 61, 121, der jedoch die Anwendbarkeit des § 139 HGB, also den Wechsel in die Kommanditistenstellung und das Ausscheiden nach dieser Norm auch in der Liquidation für denkbar hält, da der Erbe auch hier ein Interesse daran haben könne, Kommanditist einer erneut werbend fortgesetzten Gesellschaft zu werden.

787 Staub/*Schäfer*, HGB, Bd. 3, § 139, Rn. 127; Baumbach/*Hopt*, HGB, § 139, Rn. 49; E/B/J/S/*Lorz*, HGB, Bd. 1, § 139, Rn. 131.

788 RGZ 72, 119, 121; BGH NJW 1982, 45, 46; NJW 1995, 3314, 3315; Staub/*Schäfer*, HGB, Bd. 3, § 139, Rn. 128; E/B/J/S/*Lorz*, HGB, Bd. 1, § 139, Rn. 100, 131; Baumbach/*Hopt*, HGB, § 139, Rn. 8, 49. Im Ergebnis letztlich so auch MünchKomm-HGB/*K. Schmidt*, Bd. 2, § 139, Rn. 61, 99a; Schlegelberger/*ders.*, HGB, § 131, Rn. 25, § 139, Rn. 122, der aber gerade nicht auf § 139 HGB abstellt, sondern vielmehr eine Haftung für Alt- und Neuverbindlichkeiten nach § 128 HGB mit erbrechtlicher Beschränkungsmöglichkeit annimmt.

§ 139 Abs. 1 HGB, noch das Ausbleiben der Komplementärhaftung im Falle des Wechsels in die Kommanditistenstellung gemäß § 139 Abs. 4 HGB ist demnach auf diejenigen Fälle beschränkt, in denen neben dem Komplementärerben ein weiterer Komplementär vorhanden ist. Folglich sind die Normen ihrem Wortlaut nach insbesondere dann einschlägig, wenn der einzige Komplementär stirbt und daher nur ein Komplementärerbe vorhanden ist. Demgemäß kann einem solchen Erben die Kommanditistenstellung eingeräumt werden. Dieser haftet dann für die bis dahin entstandenen Verbindlichkeiten nicht unbeschränkt nach §§ 128 ff. HGB.

Zum einen lässt der Wortlaut des § 139 HGB somit eine KG zu, in welcher der Komplementärerbe bis zum Wechsel in die Kommanditistenstellung nicht als Komplementär haftet. Zum anderen lässt er den Wechsel des Erben, der einziger Komplementär der KG ist, in die Kommanditistenstellung zu. Er gewährt damit eine Gesellschaft, die ausschließlich aus Kommanditisten besteht. Folglich könnte § 139 HGB eine Ausnahme von dem Grundsatz der unbeschränkten Haftung darstellen.

2.4.2.3.3.2 Systematik

Dieses aus dem Wortlaut der Norm gewonnene Ergebnis lässt sich angesichts der Systematik des HGB und des § 139 HGB nicht aufrechterhalten. Danach kann § 139 HGB nicht als Norm verstanden werden, die eine Personengesellschaft mit ausschließlich beschränkt haftenden Gesellschaftern einführt. Die Handelsgesellschaften oHG und KG sowie die stille Gesellschaften sind im zweiten Buch des HGB in jeweils einzelnen Abschnitten geregelt. Hingegen ist § 139 HGB nicht Gegenstand eines gesonderten Abschnitts, sondern Teil des Regelungssystems des oHG- und KG-Rechts. Als Teil dessen ist sie den Rechtsformen aus §§ 105, 161 HGB nachgeordnet und setzt deren Bestand und die fehlende Regelung einer nur aus Kommanditisten bestehenden Gesellschaft voraus.

Der Anwendungsbereich des § 139 HGB endet hinsichtlich der Haftungsverfassung nach Ablauf der dreimonatigen Schwebezeit, so dass nunmehr die „allgemeinen Regeln“ des Gesellschaftsrechts greifen, wonach eine nur aus Kommanditisten bestehende Gesellschaft GbR oder oHG ist. Doch reicht ihre Haftungsbeschränkung allenfalls bis zum Ende der Schwebezeit. Für die Zeit danach kann die Norm gerade keine Haftungsvergünstigung für sämtliche Gesellschafter gewähren, weil andernfalls ein Widerspruch zu dem Grundsatz bestünde, dass wenigstens ein Personengesellschafter unbeschränkt haftet. Überdies ist die Norm im vierten Titel (Auflösung der Gesellschaft und Ausscheiden von Gesellschaftern) des ersten Abschnitts (offene Handelsgesellschaft) des zweiten Buches (Handelsgesellschaften und stille Gesellschaft) des HGB verortet. Sie betrifft demnach nicht die Rechtsformmerkmale der Gesellschaft, etwa die Arten einzelner Gesellschafter, sondern vielmehr die Rechtsstellung der einzelnen Gesellschafter.

Zwar ist der Erbe völlig unfreiwillig in die Komplementärstellung eingerückt, wohingegen die Kommanditisten durch Abschluss des Gesellschaftsvertrags selbst eine Ursache für den Rechtsformzwang in die GbR- bzw. oHG gesetzt haben. Doch fehlt sowohl dem Erben als auch dem Kommanditisten regelmäßig die Möglichkeit, auf die Gründe für das Ausscheiden des einzigen Komplementärs Einfluss zu nehmen.[789] In Anbetracht dessen hätte der Gesetzgeber die Rechtsfolge der „Kommanditistengesellschaft" infolge Ausscheidens des Erben des einzigen Komplementärs bei den übrigen Ausscheidensfällen zumindest diskutiert und problematisiert. Da eine derartige Diskussion soweit ersichtlich unterblieben ist, muss davon ausgegangen werden, dass der Gesetzgeber durch die Regelung des § 139 HGB keine Einführung einer ausschließlich aus Kommanditisten bestehenden Gesellschaft gewollt hat.

Zusammenfassend ist festzuhalten, dass § 139 HGB nicht Rechtsgrundlage einer nur aus beschränkt haftenden Gesellschaftern bestehenden Personengesellschaft sein kann.[790] Durch unmittelbare oder entsprechende Anwendung von § 139 HGB lässt sich keine dauerhafte, d.h. zeitlich über die Schwebezeit hinausgehende, beschränkte Haftung sämtlicher Kommanditisten erreichen. Die Gesellschafter können damit nicht von der endgültig unbeschränkten Haftung verschont bleiben.[791]

2.4.2.3.3.3 Keine vorübergehende allseitige Haftungsbeschränkung

Wie bereits dargestellt, lässt der Wortlaut des § 139 HGB eine KG zu, in welcher der Komplementärerbe bis zum Wechsel in die Kommanditis-

---

789 Zur Verursachung und Beeinflussbarkeit des Ausscheidens des einzigen Komplementärs durch die Kommanditisten vgl. Kap. 2, 3.3.5.2.

790 So im Ergebnis auch Koller/Roth/Morck/*Koller*, HGB, § 139, Rn. 7, nach dem das Angebot des Erben des einzigen Komplementärs zwar angenommen werden kann, die Gesellschaft dann allerdings – entsprechend der h.M. – als KG aufgelöst ist; ebenso *Windbichler*, GesR, § 17, Rn. 9; ferner *Klauss/Mittelbach*, KG, 1 F II 7 b, Rn. 436; vgl. *Schlottmann*, Komplementärwegfall, S. 131.

791 Im Gegensatz dazu *Schlottmann*, Komplementärwegfall, S. 151.

tenstellung nicht als Komplementär gemäß §§ 128 ff. haftet. Auch dieses Ergebnis könnte angesichts des Sinns und Zwecks des Gesetzes abzulehnen sein, so dass der Erbe nicht einmal vorübergehend von der unbeschränkten Haftung verschont bliebe. Die Haftung könnte dann lediglich im Wege der Ausschlagung nach § 1942 Abs. 1 BGB erreicht werden.

Zwar lässt sich die Abkehr von dem Grundsatz, wonach stets wenigstens ein Gesellschafter unbeschränkt haftet, zum einen mit der zeitlichen Begrenztheit der beschränkten Haftung (vgl. § 139 Abs. 3 HGB) begründen. Zum anderen ist die unbeschränkte Haftung (für sämtliche bereits bestehenden Verbindlichkeiten) nach §§ 128, 130 HGB wenigstens eines Gesellschafters nach Ablauf der Frist nach § 139 Abs. 2 HGB gewahrt, denn, wie soeben gesehen, ist jedenfalls die fortdauernde werbende oder aufgelöste „Kommanditistengesellschaft" nicht anzuerkennen.[792] Dem Recht der echten Vor-GmbH, wenngleich diese nicht Personengesellschaft, sondern Gesellschaft sui generis ist,[793] liegt ein ähnliches Haftungskonzept zu Grunde. Folglich kann eine zeitlich nach § 139 Abs. 3 HGB begrenzte Haftungsbeschränkung aller Gesellschafter angenommen werden.

Etwas anderes hat aber bei der von *Schlottmann* vorgeschlagenen analogen Anwendung des § 139 HGB auf sämtliche Kommanditisten nach Ausscheiden des einzigen Komplementärs zu gelten. Denn eine für die Dauer einer Frist bestehende Haftungsverschonung zum Schutz der Kommanditisten vor unbeschränkter Haftung ist zwecklos, wenn den Kommanditisten kein Wahlrecht zwischen unbeschränkter und beschränkter Haftung für die Zeit nach Ablauf der Frist aus § 139 Abs. 3 HGB zusteht. Denn diese Frist soll dem Komplementärerben ermöglichen zu entscheiden, ob er Komplementär bleibt oder den Antrag auf Einräumung der Kommanditistenstellung stellt[794] und bei ablehnender

---

792 Dies verhindert allerdings nicht, dass die Gläubiger während der dreimonatigen Frist nicht die Gesellschafter in Anspruch nehmen können und so vor allem liquiditätsschwache Gläubiger, die auf die pünktliche Begleichung der Rechnungen angewiesen sind, erheblich beeinträchtigt werden können.

793 Zur Vor-GmbH vgl. auch Kap. 2, 2.2.2.2.

794 Bei dem Erben des einzigen Komplementärs führt die Annahme des Antrags nach den bisher erzielten Ergebnissen aufgrund Rechtsformzwangs zur Umwandlung der KG in die GbR bzw. oHG. In dieser Konstellation besteht der Sinn des § 139 HGB darin, dass der Erbe zwischen der unbeschränkten Haftung durch Verbleib in der Gesellschaft als Komplementär und der beschränkten Haftung durch Ausscheiden aus der Gesellschaft wählen kann.

Entscheidung der übrigen Gesellschafter aus der KG ausscheidet. In der Tat besteht ein solches Wahlrecht der Kommanditisten nach den bisherigen Ergebnissen nicht, weil Sinn und Zweck des HGB der Annahme des Fortbestands der beschränkten Haftung sämtlicher Kommanditisten entgegenstehen. Auch können nicht sämtliche Kommanditisten dadurch ihrer Haftung entgehen, dass sie allesamt nach § 139 Abs. 2 HGB ausscheiden. Entweder sie übernehmen freiwillig die unbeschränkte Haftung oder diese tritt nach Ablauf der Frist zwangsweise ein. Diese Haftung erstreckt sich nach §§ 128, 130 HGB auch auf die bis dahin bestehenden Verbindlichkeiten, somit insbesondere auf solche, für welche der Erbe bei originärer Anwendung des § 139 HGB nicht unbeschränkt haftet. Die Kommanditisten würden also vorübergehend vor unbeschränkter Haftung für Verbindlichkeiten verschont, für die sie dann nach Ablauf der Frist aus § 139 Abs. 3 HGB unbeschränkt haften müssten. Diese Unstimmigkeit ist ein weiterer Grund, weshalb eine auch nur vorübergehende allseitige Haftungsverschonung der Kommanditisten nicht in das Normgefüge des § 139 HGB passt und deshalb abzulehnen ist.

2.5 Gesellschaft i.L. mit zum Teil unbeschränkt haftenden Kommanditisten

Die frühere Auffassung *Freys* ist insofern gesondert zu beurteilen, als er trotz Zustimmung zur h.M. von einer durch die Gesellschafter zu beschließenden Auflösung spricht.[795] Ein derartiger Auflösungsgrund ist anhand der § 131 Abs. 1, Nr. 2 HGB problemlos zu begründen. Indessen bestehen – wie schon gegenüber der h.M. – grundsätzliche Zweifel an der Zulässigkeit einer bis zur Fassung des Auflösungsbeschlusses innerhalb der Frist des § 139 Abs. 3 HGB analog[796] bestehenden werbenden und danach bestehenden KG i.L. ohne Komplementär bzw. Kommanditistengesellschaft i.L.[797] Eine solche Rechtsform vernachlässigt die Interessen ihrer Gläubiger. Die Umwandlung der KG in die oHG bzw. GbR führt zu einer unbeschränkten Haftung für Altverbindlichkeiten, wel-

795 *Frey*, ZGR 1988, 281, 285, nach dem die Haftungsbeschränkung der Kommanditisten davon abhängt, ob diese „die Liquidation einer bis dahin noch werbenden Gesellschaft beschließen und betreiben."

796 So der Vorschlag bei *Frey*, ZGR 1988, 281, 285.

797 Diese Zweifel hat auch *Frey*, ZGR 1988, 281, 283 f., der daher eine Präzisierung der h.M. vorschlägt. Dazu sogleich.

che die Gläubigerinteressen hinreichend schützt, die Alt-Kommanditisten jedoch unzumutbar benachteiligt. Die unbeschränkte Haftung kann aber nicht auf Grundlage des § 176 Abs. 2 HGB entfallen.[798] Denn die kraft Rechtsformzwangs eintretende Umwandlung der KG in die oHG bzw. GbR ist Grundlage der sich nunmehr aus der neuen Rechtsform ergebenden unbeschränkten Haftung. Diese ist Rechtsfolge des Tatbestands dieser Rechtsformen und muss deshalb entgegen *Frey* nicht im Gesellschaftsvertrag angelegt sein.[799]

Eine derartige Gesellschaft könnte allenfalls dann anzuerkennen sein, wenn der Grundsatz der unbeschränkten Haftung zwingend nur für rechtsgeschäftliche Neuverbindlichkeiten gelten würde. Es geht hier also um die Frage, ob die unbeschränkte Haftung für Altverbindlichkeiten gemäß § 130 HGB im Interesse der Gläubiger zwingendes oder dispositives Recht ist.[800]

---

798 So aber *Frey*, ZGR 1988, 281, 284.

799 Für die oHG vgl. MünchKomm-HGB/*K. Schmidt*, Bd. 2, § 105, Rn. 47 m.w.N. Angesichts der mittlerweile anerkannten grundsätzlichen Gleichstellung der Gesellschafterhaftung in oHG und GbR, kann für letztere nichts Abweichendes gelten.

800 Dazu sogleich.

3 Stellungnahme sowie eigener Ansatz

Um zu einer Einschätzung über die Notwendigkeit eines rechtsfortbildenden Eingriffs zu Gunsten der Kommanditisten in die Rechtsfolgen des Ausscheidens des einzigen Komplementärs gelangen zu können, bedarf es zunächst der konkreten Feststellung, welche Rechtsfolgen die Kommanditisten belasten.

3.1 Ausgangslage

Die Umwandlung der KG in eine oHG bzw. GbR infolge nachträglicher Rechtsformverfehlung hat vielerlei Veränderungen hinsichtlich der Rechtsstellung der vormaligen Kommanditisten zur Folge. Insbesondere ändern sich die Gesellschafterhaftung gegenüber Gläubigern sowie die Geschäftsführungs- und Vertretungsverhältnisse. Um einschätzen zu können, ob diese Veränderungen die Kommanditisten tatsächlich unzumutbar treffen und damit eine Rechtsfortbildung erforderlich machen, bedarf es der Untersuchung der Rechtslage infolge des Formwechsels.

3.1.1 OHG

3.1.1.1 Haftung

Nach § 128 HGB haftet der oHG-Gesellschafter für Verbindlichkeiten der oHG den Gesellschaftsgläubigern gegenüber akzessorisch, das bedeutet vom Bestand und Umfang der Gesellschaftsschuld abhängig. Ferner haftet er gegenständlich und summenmäßig unbeschränkt sowie primär, d.h. nicht erst nachdem der Gesellschaftsgläubiger Befriedigung durch Inanspruchnahme der Gesellschaft gesucht hat.[801] Da diese Haftung an die Stellung als oHG-Gesellschafter geknüpft ist, trifft sie denjenigen, der im Zeitpunkt der Haftungsbegründung Gesellschafter der oHG ist.[802] Demzufolge haften die ehemaligen Kommanditisten unbeschränkt für alle Gesellschaftsverbindlichkeiten, die nach dem Rechtsformwechsel

---

801 MünchKomm-HGB/*K. Schmidt*, Bd. 2, § 128, Rn. 15 ff.; FaK GesR/*Lehleiter*, § 128 HGB, Rn. 20 ff.; zum Haftungsinhalt vgl. E/B/J/S/*Hillmann*, HGB, Bd. 1, § 128, Rn. 22 ff.

802 Statt aller Baumbach/*Hopt*, HGB, § 128, Rn. 3.

begründet werden, die sog. Neuverbindlichkeiten[803]. Daneben haften sie für die bereits vor dem Rechtsformwechsel begründeten Gesellschaftsverbindlichkeiten gemäß §§ 128, 130 HGB analog, da der Rechtsformwechsel in die oHG, wie bereits erörtert, mit dem Gesellschaftereintritt in eine bestehende oHG gleichzusetzen ist.

Der einzige, allerdings überaus bedeutsame Unterschied zwischen dem Haftungsstatut des oHG-Gesellschafters und dem des eingetragenen[804] Kommanditisten nach § 171 Abs. 1 HGB besteht zum einen darin, dass dessen Haftung betragsmäßig auf die im Handelsregister verlautbarte Haftsumme beschränkt ist.[805] Zum anderen ist die Kommanditistenhaftung gemäß § 171 Abs. 1, Hs. 2 HGB ausgeschlossen, wenn dieser die gegenüber der Gesellschaft zu erbringende Einlage geleistet hat.[806]

3.1.1.2 Geschäftsführung und Vertretung

Nach § 114 Abs. 1 HGB sind alle oHG-Gesellschafter und nach § 115 Abs. 1 HGB jeweils einzeln zur Führung der Geschäfte der Gesellschaft berechtigt und verpflichtet, soweit es um den Abschluss gewöhnlicher Geschäfte[807] gemäß § 116 Abs. 1 HGB geht, nicht ein jeweils anderer geschäftsführender Gesellschafter dem Geschäft nach § 115 Abs. 1, Hs. 2 HGB widerspricht, kein Grundlagengeschäft[808] und keine abweichende

---

803 Statt aller FaK GesR/*Lehleiter*, § 130 HGB, Rn. 8.

804 Ist die Haftungsbeschränkung des Kommanditisten nicht im Handelsregister offen gelegt, dann droht ihm eine summenmäßig unbeschränkte Haftung nach § 176 HGB, vgl. dazu FaK GesR/*Partikel*, § 176 HGB, Rn. 1 ff.

805 Statt aller E/B/J/S/*Strohn*, HGB, Bd. 1, § 172, Rn. 2.

806 Statt aller Baumbach/*Hopt*, HGB, § 171, Rn. 6.

807 Zur Abgrenzung zwischen gewöhnlichem und ungewöhnlichem Geschäft sowie Grundlagengeschäft im Zusammenhang mit § 116 HGB vgl. MünchKomm-HGB/*Jickeli*, Bd. 2, § 116, Rn. 6 ff. Zu dem für außergewöhnliche Geschäfte erforderlichen Beschluss sämtlicher Gesellschafter nach § 116 Abs. 2 HGB sowie zu der für die Bestellung eines Prokuristen nötigen Zustimmung sämtlicher geschäftsführender Gesellschafter vgl. FaK GesR/*Lehleiter*, § 116 HGB, Rn. 8 ff.

808 Das Grundlagengeschäft betrifft die inneren Rechtsverhältnisse der Gesellschafter zueinander und zählt weder zu den gewöhnlichen noch zu den außergewöhnlichen Geschäften nach § 116 HGB. Die Entscheidung darüber obliegt deshalb nicht dem Geschäftsführer. Es bedarf vielmehr der Mitwirkung sämtlicher Gesellschafter. Zum Ganzen vgl. E/B/J/S/*Mayen*, HGB, Bd. 1, § 114, Rn. 6 ff.

vertragliche Regelung i.S.d. § 114 Abs. 2 HGB gegeben ist. Nach dem Gesetz besteht mithin grundsätzlich Einzelgeschäftsführungsbefugnis eines jeden Gesellschafters. § 125 Abs. 1 HGB bestimmt, dass vorbehaltlich einer die Vertretung ausschließenden gesellschaftsvertraglichen Regelung jeder Gesellschafter zur Vertretung der oHG ermächtigt ist. Die Vertretungsmacht berechtigt zum Abschluss sämtlicher Geschäfte, vgl. § 126 Abs. 1 HGB, mit Ausnahme der Grundlagengeschäfte[809]. Gemäß § 126 Abs. 2 HGB ist die Vertretungsmacht seitens der Gesellschafter vorbehaltlich der Einschränkung nach § 126 Abs. 3 HGB nicht beschränkbar.

Dagegen sind Kommanditisten nach § 164 HGB von der Führung der Geschäfte der KG ausgeschlossen. Die Geschäftsführungsbefugnis obliegt dem Komplementär.[810] Allerdings gewährt ihnen § 164 HGB bei außergewöhnlichen Geschäften ein wenngleich durch gesellschaftsvertragliche Vereinbarung grundsätzlich abdingbares[811] Widerspruchsrecht.[812] Nach h.M. können die Gesellschafter den Kommanditisten die Geschäftsführungsbefugnis einräumen und den Komplementär davon befreien.[813] Demgegenüber sind die Kommanditisten, wie sich aus § 170 HGB ergibt, zwingend von der organschaftlichen Vertretung der KG ausgeschlossen. Ihnen kann aber rechtsgeschäftliche Vertretungsmacht[814] oder Prokura[815] eingeräumt werden.

---

809 Vgl. dazu FaK GesR/*Lehleiter*, § 126 HGB, Rn. 10 ff.

810 MünchHdb/*Wirth*, Bd. 2, § 7, Rn. 27.

811 Koller/Roth/Morck/*Koller*, HGB, § 164, Rn. 4.

812 Davon unberührt sind Grundlagengeschäfte, denen sämtliche Gesellschafter, also auch die Kommanditisten zustimmen müssen, vgl. MünchHdb/*Wirth*, Bd. 2, § 7, Rn. 53.

813 Baumbach/*Hopt*, HGB, § 164, Rn. 7 mit Nachweisen aus der Rechtsprechung; MünchHdb/*Wirth*, Bd. 2, § 7, Rn. 76; a.A. E/B/J/S/*Weipert*, HGB, Bd. 1, § 164, Rn. 5.

814 FaK GesR/*Partikel*, § 170 HGB, Rn. 6 ff. Auch Geschäftsführungsbefugnisse müssen den Kommanditisten nicht organschaftlich i.S.d. § 164 HGB eingeräumt werden, sondern können ebenso auf nicht-organschaftlicher Ebene, etwa durch Dienstvertrag entstehen, FaK GesR/*Partikel*, § 164 HGB, Rn. 15 ff.

815 BGH NJW 1955, 1394, 1395; MünchKomm-HGB/*K. Schmidt*, Bd. 2, § 125, Rn. 10.

3.1.2 GbR

3.1.2.1 Haftung

Nach mittlerweile allgemeiner Auffassung entspricht die Haftung des GbR-Gesellschafters sowohl für Alt- als auch für Neuverbindlichkeiten jener des oHG-Gesellschafters (§§ 128 ff. HGB analog).[816] Es gelten daher die diesbezüglichen Ausführungen. Bei der Haftung für Altverbindlichkeiten nach §§ 128, 130 HGB analog kann das Vertrauen des Gesellschafters auf die Rechtsprechung des BGH vor 2001, in der das Gericht eine Analogie noch verneint hatte, allerdings eine Rückwirkungssperre erzeugen.[817]

3.1.2.2 Geschäftsführung und Vertretung

Nach § 709 Abs. 1 BGB stehen die Geschäftsführungsmaßnahmen der GbR sämtlichen Gesellschaftern gemeinschaftlich zu und bedürfen der Zustimmung aller Gesellschafter. Dies gilt sowohl für gewöhnliche als auch für außergewöhnliche Geschäfte.[818] Der Umfang der Geschäftsführungsbefugnis ist durch den Gesellschaftszweck begrenzt.[819] Grundlagengeschäfte gehören nicht zu den Geschäftsführungsmaßnahmen.[820]

§ 714 BGB besagt, dass derjenige, der nach dem Gesellschaftsvertrag die Geschäftsführungsbefugnis inne hat,[821] im Zweifel auch über die Vertretungsmacht verfügt. Fehlt es an einer gesellschaftsvertraglichen Regelung über die Geschäftsführung, bemisst sich die Vertretungsmacht nach der gesetzlich vorgesehenen Geschäftsführungsbefugnis. Gemäß § 709 Abs. 1 BGB sind sämtliche Gesellschafter gemeinschaftlich zur Vertretung berechtigt.

---

816 BGHZ 142, 315; 146, 341; 154, 370; *Reiff*, VersR 2003, 773; *ders.*, ZGR 2003, 550 ff.; *ders.*, ZIP 1999, 517, 528; *Ulmer*, ZIP 2003, 1113, 1115 f.; FaK GesR/*Lehleiter*, § 130 HGB, Rn. 4.

817 Vgl. dazu FaK GesR/*Lehleiter*, § 130 HGB, Rn. 4.

818 MünchKomm-BGB/*Ulmer/Schäfer*, Bd. 5, § 709, Rn. 24; FaK GesR/*Lubitz*, §§ 709 - 713 BGB, Rn. 5.

819 FaK GesR/*Lubitz*, §§ 709 - 713 BGB, Rn. 13.

820 MünchKomm-BGB/*Ulmer/Schäfer*, Bd. 5, § 709, Rn. 10.

821 Zur Befugnis der Gesellschafter, die Geschäftsführung und Vertretung gesellschaftsvertraglich zu regeln, statt aller MünchKomm-BGB/*Ulmer/Schäfer*, Bd. 5, § 709, Rn. 1.

3.1.3 Bewertung

Angesichts des Umstands, dass die Gesellschafter einer KG den für die Haftung des eingetragenen Kommanditisten maßgeblichen Betrag der Haftsumme frei festlegen können und somit der betragsmäßige Haftungsumfang verhältnismäßig gering sein kann, bedeutet die unbeschränkte oHG-Gesellschafterhaftung regelmäßig eine äußerst einschneidende, jedenfalls schwer kalkulierbare finanzielle Belastung der Alt-Kommanditisten.

Die diesen nunmehr zukommenden Geschäftsführungs- und Vertretungsbefugnisse versetzen sie zudem nicht in die Lage, den Eintritt dieser Belastung zu verhindern. Denn eine Verpflichtung der oHG und damit jedes einzelnen Gesellschafters kann grundsätzlich durch jeden einzelnen gemäß § 125 Abs. 1 HGB herbeigeführt werden. Ein etwaiger Widerspruch nach § 115 Abs. 1, Hs. 2 HGB ist unbeachtlich, da dieser lediglich im Innen- nicht aber im bei der Verpflichtung der Gesellschaft gegenüber Drittgläubigern maßgeblichen Außenverhältnis der Gesellschaft wirkt.[822] Mithin steht dem einzelnen Alt-Kommanditist nicht die Befugnis zu, das Entstehen rechtsgeschäftlicher Verbindlichkeiten zu verhindern. Für deliktische Verbindlichkeiten gilt dies naturgemäß erst Recht.[823]

Wandelt sich die KG in eine GbR um und treffen die Gesellschafter keine Absprachen in Bezug auf Geschäftsführungs- und Vertretungsbefugnisse, liegt es nahe, die gesetzlichen Regelungen aus §§ 709, 714 BGB zur Anwendung kommen zu lassen. Danach sind sämtliche Gesellschafter gemeinschaftlich geschäftsführungs- und vertretungsbefugt, so dass die Begründung rechtsgeschäftlicher Verbindlichkeiten nur durch sämtliche Alt-Kommanditisten gemeinschaftlich erfolgen kann.

Rechtsprechung und Literatur kommen indes zu einem abweichenden Ergebnis. Nach Auffassung des BGH, der sich die Literatur fast ausnahmslos angeschlossen hat, besteht „die am Recht der Kommanditgesellschaft ausgerichtete Vertragsordnung im Rahmen des rechtlich Möglichen“[824] in der neuen Rechtsform weiter. Die organschaftliche Vertre-

---

822 Zur Unbeachtlichkeit des Widerspruchs für das Entstehen von Verbindlichkeiten zwischen Gesellschaft und Drittgläubigern vgl. FaK GesR/*Lehleiter*, § 115 HGB, Rn. 11.

823 Die Haftung nach § 128 HGB gilt für sämtliche, also auch für deliktische Verbindlichkeiten der Gesellschaft, vgl. FaK GesR/*Lehleiter*, § 128 HGB, Rn. 5.

824 BGH NJW 1971, 1698 = WM 1971, 1198 = BB 1971, 973, 974.

tungsmacht wandelt sich in eine rechtsgeschäftliche Vollmacht[825] und die Geschäftsführung und Vertretung der GbR richtet sich demzufolge im Zweifel nach den durch §§ 164, 170 HGB vorgesehenen Grundsätzen.[826] Der BGH begründet dies anhand zweier Gesichtspunkte. So sei der Gesellschafterwillen, wonach die gesellschaftsrechtlichen Beziehungen dem Recht der KG unterliegen sollen, zu respektieren. Des Weiteren lasse der Formwechsel die Identität der Gesellschaft unberührt.[827]

Es ist nicht ersichtlich, weshalb bezüglich der rechtsgeschäftlichen Vertretungsmacht früherer Kommanditisten im Grundsatz etwas anderes gelten soll. Die diesen eingeräumte rechtsgeschäftliche Vertretungs-

---

825 Dieser Argumentation des BGH liegt die überkommene Auffassung zu Grunde, wonach die Vertretung der GbR nicht – wie nach heute allgemeiner Rechtsansicht – organschaftlicher, sondern rechtsgeschäftlicher Art ist. Vgl. dazu MünchKomm-BGB/*Ulmer/Schäfer*, Bd. 5, § 714, Rn. 16.

826 Vgl. BGH NJW 1971, 1698 = WM 1971, 1198 = BB 1971, 973, 974; BB 1972, 61 = WM 1972, 21; NJW 1987, 3124, 3126; BGHZ 32, 307, 314; BGH NJW 1979, 1705, 1706; NJW 1991, 922, 923; BFH DB 1985, 2084; DStRE 1998, 421, 422; zustimmend MünchKomm-HGB/*K. Schmidt*, Bd. 2, § 125, Rn. 26; *ders.*, BB 1973, 1612, 1613 f.; so auch MünchHdb/*Schücking*, Bd. 1, § 1, Rn. 15; *Stimpel*, ZGR 1973, 75, 80 f., 84 f.; kritisch dagegen *Beyerle*, NJW 1972, 229, 230 ff.; ebenso *Kornblum*, BB 1972, 1032, 1033 ff.; zur Fortgeltung der Geschäftsführungs- und Vertretungsregelung einer oHG nach Umwandlung in eine GbR vgl. BGH WM 1976, 1053, 1055; Baumbach/*Hopt*, HGB, § 105, Rn. 8.

827 BGH NJW 1971, 1698 = WM 1971, 1198 = BB 1971, 973, 974. Beweggrund des BGH war wohl insbesondere der Schutz der ehemaligen Kommanditisten vor unbeschränkter Haftung als GbR-Gesellschafter. Die Fortgeltung des KG-Innenrechts führte dazu, dass die Vollmacht lediglich die Verpflichtung der ehemaligen Kommanditisten in Höhe der Haftsumme decken konnte. Durch die Abkehr von der sog. Doppelverpflichtungslehre und die Anwendung der Akzessorietätstheorie auch auf die GbR ist eine derartige Lösung aber heute nicht mehr angängig. So auch Henssler/Strohn/*Röthel*, HGB, § 105, Rn. 18. Rechtsprechung zur geänderten Rechtslage ist – soweit ersichtlich – noch nicht vorhanden. Einzig das Thüringische Landessozialgericht Az. L 6 SF 960/05, Rn. 12 f. (zitiert nach juris) hat in jüngerer Zeit die Umwandlung einer KG in eine GbR behandelt, ohne jedoch die Haftungsverhältnisse der ehemaligen Kommanditisten zu erörtern. Konsequenterweise müssten diese als GbR-Gesellschafter unbeschränkt haften, wobei dann ebenso wie beim Ausscheiden des einzigen Komplementärs eine Rechtsfortbildung zu ihrem Schutze zu erwägen wäre. So will MünchKomm-BGB/*Ulmer*, Bd. 5, § 705, Rn. 14 den Kommanditisten je nach Lage des Einzelfalles entweder einen Haftungsfreistellungsanspruch gegen die ehemaligen Komplementäre oder ein außerordentliches Kündigungsrecht zubilligen.

macht hat demnach auch in der GbR als rechtsgeschäftliche Vertretungsmacht Bestand. Entsprechendes muss beim Rechtsformwechsel der KG in die oHG gelten.

Dabei ist allerdings zu beachten, dass auch die GbR organschaftlich durch die Gesellschafter vertreten sein muss.[828] Da diese Vertretung vor der Umwandlung in die GbR dem Komplementär oblag, dieser nunmehr ausgeschieden ist und sich damit dessen organschaftliche Vertretungsmacht nicht mehr in dessen Person als GbR-Gesellschafter fortsetzen kann, muss die gesetzliche Regel aus § 714 BGB gelten. Nach dieser Auslegungsregel hat derjenige Gesellschafter, der die Geschäfte führt, im Zweifel die Vertretungsmacht inne.[829] Die Geschäftsführungsverhältnisse der früheren KG können also dann auf die GbR übertragen werden, wenn Kommanditisten nach § 164 HGB die Geschäftsführungsbefugnis eingeräumt wurde. Ist dies der Fall, gilt sie in der GbR fort und bildet zugleich die Grundlage für die organschaftliche Vertretungsmacht der einst geschäftsführenden Kommanditisten. Im Ergebnis sind diese nunmehr organschaftliche Vertreter der GbR. War dagegen keinem Kommanditisten die Geschäftsführungsbefugnis eingeräumt, sind sämtliche Alt-Kommanditisten nunmehr als GbR-Gesellschafter gemeinschaftlich organschaftlich vertretungsberechtigt. Daneben besitzen diejenigen Gesellschafter, die als Kommanditisten rechtsgeschäftliche Vertretungsmacht innehatten, diese weiterhin. Die gemeinschaftliche organschaftliche Vertretungsmacht eines Gesellschafters steht der rechtsgeschäftlichen Einzelvertretungsmacht nicht entgegen.[830]

Sieht die rechtsgeschäftliche Vertretungsmacht vor, dass der Kommanditist die Geschäftsführungs- oder Vertretungsbefugnis nicht ohne Mitwirkung des Komplementärs ausüben kann, muss deren Fortbestand im Wege der Auslegung festgestellt werden. Beruht die Vertretungsbefugnis des Komplementärs einzig auf seiner Organschaft nach § 125 ff. HGB, ist der Komplementär durch den Wegfall seiner Mitgliedschaft nicht mehr vertretungsberechtigt. Hier wird man entsprechend den Fällen der

---

828 Vgl. statt aller MünchKomm-BGB/*Ulmer/Schäfer*, Bd. 5, § 714, Rn. 12 ff.

829 Der Wortlaut des § 714 BGB knüpft an die Geschäftsführungsbefugnis aus dem Gesellschaftsvertrag an. Die Auslegungsregel gilt aber auch bei einer nicht gesellschaftsvertraglich geregelten Geschäftsführung i.S.d. § 709 BGB. Vgl. dazu MünchKomm-BGB/*Ulmer/Schäfer*, Bd. 5, § 714, Rn. 18 f.

830 Vgl. für die GbR BGHZ 16, 394, 396 f.; ferner BGH NZG 2005, 345; kritisch dazu *Wertenbruch*, NZG 2005, 462 ff.; MünchKomm-BGB/*Ulmer/Schäfer*, Bd. 5, § 714, Rn. 22; für die oHG vgl. MünchKomm-HGB/*K. Schmidt*, Bd. 2, § 125, Rn. 10, 29.

organschaftlichen Gesamtvertretung annehmen müssen, dass grundsätzlich keine Einzelgeschäftsführungs- und Einzelvertretungsbefugnis des Kommanditisten eintreten soll.[831] Vielmehr sind sämtliche Gesellschafter gemäß §§ 709, 714 BGB organschaftlich vertretungsberechtigt.

Ist die Gesamtvertretung des Komplementärs sowie des Kommanditisten rechtsgeschäftlicher Art, setzt sie grundsätzlich nicht die Mitgliedschaft des Komplementärs in der KG voraus und besteht daher grundsätzlich auch nach dem Ausscheiden des Komplementärs fort. Etwas anderes muss nur bei entsprechender Auslegung des Rechtsverhältnisses über die Erteilung der rechtsgeschäftlichen Vertretungsmacht gelten. So wird man ihr Erlöschen anzunehmen haben, wenn ihr Bestand an die Gesellschafterstellung geknüpft ist.[832]

Die Ausführungen zeigen, dass auch in der GbR die Vertretungsbefugnisse dergestalt ausgestaltet sein können, dass einige Gesellschafter gemeinschaftlich, ein bzw. einige Gesellschafter jeweils allein oder jeder Gesellschafter allein vertretungsbefugt ist. Es besteht also auch hier die Gefahr, dass der Alt-Kommanditist für Verbindlichkeiten, deren Entstehen er nicht beeinflussen kann, gemäß § 128 HGB unbeschränkt haftet.

Schließlich erfolgt die Begründung der Altverbindlichkeiten der Gesellschaft – vorbehaltlich rechtsgeschäftlicher Vertretungsmacht der ehemaligen Kommanditisten – ohne deren Einflussnahme, da die organschaftliche Vertretung nach §§ 125, 170 HGB dem Komplementär zukommt und die Kommanditisten gemäß § 170 HGB von der Vertretung ausgeschlossen sind.

3.2 Keine Analogie zu §§ 139, 176 HGB

Die geschilderten Gefahren für die Kommanditisten drängen zu einem rechtsfortbildenden Eingriff. Wie bereits dargestellt kann dieser Eingriff aber weder durch analoge Anwendung von § 139 HGB noch von § 176 HGB erfolgen. Der Schutz der Kommanditisten vor dem Eintritt der unbeschränkten Haftung durch den Fortbestand ihrer Haftungsbeschränkung lässt sich mit dem Gesetzesplan des HGB, der keine Gesellschaft

---

831 Zu diesem Grundsatz der organschaftlichen Gesamtvertretung und seinen Ausnahmen vgl. MünchKomm-HGB/*K. Schmidt*, Bd. 2, § 125, Rn. 51 ff.

832 So kann etwa in der Vollmacht nach § 164 BGB selbst geregelt sein, unter welchen Voraussetzungen diese beendet ist, vgl. MünchKomm-BGB/*Schramm*, Bd. 1, § 168, Rn. 1.

mit ausschließlich beschränkt haftenden Gesellschaftern kennt, nicht vereinbaren. Andere Vorschriften, die entsprechend angewendet werden können, sind nicht ersichtlich.

3.3 Rechtsfortbildung durch teleologische Reduktion

Eine Rechtsfortbildung praeter legem, welche die Interessen sowohl der Kommanditisten am Erhalt ihrer beschränkten Haftung als auch der Gesellschaftsgläubiger an unbeschränkter Haftung wenigstens eines Gesellschafters respektiert, ist vielmehr nur beim Erhalt des status quo ante, d.h. durch teleologische Reduktion der Ausscheidensgründe gegeben. Bei der teleologischen Reduktion handelt es sich um eine über die Gesetzesauslegung (im engeren Sinne) hinausgehende gesetzesimmanente Rechtsfortbildung.[833] Hierdurch wird erreicht, dass eine ihrem möglichen Wortsinn nach zu weit reichende Regelung auf ein adäquates Maß beschränkt wird.[834] Die vorzunehmende Einschränkung bemisst sich nach Sinn und Zweck der einzuschränkenden Norm selbst, dem andernfalls nicht zu erreichenden Zweck einer anderen Norm,[835] der Natur der Sache oder einem dem Gesetz immanenten Prinzip.[836]

Wie die Analogie erfordert auch die teleologische Reduktion das Bestehen einer Regelungslücke.[837] Diese besteht bei der Gesetzesanalogie darin, dass ein Sachverhalt nicht vom möglichen Wortsinn erfasst ist, obwohl dies nach Sinn und Zweck des Gesetzes der Fall zu sein hat.[838] Im Unterschied dazu geht es bei der teleologischen Reduktion darum, ein Gesetz, das seinem möglichen Wortsinn nach einen Sachverhalt er-

---

833 *Larenz*, Methodenlehre der Rechtswissenschaft, S. 366; eingehend zur teleologischen Reduktion *Brandenburg*, Teleologische Reduktion, passim; kritisch *Koch/Rüßmann*, Juristische Begründungslehre, § 23, S. 258.

834 *Larenz*, Methodenlehre der Rechtswissenschaft, S. 391; *Canaris*, Lücken im Gesetz, S. 82; *Regenfus*, JA 2009, 579, 583.

835 So auch *Looschelders/Roth*, Juristische Methodik, S. 266.

836 *Larenz*, Methodenlehre der Rechtswissenschaft, S. 392; vgl. *Looschelders/Roth*, Juristische Methodik, S. 263, welche die Möglichkeit der Reduktion aus verfassungsrechtlichen Gründen betonen, da dem Gesetzgeber der mutmaßliche Wille unterstellt werden könne, Gesetze nur im Einklang mit höherrangigen Normen erlassen zu wollen.

837 Vgl. *Larenz*, Methodenlehre der Rechtswissenschaft, S. 370.

838 Vgl. bereits Kap. 1, 1.1.2.2.3.

fasst, nicht anzuwenden, da dies insbesondere dem Sinn und Zweck des Gesetzes widerspricht. In diesem Fall stellt das Fehlen einer Einschränkung die Regelungslücke dar.[839] Im Gegensatz zur offenen Lücke, welche durch Analogie geschlossen wird, spricht man im Zusammenhang mit der teleologischen Reduktion von der verdeckten Lücke.[840] Wie bei der Analogie bedarf die Lückenfeststellung, also der Befund einer planwidrigen Unvollständigkeit des Gesetzes, auch bei der teleologischen Reduktion der genauen Ermittlung der ratio legis.[841] Denn die Feststellung, dass die wortgetreue Anwendung einer Regelung ihrem eigenen Sinn und Zweck und damit ihrem Regelungsplan widerspricht, setzt zunächst die Klarheit darüber voraus, was überhaupt Gegenstand des Regelungsplans ist.

Alle gesetzlichen Ausscheidensgründe aus §§ 131 Abs. 3, 139 Abs. 2, 140 HGB sind ihrem Wortsinn nach auf den einzigen Komplementär anwendbar.[842] Auch der in § 131 Abs. 3, S. 1, Nr. 1 HGB nur konstitutiv geregelte Fall[843] des Todes des einzigen Komplementärs bedeutet dessen Ausscheiden, weil die Vorschrift das Nachrücken des Erben verhindert. Dagegen wird es zum Ausscheiden des einzigen Komplementärs durch Vollbeendigung der Komplementärgesellschaft infolge Liquidation, also ohne Rechtsnachfolge, regelmäßig nicht kommen.[844] Bei liquidationsloser Vollbeendigung liegt dies schon im Nachrücken des Rechts-

---

839 Vgl. *Larenz*, Methodenlehre der Rechtswissenschaft, S. 370 f.; *Enneccerus/Nipperdey*, BGB AT, Hbbd. 1, § 59 II, S. 347 f.; vgl. *Canaris*, Lücken im Gesetz, S. 83 f., insbesondere die dortige Fn. 90, der Analogie und teleologische Reduktion anschaulich gegenüberstellt, indem er meint, bei der Analogie passe „die ratio legis auch auf einen vom Gesetzeswortlaut nicht gedeckten Fall", wohingegen sie bei der teleologischen Reduktion „nicht für einen vom Wortsinn an sich umfaßten Ausnahmetatbestand" passe. Ähnlich *Regenfus*, JA 2009, 579, 583.

840 *Larenz*, Methodenlehre der Rechtswissenschaft, S. 377, 391; *Canaris*, Lücken im Gesetz, S. 83, 137.

841 *Canaris*, Lücken im Gesetz, S. 86.

842 Bei den rechtsgeschäftlichen Ausscheidensgründen kommt eine einschränkende Auslegung des Gesellschaftsvertrags in Betracht.

843 Vgl. dazu Kap. 1, 1.1.2.1.

844 Die Vollbeendigung der Komplementärgesellschaft ist allenfalls bei fehlendem Kapitalanteil an der KG denkbar, wobei diesem dann – wie auch *Seeger*, Komplementärausscheiden, S. 45 betont – regelmäßig ein Vergütungsanspruch der Komplementärin gegen die Gesellschaft für das übernommene Haftungsrisiko entgegensteht, vgl. Kap. 1, 1.1.2.2.3.1.

nachfolgers begründet.[845] Es ist also zu fragen, ob die Anwendung der Ausscheidensgründe auf den einzigen Komplementär dem Sinn und Zweck der das Ausscheiden regelnden Norm selbst, einem andernfalls nicht zu erreichenden Zweck einer anderen Norm, der Natur der Sache oder einem dem Gesetz immanenten Prinzip zuwiderläuft, deshalb der Anwendungsbereich entsprechend zu reduzieren ist und im Ergebnis die Ausscheidensgründe bei dem einzigen Komplementär nicht gelten.

3.3.1 Regelungsplan des § 131 Abs. 3 HGB

Die Ausscheidensgründe aus § 131 Abs. 3 HGB betreffen Sachverhalte, in denen die Lösung eines Gesellschafters von der Gesellschaft einerseits bereits rechtlich vorgegeben und andererseits rechtlich geboten ist. Rechtlich vorgegeben ist die Trennung von der Gesellschaft im Falle des Gesellschaftertodes. Denn die Beteiligung am Gesellschaftsvertrag setzt Rechtssubjektivität voraus.[846] § 131 Abs. 3, S. 1, Nr. 1 HGB beschränkt sich deshalb darauf, den Übergang der Mitgliedschaft nach dem erbrechtlichen Grundsatz aus § 1922 BGB zu vereiteln und gleichzeitig den Verband unter Beteiligung der verbleibenden Gesellschafter werbend fortbestehen zu lassen. Letzteres ist auch durch die übrigen Ausscheidensgründe bezweckt. Diese sind aber anders als § 131 Abs. 3, S. 1, Nr. 1 HGB nicht darauf gerichtet, das Ausscheiden deklaratorisch festzustellen und die Konsequenzen der Rechtsfolge in Form der Trennung des Gesellschafters von der Gesellschaft anzuordnen. Vielmehr bestimmen sie selbst die Rechtsfolge des Ausscheidens eines Gesellschafters bei Vorliegen eines Tatbestands, namentlich bei der Eröffnung des Insolvenzverfahrens über das Vermögen des Gesellschafters oder dessen Kündigung oder der des Privatgläubigers, § 131 Abs. 3, S. 1, Nr. 2 - 4 HGB. Das Ausscheiden ist hier zwar nicht rechtlich vorgegeben, wohl aber im Interesse des Komplementärs oder Dritter geboten. So sind die Insolvenz- bzw. Privatgläubiger des Gesellschafters daran interessiert, auf das Auseinandersetzungsguthaben infolge des Ausscheidens zuzugreifen.

---

845 Vgl. dazu Kap. 1, 1.1.2.2.3 und Kap. 1, 1.1.2.2.4.
846 Vgl. Kap. 1, 1.1.2.1.

3.3.1.1 Unternehmens- statt Personenkontinuität

3.3.1.1.1 Personenkontinuität

Nach hergebrachtem Verständnis ist die Abhängigkeit der Gesellschaft vom Bestand ihrer Gesellschafter Kennzeichen des Personengesellschaftsrechts.[847] Der von den Gesellschaftsgründern angestrebte Gesellschaftszweck kann nur von diesen und nicht von anderen Gesellschaftern erreicht werden.[848] Denn es kommt gerade auf die persönlichen Eigenschaften und Fähigkeiten ihrer Mitgesellschafter an. Gegenseitiges Vertrauen ist Grundlage des meist auf Dauer angelegten Gesellschaftsverhältnisses.[849] Dieses dient meist der beruflichen Existenz und der Erhaltung der Lebensgrundlage des Gesellschafters.[850] So verstanden bereits die Verfasser des dem ADHGB zu Grunde liegenden Preußischen Entwurfs von 1857 die Personengesellschaft als eine höchstpersönliche Verbindung der Gesellschafter, die folgerichtig „mit dem Fortfall auch nur eines derselben [...] rücksichtlich aller Gesellschafter aufgehoben wird“[851]. Die Gesellschaft sei im Falle des Ausscheidens auch nur

847 Vgl. *Wenninger*, Personengesellschaften, S. 11, 103; *Burkholz/Hartmann*, PrivatR, 2. C. I., S. 465; *Reck*, Ausscheiden aus zweigliedriger KG, S. 1 f.; *Schaffner*, Vorgesellschaft, S. 25; *Seeger*, Komplementärausscheiden, S. 27 f.; BeckPersGesHdb/*Kessler/Schiffers*, § 1, Rn. 17. Dagegen zeichnen sich GmbH und AG gerade durch ihre Unabhängigkeit von der Existenz ihrer Gesellschafter aus, vgl. *Kornblum*, Gesellschafterhaftung, S. 2; *Quittnat/Schauwecker/Streckel*, Handels- und GesR, 2. A. 1.4.1, S. 148; *Maiberg*, GesR, § 1, Rn. 6a; *Eisenhardt/Wackerbarth*, GesR I, § 2, Rn. 21; zu Körperschaften allgemein FaK GesR/*Schwerdtfeger*, Einführung und Grundlagen, Rn. 62; *Schaffner*, Vorgesellschaft, S. 25; hinsichtlich des Verhältnisses zwischen rechtsfähigem Verein und dessen Mitgliedern so auch *Haase*, GesR und KartellR, A II 1, S. 6.

848 Zur Abhängigkeit der Gesellschaft von ihren Mitgliedern anschaulich *Wiedemann*, Übertragung und Vererbung von Mitgliedschaftsrechten, S. 48 f.

849 *H. P. Westermann*, Vertragsfreiheit, S. 20; vgl. *Paulick*, Genossenschaft, S. 36, der „die enge persönliche Verbundenheit der Gesellschafter“ und „deren tätige Mitarbeit“ für kennzeichnend hält; vgl. auch *Mönnig*, GesR, 1 C I, S. 4; *Schaffner*, Vorgesellschaft, S. 25; eingehend zu den Konzeptionen handelsgesetzlicher Kodifikationen seit dem 19 Jh. *Hess*, HRefG, S. 5 ff., 11 f., 15 ff.

850 So *Löw*, Abhängigkeit der Personenhandelsgesellschaft, S. 124.

851 Motive zum Entwurf eines Handelsgesetzbuches für die preußischen Staaten, S. 64. Der Gesellschaftsvertrag wurde bereits im ius commune als streng personalistisch angesehen. Man ging von der Auflösung der Gesellschaft (societas) aus, „quia qui societatem contrahit certam personam sibi eligit“. Vgl. dazu

eines ihrer Mitglieder „zu einer wesentlich anderen geworden"[852]. Nicht nur die Existenz irgendwelcher Gesellschafter, sondern gerade die Gesellschafteridentität war damit ein tragender Pfeiler der Gesellschaft. Folglich ordnete Art. 118 des Preußischen Entwurfs[853] das Ende der werbenden Gesellschaft bei Ausscheiden eines Gesellschafters an. Die Regelungen dieses Entwurfs entsprachen im Wesentlichen den Auflösungsgründen aus Art. 123 ADHGB[854], die später weitgehend in das HGB a.F. aufgenommen wurden.[855] Dementsprechend führten insbesondere folgende gesellschafterbezogenen Gründe gemäß § 131 HGB in seiner bis zum Inkrafttreten des HRefG geltenden Fassung zur Auflösung der Gesellschaft: Tod eines Gesellschafters, § 131 Nr. 4 HGB a.F.[856], Konkurseröffnung über dessen Vermögen, § 131 Nr. 5 HGB a.F., Auflösungskündigung durch einen Gesellschafter oder durch einen seiner Gläubiger, §§ 131 Nr. 6, 132, 135 HGB a.F. sowie Auflösungsurteil infolge Auflösungsklage, 133 HGB a.F.[857] Der Fortbestand der werbenden Gesellschaft und die Vermeidung der Gesellschaftsauflösung konnten lediglich im Wege einer von den Gesellschaftern beschlossenen Fortsetzungsklausel erreicht werden.[858]

---

eingehend *Hess*, HRefG, S. 3 ff. m.w.N.; vgl. auch *Sames*, Rechtsstellung der Erben, S. 8; ferner *Nitzsche*, Fortsetzung der oHG mit dem Erben, S. 5.

852 Motive zum Entwurf eines Handelsgesetzbuches für die preußischen Staaten, S. 64.

853 Abgedruckt bei *Hess*, HRefG, S. 3 f.

854 Abgedruckt bei *Hess*, HRefG, S. 9.

855 Vgl. *Hess*, HRefG, S. 12 f.

856 Im Todesfall rückten die Gesellschaftererben in die aufgelöste Gesellschaft ein.

857 Zur alten Rechtslage hinsichtlich der gesellschafterbezogenen Auflösungsgründe Schlegelberger/*K. Schmidt*, HGB, § 131, Rn. 23 ff.

858 Vgl. dazu Düringer/Hachenburg/*Flechtheim*, HGB, § 138, Rn. 1 ff.; Schlegelberger/*K. Schmidt*, HGB, § 138, Rn. 5 ff.

3.3.1.1.2 *Unternehmenskontinuität*

Nach dem HRefG[859] lässt der Eintritt von Gründen, welche die Trennung eines Gesellschafters von der Gesellschaft erforderlich machen, den Bestand des betriebenen Unternehmens unberührt. Die einstigen gesellschafterbezogenen Auflösungsgründe aus § 131 HGB a.F. sind nun Ausscheidensgründe nach § 131 Abs. 3 HGB n.F. Damit hat der Gesetzgeber mit dem Grundsatz der Personenkontinuität zu Gunsten der Unternehmenskontinuität gebrochen.[860]

3.3.1.1.2.1 Erhalt des Unternehmenswertes

Der Umstand, dass nach inoffiziellen Schätzungen in den Jahren um den Jahrtausendwechsel in Deutschland etwa 700.000 Unternehmen des Mittelstands zur Übertragung oder Vererbung anstanden, bewog die das Gesetzgebungsverfahren initiierende Bundesregierung dazu, gesetzliche Rahmenbedingungen zur Sicherung des Fortbestands dieser Unternehmen zu schaffen.[861] Sie ist der Ansicht, die Gesellschafter einer Perso-

---

859 Allgemein dazu *Hess*, HRefG, passim; eingehend zur Geschichte der Reform und des Gesetzgebungsverfahrens *Schaefer*, HRefG, S. 13 ff.; *ders.*, Reform des Handelsstandes und der Personengesellschaften, S. 23 ff.; *ders.*, DB 1998, 1269 ff.; *Schumacher*, HRefG, passim; *Krebs*, DB 1996, 2013 ff.; *Weber/Jacob*, ZRP 1997, 152 ff.; *Kögel*, BB 1997, 793 ff.; *Sethe*, JZ 1997, 989 ff.; *Lamprecht*, ZIP 1997, 919 ff.; *K. Schmidt*, ZHR 161 (1997), 2, 11 f.; *ders.*, ZIP 1997, 909 ff.; *ders.*, DB 1998, 61 ff.; *ders.*, NJW 1998, 2161 ff.; *ders.*, BB 2001, 1 ff.; *ders.*, JZ 2003, 585 ff.; *Scheibe*, BB 1997, 1489 ff.; *R. Schmitt*, WiB 1997, 1113 ff.; *Hörtnagl*, INF 1998, 750 ff.; *Gustavus*, GmbHR 1998, 17 ff.; *Bokelmann*, GmbHR 1998, 57 ff.; *Jung*, ZIP 1998, 677 ff.; *Schön*, DB 1998, 1169 ff.; *Bülow/Artz*, JuS 1998, 680 ff.; *P. Bydlinski*, ZIP 1998, 1169 ff.; *Ammon*, DStR 1998, 1474 ff.; *Felsner*, NJW 1998, 3255 ff.

860 Vgl. RegE HRefG BT-Drs. 13/8444, S. 41 f., 65 f. Die Literatur hat diesen Prinzipienwechsel im Grundsatz (zur speziellen Problematik der Abfindung bei § 131 Abs. 3, S. 1, Nr. 1 HGB als „Todesfalle" vgl. die insofern kritischen Nachweise in Fn. 593) allgemein begrüßt, vgl. MünchHdb/*Piehler/Schulte*, Bd. 2, § 36, Rn. 1; *Schaefer*, HRefG, S. 50 f.; *Schumacher*, HRefG, S. 33; *Sethe*, JZ 1997, 989, 992; *Ammon*, DStR 1998, 1474, 1477; *Gustavus*, GmbHR 1998, 17, 20; *Bülow/Artz*, JuS 1998, 680, 681 f.; *Priester*, DNotZ 1998, 691, 704; *P. Bydlinski*, ZIP 1998, 1169, 1175; *Arnold*, Erbrechtliche Nachfolge in Partnerschaftsgesellschaft, S. 15 f.; kritisch aber *Weber/Jacob*, ZRP 1997, 155 f., welche die Neuregelung angesichts der Abfindungsproblematik insgesamt für nicht notwendig und nicht für besser als die Vorgängerregelung halten.

861 RegE HRefG BT-Drs. 13/8444, S. 41 re. Sp.

nenhandelsgesellschaft seien auch dann an dem Erhalt des Unternehmens interessiert, wenn einer der Gesellschafter aus der Gesellschaft ausscheide. Die Personenkontinuität trete deutlich hinter die Unternehmenskontinuität zurück.[862] Die Entwicklung in der Praxis zeige, dass die Personenhandelsgesellschaft heute als verselbstständigter Verband betrachtet werde, der unabhängig von den ihm angehörenden Personen ist.[863] Dies ergebe sich aus den wirtschaftlichen Interessen der Gesellschafter, „ein florierendes Unternehmen" nicht ohne weiteres zerschlagen zu wollen und dadurch Wertverluste zu erleiden, die etwa bei einer Unternehmensveräußerung ausbleiben würden.[864] Dieses Verständnis erscheine in Anbracht der Eigenschaft des Unternehmens als Existenzgrundlage ihrer Gesellschafter und Arbeitnehmer umso verständlicher.[865] Schließlich bestehe aus Sicht des ausscheidenden Gesellschafters kein

---

862 RegE HRefG BT-Drs. 13/8444, S. 41 re. Sp. Dagegen sei eine entsprechende Änderung des GbR-Rechts nicht geboten, weil der Gesichtspunkt der Unternehmenskontinuität hier nur wenige Gesellschaften betreffe, RegE HRefG BT-Drs. 13/8444, S. 42 re. Sp.

863 RegE HRefG BT-Drs. 13/8444, S. 65 re. Sp. Die Sicherung der Unternehmenskontinuität ist indes keine Neuerfindung des HRefG. Bereits der preußische Entwurf von 1857 enthielt mit Art. 123 eine der Ausschließungsklage nach § 140 HGB ähnliche Regelung, die das Ausscheiden eines Gesellschafters bei Fortsetzung der Gesellschaft mit den verbleibenden Gesellschaftern. Diesem Ziel entsprachen ferner Art. §§ 138, 142 HGB a.F. Vgl. dazu *Hess*, HRefG, S. 7, 16 f.; *Seeger*, Komplementärausscheiden, S. 28 f.; *Paul*, NJW 1947/48, 417, 419; zu § 142 HGB a.F. vgl. *Canter*, NJW 1965, 1553, 1554; zu § 140 HGB vgl. auch *Kulka*, Ausschließung mehrerer Gesellschafter, S. 87 ff. *Wiedemann*, Übertragung und Vererbung von Mitgliedschaftsrechten, S. 49, dortige Fn. 4 nennt §§ 24, 107, 130, 139, 143, 173, 177 HGB, welche die Beständigkeit der Handelspersonengesellschaft trotz Veränderung ihres Gesellschafterbestandes bereits in den 1960ern bezeugen sollen. Überdies schlug die Unternehmensrechtskommission beim Bundesministerium der Justiz bereits 1979 die Schaffung von Regelungen vor, die das Ausscheiden von Gesellschaftern bei gleichzeitigem Fortbestand des Unternehmens vorsahen. Vgl. dazu Bericht Unternehmensrechtskommission, Rn. 804 ff.; *Hess*, HRefG, S. 22; RegE HRefG BT-Drs. 13/8444, S. 42 li. Sp. Schließlich sprach sich die Europäische Kommission durch – wenngleich rechtlich nicht verbindliche – Empfehlungen zur Übertragung von kleinen und mittleren Unternehmen, ABl. L 385 vom 31.12.1994, S. 14 - 17, für die Kontinuität von Personengesellschaften insbesondere beim Tod eines Gesellschafters aus. Vgl. dazu auch *Hess*, HRefG, S. 29; *Seeger*, Komplementärausscheiden, S. 34; RegE HRefG BT-Drs. 13/8444, S. 42 li. Sp.

864 RegE HRefG BT-Drs. 13/8444, S. 41 f.

865 RegE HRefG BT-Drs. 13/8444, S. 42 li. Sp.

Interesse an der Auflösung der Gesellschaft, weil der Auseinandersetzungsanspruch bei Auflösung und der Abfindungsanspruch bei Ausscheiden wirtschaftlich gleichwertig seien.[866]

3.3.1.1.2.2 Absicherung kleinerer Unternehmen sowie Verringerung vertraglichen Regelungsbedarfs

Die Bundesregierung stellte fest, dass der Großteil der Unternehmer in der Vergangenheit selbst durch Vereinbarung von Fortsetzungsklauseln für den Erhalt ihrer Unternehmen gesorgt habe, wenn dessen Fortführung ohne den ausscheidenden Gesellschafter möglich war.[867] Nach ihrer Einschätzung setzte die unternehmerische Praxis schon lange vor der HGB-Reform auf Unternehmens- anstelle von Personenkontinuität.[868] Die Gesetzesänderung und damit die Erhebung der durch Vertragspraxis bereits vielerorts hergestellten Rechtsfolge zum gesetzlichen Regelfall hielt die Bundesregierung gleichwohl für geboten. Denn viele insbesondere kleine Unternehmen träfen aus Unkenntnis der Rechtslage keine oder nur unzureichende vertragliche Nachfolgeregelungen und seien damit auf eine den Bestand ihres Unternehmens sichernde gesetzliche Regelung angewiesen.[869] Schließlich verringere die Entbehrlichkeit einer Fortsetzungsklausel den vertraglichen Regelungsbedarf.[870]

---

866 RegE HRefG BT-Drs. 13/8444, S. 42 li. Sp.

867 RegE HRefG BT-Drs. 13/8444, S. 42 li. Sp.

868 In der Tat wurde bereits in den 1970er Jahren die Auflösung der Gesellschaft durch den Tod eines Gesellschafters als Ausnahme angesehen, so etwa bei *H. Westermann*, FS-Bartholomeyczik, S. 395, 408; *Huber*, Vermögensanteil, S. 63.

869 RegE HRefG BT-Drs. 13/8444, S. 42 li. Sp., wonach nach Schätzung des Bundesverbands Deutscher Banken etwa 10 % der Konkursanträge deutscher Unternehmen auf fehlende oder unzureichende Nachfolgeregelungen zurückzuführen sind.

870 RegE HRefG BT-Drs. 13/8444, S. 42 re. Nach verbreiteter Auffassung sind vertragliche Regelungen in diesem Zusammenhang jedoch gerade nicht obsolet geworden. Diese werden insbesondere hinsichtlich der Bemessung des Abfindungsanspruchs nach § 738 Abs. 1, S. 2 BGB empfohlen, der im Falle des Todes eines Gesellschafters auf dessen Erben übergeht. Vgl. dazu *Sethe*, JZ 1997, 989, 994 sowie die Nachweise in Fn. 593.

3.3.1.1.2.3 Gesetzgeberischer Wertemaßstab

Schließlich schaffe der gesetzliche Wechsel von der Personen- zur Unternehmenskontinuität einen „gesetzgeberischen Wertmaßstab“[871], der auf das gesamte Gesellschaftsrecht ausstrahlen und als Auslegungshilfe dienen solle.[872] Diejenigen Gesellschafter, welche die Personenidentität der Aufrechterhaltung des in gemeinschaftlicher Arbeit Geschaffenen vorziehen, sind nunmehr angehalten, die vormals gesetzliche Rechtsfolge der Auflösung durch eine entsprechende gesellschaftsvertragliche Regelung selbst herbeizuführen.[873] Zwar stellt das Gesetz das Fortbestehen der werbenden Gesellschaft im Falle des Ausscheidens einer ihrer Gesellschafter nicht ausdrücklich klar, doch ergibt sich aus den Gesetzesbegründungen des HRefG, dass es dem Gesetzgeber gerade auf die Erhaltung der werbenden Gesellschaft als Unternehmensträger ankommt. Dies wird auch aus dem Verhältnis der Abs. 1-3 des § 131 HGB zueinander deutlich. Die gegenüberstellende Darstellung von Auflösungs- und Ausscheidensgründen führt zur Annahme, dass beim Ausscheiden nach dessen Abs. 3 eben nicht die Auflösung nach Abs. 1 erfolgen soll und somit nur die Fortführung der werbenden Gesellschaft als mögliche Rechtsfolge verbleibt.[874]

3.3.1.2 Schutz vor Einflussnahme durch Erben

Nach § 131 Abs. 3, S. 1, Nr. 1 HGB kommt es im Falle des Todes des Komplementärs[875] nicht zur Auflösung der KG, sondern zum Ausscheiden des Verstorbenen, weshalb dessen Mitgliedschaft nicht auf den Erben übergehen kann.[876] Neben dem in § 131 Abs. 3 HGB allgegenwärtigen Zweck der Wahrung der Unternehmenskontinuität besteht der Sinn

---

871 RegE HRefG BT-Drs. 13/8444, S. 42 re. Sp.

872 RegE HRefG BT-Drs. 13/8444, S. 42 re. Sp.

873 *Sethe*, JZ 1997, 989, 993.

874 So im Ergebnis auch RegE HRefG BT-Drs. 13/8444, S. 66 li. Sp., wo zudem darauf hingewiesen wird, dass nach der gesetzlichen Terminologie insbesondere der §§ 138, 142 Abs. 2, 3 HGB a.F. der Begriff des Ausscheidens eines Gesellschafters nur bei Fortführung der Gesellschaft gebraucht werde.

875 Für den Tod des Kommanditisten gilt § 177 HGB.

876 Zu der umstrittenen Frage, ob die Mitgliedschaft daher als nicht vererblich gestellt anzusehen ist, vgl. *Sethe*, JZ 1997, 989, 991 ff.; ferner *Deckert*, NZG 1998, 43, 45; zur Vererblichstellung auch *Scherer*, BB-Special 05/2004, 2, 3; *Schäfer*, BB-Special 05/2004, 14, 15 f. m.w.N.

des § 131 Abs. 3, S. 1, Nr. 1 HGB darin, den verbleibenden Gesellschaftern eine Unternehmensfortführung mit den Erben zu ersparen, die sie bei Abschluss des Gesellschaftsvertrags nicht kennen konnten.[877] Dies ist angesichts der Vorschrift des § 177 HGB dahingehend zu präzisieren, dass § 131 Abs. 3, S. 1, Nr. 1 HGB nicht vor der Mitgliedschaft eines unbekannten Erben, sondern vor der Ausübung der Geschäftsführungs- und Vertretungsrechte nach §§ 114 ff., 125 ff. HGB durch den Erben in der werbenden Gesellschaft schützen will.[878]

3.3.1.3 Zugriff auf Abfindungsanspruch und Trennung von vermögenslosem Gesellschafter

Auch § 131 Abs. 3, S. 1, Nr. 2 HGB gewährleistet den Fortbestand des Unternehmens. Ferner bezweckt die Vorschrift, den Privatgläubigern des insolventen Gesellschafters bzw. dem Insolvenzverwalter den Zugriff auf den durch das Ausscheiden entstehenden Abfindungsanspruch zu sichern. Die Einräumung von Verwaltungs- oder Verfügungsrechten am Geschäftsanteil des betroffenen Gesellschafters kommt wegen des Schutzes der übrigen Gesellschafter vor der Einflussnahme Dritter in der Gesellschaft nicht in Betracht. Schließlich sorgt die Norm dafür, dass die Gesellschafter keinen vermögenslosen Gesellschafter in der werbenden Gesellschaft dulden müssen.[879] In ähnlicher Weise bezweckt § 131 Abs. 3, S. 1, Nr. 4 HGB die Befriedigung der Interessen Dritter. Der die Zwangsvollstreckung betreibende Privatgläubiger eines Gesellschafters soll durch Kündigung dessen Ausscheiden herbeiführen können, um auf den entstehenden Abfindungsanspruch zugreifen zu können.[880]

3.3.1.4 Lösungsrecht des Gesellschafters

§ 131 Abs. 3, S. 1, Nr. 3 HGB bestimmt, dass das Ausscheiden des Gesellschafters Rechtsfolge seiner Kündigung ist. Die Regelung schützt damit das Interesse des Gesellschafters, sich aus dem Gesellschaftsvertrag lösen zu können.[881]

---

877 Vgl. dazu bereits Kap. 1, 1.1.2.1.
878 Vgl. dazu Kap. 1, 1.1.2.2.3.3.
879 Vgl. Kap. 1, 1.1.3.1.
880 Vgl. Kap. 1, 1.1.5.
881 Vgl. dazu Kap. 1, 1.1.4.

3.3.2 Regelungsplan des § 139 Abs. 2 HGB

Der Zweck des Ausscheidensrechts des Komplementärerben gemäß § 139 Abs. 2 HGB besteht ähnlich wie bei § 131 Abs. 3, S. 1, Nr. 3 HGB darin, den Gesellschaftererben vor einer zeitlich unbegrenzten Bindung an die Gesellschaft zu schützen. Bei § 139 Abs. 2 HGB besteht die Besonderheit, dass der Beteiligung an der Gesellschaft keine Willenserklärung des Erben vorausgegangen ist. Demgemäß schützt § 131 Abs. 3, S. 1, Nr. 3 HGB genau genommen das Interesse des Gesellschafters, nicht dauerhaft in der gesellschaftsvertraglichen Bindung, der er sich willentlich durch Abschluss des Gesellschaftsvertrags ausgesetzt hat, zu verbleiben. Hingegen trägt § 139 Abs. 2 HGB dem Interesse des Gesellschafters Rechnung, sich von der gesellschaftsvertraglichen Bindung zu lösen, die er erst gar nicht selbst eingegangen ist, ohne die Erbschaft gemäß § 1942 BGB ausschlagen zu müssen.[882]

3.3.3 Regelungsplan des § 140 HGB

§ 140 HGB liegt der Zweck zu Grunde, dass sich die Gesellschafter im Klagewege von störenden Mitgesellschaftern trennen können, ohne die Gesellschaft auflösen zu müssen und die Existenz des Unternehmens zu gefährden. Die Gesellschaft und damit auch das Unternehmen bestehen unter Beteiligung der verbleibenden Gesellschafter fort.[883]

3.3.4 Zwischenergebnis

Danach erscheint fraglich, ob die in § 131 Abs. 3 HGB ausgemachten Zwecke die Nichtanwendung der Vorschrift fordern. Denn Unternehmenskontinuität verlangt nicht Kontinuität im Hinblick auf die Gesellschaftsform. So steht das Ausscheiden des einzigen Komplementärs zwar dem Fortbestand der KG, nicht aber der Fortsetzung des Unternehmens entgegen. Denn dies kann ohne weiteres durch eine infolge nachträglicher Rechtsformverfehlung entstehende oHG betrieben werden. Auch bei der Umwandlung in die GbR kann das Unternehmen fortbestehen, denn diese Gesellschaftsform lässt den Betrieb eines klein-

---

882 Vgl. *Schäfer*, NJW 2005, 3665, 3666; vgl. dazu bereits Kap. 1, 1.2.

883 Vgl. E/B/J/S/*Lorz*, HGB, Bd. 1, § 140, Rn. 1; MünchKomm-HGB/*K. Schmidt*, Bd. 2, § 140, Rn. 1 f.; Koller/Roth/Morck/*Koller*, HGB, § 140, Rn. 1; vgl. bereits Kap. 1, 1.3.

gewerblichen Unternehmens zu.[884] Folglich zwingt der Zweck der Unternehmenskontinuität aus § 131 Abs. 3 HGB nicht dazu, die Vorschrift auf den einzigen Komplementär nicht anzuwenden. Die Nichtanwendung der Norm ergibt sich deshalb nicht aus dem Regelungsplan der hier teleologisch zu reduzierenden Norm selbst.

Das durch teleologische Reduktion des § 131 Abs. 3, S. 1, Nr. 1 HGB gewonnene Ausbleiben des Ausscheidens und demzufolge der Eintritt des Komplementärerben in die Gesellschaft im Wege der Gesamtrechtsnachfolge nach § 1922 BGB widerspricht sogar dem vorgenannten Zweck, die Einflussnahme von Erben in der Gesellschaft zu verhindern. Ebenso verhält es sich in den Fällen des Ausscheidens nach § 131 Abs. 3, S. 1, Nr. 2, 4 HGB. Denn der Verbleib des Komplementärs in der KG verhindert das Entstehen des den Insolvenz- bzw. Privatgläubigern zustehenden Abfindungsanspruchs. Auch der Normzweck des § 131 Abs. 3, S. 1, Nr. 3 HGB verlangt nicht, dass der einzige Komplementär in der Gesellschaft verbleibt. Der Norm liegt vielmehr der Gedanke zu Grunde, dass jedem Gesellschafter die Befugnis zustehen muss, sich vom Verband zu lösen. Für § 139 Abs. 2 HGB gilt dies in besonderem Maße. Denn der Erbe ist in die Gesellschaft eingerückt, ohne dass dies seinen entsprechenden Willen vorausgesetzt hat, wenngleich er sich durch Ausschlagung nach § 1942 BGB von der Gesellschaft lösen kann. Auch die durch § 140 HGB geschützte Kontinuität des Unternehmens verlangt nicht den Verbleib des Komplementärs in der KG. Im Gegenteil, das Interesse der übrigen Gesellschafter, die gemeinschaftliche Zweckverfolgung ohne missliebige Gesellschafter fortsetzen zu wollen, spricht gerade für deren Ausscheiden.

Im Ergebnis ist § 131 Abs. 3 HGB nicht mit der Begründung teleologisch reduzierbar, der Zweck der Vorschriften aus §§ 131 Abs. 3, 139 Abs. 2, 140 HGB stehe dem Ausscheiden des einzigen Komplementärs entgegen.

---

884 In Bezug auf die zweigliedrige KG ähnlich *Eckardt*, NZG 2000, 449, 454, nach dem die Fortsetzung des Geschäfts der KG durch den einzig verbleibenden Kommanditisten als Einzelkaufmann nicht der Unternehmenskontinuität widerspricht.

3.3.5 Einschränkung aufgrund des andernfalls nicht zu erreichenden Zwecks einer anderen Norm

Die vorzunehmende Einschränkung muss indes nicht durch den Sinn und Zweck der einzuschränkenden Norm selbst gerechtfertigt sein. Vielmehr kann der Zweck einer anderen Norm, der anders als durch teleologische Reduktion der Vorschrift nicht zu erreichen ist,[885] die Natur der Sache oder ein dem Gesetz immanentes Prinzip eine Einschränkung gebieten.[886]

3.3.5.1 Normzweck des § 139 HGB

Der Zweck aus § 139 HGB könnte im Rahmen des Ausscheidens des einzigen Komplementärs nicht anders als durch teleologische Reduktion der Ausscheidensgründe zu erreichen sein. Rückt der Erbe eines oHG-Gesellschafters bzw. eines Komplementärs im Wege einer einfachen oder qualifizierten Nachfolgeklausel[887] in die Gesellschaft ein, haftet er persönlich unbeschränkt auch für die im Zeitpunkt des Erbanfalls bestehenden Altverbindlichkeiten, §§ 128, 130 HGB. Durch diese Haftung kraft Gesellschaftsrechts läuft die bürgerlich-rechtliche Beschränkbarkeit der Erbenhaftung nach §§ 1975 ff. BGB de facto leer. Ferner unterliegt der Erbe dem Wettbewerbsverbot aus § 112 HGB, so dass er an bereits bestehenden kaufmännischen Tätigkeiten nunmehr gehindert sein kann. Schließlich obliegt ihm die Geschäftsführung der Gesellschaft.[888] Diesem Pflichtenprogramm kann der Erbe nur durch Ausschlagung der gesamten Erbschaft nach § 1942 BGB entgehen. Nach § 1950 BGB ist eine Teilausschlagung nicht möglich.[889] In einer solchen Konfliktsituation befand sich der Erbe bis zum Jahre 1897. Das bis dahin geltende ADHGB

---

885 So schon *Looschelders/Roth*, Juristische Methodik, S. 266.

886 *Larenz*, Methodenlehre der Rechtswissenschaft, S. 392; vgl. *Looschelders/Roth*, Juristische Methodik, S. 263.

887 Vgl. dazu E/B/J/S/*Lorz*, HGB, Bd. 1, § 139, Rn. 3.

888 Schlegelberger/*Geßler*, HGB^4, § 139, Rn. 1; MünchKomm-HGB/*K. Schmidt*, Bd. 2, § 139, Rn. 5; Schlegelberger/*K. Schmidt*, HGB, § 139, Rn. 10; MünchHdb/*Klein/Lindemeier*, Bd. 1, § 79, Rn. 38; die Haftung kraft Erbrechts und diejenige kraft Gesellschaftsrechts müssen insbesondere hinsichtlich ihres Rechtsgrundes unterschieden werden, vgl. dazu Kap. 2, 2.4.2.3.2.

889 Vgl. dazu MünchKomm-BGB/*Leipold*, Bd. 9, § 1950, Rn. 1 ff.; E/B/J/S/*Lorz*, HGB, Bd. 1, § 139, Rn. 3; *Deckert*, NZG 1998, 43, 46.

sah lediglich die Alternativen der Ausschlagung der Erbschaft einerseits und des Verbleibs in der Gesellschaft als oHG-Gesellschafter bzw. Komplementär andererseits vor.[890]

Diese beschränkte Wahlmöglichkeit des Erben sah man diesem gegenüber als nicht ausreichend an.[891] Deshalb gewährt § 139 HGB diesem heute das Recht, sein Verbleiben in der Gesellschaft von der Einräumung der Kommanditistenstellung abhängig zu machen und verschont ihn von der unbeschränkten Haftung, sofern er nicht als Komplementär in der Gesellschaft verbleibt.[892] Dabei wird insbesondere die nach altem Recht drohende unbeschränkte Gesellschafterhaftung des Erben nach §§ 128, 130 HGB als unzumutbar angesehen, so dass die Möglichkeit einer diesbezüglichen Einschränkung geboten sei, die milder als die Ausschlagung wirke.[893] Indem § 139 HGB die Nachfolgeklausel als Voraussetzung der Vererblichkeit des Gesellschaftsanteils nennt, die Ausübung des Wahlrechts nur in einer kurzen Frist erlaubt und den

---

890 Vgl. RGZ 16, 14, 45 ff.; vgl. auch MünchKomm-HGB/*K. Schmidt*, Bd. 2, § 139, Rn. 5; *dens.*, ZGR 1989, 445, 449; *Emmerich*, ZHR 150 (1986), 193, 194, nach dem § 139 HGB überdies das Gläubigerinteresse an der „Erhaltung ihrer Zugriffsmöglichkeiten“ schützt; vgl. *Schörnig*, ZEV 2001, 129, 130; zur Entstehungsgeschichte des § 139 HGB eingehend *Sames*, Rechtsstellung der Erben, S. 8 ff.; ebenso *Nitzsche*, Fortsetzung der oHG mit dem Erben, S. 4 ff.

891 Guttentag-Denkschrift zum HGB-Entwurf 1897, S. 106 f. („unbillige Härte“); Düringer/Hachenburg/*Flechtheim*, HGB, § 139, Rn. 1 („böse Zwangslage“, „Danaergeschenk“); Schlegelberger/*Geßler*, HGB^4, § 139, Rn. 1; E/B/J/S/*Lorz*, HGB, Bd. 1, § 139, Rn. 4; MünchKomm-HGB/*K. Schmidt*, Bd. 2, § 139, Rn. 5; *Kraft/Kreutz*, GesR, D VI 4 c aa, S. 228 („Dilemmasituation“); *Emmerich*, ZHR 150 (1986), 193, 194.

892 Vgl. MünchKomm-HGB/*K. Schmidt*, Bd. 2, § 139, Rn. 5; Staub/*Schäfer*, HGB, Bd. 3, § 139, Rn. 1; MünchKomm E/B/J/S/*Lorz*, HGB, Bd. 1, § 139, Rn. 4; Baumbach/*Hopt*, HGB, § 139, Rn. 6; Koller/Roth/Morck/*Koller*, HGB, § 139, Rn. 2; *A. Hueck*, oHG, S. 404 f.; *Wiedemann*, Übertragung und Vererbung von Mitgliedschaftsrechten, S. 155 f.; *ders.*, FS-Großfeld, S. 1309, 1317.

893 Den Schutz vor unbeschränkter Gesellschafterhaftung nach §§ 128, 130 HGB betonen vor allem FaK GesR/*Lehleiter*, § 139 HGB, Rn. 1; *Wiedemann*, Übertragung und Vererbung von Mitgliedschaftsrechten, S. 155 f.; *Klauss/Mittelbach*, KG, 1 F II 7 a, Rn. 434; *Kraft/Kreutz*, GesR, D VI 4 c aa, S. 227 f.; *Emmerich*, ZHR 150 (1986), 193; *Schörnig*, ZEV 2001, 129 f.; *Ulmer*, ZIP 2003, 1113, 1121; *Mock*, NZG 2004, 118, 120; *Schäfer*, BB-Special 05/2004, 14, 15; *ders.*, NJW 2005, 3665, 3666.

Wechsel des Erben in die Kommanditistenstellung vorsieht, bezweckt die Norm zudem die Sicherung der Unternehmenskontinuität.[894]

Durch die Einräumung der Möglichkeit, Kommanditist zu werden, schafft die Vorschrift schließlich Anreize für den Erben des Komplementärs, in der Gesellschaft zu verbleiben. Dies bezweckt die Erhaltung des Gesellschaftskapitals, das nicht mit Abfindungsansprüchen des ausscheidenden Erben belastet wird.[895] Den übrigen Gesellschaftern bietet sich somit die Möglichkeit, das Kapital ihres Unternehmens zu schützen, indem sie dem Erben die im Vergleich zur Komplementärstellung weniger einflussreiche Stellung eines Kommanditisten einräumen.[896]

3.3.5.2 Gleichstellung von Erben und Kommanditisten

3.3.5.2.1 Unbeachtlichkeit des entgegenstehenden Willens

Weiterhin ist zu untersuchen, ob der Normzweck des § 139 HGB in Form des Schutzes des Erben vor unbeschränkter Haftung auf die infolge des Ausscheidens des einzigen Komplementärs verbleibenden Kommanditisten zu übertragen ist. Denn es bestehen Unterschiede zwischen der Situation des Komplementärerben und jener der Kommanditisten.

§ 139 HGB schützt den Erben des Komplementärs vor einer Beteiligung als unbeschränkt haftender Gesellschafter. Der Erbe soll die Erbschaft annehmen, der Haftung allerdings entgehen können. Dagegen will die Vorschrift nicht jedem Gesellschafter-Erben ermöglichen, der Gesellschaft fernzubleiben, aber gleichzeitig die übrige Erbschaft anzunehmen. Denn das automatische Einrücken des Erben eines Kommanditisten in die Gesellschaft lässt § 177 HGB gerade zu. Und auch § 139 HGB selbst stellt den Erben nur vor die Wahl, Komplementär oder Kommanditist zu werden, und bietet kein Recht zur Ablehnung jeglicher Gesellschafterstellung bei Annahme der übrigen Erbschaft. Demgemäß muss sich der

---

894 Staub/*Schäfer*, HGB, Bd. 3, § 139, Rn. 1.

895 Schlegelberger/*Geßler*, HGB, 4. Aufl., § 139, Rn. 1; Staub/*Schäfer*, HGB, Bd. 3, § 139, Rn. 1; *ders.*, BB-Special 05/2004, 14, 15; *Emmerich*, ZHR 150 (1986), 193, 194; vgl. *K. Schmidt*, ZGR 1989, 445, 450. In den Gesetzesberatungen zum HGB wurde noch ein unbedingtes Austrittsrecht des Erben in Erwägung gezogen, letztlich allerdings in Anbetracht des entstehenden Entzugs des Gesellschaftskapitals als nicht sachgerecht abgelehnt. Vgl. Guttentag-Denkschrift zum HGB-Entwurf 1897, S. 107; dazu auch *Sames*, Rechtsstellung der Erben, S. 15.

896 Vgl. Schlegelberger/*Geßler*, HGB^4, § 139, Rn. 1.

Normzweck von § 139 HGB aus seiner tatbestandsmäßigen Verschiedenheit zu § 177 HGB, also aus der Differenzierung zwischen Komplementär und Kommanditist ergeben.

Wie bereits erörtert bestehen Unterschiede hinsichtlich der Geschäftsführungs- und Vertretungsbefugnisse sowie des Haftungsstatuts. Das Gesetz erachtet die Mitgliedschaft des oHG-Gesellschafters oder Komplementärs als etwas gegenüber anderen Nachlassgegenständen Besonderes. Dies zeigt schon, dass sie anders als die Kommanditistenstellung grundsätzlich unvererblich sind und durch den Gesellschaftsvertrag vererblich gestellt werden müssen. Der Erbe soll die Beteiligung nicht in seiner Nachlassaufstellung aufnehmen müssen, auf Grundlage derer er die Entscheidung darüber trifft, ob er die Erbschaft ausschlägt oder nicht. Deshalb bedarf es einer gesonderten Behandlung der Vererbung von oHG- und Komplementärbeteiligungen. Die Besonderheit der Mitgliedschaft besteht darin, dass sie vermittelt durch die Gesellschaft in besonders starkem Maße Wirkung auf Dritte, namentlich auf Gläubiger hat. So bestehen – und darauf kommt es vorliegend entscheidend an – in vermögensrechtlicher Hinsicht nach §§ 128, 130 HGB weitreichende Verpflichtungen in Bezug auf bereits bestehende und neu hinzukommende Verbindlichkeiten, die der Erbe innerhalb der sechswöchigen Ausschlagungsfrist nach § 1944 Abs. 1 BGB sowohl für die Vergangenheit als auch für die Zukunft kaum überschauen kann und auf deren Entstehen er, wie bereits für die Kommanditisten erörtert wurde, nicht nur bei Deliktsverbindlichkeiten keinen Einfluss hat.[897] Daneben weist die Mitgliedschaft anders als das Sacheigentum einen personenrechtlichen Einschlag auf. Sie ist durch die Person des Berechtigten geprägt, so dass bspw. ihre Aufteilung auf mehrere Erben nicht ohne weiteres in Betracht kommt.[898] Ferner haben die übrigen Mitgliedschaften innerhalb der Gesellschaft Einfluss auf die vererbte Mitgliedschaft. So kann für den Erben bedeutsam sein, ob er die übrigen Gesellschafter bereits kennt oder ihnen vertraut.[899]

---

897 Man denke nur an den Fall, ein Kommanditist verursacht das Entstehen deliktischer Verbindlichkeiten, die der KG nach § 31 BGB analog zuzurechnen sind und für die somit der Komplementär nach § 128 HGB einstehen muss. Vgl. auch Düringer/Hachenburg/*Flechtheim*, HGB, § 177, Rn. 13, der die Bedeutung des Unternehmensrisikos für den Erben betont.

898 Vgl. *Wiedemann*, Übertragung und Vererbung von Mitgliedschaftsrechten, S. 154.

899 Vgl. Düringer/Hachenburg/*Flechtheim*, HGB, § 177, Rn. 13.

Wie bereits betont soll vorliegend die Übernahme der unbeschränkten Haftung maßgeblich sein, weil der Normzweck des § 139 HGB, soweit er die Interessen des Erben berührt, primär an die Unbilligkeit des Eintritts der unbeschränkten Haftung anknüpft.

Insofern sind die Situation des Erben des Komplementärs und diejenige der Kommanditisten nach Ausscheiden des einzigen Komplementärs vergleichbar, denn allen dürfte regelmäßig der Wille zu unterstellen sein, nicht oHG-Gesellschafter bzw. Komplementär werden und damit nicht unbeschränkt haften zu wollen.[900] Der Wille des Erben, nicht als oHG-Gesellschafter oder Komplementär in die Gesellschaft einzurücken, ist zweifelsohne durch § 139 HGB geschützt. Dies ergibt sich schon aus der Vertragsfreiheit, nach der es jedem selbst überlassen sein muss, einer Gesellschaft beizutreten.[901] Demzufolge ist auch der Wille des Erben geschützt, als Gesellschafter nicht unbeschränkt haften zu müssen.

Etwas anders liegt es bei den Kommanditisten infolge des Ausscheidens des einzigen Komplementärs. Hier ist das Abstellen auf den Willen gerade nicht angängig, denn der Rechtsformwechsel setzt nur den Willen voraus, überhaupt an einer Gesellschaft beteiligt zu sein. Der Wille der Gesellschafter in Bezug auf die Rechtsform der Gesellschaft, insbesondere deren Haftungsverfassung, ist unbeachtlich. So müssen die Gesellschafter in einer oHG gerade nicht die unbeschränkte Haftung wollen.[902] Um nicht in einen Widerspruch zu den allgemein anerkannten Grundsätzen des Rechtsformzwangs zu geraten, kann demzufolge allenfalls der Gedanke des § 139 HGB, dass der Wille eines Nichtgesellschafters, schon gar nicht (unbeschränkt haftender) Gesellschafter werden zu wollen, auf die Situation der Kommanditisten übertragen werden. Eine derartige Übertragung geht jedoch auch ins Leere, denn die Kommanditisten haben anlässlich des Abschlusses des Gesellschaftsvertrags ihren Willen, Gesellschafter sein zu wollen, geäußert. § 139 HGB kann den Willen des Erben daher nur insoweit schützen, als es um die Beteiligung an der Gesellschaft als solchen, nicht aber um die Rechtsform oder die sich daraus ergebende Haftung geht.

---

900 Auf den Willen des Erben abstellend BGHZ 113, 132, 135; Koller/Roth/Morck/*Koller*, HGB, § 139, Rn. 2; *Binz/Sorg*, GmbH & Co. KG, § 7, Rn. 6 f.; Hesselmann/Tillmann/Mueller-Thuns/*Lüke*, Hdb.GmbH&Co.KG, § 10, Rn. 29; *Schlottmann*, Komplementärwegfall, S. 117 f.; *Schäfer*, NJW 2005, 3665, 3666.

901 Dies verkennt *Schlottmann*, Komplementärwegfall, S. 120 ff.

902 Vgl. Kap. 1, 2.2.1.1.1.

3.3.5.2.2 *Beachtlichkeit der fehlenden Einflussmöglichkeit*

Doch lässt sich der Norm darüber hinaus entnehmen, dass der Erbe des Komplementärs vor der unbeschränkten Haftung zu schützen ist, wenn er keinerlei Möglichkeit hat, auf ihren Eintritt Einfluss zu nehmen.[903] Denn die Entscheidung darüber, ob der Erbe – zumindest vorübergehend – unbeschränkt haftender Gesellschafter wird, kann wie der Abschluss des Gesellschaftsvertrags selbst allein von den verbleibenden Gesellschaftern sowie dem Erblasser-Gesellschafter bestimmt werden. Diese schließen die für die Anwendung des § 139 HGB erforderliche Nachfolgeklausel. Die Erbeinsetzung kommt dem Erblasser grundsätzlich allein zu.[904] Schließlich ist der Erbfall jeglicher Einflussnahme entzogen. Der Erbe ist also an keiner der Voraussetzungen des Eintritts der unbeschränkten Haftung beteiligt. Dieser Aspekt könnte auch in Bezug auf die Kommanditisten zu berücksichtigen sein. Anders als der Erbe haben die Kommanditisten die gesellschaftsvertraglichen Grundlagen für den Haftungseintritt jedoch selbst gelegt. Sie waren am Abschluss des Vertrags über die KG beteiligt. Erst durch diese Willensbekundung wurde eine wesentliche Voraussetzung des nachträglichen Rechtsformzwangs, nämlich der Gesellschaftsvertrag geschaffen. Überdies lässt sich einwenden, dass die Kommanditisten bei Abschluss des Gesellschaftsvertrags sehr wohl die Möglichkeit hatten, präventive Maßnahmen[905] gegen das ersatzlose Komplementärausscheiden und zur Erhaltung ihres Haftungsstatuts zu ergreifen. So hätten die Gesellschafter den automatischen Wechsel eines Kommanditisten in die Komplementärstellung oder den automatischen Eintritt eines Neugesellschafters als Komplementär im Gesellschaftsvertrag vereinbaren können.[906] Im Falle fehlender Einigung der Gesellschafter über entsprechende Vorsorgemaßnahmen hätten die angehenden Kommanditisten schließlich ganz von der Beteiligung an der Gesellschaftsgründung absehen können.

---

903 *Schlottmann*, Komplementärwegfall, S. 118 („fehlende Reaktionsmöglichkeit"); *Kraus*, Rechtsformverfehlung, S. 132, nach dem § 139 HGB zu entnehmen sein soll, „dass niemand ohne sein Zutun, ohne Vermeidemöglichkeit, der Gefahr einer unbegrenzten Belastung seines Privatvermögens aus der Teilnahme am geschäftlichen Verkehr ausgesetzt werden soll."

904 Grundsätzlich gilt Testierfreiheit, vgl. MünchKomm-BGB/*Leipold*, Bd. 9, Einl ErbR, Rn. 17 ff., 20.

905 Vgl. BGH DB 1979, 1836.

906 So können entsprechende Verträge mit der aufschiebenden Bedingung (§ 158 Abs. 1 BGB) des Ausscheidens des einzigen Komplementärs versehen werden.

Indes überreizt dies wohl den Pflichtenkatalog der Kommanditisten. Denn § 161 Abs. 1 HGB lässt das Bestehen der Kommanditistenhaftung nach §§ 171 ff. HGB auch ohne entsprechende Vereinbarungen zu. Ist eine entsprechende Vereinbarung keine Voraussetzung der Kommanditistenhaftung, darf den regelmäßig einflusslosen Kommanditisten nicht nachträglich das Haftungsstatut entzogen werden, weil es an einer Abrede fehlt. Im Übrigen würden die Kommanditisten für Fehler des Notars bestraft, der nicht auf den Problemkreis des Ausscheidens des einzigen Komplementärs hingewiesen hat.[907] Zudem ist zu beachten, dass auch im originären Anwendungsbereich des § 139 HGB der Erbe regelmäßig Einfluss nehmen wird. So wird der Erblasser wohl den Erben zwecks Vorbereitung seiner Gesellschafterstellung von der Erbfolge unterrichten, um ihm Gelegenheit zu geben, die für ihn vorgesehene Rechtsnachfolge abzulehnen und auf eine anderweitige Lösung hinzuwirken.[908] Im Interesse des Bestands seiner Beteiligung sowie des Unternehmens insgesamt wird sich der Erblasser dann wohl um einen anderen Nachfolger bemühen. Weiterhin billigt § 139 HGB dem Erben die Vermeidung der unbeschränkten Haftung zu, obwohl diesem mit der Ausschlagung bereits nach Erbrecht ein Mittel zusteht. Folglich steht die Existenz anderen Möglichkeiten zur Haftungsvermeidung der Schutzwürdigkeit des Erben nicht entgegen. Steht dem Schutz des Erben damit nicht die Ausschlagungsmöglichkeit entgegen, so darf dem Schutz des Kommanditisten nicht die Möglichkeit zu Vorsorgemaßnahmen im Gesellschaftsvertrag entgegenstehen. Demzufolge verhindern der Abschluss des KG-Vertrags und entsprechende haftungssichernde gesellschaftsvertragliche Maßnahmen nicht die Annahme fehlender Einflussmöglichkeit auf den Eintritt der unbeschränkten Haftung der Kommanditisten.

Es bleibt aber zu prüfen, ob die weitere Voraussetzung des Haftungseintritts, nämlich das Ausscheiden des Komplementärs, der Einflussmöglichkeit der Kommanditisten entzogen ist.

---

907 So *Eckardt*, NZG 2000, 449, 455.

908 Diese Gelegenheit besteht insbesondere dann, wenn der Komplementärerbe bereits Kommanditist ist und somit an der Vereinbarung der gesellschaftsvertraglichen Nachfolgeklausel unmittelbar mitwirken kann, vgl. *Schlottmann*, Komplementärwegfall, S. 120.

3.3.5.2.2.1 § 131 Abs. 3, S. 1, Nr. 1 - 4, § 139 Abs. 2 HGB

Die Kommanditisten haben typischerweise keinen Einfluss auf den Eintritt des Todes des Komplementärs. Dessen zum Ausscheiden führende Insolvenz bzw. die Gläubigerkündigung nach § 131 Abs. 3, S. 1, Nr. 2 und 4 HGB steht im Interesse der Gläubiger und kann deshalb nicht einseitig durch die Kommanditisten vereitelt werden. Ähnlich verhält es sich mit der Kündigung des Komplementärs aus § 131 Abs. 3, S. 1, Nr. 3 HGB. Diesem muss das Recht zustehen, ohne Einflussnahme seiner Mitgesellschafter, die Kündigung zu erklären.[909] Gleiches gilt für das Austrittrecht aus § 139 Abs. 2 HGB. Mithin sind die Ausscheidensgründe aus § 131 Abs. 3, S. 1, Nr. 1 - 4 HGB sowie § 139 Abs. 2 HGB der Einflussnahme der Kommanditisten entzogen.

3.3.5.2.2.2 § 131 Abs. 3, S. 1, Nr. 5, 6 HGB

Dagegen nehmen die Kommanditisten Einfluss, wenn sie einer gesellschaftsvertraglichen Vereinbarung zustimmen, wonach der einzige Komplementär etwa nach Ablauf einer bestimmten Zeit ausscheidet bzw. sich dessen Beteiligung in eine Kommanditbeteiligung umwandelt.[910] Denn hier liegt nichts anderes als ein nach §§ 158, 163 HGB abgeschlossener Gesellschaftsvertrag über eine rechtlich nicht anerkannte Kommanditistengesellschaft vor. Den Kommanditisten ist durch die konkrete Vereinbarung über den Wegfall des einzig unbeschränkt haftenden Gesellschafters klar vor Augen geführt, dass sie allein verbleiben. Sie müssen dann ebenso mit ihrer unbeschränkten Haftung rechnen, wie wenn sie anfänglich einen Gesellschaftsvertrag nur mit Kommanditisten schließen, der zweifellos kraft anfänglicher Rechtsformverfehlung oHG-Vertrag ist. Die Übertragung der ratio des § 139 HGB kann darum hier nicht in Betracht kommen.

Etwas anderes kann sich nur dann ergeben, wenn der Gesellschaftsvertrag entsprechend dem Interesse der verbleibenden Kommanditisten am Fortbestand ihrer Haftungsbeschränkung dergestalt einschränkend

---

909 Vgl. bereits Kap. 1, 1.1.4.

910 Anders *Schlottmann*, Komplementärwegfall, S. 124 f., der den Kommanditisten generell und damit auch in den Fällen aus § 131 Abs. 3, S. 1, Nr. 5, 6 HGB „fehlende Reaktionsmöglichkeit" zubilligt. Generell sollte nicht auf die Reaktionsmöglichkeit, sondern besser auf das Merkmal der Einflussmöglichkeit abgestellt werden.

ausgelegt werden kann, dass sie bei Ausscheiden des einzigen Komplementärs nicht gelten soll.

3.3.5.2.2.3 § 140 HGB

Entsprechendes muss bei der Ausschließungsklage nach § 140 HGB gelten. Denn gerade bei der Ausschließung des Komplementärs nehmen die Kommanditisten doch bewusst Einfluss auf dessen Ausscheiden, weil sie seine Trennung gerade beabsichtigen. Die Berücksichtigung des Rechtsgedankens des § 139 HGB bei der Ausschließung nach § 140 HGB scheidet demzufolge aus.[911] Andernfalls würde der Rechtsgedanke des § 139 HGB nicht nur zur Beseitigung von Verwerfungen gebraucht, die sich aus der fehlenden Einflussmöglichkeit der Kommanditisten ergeben, sondern die Norm würde dazu dienen, das dem KG-Recht immanente Abhängigkeitsverhältnis der Kommanditisten vom einzigen, das Unternehmen leitenden Komplementär abzuschwächen. Dafür gibt § 139 HGB aber nichts her, denn der Norm kann nicht der Gedanke entnommen werden, zu Gunsten der Kommanditisten den (zumindest vorübergehenden) Fortbestand der KG trotz Entfernung des Komplementärs sichern zu wollen. Vielmehr liegt der KG wegen der Natur ihrer Gesellschafterstruktur ein Abhängigkeitsverhältnis zu Grunde, das durch § 161 Abs. 1 HGB offenkundig gemacht ist und dessen sich die Parteien deshalb bei Vertragsschluss bewusst sein müssen. Die Kommanditisten können den einzigen Komplementär nur auf Kosten der KG und damit auf Kosten ihrer Haftungsbeschränkung ausschließen.[912] Die KG und damit auch der Kommanditist können eben nur bestehen, wenn der Gesellschaft ein Komplementär angehört. Dies gilt unabhängig davon, ob der Komplementär im Einzelfall schädlich für das betriebene Unternehmen i.S.d. § 140 HGB ist und hat nichts mit der Einflussmöglichkeit der Kommanditisten zu tun.

---

911 Ebenfalls gegen einen Schutz der Kommanditisten – allerdings in der zweigliedrigen KG – Koller/Roth/Morck/*Koller*, HGB, § 140, Rn. 4; E/B/J/S/*Lorz*, HGB, Bd. 1, § 140, Rn. 40; Staub/*Schäfer*, HGB, Bd. 3, § 140, Rn. 26, 51; *Eckardt*, NZG 2000, 449, 453; vgl. demgegenüber *Bork/Jacoby*, ZGR 2005, 611, 621; für einen Schutz der Kommanditisten bei § 140 HGB in der mehrgliedrigen KG *Schlottmann*, Komplementärwegfall, S. 122 f.; ebenso *Seeger*, Komplementärausscheiden, S. 57, 137 f.

912 Zu anderen Mitteln, die Interessen des Kommanditisten in der zweigliedrigen KG zu schützen vgl. *H. P. Westermann*, FS-Röhricht, S. 655, 664 ff.

3.4 Zwischenergebnis

Die Ausscheidensgründe aus § 131 Abs. 3, S. 1, Nr. 1 - 4 sowie § 139 Abs. 2 HGB sind teleologisch zu reduzieren, wenn der einzige Komplementär von Ihnen betroffen ist. Liegen die Voraussetzungen der § 131 Abs. 3, S. 1, Nr. 5, 6 oder § 140 HGB vor, scheidet der Komplementär dagegen aus, so dass sich die KG in eine GbR bzw. oHG umwandelt. Dies führt zur unbeschränkten Haftung der ehemaligen Kommanditisten nach §§ 128, 130 HGB. Dieses Ergebnis stellt sicher, dass die Kommanditisten vor dem Eintritt unbeschränkter Haftung, auf den sie selbst keinen Einfluss haben, geschützt sind. Es gewährleistet gleichsam, dass den Gesellschaftsgläubigern wenigstens ein unbeschränkt haftender Gesellschafter zur Verfügung steht.

Jedoch sind die Interessen des Komplementärs bzw. seines Erben sowie Insolvenz- und Privatgläubigers vernachlässigt. Denn der Komplementär kann sich nicht durch Kündigung von seiner Mitgliedschaft trennen. Dessen Erbe wird neuer unbeschränkt haftender Komplementär in der werbenden KG. Dies lässt sich schon deshalb nicht durch teleologische Reduktion verhindern, weil das Ausscheiden des Komplementärs aufgrund Todes nicht auf § 131 Abs. 3, S. 1, Nr. 1 HGB, sondern auf dem nicht telelogisch reduzierbaren Umstand beruht, dass eine verstorbene und damit nicht mehr rechtsfähige natürliche Person kein Mitglied einer Gesellschaft mehr sein kann.[913] Dem Insolvenz- und Privatgläubiger sind die Möglichkeit der Herbeiführung des Ausscheidens und damit der Zugriff auf das Abfindungsguthaben versagt. Deshalb kann es mit der teleologischen Reduktion der Ausscheidensgründe nicht sein Bewenden haben.

3.5 Ergänzung durch Analogie

Im Interesse des Komplementärs bzw. dessen Erben und Insolvenz- und Privatgläubigern bedarf es einer Fortbildung des Rechts. In Betracht kommt eine Analogie zu den gesetzlichen Gründen der Auflösung der oHG bzw. KG nach § 131 Abs. 1, 2 HGB. Die erfolgte teleologische Reduktion der Ausscheidensgründe steht einer derartigen Analogie nicht

---

913 Vgl. Kap. 1, 1.1.2.1.

entgegen. Denn weder ist die Doppelanalogie per se unzulässig,[914] noch bestehen andere Gründe, die gegen eine derartige Kombination sprechen. Zwar liegt eine Doppelanalogie zunächst nur dann vor, wenn der Analogieschluss bei zwei Tatbestandsmerkmalen einer Vorschrift vorgenommen wird.[915] Bei Analogie und teleologische Reduktion könnte es sich demnach nicht um eine Doppelanalogie handeln. Doch unterliegen beide Institute, wie bereits gezeigt, denselben Grundsätzen. Bei beiden ist eine Regelungslücke vorhanden, die insbesondere nach Maßgabe der Gesetzesteleologie zu schließen ist. Zudem ergeben sich beide aus dem Gebot der Gerechtigkeit. Denn durch Analogie werden gleichartige Fälle gleich behandelt, wohingegen durch teleologische Reduktion ungleiche Sachverhalte ungleich behandelt werden.[916] Eine Kombination aus Analogie und teleologischer Reduktion ist deshalb als doppelte Analogie zu verstehen.

Diese beiden rechtstechnischen Mittel müssen sogar immer dann kombiniert werden, wenn die Reduktion zur Erreichung einer bestimmten Rechtsfolge nicht ausreicht, also im Anschluss an die teleologische Reduktion eine Regelung darüber fehlt, welche der in Betracht kommenden Rechtsfolgen einschlägig ist.[917] Kommen dagegen nur zwei Rechtsfolgen in Betracht, dann ergibt sich die eine aus der Anwendung der Norm gemäß dem möglichen Wortsinn und die andere aus der durch teleologische Reduktion gewonnenen Negation dieser Rechtsfolge. Mithin genügt schon die teleologische Reduktion. Der so gewonnene Ausnahmetatbestand ist dann das Gegenteil der gesetzlichen Anordnung.[918] Aufgrund der soeben geschilderten Interessenlage kann es aber vorliegend gerade nicht mit der Entscheidung für oder gegen die Rechtsfolge des Aus-

---

914 Vgl. *Knobbe-Keuk*, DB 1992, 1461, 1463; *Regenfus*, JA 2009, 579 ff.; *Hohloch*, JuS 2000, 815, 816; dagegen aber *Schilmar*, ZIP 2006, 2346, 2349.

915 Eingehend *Regenfus*, JA 2009, 579, 580.

916 Vgl. eingehend *Larenz*, Methodenlehre der Rechtswissenschaft, S. 391 ff.

917 *Canaris*, Lücken im Gesetz, S. 152 f., der die teleologische Reduktion der §§ 812 ff. BGB bei der fehlerhaften Gesellschaft und die sich daran anschließende analoge Anwendung der Liquidationsvorschriften als Beispiel anführt. Zur Kombination von teleologischer Reduktion und Analogie auch *Regenfus*, JA 2009, 579, 584.

918 Vgl. *Canaris*, Lücken im Gesetz, S. 151 f. mit folgendem Beispiel: Ist die immobiliarsachenrechtliche Norm aus § 892 BGB auf Verkehrsgeschäfte zu beschränken, dann scheidet in den übrigen Fällen die Möglichkeit des gutgläubigen Erwerbs aus. Der gutgläubige Erwerb ist also entweder zulässig oder unzulässig.

scheidens des einzigen Komplementärs sein Bewenden haben. Denn das Verbleiben in der KG ließe den Komplementär bzw. dessen Erben sowie Insolvenz- und Privatgläubiger schutzlos zurück. Es kommen folglich nicht lediglich zwei Rechtsfolgen in Betracht. Der Zweck des Ausscheidens nach §§ 131 Abs. 3, S. 1, Nr. 1 - 4 sowie § 139 Abs. 2 HGB macht eine dritte Rechtsfolge erforderlich.

3.5.1 Planwidrige Regelungslücke

Wie bereits dargestellt liegt eine Lücke im Gesetz nur dann vor, wenn in diesem mittels der Kriterien der Auslegung keine Regelung für den zu beurteilenden Sachverhalt auszumachen ist, obwohl eine Regelung nach dem Gesetzesplan bestehen müsste. Es ist also zu fragen, ob das Fehlen einer Auflösungsregelung anstelle des Ausscheidens des Komplementärs dem Gesetzesplan entspricht.[919]

3.5.1.1 Regelungsplan des § 131 Abs. 1, 2 HGB

3.5.1.1.1 Zweck der Auflösungsgründe

Was den bei der Feststellung des Regelungsplans zu berücksichtigenden Zweck der Auflösungsgründe angeht, ist zwischen den Auflösungsgründen aus § 131 Abs. 1, Nr. 1, 2 HGB sowie § 131 Abs. 1, Nr. 4 HGB und § 131 Abs. 1, Nr. 3, § 131 Abs. 2 HGB zu unterscheiden.

3.5.1.1.1.1 Kollektiver Freiheitsschutz

Die Auflösungsgründe aus § 131 Abs. 1, Nr. 1, 2 HGB beruhen darauf, dass es den Gesellschaftern aus Gründen der Vertragsfreiheit, hier der Beendigungsfreiheit, möglich sein muss, ihre Mitgliedschaft auf eigenen Entschluss zu einem bestimmten Zeitpunkt zu beenden, indem sie die Gesellschaft in die Liquidation überführen.[920]

---

919 Es ist offensichtlich, dass der Sachverhalt mit den Mitteln der vorrangig zu prüfenden Auslegung keiner bestehenden gesetzlichen Regelung, insbesondere nicht § 131 Abs. 1, 2 HGB unterstellt werden kann.

920 Düringer/Hachenburg/*Flechtheim*, HGB, § 133, Rn. 1; MünchKomm-HGB/*K. Schmidt*, Bd. 2, § 131, Rn. 15; Schlegelberger/*ders.*, HGB, § 131, Rn. 12; Staub/*Schäfer*, HGB, Bd. 3, § 131, Rn. 21, der bei § 131 Abs. 1, Nr. 2 auf die Auflösung als Kehrseite der Gründungsfreiheit als Ausdruck der negativen Ver-

3.5.1.1.1.2 Individueller Freiheitsschutz

§ 131 Abs. 1, Nr. 4 HGB sowie § 133 HGB tragen der individuellen Freiheit jedes Gesellschafters Rechnung.[921] In seiner Eigenschaft als Partei eines Dauerschuldverhältnisses[922] soll dem Gesellschafter die Befugnis zustehen, den Vertrag zu beenden, sofern ein wichtiger Grund gegeben ist.[923]

3.5.1.1.1.3 Gläubigerschutz

Dagegen bezweckt § 131 Abs. 2 HGB den Schutz der Gesellschaftsgläubiger vor masselosen und vermögenslosen Gesellschaften, denen keine natürliche Person also persönlich haftender Gesellschafter angehört.[924] Die Auflösung der Gesellschaft im Falle ihrer Insolvenz nach § 131 Abs. 1, Nr. 3 HGB eröffnet den Gesellschaftsgläubigern, sich aus dem Gesellschaftsvermögen zu befriedigen. Diese Vorschrift dient somit ebenfalls dem Gläubigerschutz.[925]

3.5.1.1.2 Kein Entgegenstehen der Unternehmenskontinuität

Allerdings soll nach dem neu gefassten § 131 HGB das Ausscheiden des Gesellschafters nicht zur Auflösung der Gesellschaft führen. Demzufolge könnte der Grundsatz der Unternehmenskontinuität der Auflösung anstelle des Ausscheidens entgegenstehen.

---

einigungsfreiheit hinweist. Die Gesellschafter seien „Herren der Gesellschaft" und damit zu jeder Zeit zur Auflösung befugt. Ähnlich *Wiedemann*, GesR, Bd. 2, § 6 III 2 a, S. 560, 2 b, S. 561 f. („kollektiver Freiheitsschutz"); FaK GesR/*Lehleiter*, § 131 HGB, Rn. 15; vgl. *A. Hueck*, oHG, S. 343.

921 Vgl. *Wiedemann*, GesR, Bd. 2, § 6 III 2 a, S. 560.

922 Zur Einordnung des Gesellschaftsvertrags als Dauerschuldverhältnis vgl. *Müller-Erzbach*, AcP 154 (1955), 299, 338; *Oetker*, Dauerschuldverhältnis, S. 166 f.

923 MünchKomm-HGB/*K. Schmidt*, Bd. 2, § 133, Rn. 1 (Auflösbarkeit von Dauerrechtsbeziehung aus wichtigem Grund als allgemeiner Rechtsgrundsatz); ähnlich E/B/J/S/*Lorz*, HGB, Bd. 1, § 133, Rn. 1; *A. Hueck*, oHG, S. 371.

924 Vgl. MünchKomm-HGB/*K. Schmidt*, Bd. 2, § 131, Rn. 2, 30; *dens.*, Insolvenzrecht der Unternehmen, S. 186 f.; *Wiedemann*, GesR, Bd. 2, § 6 III 2 a, S. 560, 2 f bb, S. 566; MünchHdb/*Butzer/Knof*, Bd. 1, § 83, Rn. 43; Staub/*Schäfer*, HGB, Bd. 3, § 131, Rn. 41.

925 Vgl. *Wiedemann*, GesR, Bd. 2, § 6 III 2 a, S. 560, 2 f, S. 566; Staub/*Schäfer*, HGB, Bd. 3, § 131, Rn. 30; vgl. auch BGHZ 75, 178 f.

3.5.1.1.2.1 Schutzwürdigkeit der Gesellschafter

§ 131 HGB liegt die in der Vertragspraxis schon seit langem bestehende und bereits in einigen Vorschriften des HGB a.F.[926] zum Ausdruck kommende Annahme zu Grunde, dass die Gesellschafter am Fortbestand des Unternehmens und nicht an dessen Abwicklung interessiert sind, wenn einer von ihnen den Verband verlässt. Die Unternehmensbeteiligung und die aus ihr gewonnene wirtschaftliche Lebensgrundlage des einzelnen Gesellschafters werden damit für wichtiger gehalten als die Zusammensetzung des unternehmenstragenden Verbandes.[927] Der Grundsatz der Unternehmenskontinuität steht also im Interesse der Gesellschafter, wenngleich auch Gläubiger, etwa im Unternehmen beschäftigte Arbeitnehmer, an dessen Fortbestand interessiert sein dürften.[928]

Die Entscheidung über das Schicksal des Unternehmens liegt letztlich aber allein in den Händen der Gesellschafter. Unternehmenskontinuität ist nämlich nicht zwingend, sondern gesellschaftsvertraglich umkehrbar. So können die Gesellschafter im Gesellschaftsvertrag darüber entscheiden, ob Unternehmens- oder Personenkontinuität besteht, d.h. die Gesellschaft werbend fortbesteht oder aufgelöst wird. Hingegen haben die Gläubiger darauf keinerlei Einfluss. Sie sind vielmehr an den Gesellschafterwillen gebunden und müssen sich damit abfinden, Gläubiger einer Gesellschaft i.L. zu sein. Dies ist ihnen zumutbar, denn ihre Erfüllungsinteressen im Hinblick auf bestehende Geschäftsbeziehungen sind durch den Fortbestand der Gesellschaft i.L., deren Haftung und vor allem der unbeschränkten Gesellschafterhaftung hinreichend geschützt. Sie haben aber kein schutzwürdiges Vertrauen auf den Abschluss neuer Geschäfte mit einem fortgesetzten Unternehmen. Damit ist festzuhalten, dass sich eine rechtsfortbildende Veränderung des § 131 HGB mit dem Ergebnis der Auflösung der Gesellschaft letztlich einzig an den Interessen der Gesellschafter zu orientieren hat.

---

926 Vgl. dazu die Nachweise in Fn. 863.

927 Vgl. zum Ganzen Kap. 2, 3.3.1.1.2.

928 Schließlich ist der Grundsatz ein auf das Gesellschaftsrecht ausstrahlender „gesetzgeberischer Wertmaßstab“ und eine „Auslegungshilfe“, RegE HRefG BT-Drs. 13/8444, S. 42.

3.5.1.1.2.2 Schutz des wirtschaftlichen Interesses der Kommanditisten

Betrachtet man nun die Interessenlage der Kommanditisten im Falle des Ausscheidens des einzigen Komplementärs, so ist auf der einen Seite das vom Gesetz unterstellte Interesse am Fortbestand des Unternehmens und auf der anderen Seite jenes an der Vermeidung der unbeschränkten Haftung zu berücksichtigen. Beide Interessen stehen sich unvereinbar gegenüber, denn der Unternehmensfortbestand mit der Gesellschaft als Rechtsträger ist nur bei Übernahme der unbeschränkten Gesellschafterhaftung wenigstens eines Kommanditisten möglich. Dagegen lässt sich der Fortbestand der beschränkten Haftung der Kommanditisten nur bei Auflösung der KG bei gleichzeitigem Ausbleiben des Ausscheidens des Komplementärs sicherstellen. Es besteht mithin die Situation, dass zwei divergierende Interessen bestehen, welche beide das wirtschaftliche Wohl der Gesellschafter bezwecken. Der werbende Fortbestand der Gesellschaft soll die wirtschaftlichen Früchte des Unternehmens erhalten. Die Gesellschaftsauflösung dient der Verhinderung von unüberschaubarer finanzieller Belastung der Kommanditisten.

Letztlich dient die Auflösung der Gesellschaft den wirtschaftlichen Interessen der Kommanditisten in sachgerechterer Weise. Sie ist umkehrbar, die Zerschlagung des Unternehmens darum nicht erforderlich. Denn die aufgelöste Gesellschaft kann wieder in das werbende Stadium zurückgeführt werden, so dass der wirtschaftliche Wert des Unternehmens erhalten bleibt. Dagegen ist die unbeschränkte Haftung für Altverbindlichkeiten irreversibel.

Ein weiteres ist zu bedenken: Das Interesse der Kommanditisten in ihrer Eigenschaft als Anlagegesellschafter ist auf den Wert ihrer Beteiligung fokussiert und damit weniger auf die Erhaltung des Unternehmens als Ganzes gerichtet. So werden sie regelmäßig bereit sein, bei voraussichtlichem Ende des Unternehmens in ein anderes zu investieren. Ferner ist nochmals zu betonen, dass das Ausbleiben der Auflösung bei gesellschafterbezogenen Gründen nicht zwingend ist. Der Gesetzgeber ist deshalb davon ausgegangen, dass es nicht in jedem Falle dem Willen der Gesellschafter entspricht, die KG werbend fortzusetzen. Er hat die Unternehmenskontinuität nicht zu einem unumstößlichen Grundsatz erheben wollen. Sofern es im wirtschaftlichen Interesse der Gesellschafter ist, sollen sie die Auflösung vereinbaren können. Dementsprechend ist der Wille der Kommanditisten, die unbeschränkte Haftung zu umgehen, im Falle des Ausscheidens des einzigen Komplementärs zu unterstellen. Schließlich erscheint es nur gerecht, rechtsfortbildend in die Sphäre der

Kommanditisten und nicht in diejenige der übrigen Beteiligten einzugreifen. Denn immerhin haben die Kommanditisten durch Abschluss des Gesellschaftsvertrags ohne Vorkehrungen für das Ausscheiden des einzigen Komplementärs die Ursache für den Interessenkonflikt gesetzt.

Folglich steht der in § 131 HGB betonte Grundsatz der Unternehmenskontinuität nicht der analogen Anwendung der Auflösungsgründe aus § 131 Abs. 1, 2 HGB im Falle des Ausscheidens des einzigen Komplementärs entgegen.

3.5.1.1.3 Keine abschließende Regelung der gesetzlichen Auflösungsgründe

Der rechtsfortbildenden Erweiterung der Auflösungsgründe könnte aber entgegenstehen, dass diese in § 131 Abs. 1, 2 HGB abschließend aufgezählt sind.

3.5.1.1.3.1 Rechtsprechung

Die Rechtsprechung bezeichnet die in § 131 Abs. 1, 2 HGB genannten Auflösungsgründe als eine erschöpfende Aufzählung.[929] So seien die Erreichung und das Unmöglichwerden des Gesellschaftszwecks anders als bei der GbR gerade keine Auflösungsgründe.[930] Ebenso wenig führten die Vermögenslosigkeit ohne Eröffnung des Insolvenzverfahrens sowie die Aufgabe der wirtschaftlichen Betätigung zur Liquidation.[931] Dies ergebe sich aus der Entstehungsgeschichte und der gesetzestechnischen Ausgestaltung des § 131 HGB a.F. sowie aus dem Gebot von Rechtssicherheit und -klarheit, das hinsichtlich der Interessen des Verkehrs und der Gesellschafter bei der Handelsgesellschaft besonders bedeutsam sei.[932]

---

929 BGH WM 1973, 863, 864 (abschließende Aufzählung gesetzlicher Auflösungsgründe); BGHZ 75, 178 f.; 82, 323, 326; BFH/NV 1992, 185 (abschließende Aufführung der Auflösungsvoraussetzungen von bestimmten Sonderregelungen abgesehen).

930 BGH WM 1973, 863, 864.

931 BGHZ 82, 323, 326; bezüglich der Ablehnung der Eröffnung des Insolvenzverfahrens mangels Masse auch BGHZ 75, 178 f.

932 BGH WM 1973, 863, 864; abstellend auf Rechtssicherheit und -klarheit BGHZ 75, 178 f.

3.5.1.1.3.2 Literatur

Die h.L. betont demgegenüber, dass die Gesellschafter im Gesellschaftsvertrag weitere Auflösungsgründe schaffen könnten.[933] Zudem bestünden neben den in § 131 Abs. 1, 2 HGB genannten, weitere gesetzliche Auflösungsgründe. So sei die Gesellschaft aufgelöst, wenn Gründe für ihre Vollbeendigung gegeben seien, ohne dass § 131 HGB – mit Ausnahme von Abs. 2, Nr. 2 – dies vorsähe.[934] Ferner komme es zur Liquidation, wenn der einzige Komplementär aus der KG ausscheide.[935] Des Weiteren enthielten §§ 3 ff. VereinsG und § 38 Abs. 1, S. 1 KWG öffentlich-rechtliche Auflösungsgründe.[936] Gleichwohl spricht auch die h.L. von einer abschließenden bzw. erschöpfenden Aufzählung.[937] Angesichts des anerkannten Bestehens gesetzlicher Auflösungsgründe neben § 131 Abs. 1, 2 HGB sowie der Möglichkeit entsprechender gesellschaftsvertraglicher Vereinbarungen äußert eine Gegenauffassung Vorbehalte gegen diese Art der Bezeichnung.[938] Diese sei allenfalls dann

---

933 So E/B/J/S/*Lorz*, HGB, Bd. 1, § 131, Rn. 11, 27; Staub/*Schäfer*, HGB, Bd. 3, § 131, Rn. 43, der dies aus § 131 Abs. 1, Nr. 1 HGB folgert; so auch MünchKomm-HGB/*K. Schmidt*, Bd. 2, § 131, Rn. 9; bezogen auf § 131 Nr. 1 HGB a.F. bereits *A. Hueck*, oHG, S. 351; entsprechende Vereinbarungen erachtete schon der Reformgesetzgeber für zulässig, vgl. RegE HRefG BT-Drs. 13/8444, S. 65 f.

934 MünchKomm-HGB/*K. Schmidt*, Bd. 2, § 131, Rn. 9; Schlegelberger/*ders.*, HGB, § 131, Rn. 6; Staub/*Schäfer*, HGB, Bd. 3, § 131, Rn. 43; Oetker/*Kamanabrou*, HGB, § 131, Rn. 16; Baumbach/*Hopt*, HGB, § 131, Rn. 6 ff.; E/B/J/S/*Lorz*, HGB, Bd. 1, § 131, Rn. 27; MünchHdb/*Butzer/Knof*, Bd. 1, § 83, Rn. 6.

935 Vgl. dazu die Nachweise in Fn. 535, 544.

936 MünchKomm-HGB/*K. Schmidt*, Bd. 2, § 131, Rn. 48 f.; Schlegelberger/*ders.*, HGB, § 131, Rn. 6; Oetker/*Kamanabrou*, HGB, § 131, Rn. 17; Baumbach/*Hopt*, HGB, § 131, Rn. 6 ff.; E/B/J/S/*Lorz*, HGB, Bd. 1, § 131, Rn. 27; Staub/*Schäfer*, HGB, Bd. 3, § 131, Rn. 47 ff.; MünchHdb/*Butzer/Knof*, Bd. 1, § 83, Rn. 47 ff.; *A. Hueck*, oHG, S. 349 ff.

937 So E/B/J/S/*Lorz*, HGB, Bd. 1, § 131, Rn. 26; Röhricht/v. Westphalen/*v. Gerkan/Haas*, HGB, § 131, Rn. 21; Baumbach/*Hopt*, HGB, § 131, Rn. 6; FaK GesR/*Lehleiter*, § 131 HGB, Rn. 13; MünchHdb/*Butzer/Knof*, Bd. 1, § 83, Rn. 6; *A. Hueck*, oHG, S. 349; *Klauss/Mittelbach*, KG, 1 E I 8, Rn. 347; *Salomon*, Schein-KG, S. 42; *Hintzen*, Auflösung und Liquidation, S. 33; differenzierend *Kraft/Kreutz*, GesR, D IV 1, S. 207, nach denen nur die gesetzlichen Auflösungsgründe abschließend geregelt sind.

938 MünchKomm-HGB/*K. Schmidt*, Bd. 2, § 131, Rn. 9, 45; Schlegelberger/*ders.*, HGB, § 131, Rn. 6; insbesondere *ders.*, ZHR 153 (1989), 270, 278 f.; Henssler/Strohn/*Klöhn*, HGB, § 131, Rn. 7, 21; i.d.S. auch Staub/*Schäfer*, HGB, Bd. 3,

gerechtfertigt, wenn mit ihr die Nichtanwendbarkeit des Auflösungsgrundes aus § 726 BGB auf die oHG und KG gemeint sei.[939] Der gesetzessystematische Umstand, dass es in § 131 HGB im Gegensatz zu den §§ 723 - 725, 725 f. BGB an einer dem § 726 BGB entsprechenden Vorschrift fehle, spreche gegen die gesetzliche Auflösung der oHG und KG im Falle der Erreichung oder des Unmöglichwerdens des Gesellschaftszwecks. Zudem wäre die im Handelsrecht besonders bedeutsame Rechtssicherheit und -klarheit beeinträchtigt, würde man den oftmals nur schwerlich feststellbaren Tatbestand aus § 726 BGB auch bei der oHG und der KG anerkennen.[940]

3.5.1.1.3.3 Kritische Analyse und Stellungnahme

Die Diskussion um den abschließenden Charakter des § 131 Abs. 1, 2 HGB leidet daran, dass unklar bleibt, was unter den Begriffen „abschließend" und „erschöpfend" zu verstehen ist. Bei näherer Untersuchung der Beiträge aus Rechtsprechung und Literatur wird deutlich, dass damit nur eines gemeint ist, nämlich die Nichtanwendbarkeit der bürgerlichrechtlichen Auflösungsgründe auf die oHG und KG.

Das Gesetz enthält keine Begriffsdefinition für „abschließend" und „erschöpfend". Allerdings bestehen weitere Regelungen, die so beschrieben werden. Die nicht durch Parteivereinbarung erweiterbare abschließende Regelung der Gesellschaftsformen sorgt etwa dafür, dass die Parteien ihrem Zusammenschluss keine rechtlich unzulässige Rechtsform zu Grunde legen können.[941] Eine abschließende Regelung

---

§ 131, Rn. 43; implizit auch Koller/Roth/Morck/*Koller*, HGB, § 131, Rn. 1a, 6; MünchHdb/*Butzer/Knof*, Bd. 1, § 83, Rn. 7.

939 Dieses Begriffsverständnis zu „abschließende bzw. erschöpfende Aufzählung" ist innerhalb der Literatur verbreitet, vgl. *Windbichler*, GesR, § 13, Rn. 23; MünchHdb/*Butzer/Knof*, Bd. 1, § 83, Rn. 6; *A. Hueck*, oHG, S. 349 f.; wohl auch *Hintzen*, Auflösung und Liquidation, S. 33; dagegen noch Düringer/Hachenburg/*Flechtheim*, HGB, § 131, Rn. 10 f., wonach die Auflösungsgründe der GbR auch bei oHG und KG gelten sollen.

940 Staub/*Schäfer*, HGB, Bd. 3, § 131, Rn. 44; vgl. Oetker/*Kamanabrou*, HGB, § 131, Rn. 16; prägnant Heymann/*Emmerich*, HGB, § 131, Rn. 28: „Der Sache nach besagt [...] der [...] abschließende Charakter des Katalogs des § 131 [HGB] lediglich, daß neben § 131 [HGB] kein Raum für einen Rückgriff auf Auflösungsgründe nach allgemeinem bürgerlichen Recht ist, mehr nicht[.]" I.d.S. schon Guttentag-Denkschrift zum HGB-Entwurf 1896, S. 98.

941 Vgl. dazu Kap. 1, 2.1.1.

des § 131 Abs. 1, 2 HGB dergestalt, dass die gesellschaftsvertragliche Vereinbarung von Auflösungsgründen ausgeschlossen sein soll, liegt aber, wie gezeigt, gerade nicht vor. Denn nach dem Sinn und Zwecks des § 131 Abs. 1, Nr. 1, 2 HGB ist es gerade der privatautonomen Entscheidung der Gesellschafter überlassen, die Auflösung der Gesellschaft an Umstände zu knüpfen, die dem Gesetz unbekannt sind. Zudem spricht der Wortlaut der Norm für die Möglichkeit der rechtsgeschäftlichen Erweiterbarkeit der Auflösungsgründe, da ihm nicht die für einen abschließenden Katalog typische Wendung „nur“ oder „lediglich“ zu entnehmen ist.

Daneben gibt es Regelungen, die als abschließend bezeichnet werden, weil nur diese und keine weiteren gesetzlichen Regelungen bestimmten Tatbeständen eine Rechtsfolge zuweisen.[942] Auch insofern kann § 131 Abs. 1, 2 HGB nicht als abschließend bezeichnet werden, denn im öffentlichen Recht bestehen weitere gesetzliche Regelungen, welche die Auflösung der Gesellschaft vorsehen.

Zudem ist eine Regelung dann als abschließend oder erschöpfend anzusehen, wenn aus Gründen der Rechtssicherheit eine Regelung nur gemäß ihrem möglichen Wortsinn anzuwenden ist und demzufolge eine Analogie verboten ist.[943] Ob die Rechtssicherheit[944] derartiges fordert, ist durch Auslegung der betreffenden Regelungen festzustellen.[945] Es be-

---

942 So ist der Katalog der Umwandlungsarten nach § 1 Abs. 1 UmwG vorbehaltlich bundes- oder landesgesetzlicher Vorschriften abschließend geregelt. Vgl. dazu Schmitt/Hörtnagl/Stratz/*Hörtnagl*, UmwG, § 1, Rn. 62 ff.; Semler/Stengel/*J. Semler*, UmwG, § 1, Rn. 58 ff. § 775 ZPO ordnet die Einstellung oder Beschränkung der Zwangsvollstreckung abschließend an, vgl. Musielak/*Lackmann*, ZPO, § 775, Rn. 1. Ferner enthält § 44 Abs. 2 BVwVfG eine abschließende Aufzählung absoluter Nichtigkeitsgründe mit Ausnahme der beamtenrechtlichen Nichtigkeitsgründe, Stelkens/Bonk/Sachs/*Sachs*, VwVfG, § 44, Rn. 129, 134.

943 Vgl. *Larenz*, Methodenlehre der Rechtswissenschaft, S. 392; *Canaris*, Lücken im Gesetz, S. 192 f.; *Würdinger/Bergmeister*, Jura 2007, 15, 16 f. mit Kritik an BGH DNotZ 1996, 465; vgl. auch Koller/Roth/Morck/*Koller*, HGB, § 131, Rn. 1. Zum strafrechtlichen Analogieverbot, das auf der „Gesetzesbestimmtheit der strafrechtlichen Strafgewalt“ fußt vgl. Maunz/Dürig/*Schmid-Aßmann*, GG, Art. 103, Rn. 163 ff., 224 ff. [Dezember 1992].

944 *F. Scholz*, Rechtssicherheit, S. 4 bezeichnet Rechtssicherheit als „[...] das gewährleistete Vertrauen in das Bestehen des Rechts und in seine unparteiische und gerechte Handhabung.“

945 Vgl. *Larenz*, Methodenlehre der Rechtswissenschaft, S. 392. Nicht jede abschließende Regelung enthält damit ein Analogieverbot, wie etwa die rechts-

darf der Prüfung, ob das durch den Analogieschluss bezweckte Erfordernis der Schließung von Gerechtigkeitslücken hinter dem Gebot der Rechtssicherheit zurückzustehen hat.[946] Es gibt sogar Fälle, in denen die Erweiterung abschließend geregelter Tatbestände durch Analogie vom Wortlaut des Gesetzes selbst untersagt ist.[947]

Bereits aus § 131 Abs. 1, Nr. 1, 2 HGB ergibt sich jedoch, dass die abschließende Regelung der Auflösungstatbestände nicht aus Gründen der Rechtssicherheit erforderlich ist. Die Gesellschafter haben es zu jeder Zeit selbst in der Hand, die Auflösung herbeizuführen. Die Auflösung kann also kurzfristig und aufgrund von Tatsachen eintreten, die dem Rechtsverkehr nicht bekannt sind. Dritte sind also insoweit nicht geschützt. Ihnen gewährt der Umstand Schutz, dass die Gesellschaft nicht ad hoc aus dem Rechtsverkehr austritt und die Gesellschafter weiterhin unbeschränkt für die Gesellschaftsverbindlichkeiten haften.[948]

Eine andere Frage ist und dies ist der eigentliche Kern der Diskussion über den abschließenden Charakter des § 131 Abs. 1, 2 HGB, ob Auflösungsgründe anderer Rechtsformen, hier der GbR, über die Verweisungsvorschrift aus § 105 Abs. 3 HGB auf die oHG und die KG anwendbar sind. Entsprechend der ganz h.M. ist dies zu verneinen, denn das Erreichen und das Unmöglichwerden des Gesellschaftszwecks sind bei oHG und KG in der Tat nur schwerlich feststellbar. Dies führt jedoch nicht zur Annahme, die Auflösungsgründe in § 131 Abs. 1, 2 HGB seien abschließend geregelt. Denn die Nichtgeltung der Auflösungsgründe des BGB sagt nichts darüber aus, ob ausschließlich § 131 Abs. 1, 2 HGB die Auflösungsgründe der oHG und KG benennt.

3.5.1.2 Regelungsplanwidrigkeit

Die im Ergebnis anzunehmende Regelungslücke müsste ferner regelungsplanwidrig sein. Dies ergibt sich aus den dargestellten Interessen

---

fortbildende Erweiterung des numerus clausus der Rechtsformen durch die Vor-Gesellschaft zeigt. Die grundsätzlich zulässige rechtsfortbildende Erweiterung eines numerus clausus verkennt *Schlottmann*, Komplementärwegfall, S. 47.

946 Vgl. *Larenz*, Methodenlehre der Rechtswissenschaft, S. 392.

947 So etwa § 1 UmwG, dessen Abs. 3 u.a. ein Analogieverbot für den in Abs. 1 abschließenden Katalog der Umwandlungsarten vorsieht, vgl. Schmitt/Hörtnagl/Stratz/*Hörtnagl*, UmwG, § 1, Rn. 68; Semler/Stengel/*J. Semler*, UmwG, § 1, Rn. 61.

948 Vgl. bereits Kap. 2, 2.2.1.2.2.

des Komplementärs, des Erben und der Insolvenz- sowie Privatgläubiger. So darf dem Komplementär nicht die Möglichkeit vorenthalten sein, sich von der Gesellschaft durch Auflösung zu lösen. Dem Erben ist zumindest nicht die Komplementärstellung in einer werbenden Gesellschaft zuzumuten. Er kann den Nachlass zur Erfüllung der Gesellschaftsverbindlichkeiten verwenden oder die Erbschaft ausschlagen.[949] Die Insolvenz- und Privatgläubiger müssen wie beim Ausscheiden auf das gleichsam bei Auflösung entstehende Auseinandersetzungsguthaben zugreifen können.

3.5.2 Vergleichbare Interessenlage

Im Rahmen der vergleichbaren Interessenlage ist wiederum zwischen den einzelnen Auflösungsgründen zu differenzieren. Der Komplementär und der Erbe müssen wie jeder der übrigen Gesellschafter die Möglichkeit haben, sich durch Auflösung der Gesellschaft von ihr zu trennen bzw. die Komplementärstellung in einer werbenden KG aufzugeben. Die Privat- und Insolvenzgläubiger hingegen sind ebenso schutzwürdig wie die Gläubiger, die einer insolventen, masse- oder vermögenslosen Gesellschaft gegenüber stehen.

949 Zum Schutz der Gesellschaftsgläubiger sollte nicht erwogen werden, die Haftung des Erben für die Gesellschaftsverbindlichkeiten summenmäßig auf den Nachlass zu beschränken, zumal dem Erben noch das Ausschlagungsrecht zusteht.

4 Ergebnis

Die Ausscheidensgründe nach §§ 131 Abs. 3, S. 1, Nr. 1 - 4, § 139 Abs. 2 HGB sind im Falle des Ausscheidens des einzigen Komplementärs teleologisch zu reduzieren. Daneben finden die Auflösungsgründe aus § 131 Abs. 1, 2 HGB analoge Anwendung, so dass eine KG i.L. einschließlich des Komplementärs bzw. seines Erben besteht. In den übrigen Ausscheidensfällen erfolgt kein rechtsfortbildender Eingriff, so dass sich die KG nach Ausscheiden des Komplementärs in eine GbR bzw. oHG umwandelt.

Drittes Kapitel Besonderheiten des Ausscheidens des Komplementärs aus der zweigliedrigen KG

1 Haftungsrechtliche Folgen

Innerhalb der zweigliedrigen KG, die lediglich je einen Komplementär und einen Kommanditisten aufweist, bestehen Besonderheiten, wenn der einzige Komplementär aus der Gesellschaft ausscheidet. Der Komplementär ist hier nämlich nicht nur Begriffsmerkmal der KG, sondern regelmäßig notwendige Voraussetzung des Rechtsträgers Gesellschaft, weil die Einpersonen-KG nur in ganz seltenen Ausnahmefällen anerkannt ist.[950] Die Rechte und Pflichten der Gesellschaft gehen dann im Wege der Gesamtrechtsnachfolge auf den Kommanditisten über.[951] Dies hat zur Folge, dass der Kommanditist für die auf ihn übergehenden Verbindlichkeiten grundsätzlich unbeschränkt haftet.[952]

1.1 Bestandsaufnahme

1.1.1 Rechtsprechung

Die Rechtsprechung ist weitgehend inkonsistent. Lediglich in Bezug auf sich in diesem Zusammenhang stellende Einzelfragen besteht eine einheitliche Spruchpraxis.

1.1.1.1 Unbeschränkbare Haftung

Zum Recht vor Inkrafttreten des HRefG, also unter Geltung des § 142 HGB a.F., vertrat der BGH zuletzt im Jahre 1999 die Auffassung, dass die Gesamtrechtsnachfolge zur unbeschränkten und nicht einseitig beschränkbaren Haftung des Kommanditisten für die auf ihn übergegangenen Verbindlichkeiten führe.[953] Der ehemalige Kommanditist hafte den Gläubigern der vollbeendeten Gesellschaft nunmehr in seiner Eigenschaft als Vertragspartner und eigentlicher Schuldner. Inhalt und Umfang der auf ihn übergegangenen Verbindlichkeiten richteten sich nach den Rechtsverhältnissen, die zuvor zwischen der Gesellschaft und ihren

950 Vgl. dazu Kap. 1, 3.1.1.

951 Vgl. Kap. 1, 3.2.2.

952 Vgl. Kap. 1, 3.2.4.

953 BGH ZIP 2000, 229, 230 = NZG 2000, 474; vgl. auch BAG ZIP 1998, 1973, 1974; BGHZ 48, 203, 206; ferner RGZ 111, 274, 276.

Gläubigern bestand.[954] Die Möglichkeit einer Haftungsbeschränkung des ehemaligen Kommanditisten bestehe nicht.[955] Andere Obergerichte haben diese Rechtsprechung in jüngerer Zeit fortgeführt.[956]

1.1.1.2 Beschränkbare Haftung

Der BGH hat aber in einer Entscheidung aus dem Jahr 1990 die Möglichkeit der Vermeidung der unbeschränkten Haftung des Kommanditisten angenommen. Danach kann der Kommanditist seine Haftung für die auf ihn übergegangenen Gesellschaftsverbindlichkeiten nach § 27 Abs. 2 HGB sowie § 419 BGB a.F. beschränken.[957] Das Urteil betraf allerdings die besondere Konstellation, dass der Kommanditist den verstorbenen Komplementär beerbte. Der BGH entschied, dass der zum Alleininhaber des Unternehmens gewordene frühere Kommanditist grundsätzlich als Gesamtrechtsnachfolger für die von seinem Rechtsvorgänger begründeten Verbindlichkeiten hafte. Beruhe die Gesamtrechtsnachfolge auf Erbrecht, könne der Erbe seine Haftung durch Nachlassverwaltung, Nachlasskonkurs und Erhebung der Dürftigkeitseinrede einschränken. Bestünden Verbindlichkeiten aus einem durch Gesamtrechtsnachfolge übergegangenen Unternehmen hafte er allerdings unbeschränkbar, wenn er das Unternehmen nicht gemäß § 27 Abs. 2 HGB innerhalb von drei Monaten nach Kenntnis von seiner Erbenstellung einstelle.[958] Andernfalls hafte er nur mit dem übergangenen Gesellschaftsvermögen für die Gesellschaftsverbindlichkeiten.[959] Auch § 139 HGB sei zu entnehmen, dass

---

954 BGHZ 48, 203, 206; die vorgenannte Entscheidung des BGH zitierend BAG ZIP 1998, 1973, 1974.

955 BGH ZIP 2000, 229, 230 = NZG 2000, 474.

956 Vgl. BFH/NV 2007, 888 f.; einschränkend OLGR Frankfurt 2008, 261 ff., wonach eine Haftungsbeschränkung des Kommanditisten nur bei unfreiwilliger, etwa bei Ausscheiden des Komplementärs aufgrund von Insolvenz, nicht dagegen bei willentlicher Auflösung der KG in Betracht komme. Dagegen betonte der BGH Az. II ZR 150/07 (zitiert nach juris) in dem sich anschließenden Beschluss über die Nichtzulassungsbeschwerde, der Kommanditist hafte für Altverbindlichkeiten der Gesellschaft generell nur mit dem übergegangenen KG-Vermögen. Demgegenüber wiederum OLGR Frankfurt 2009, 488 unter Hinweis auf die erheblichen Gefahren einer Haftungsbeschränkung auf das Gesellschaftsvermögen für die Gläubiger.

957 BGHZ 113, 132 = BGH NJW 1991, 844, 845.

958 BGHZ 113, 132 = BGH NJW 1991, 844, 845.

959 BGHZ 113, 132 = BGH NJW 1991, 844, 846.

dem in eine oHG oder KG eintretenden Erben eines persönlich haftenden Gesellschafters die Möglichkeit der Haftungsbeschränkung zustehe.[960] Zwar scheitere eine unmittelbare Anwendung beider Normen, da der Übergang des Gesellschaftsvermögens nicht infolge des Erbfalls, sondern vielmehr infolge des Zusammenfallens der zwei Gesellschaftsanteile in einer Person erfolge. Doch sei § 27 HGB analog anzuwenden. Denn Zweck der §§ 27, 139 HGB sei die Möglichkeit der Befreiung von der ohne den Willen des Erben[961] zugefallenen unbeschränkten Haftung innerhalb einer Dreimonatsfrist. Dieser Zweck könne auf den Fall der Gesamtrechtsnachfolge des Kommanditisten durch Wegfall des Komplementärs übertragen werden.[962] Demgemäß hafte der ehemalige Kommanditist unbeschränkt, sofern er das Handelsgeschäft fortführe und die Fortführung nicht innerhalb von drei Monaten nach Kenntnis der Erbfolge unterlasse.[963] Anderenfalls hafte er nur mit der auf ihn übergegangenen Beteiligung des Komplementärs und dem übergegangenen Vermögen der Gesellschaft für deren Verbindlichkeiten.[964]

Der BGH bestätigte und erweiterte diese Rechtsprechung im Jahre 2004, indem er die Haftungsbeschränkung auf das Gesellschaftsvermögen unter Hinweis auf den Wegfall des § 419 BGB a.F. für nach dem 1.1.1999 entstandene Schulden generell bejahte.[965] Führe der Kommanditist das Handelsgeschäft der KG allerdings fort, komme eine Haftung nach § 171 f. HGB oder § 25 HGB in Betracht.[966] Der BGH gab allerdings nicht ausdrücklich zu erkennen, ob § 25 HGB sowohl hinsichtlich

960 BGHZ 113, 132 = BGH NJW 1991, 844, 845.

961 Nach Auffassung des BGH erfolgt die Erlangung der Stellung des Alleininhabers des Unternehmens durch Übernahme nach § 142 HGB (analog) a.F. nicht ohne den Willen des verbleibenden Gesellschafters, BGHZ 113, 132 = BGH NJW 1991, 844, 845.

962 BGHZ 113, 132 = BGH NJW 1991, 844, 845. Die Analogie zu § 139 HGB scheitere daran, dass der Alleininhaber des Unternehmens weder die Kommanditistenstellung einnehmen, noch aus dem Unternehmen ausscheiden könne.

963 BGHZ 113, 132 = BGH NJW 1991, 844, 845.

964 BGHZ 113, 132 = BGH NJW 1991, 844, 846, der schließlich darauf hinweist, dass diese Rechtsfolge derjenigen aus § 419 Abs. 2 BGB a.F. entspreche.

965 BGH NZG 2004, 611 = WM 2004, 1138 = BB 2004, 1244 = ZIP 2004, 1047; zustimmend OLG Hamm ZIP 2007, 1233, 1238; bestätigt durch BGH Az. II ZR 150/07 (zitiert nach juris), vgl. Fn. 956.

966 BGH NZG 2004, 611 = WM 2004, 1138 = BB 2004, 1244 = ZIP 2004, 1047.

seines haftungsbegründenden Teils in § 25 Abs. 1 HGB[967] als auch des haftungsbeschränkenden Teils in § 25 Abs. 2 HGB anzuwenden sein, oder ob sich die Haftungsbeschränkung auch in dem vom BGH entschiedenen Fall nur[968] aus § 27 Abs. 2 HGB ergeben soll.

1.1.2 Literatur

1.1.2.1 Unbeschränkbare Haftung

Ein Teil der Literatur folgt der älteren Rechtsprechung des BGH. Danach führt die Gesamtrechtsnachfolge zur unbeschränkten und einseitig unbeschränkbaren Haftung des Kommanditisten für die auf ihn übergehenden Verbindlichkeiten.[969] Diese Meinung bestand bereits unter der Gel-

---

967 So zumindest für die unmittelbar unter § 142 HGB a.F. zu fassenden Fälle *Marotzke*, ZHR 156 (1992), 17, 30 sowie *Dißars*, DStR 1996, 345, 348, der die Fundstellen BGH WM 1965, 626 und Staub/*Ulmer*, HGB[3], Bd. 2, Halbbd. 1, § 142, Rn. 38 zitiert, welche allerdings über die Anwendbarkeit des § 25 HGB keine Aussage treffen.

968 Zur umstrittenen Frage, ob § 27 Abs. 1 HGB auch auf die Regelung zur Haftungsbeschränkung aus § 25 Abs. 2 HGB verweist, vgl. statt aller E/B/J/S/*Zimmer*, HGB, Bd. 1, § 27, Rn. 32 ff. m.v.w.N.; *Reuter*, ZHR 135 (1971), 511 ff.

969 Baumbach/*Hopt*, HGB, § 131, Rn. 35 („grundsätzlich" unbeschränkte Haftung), § 140, Rn. 25 (dagegen uneingeschränkte unbeschränkte Haftung bei der Ausschließung), anders aber bei § 27, Rn. 2 unter Bezugnahme auf BGHZ 113, 132 (Beschränkung der Haftung auf KG-Vermögen nach § 27 HGB im Falle des Beerbens des Komplementärs durch den Kommanditisten), vgl. dazu auch Kap. 3, 1.1.2.3.2.2 und Kap. 3, 1.2.2.2.2; *Habersack*, Reform des Handelsstandes und der Personengesellschaften, S. 73, 93; ähnlich – allerdings mittlerweile überholt durch Staub/*Schäfer*, HGB, Bd. 3, § 131, Rn. 111 ff. – Staub/*Schäfer*, HGB[4], Bd. 2, § 131, Rn. 109a, der wegen Fehlens einer Rechtsgrundlage für eine Haftungsbeschränkung und des Grundsatzes der Einheit von Schuld und Haftung von unbeschränkter und unbeschränkbarer Haftung ausging. Durch Betreiben der Auflösung der Gesellschaft anstelle der Ausschließung könne der Kommanditist die unbeschränkte Haftung vermeiden, Staub/*Schäfer*, HGB[4], Bd. 2, § 140, Rn. 26. Auch bei *K. Schmidt* hat sich ein Meinungswandel vollzogen. Ging er in ZHR 157 (1993), 600, 617 noch von der grundsätzlich unbeschränkbaren Haftung aus und konnte sich der Kommanditist nur bei Beerbung des Komplementärs auf die Haftungsbeschränkung nach § 27 Abs. 2 HGB berufen, will er diese Regelung bei JZ 2003, 585, 594 darüber hinaus analog anwenden.

tung des § 142 HGB a.F.[970] Der Kommanditist soll sich zudem nicht auf die Verjährung und die Enthaftung nach §§ 159, 160 HGB berufen können.[971] Teilweise wird vertreten, dass die unbeschränkte und unbeschränkbare Haftung des Kommanditisten nur dann eintrete, wenn der Übergang der Aktiva und Passiva mit dessen Zutun erfolge.[972]

1.1.2.2 Beschränkte Haftung durch Fortbestand der KG

Nach anderer Meinung soll die KG trotz Vorliegens eines Ausscheidensgrundes in der Person des Komplementärs fortbestehen. Es werden verschiedene Begründungen vorgetragen.

1.1.2.2.1 Teleologische Reduktion

Wie schon in Bezug auf die mehrgliedrige KG vertreten *Frey* und *v. Bredow* auch für das Ausscheiden des Komplementärs aus der zweigliedrigen Gesellschaft die Auffassung, die Ausscheidensgründe seien teleologisch zu reduzieren und die KG sei aufgelöst.[973]

1.1.2.2.2 Einpersonen-KG

Nach Meinung *Nägels* rechtfertige die durch die Gesamtrechtsnachfolge drohende unbeschränkte Haftung des Kommanditisten die Zulassung einer Einpersonen-KG, wodurch die Kommanditistenhaftung erhalten bleibe.[974]

---

970 *Wiedemann/Kleppe*, EWiR § 131 HGB 1/2000, 825; *J. Wilhelm*, LM ZPO § 239 Nr. 14 (6/2000), Bl. 1082, 1083; deutlich Schlegelberger/*K. Schmidt*, HGB, § 142, Rn. 36; Heymann/*Emmerich*, HGB, § 142, Rn. 30; Staub/*Ulmer*, HGB^3, Bd. 2, Halbbd. 1, § 142, Rn. 27, 34; *Dißars*, DStR 1996, 345, 348.

971 E/B/J/S/*Lorz*, HGB, Bd. 1, § 140, Rn. 40.

972 So E/B/J/S/*Lorz*, HGB, Bd. 1, § 140, Rn. 40 ff.; so auch Münch-Hdb/*Piehler/Schulte*, Bd. 2, § 36, Rn. 2, § 37, Rn. 14.

973 *Frey/v. Bredow*, ZIP 1998, 1621, 1623, 1625; vgl. bereits Kap. 2, 1.2.3; für eine teleologische Reduktion des § 131 Abs. 3, S. 1 HGB auch Staub/*Schäfer*, HGB^4, Bd. 2, § 131, Rn. 109 ff., wovon aber in der Folgeauflage abgerückt wurde, vgl. Staub/*Schäfer*, HGB, Bd. 3, § 131, Rn. 113.

974 *Nägel*, Einmanngesellschaften, S. 277.

1.1.2.2.3 Auflösungs- statt Ausschließungsklage

Auch *H. P. Westermann* lehnt es ab, den verbleibenden Kommanditisten infolge der Ausschließung des Komplementärs unbeschränkt haften und ihn zudem die Abfindung an den Komplementär zahlen zu lassen. Er will der Ausschluss- bzw. Übernahmeklage des Kommanditisten nach § 140 Abs. 1, S. 2 HGB Auflösungswirkung geben, sofern ein entsprechender Wille des Kommanditisten im Laufe des Rechtsstreits über die Ausschließung besteht. Die Auflösung der KG durch Klage nach § 133 HGB erfolge dann unter den Voraussetzungen der Ausschließung durch Klage nach § 140 HGB. Die Interessen des Komplementärs seien dadurch nicht beeinträchtigt.[975] Der Kommanditist müsse aber bedenken, dass die fortbestehende Mitgliedschaft des eigentlich auszuschließenden Komplementärs, insbesondere dessen Eigenschaft als Liquidator, möglicherweise nicht in seinem Interesse sei. Jedoch bliebe ihm dann immer noch die Möglichkeit, die Abberufung des Komplementärs als Liquidator durch gerichtliche Entscheidung nach § 147, Hs. 2 HGB zu erreichen.[976]

1.1.2.2.4 Aufleben der Kommanditistenhaftung

Köhler schließlich will für die Haftung des verbleibenden Kommanditisten für Altverbindlichkeiten[977], also für vor der Gesamtrechtsnachfolge entstandene Verbindlichkeiten, § 172 Abs. 1 HGB anwenden. Danach beschränke sich die Haftung des Kommanditisten auf den im Handelsregister verlautbarten Betrag der Einlage, wenn er seine Einlage nicht geleistet oder geleistet, aber zurückerhalten habe. Bei Ausscheiden des Komplementärs hafte der Kommanditist den Gläubigern in Höhe der im Handelsregister ausgewiesenen Summe, denn der Erwerb des KG-Vermögens im Wege der Gesamtrechtsnachfolge stelle eine Einlagenrückgewähr nach § 172 Abs. 4 HGB dar.[978] Bei Gesellschaftern, bei denen kein Vollhafter Komplementär ist, ergebe sich dies aus der Anwendung des § 30 Abs. 1 GmbHG. Danach hafte der Kommanditist wegen der Rückzahlung von Eigenkapital.[979] Die Gläubiger seien durch dieses

---

975 *H. P. Westermann*, FS-Röhricht, S. 655, 666; vgl. auch *Lamprecht*, ZIP 1997, 919, 921.

976 *H. P. Westermann*, FS-Röhricht, S. 655, 666.

977 Für Neuverbindlichkeiten soll der Kommanditist unbeschränkt haften, *Köhler*, FS-Spiegelberger, S. 791, 795.

978 *Köhler*, FS-Spiegelberger, S. 791, 793.

979 Vgl. näher *Köhler*, FS-Spiegelberger, S. 791, 793 f.

Haftungskonzept nicht schlechter gestellt als bei unveränderter Fortführung der KG. Denn sie seien nach wie vor durch die Eintragung der Haftsumme im Handelsregister geschützt. Ferner sei das KG-Vermögen zum Stichtag der Gesamtrechtsnachfolge objektiv bestimmbar. Schließlich unterliege der ausgeschiedene Komplementär der Nachhaftung.[980]

1.1.2.3 Beschränkbare Haftung

Nach einer dritten, verbreiteten Auffassung im Schrifttum soll der Kommanditist seine Haftung für die auf ihn übergehenden KG-Verbindlichkeiten beschränken können. Die unbeschränkbare Haftung als Konsequenz der Gesamtrechtsnachfolge sei insbesondere hinsichtlich der Altverbindlichkeiten kaum zu rechtfertigen.[981] Sie sei dem Kommanditisten nicht zuzumuten, da er die unbeschränkte Haftung weder wolle noch vermeiden könne.[982] Auch habe der Kommanditist die dem Haftungseintritt zu Grunde liegende Gesamtrechtsnachfolge nicht selbst verursacht. Dem stehe nicht der Umstand entgegen, dass der Kommanditist hierfür selbst den Grundstein gelegt habe, indem er sich an der KG beteiligt habe. Denn das Gesetz gewähre dem Kommanditisten gerade diese Beteiligungsmöglichkeit, um der unbeschränkten Haftung zu entgehen.[983] Zudem entspreche eine Haftung über die geleistete Einlage und das noch vorhandene bisherige Gesellschaftsvermögen hinaus mitnichten „dem Leitbild des nur kapitalmäßig beteiligten, gerade nicht unternehmerisch verantwortlich tätigen Kommanditisten“[984]. Es fehle an einer durchgreifenden Rechtfertigung, die haftungsrechtlichen Folgen der Alleininhaberschaft des Unternehmens infolge der gesetzlichen Gesamtrechtsnachfolge und diejenigen des rechtsgeschäftlichen Unterneh-

---

980 Vgl. näher *Köhler*, FS-Spiegelberger, S. 791, 794.

981 *Eckardt*, NZG 2000, 449, 452.

982 *Schlottmann*, Komplementärwegfall, S. 229 f.; *Albertus/Fischer*, ZInsO 2005, 246, 248; für die Unbilligkeit der unbeschränkten Haftung im Übrigen auch MünchHdb/*Klein/Lindemeier*, Bd. 2, § 40, Rn. 12; *Seeger*, Komplementärausscheiden, S. 125; *Köhler*, FS-Spiegelberger, S. 791, 792 f. allerdings ausdrücklich nur in Bezug auf Alt- nicht auch auf Neuverbindlichkeiten; zur Darstellung bei der mehrgliedrigen KG vgl. Kap. 2, 1.2.1.3.

983 *Bork/Jacoby*, ZGR 2005, 611, 637; ähnlich *Seeger*, Komplementärausscheiden, S. 137.

984 *Eckardt*, NZG 2000, 449, 452.

menserwerbs nach § 25 HGB, bei dem der Erwerber die Möglichkeit der Haftungsbeschränkung habe, unterschiedlich zu behandeln.[985]

1.1.2.3.1 §§ 1975 ff. BGB, § 27 Abs. 2 HGB

1.1.2.3.1.1 Allgemeine Haftungslage

Daher soll dem Kommanditisten nach überwiegender Auffassung entsprechend den erbrechtlichen Vorschriften die Möglichkeit zu Gute kommen, seine Haftung für auf ihn übergehende Verbindlichkeiten seines Rechtsvorgängers auf das gleichfalls übergehende Vermögen gegenständlich zu beschränken.[986] Dabei erfolge zunächst eine Vereinigung des Vermögens der KG mit dem Privatvermögen des Kommanditisten. Die Neugläubiger, die privaten Altgläubiger des Kommanditisten sowie die Altgläubiger der KG hätten damit Zugriff auf eine einheitliche Haftungsmasse. Der Kommanditist hafte unbeschränkt mit dem gesamten Vermögen für diese Verbindlichkeiten, somit auch für die KG-Verbindlichkeiten. Doch könne er die Haftung bezüglich dieser KG-Verbindlichkeiten gegenständlich auf das übergegangene Vermögen beschränken, sofern er das Verfahren der Nachlassverwaltung oder der Nachlassinsolvenz nach §§ 1975 ff. BGB einleite. Das Nachlassinsolvenzverfahren nach §§ 11 Abs. 2, Nr. 2, 315 ff. InsO analog beziehe sich auf den Rechtsträger Kommanditist, werde aber als sog. Partikularinsolvenzverfahren gegenständlich auf das übergegangene Vermögen der KG beschränkt.[987] Ebenso beziehe sich die Nachlassverwaltung lediglich auf das übergegangene Gesellschaftsvermögen. Bei beiden Verfahren trete eine Haftungssonderung ein, d.h. eine gegenständliche Trennung von ehemaligem Gesellschaftsvermögen und Privatvermögen des Kommanditisten. Auf diese Weise unterliege das Gesellschaftsvermögen ausschließlich dem Zugriff der Altgläubiger der KG. Ferner könnten letz-

---

985 *Eckardt*, NZG 2000, 449, 452.

986 *Kindler*, JuS 2006, 865, 869. Für die Haftungsbeschränkung durch Nachlassinsolvenz auch *Hirte*, NJW 2005, 718, 720 f.; zudem die Nachweise in Fn. 990.

987 Zu diesem Insolvenzverfahren vgl. OLG Hamm ZIP 2007, 1233, 1236 f.; LG Dresden ZIP 2005, 955, 956 f.; AG Hamburg ZIP 2006, 390, 391 f.; grundsätzlich zustimmend jetzt auch MünchKomm-HGB/*K. Schmidt*, Bd. 2, § 131, Rn. 76, § 139, Rn. 66, Anh § 158, Rn. 63, für den Fall der sog. Simultaninsolvenz vgl. aber Kap. 3, 2.1.2.2.

tere selbst die Nachlassverwaltung oder -insolvenz einleiten und dadurch eine Vermögenssonderung herstellen.[988]

Ferner sei der Kommanditist so zu schützen wie der Erbe eines einzelkaufmännischen Unternehmens, also nach § 27 HGB. Denn so wie der Erbe die Stellung des Einzelkaufmann-Erblassers übernehme, rücke der Kommanditist in die Rechtsstellung der „verstorbenen" KG ein.[989] Demgemäß habe der Kommanditist nach § 27 Abs. 2 HGB analog lediglich die Möglichkeit, den Geschäftsbetrieb innerhalb von drei Monaten einzustellen und damit die unbeschränkte Haftung zu vermeiden.[990] Dabei sei zusätzlich erforderlich, dass der Kommanditist fristgerecht die Nachlassverwaltung oder die Nachlassinsolvenz gemäß §§ 1975 ff. BGB einleite.[991] Die Einleitung der Verfahren wirkten ex tunc, d.h. die beschränkte Haftung und die Vermögenssonderung bestünden mit Eintritt des Vermögensübergangs auf den Kommanditisten. Versäume der Kommanditist die Einhaltung der dreimonatigen Frist[992] aus § 27 Abs. 2

---

988 *Bork/Jacoby*, ZGR 2005, 611, 637 ff.

989 *Bork/Jacoby*, ZGR 2005, 611, 639 ff.; so jetzt auch Staub/*Schäfer*, HGB, Bd. 3, § 131, Rn. 114.

990 *Bork/Jacoby*, ZGR 2005, 611, 636 f., 640; *Eckardt*, NZG 2000, 449, 455; HK/*Stuhlfelner*, HGB, § 131, Rn. 6; *Schlottmann*, Komplementärwegfall, S. 226 f., 236 f.; *Seeger*, Komplementärausscheiden, S. 149 f.; HdbPersGes/*Aderhold*, Bd. 1, § 48, Rn. 2269 [September 2006]; *Wiedemann*, GesR, Bd. 2, § 9 II 6 b, S. 792 f.; Koller/Roth/Morck/*Roth*, HGB, § 27, Rn. 4; Koller/Roth/Morck/*Koller*, HGB, § 140, Rn. 5; *Demuth*, BB 2007, 1569, 1570; *Liebs*, ZIP 2002, 1716, 1717; *Binz/Sorg*, GmbH & Co. KG, § 7, Rn. 15; Sudhoff/*Schlitt*, GmbH & Co. KG, § 29, Rn. 59; Hesselmann/Tillmann/Mueller-Thuns/*Lüke*, Hdb.GmbH&Co.KG, § 10, Rn. 31; grundsätzlich so auch E/B/J/S/*Lorz*, HGB, Bd. 1, § 140, Rn. 42; vgl. MünchHdb/*Piehler/Schulte*, Bd. 2, § 37, Rn. 14. Für die Anwendung des § 27 Abs. 2 HGB nun auch *K. Schmidt*, JZ 2003, 585, 594. Zustimmend zu BGHZ 113, 132 MünchKomm-HGB/*ders.*, Bd. 2, § 139, Rn. 66; *ders.*, ZHR 157 (1993), 600, 616 f.; *ders.*, JZ 1991, 733 f. Für eine Haftung nur mit dem Gesellschaftsvermögen bei § 131 Abs. 3, S. 1, Nr. 2 HGB auch *Albertus/Fischer*, ZInsO 2005, 246, 248. Für § 27 HGB entsprechend beim Kommanditisten, der Erbe des Komplementärs ist, E/B/J/S/*Zimmer*, HGB, Bd. 1, § 27, Rn. 1.

991 Dies betonend und eingehend zu den Voraussetzungen der Haftungsbeschränkung *Schlottmann*, Komplementärwegfall, S. 221 ff., 226, 237 ff. Die übrigen Autoren weisen hingegen meist nur auf die fristgerechte Einstellung des Geschäftsbetriebs hin. Vgl. auch *Seeger*, Komplementärausscheiden, S. 150 ff.

992 Für eine kurze Überlegungsfrist ab Kenntnis vom Ausscheiden des Komplementärs anstelle von drei Monaten *Zimmermann*, WuB II G. § 131 HGB 1.04, 686; ähnlich *Eckardt*, NZG 2000, 449, 455.

HGB, bleibe es beim Grundsatz der unbeschränkten Haftung sowie der Vereinigung der Vermögensmassen.[993]

Auch *Lieb* tritt für eine analoge Anwendung des § 27 Abs. 2 HGB ein. Er sieht zwar § 27 Abs. 1 HGB als die eine unbeschränkte Haftung konstituierende Norm an, so dass diese eintrete, sofern der Kommanditist das Unternehmen fortführe.[994] Gleichwohl erkennt er den weiteren Sinn und Zweck der Norm darin, die zeitlich nicht begrenzte Haftungsbeschränkungsmöglichkeit des Erben aus §§ 1975 ff. BGB durch die kurze Dreimonatsfrist aus § 27 Abs. 2 HGB im Interesse der Gläubiger handelsrechtlich einzuschränken. Dieser Zweck sei auch bei der Übertragung des Gesellschaftsvermögens auf den Kommanditisten von Bedeutung. Die Art des Unternehmensübergangs sei dabei zweitrangig.[995]

1.1.2.3.1.2 Haftungslage bei Beerbung des Komplementärs durch Kommanditisten

Des Weiteren nimmt *Lieb* zu der Entscheidung BGHZ 113, 132 Stellung, in welcher der Kommanditist Erbe des verstorbenen Komplementärs war. Er stellt zunächst fest, dass die erbrechtliche Gesamtrechtsnachfolge lediglich den Übergang des Komplementäranteils auf den erbenden Kommanditisten umfasse und erst das Zusammenfallen von Kommandit- und Komplementäranteil in einer Person zur Vollbeendigung der KG und damit zum Übergang des Gesellschaftsvermögens auf den Kommanditisten führe.[996] Daraus folge, dass die Gesellschaftsgläubiger die Möglichkeit des Zugriffs auf das Gesellschaftsvermögen inklusive des Werts des Kommanditanteils verlieren würden und – vorausgesetzt der Kommanditist mache von den Möglichkeiten der Haftungsbeschränkung nach §§ 1975 ff. BGB Gebrauch – lediglich auf den Wert des vererbten Komplementäranteils zugreifen könnten. Der Wert des Kommanditanteils sei dagegen nicht Teil des Nachlasses, sondern gehöre zum Privatvermö-

---

993 *Bork/Jacoby*, ZGR 2005, 611, 641, 643; *Eckardt*, NZG 2000, 449, 455; *Schlottmann*, Komplementärwegfall, S. 236 f.; im Grundsatz so auch E/B/J/S/*Lorz*, HGB, Bd. 1, § 140, Rn. 42.

994 Anders die h.M., nach der sich die unbeschränkte Haftung des Rechtsnachfolgers schon aus der Gesamtrechtsnachfolge ergibt, vgl. dazu Kap. 1, 3.2.4.

995 *Lieb*, ZGR 1991, 572, 576 f.; vgl. MünchKomm-HGB/*Thiessen*, Bd. 1, § 27, Rn. 11.

996 Demgegenüber *Bork/Jacoby*, ZGR 2005, 611, 633.

gen des Kommanditisten, der den Gläubigern an sich nicht hafte.[997] Im Interesse der Gesellschaftsgläubiger sei jedoch eine unbeschränkte und persönliche Haftung des Kommanditisten in Höhe des Wertes des Kommanditanteils, der im Wege der gesellschaftsrechtlichen Gesamtrechtsnachfolge übergehe, geboten.[998] Zunächst erwägt *Lieb* eine Haftung des Kommanditisten wegen Zurückzahlung der Einlage nach §§ 128, 172 Abs. 4, S. 1 HGB, indem er die anerkanntermaßen[999] unter 172 Abs. 4, S. 1 HGB zu fassende Auszahlung des Auseinandersetzungsguthabens des Kommanditisten mit „dem atypischen Fall des Übergangs des Gesellschaftsvermögens qua erb- und gesellschaftsrechtlicher Gesamtrechtsnachfolge" gleichstellt. Eine derartige Haftung entspräche indes nicht vollends dem Haftungsinteresse der Gläubiger, weil diese den Kommanditisten lediglich in Höhe der Einlage in Anspruch nehmen könnten und ein darüber hinaus gehender Wert des Kommanditanteils unangetastet bliebe.[1000] Ferner zieht *Lieb* die Haftungssituation der BGB-Gesellschafter, die ihre Haftung auf das Gesellschaftsvermögen beschränkt hatten, nach Auseinandersetzung des Gesellschaftsvermögens im Zuge der Liquidation heran.[1001] Aufgrund der Abkehr von der Doppelverpflichtungslehre und damit von der Möglichkeit der einseitigen Haftungsbeschränkung von GbR-Gesellschaftern ist dieser Ansatz mittlerweile überholt. Hinsichtlich der Haftung in Höhe des Wertes der Komplementärbeteiligung bei erbrechtlicher Haftungsbeschränkung nennt *Lieb* § 1976 BGB, wobei seiner Ansicht nach ein sich daraus ergebendes Fortbestehen der KG „mannigfaltige Schwierigkeiten" bereiten würde. Stattdessen favorisiert er daher die Vereinigung von Komplementär- und Kommanditanteil und damit den Übergang des Unternehmens auf den Kommanditisten. Dem Nachlassverwalter stünde ein Abfindungsanspruch nach § 142 Abs. 3 HGB, § 738 BGB analog in Höhe des Wertes des Komplementäranteils gegenüber dem Kommanditisten zu, der zu Gunsten der Gläubiger verwertet werden könne und damit die Haftung

---

997 *Lieb*, ZGR 1991, 572, 573.
998 *Lieb*, ZGR 1991, 572, 574.
999 Vgl. BGH NJW 1980, 1163 f.; Koller/Roth/Morck/*Koller*, HGB, § 172, Rn. 30.
1000 *Lieb*, ZGR 1991, 572, 574.
1001 *Lieb*, ZGR 1991, 572, 574 f.

des Erben in Höhe des auf ihn übergegangenen Komplementäranteils entbehrlich machen würde.[1002]

1.1.2.3.1.3 Erfasste Ausscheidensfälle

Innerhalb der Auffassung, wonach der Kommanditist seine Haftung nach §§ 1975 ff. BGB, 27 Abs. 2 HGB gegenständlich beschränken kann, bestehen unterschiedliche Meinungen darüber, in welchen Fällen des Ausscheidens dies möglich sein soll. Die meisten Autoren sprechen sich für die generelle Anwendbarkeit der o.g. Vorschriften aus. Dagegen weisen andere daraufhin, dass nicht bei jedem Ausscheiden angenommen werden könne, die grundsätzlich unbeschränkte Haftung des Kommanditisten sei ohne dessen Willen oder dessen Einfluss eingetreten. In diesen Fällen sei dem Kommanditisten, die Möglichkeit der Haftungsbeschränkung zu versagen. So meint *Lorz*, dem Kommanditisten stehe die Möglichkeit der Beschränkung seiner Haftung nur in den Fällen des § 131 Abs. 3, S. 1, Nr. 1 - 4 HGB zu, denn nur dann ereigne sich der Übergang der Gesellschaftsaktiva und -passiva „ohne sein Zutun".[1003] *Seeger* hält den Kommanditisten nur bei einvernehmlichem Ausscheiden des Komplementärs für nicht schutzwürdig. Insbesondere müsse ihm bei Ausschließung des Komplementärs nach § 140 HGB die Haftungsbeschränkung zu Gute kommen, weil für ihn andernfalls die Fortsetzung des Unternehmens ohne den Komplementär wirtschaftlich unvorteilhaft wäre.[1004] *Eckardt* hingegen differenziert zwischen den Fällen, in denen der Kommanditist das Unternehmen (im Wege der Ausschließungsklage) „aus eigenem Entschluss übernimmt und weiterführt" und denjenigen Konstellationen, in denen er „unfreiwillig" „durch Tod bzw. Vollbeendigung, Kündigung oder Insolvenz" „in die Rechtsstellung des Übernehmers geraten ist". Bei auf eigenem Entschluss beruhendem Wegfall des Komplementärs soll im Gegensatz zu den Fällen, in denen das Ausscheiden unfrei-

---

1002 *Lieb*, ZGR 1991, 572, 575 f.; gegen die Anwendung des § 1976 BGB auch *Marotzke*, ZHR 156 (1992), 17, 31 ff.; MünchKomm-BGB/*Küpper*, Bd. 9, § 1976, Rn. 7.

1003 E/B/J/S/*Lorz*, HGB, Bd. 1, § 140, Rn. 42; so auch Koller/Roth/Morck/*Koller*, HGB, § 140, Rn. 5; ähnlich *Schlottmann*, Komplementärwegfall, S. 232 f.

1004 *Seeger*, Komplementärausscheiden, S. 137 f.; für den Schutz des Kommanditisten bei § 140 HGB auch *Schlottmann*, Komplementärwegfall, S. 232 f., der diesen nur bei Geschäftsübernahme „aus freien Stücken" ausschließt.

willig erfolgt, eine Haftung des bisherigen Kommanditisten für Altverbindlichkeiten gerechtfertigt sein.[1005]

1.1.2.3.2 §§ 1990, 1991 ff. BGB, § 27 Abs. 2 HGB

Nach Meinung *Marotzkes* soll der Kommanditist seine Haftung für die auf ihn übergehenden Gesellschaftsverbindlichkeiten gemäß §§ 1990 ff. BGB auf den Nachlass beschränken können. Seine Ausführungen betreffen die Konstellation des Beerbens des Komplementärs durch den Kommanditisten. Dementsprechend unterscheidet er die einzelnen Rechtsträger und differenziert zwischen den einzelnen Verpflichtungen, für die der Kommanditist haftet. So hafte er nach der Vollbeendigung der KG gemäß §§ 171, 160 HGB für die Verbindlichkeiten der KG.[1006] Entgegen der Meinung von *Lieb* stelle der Übergang des Komplementäranteils[1007] keine Einlagenrückzahlung i.S.d. § 172 Abs. 4, S. 1 HGB (analog) dar, weil es an der für die Vorschrift erforderlichen Schmälerung des den Gläubigern haftenden KG-Vermögens fehle. Als Erbe des Komplementärs sei er zudem gemäß § 1967 BGB der Haftung für die Verbindlichkeiten ausgesetzt, für die der Komplementär nach §§ 128, 161 Abs. 1 HGB bis zu seinem Tod haftete. Er könne die Haftung auf den Nachlass beschränken, §§ 1975 ff. BGB.[1008] Schließlich solle der Kommanditist aus §§ 419, 1967, 1990, 1991 BGB analog als Rechtsnachfolger in das Gesellschaftsvermögen haften.[1009] Wie § 419 Abs. 2 BGB sowie §§ 1967, 1975 ff. BGB ergebe, begründe die Gesamtrechtsnachfolge keine unbeschränkte Haftung des Rechtsnachfolgers, die nicht auf das über-

---

1005 *Eckardt*, NZG 2000, 449, 453; ähnlich Koller/Roth/Morck/*Koller*, HGB, § 140, Rn. 5. Offenbar mit Bezug auf das vor dem HRefG geltende Recht, wonach die Fortsetzung der Gesellschaft nach Ausscheiden eines Gesellschafters einer entsprechenden gesellschaftsvertraglichen Klausel bedurfte, entspricht die Fortsetzung des Unternehmens nach *Eckardt*, NZG 2000, 449, 453 f. beim Ausscheiden des Komplementärs aus der zweigliedrigen KG bei rückwirkend unbeschränkter Haftung des Kommanditisten nicht dem Parteiwillen. Folglich soll die Klausel hier nicht gelten, so dass die Gesellschaft aufgrund teleologischer Reduktion der Klausel aufzulösen und zu liquidieren ist, sollte die Fortführung nicht vom verbleibenden Gesellschafters gewollt sein.

1006 *Marotzke*, ZHR 156 (1992), 17, 20 f.

1007 *Lieb*, ZGR 1991, 572, 574 spricht von dem Übergang des Gesellschaftsvermögens auf den Kommanditisten.

1008 *Marotzke*, ZHR 156 (1992), 17, 21.

1009 *Marotzke*, ZHR 156 (1992), 17, 26 ff.

gegangene Vermögen beschränkt werden könne. § 142 HGB selbst gebe keinen Aufschluss über die Art und Weise des Vermögensübergangs sowie über die Haftung des Übernehmers. Diese Lücke könne durch eine Rechtsanalogie zu §§ 419,[1010] 1967 BGB geschlossen werden. Diesen Vorschriften sei der Rechtsgedanke zu entnehmen, dass derjenige, welcher durch Rechtsgeschäft oder Gesetz das Vermögen eines anderen erwerbe, für die übergehenden Verbindlichkeiten hafte. Aus §§ 1975 ff. BGB folge aber die Möglichkeit, die Haftung auf das übergegangene Vermögen zu beschränken.[1011] Die analoge Anwendung der erbrechtlichen Normen ergebe sich daraus, dass die infolge Vereinigung aller Anteile eintretende Vollbeendigung der Gesellschaft und der Übergang des Gesellschaftsvermögens auf den verbleibenden Gesellschafter mit dem Tod bzw. Erbfall sowie der Erbfolge vergleichbar seien.[1012] Schließlich spricht sich *Marotzke* gegen eine Anwendung der §§ 130, 139 HGB und für eine analoge Anwendung des § 27 HGB aus.[1013] Ungeachtet der handels- und erbrechtlichen Beschränkungsmöglichkeiten hafte der Kommanditist mit dem gesamten Gesellschaftsvermögen für die Gesellschaftsverbindlichkeiten.[1014]

1.2 Kritische Analyse

Für das Ausscheiden des Komplementärs aus der mehrgliedrigen KG wurde festgestellt, dass ein Bedürfnis besteht, die verbleibenden Kommanditisten vor unbeschränkter Haftung durch Fortbestand ihrer Haftungsbeschränkung zu schützen. Dieses Bedürfnis muss auch in der

---

1010 Nach *Marotzke*, ZHR 156 (1992), 17, 22 (dortige Fn. 16), 30 (dortige Fn. 53) finden allein §§ 1967, 1990, 1991 BGB analog Anwendung, sollte § 419 BGB – wie tatsächlich geschehen – im Zuge der Insolvenzreform aufgehoben werden. § 419 BGB ist daher nicht Gegenstand der weiteren Ausführungen. I.d.S. auch *Timmann*, Vor- und Nacherbschaft, S. 76. Vgl. demgegenüber *Eckardt*, NZG 2000, 449, 453, der § 419 Abs. 2 BGB a.F. trotz seiner Aufhebung weiterhin als Paradigma einer „Option zur Haftungsbeschränkung“ versteht.

1011 *Marotzke*, ZHR 156 (1992), 17, 28. Gleichwohl hält *ders.*, ZHR 156 (1992), 17, 29 die Vorschriften über die Nachlassverwaltung und -insolvenz aus §§ 1975 ff. BGB für nicht anwendbar.

1012 *Marotzke*, ZHR 156 (1992), 17, 29.

1013 *Marotzke*, ZHR 156 (1992), 17, 23 ff., nach dem es für die direkte Anwendung des § 27 HGB an der Nachlasszugehörigkeit des übergehenden Unternehmens fehlt.

1014 *Marotzke*, ZHR 156 (1992), 17, 25 f.

zweigliedrigen Gesellschaft gelten, denn das Ausscheiden des Komplementärs kann für den Kommanditisten hier ebenso unerwartet und unbeeinflussbar erfolgen. Die Anzahl der Kommanditisten verändert nicht die Schutzbedürftigkeit.

1.2.1 Fortbestand der KG

Es ist aber entgegen *Nägel* nicht sachgerecht, die Haftung des Kommanditisten nach §§ 171 ff. HGB durch Annahme einer nur aus dem Kommanditisten bestehenden KG fortgelten zu lassen.[1015] Zwar sind die Grundsätze, wonach jede Personengesellschaft wenigstens zwei Gesellschafter ausweisen muss und jeder dieser Gesellschafter nur einmal an der Gesellschaft beteiligt sein kann, wie dargestellt, nicht ausnahmslos. Jedenfalls gehen die anerkannten Ausnahmen aber nicht derart weit, dass der Grundsatz der unbeschränkten Gesellschafterhaftung eingeschränkt wird. So kann ein und derselbe Gesellschafter sowohl Komplementär als auch Kommanditist sein. Doch richtet sich seine Haftung zum Schutz der Gläubiger nach den Vorschriften über die Komplementärhaftung nach § 128 HGB.[1016] Die bloße Fortgeltung der KG als Einpersonengesellschaft hilft daher nicht weiter.[1017]

Der Ansatz *Westermanns* beschränkt sich auf die Ausschließungs- bzw. Übernahmeklage des Kommanditisten gegen den Komplementär nach § 140 HGB. Will der Kommanditist nicht mehr gemeinsam mit dem Komplementär tätig sein, muss er diesen entweder nach § 140 HGB mit der Folge seiner unbeschränkten Haftung ausschließen oder selbst die Gesellschaft verlassen. Da die Ausschließung für den Komplementär letztlich die gleichen Folgen hat wie die Auflösung,[1018] erscheint es gerechtfertigt, der Ausschließungsklage Auflösungswirkung zu geben, wenn dem Kommanditisten dessen Ausscheiden und damit die Fortführung des Unternehmens allein durch den Komplementär nicht zumutbar sind. Aus Sicht des Kommanditisten ist es unbillig, dass der Komplementär, in dessen Person ein Ausschließungsgrund liegt, das Unternehmen für sich gewinnbringend fortsetzen kann, weil der Kommanditist die Aus-

1015 Gegen eine zu diesem Zweck zugelassene Einpersonen-KG auch *Seeger*, Komplementärausscheiden, S. 127 ff.

1016 Vgl. Kap. 1, 3.1.2.

1017 So im Ergebnis auch *Seeger*, Komplementärausscheiden, S. 131.

1018 In beiden Fällen steht dem Komplementär ein Abfindungsanspruch nach § 738 Abs. 1, S. 2 BGB zu.

schließungsklage wegen der unbeschränkten Haftung scheut und deshalb notgedrungen aus der Gesellschaft austritt. In diesem Fall sollten die Vorteile der Unternehmensfortführung nicht dem Komplementär zu Gute kommen und dem Kommanditisten vorenthalten bleiben. Stattdessen ist das Unternehmen zu beenden, so dass das Gesellschaftsvermögen unter den beiden Gesellschaftern verteilt werden kann. Letztlich ist im Falle des § 140 HGB jedoch die Schutzwürdigkeit des Kommanditisten hinsichtlich der Vermeidung der unbeschränkten Haftung zu bezweifeln. Denn bei der Ausschließung des Komplementärs handelt es sich um einen Ausscheidensgrund, auf den der Kommanditist nicht ohne Einflussmöglichkeit ist.[1019] Folglich ist das Konzept *Westermanns* letztlich abzulehnen.

Köhlers Ansicht schließlich widerspricht dem Grundsatz, wonach wenigstens ein Personengesellschafter unbeschränkt haften muss. So beschränkt sich etwa die Kommanditistenhaftung nach § 172 Abs. 4 HGB bei Rückzahlung der Einlage durch die Übernahme des KG-Vermögens summenmäßig auf die Haftsumme aus dem Handelsregister.[1020] Der Schutz der Gläubiger ist auch nicht dadurch in hinreichendem Maße gewährleistet, dass die beschränkte Haftung des Kommanditisten im Handelsregister verlautbart ist. Ferner ist die Nachhaftung des Komplementärs schon deshalb nicht ausreichend, weil sie gemäß § 160 HGB zeitlich begrenzt ist.

1.2.2 Erbrechtliche Lösung

1.2.2.1 Einflussmöglichkeit des Kommanditisten

Der analogen Anwendung erbrechtlicher Vorschriften zur Vermeidung unbeschränkter Haftung des verbleibenden Kommanditisten liegt der Gedanke zu Grunde, dass sich der Kommanditist in der zweigliedrigen KG nach dem Ausscheiden des Komplementärs in einer Situation befindet, die der des Erben ähnlich ist. Denn sowohl der Erbe als auch der Kommanditist werden Rechtsnachfolger des Erblassers bzw. der KG, regelmäßig ohne die Möglichkeit der Einflussnahme gehabt zu haben. Dies gilt für den Kommanditisten, wie bereits für die mehrgliedrige KG erörtert wurde, nicht in allen Fällen des Ausscheidens des Komplementärs und im Übrigen nur dann, wenn man nicht schon die Beteiligung an

---

1019 Vgl. dazu bereits Kap. 2, 3.3.5.2.2.3.

1020 So zu Recht *Seeger*, Komplementärausscheiden, S. 140.

der KG als ausreichende Grundlage der Einflussmöglichkeit versteht. Demnach kommt in den Fällen des § 131 Abs. 3, S. 1, Nr. 1 - 4, § 139 Abs. 2 HGB ein rechtsfortbildender Eingriff zu Gunsten des Kommanditisten in Betracht, wohingegen er bei § 131 Abs. 3, S. 1, Nr. 5, 6, § 140 HGB zu unterbleiben hat.[1021]

1.2.2.2 Unterscheidung der einzelnen Rechtsverhältnisse

1.2.2.2.1 Ausscheiden ohne Beerbung durch den Kommanditisten

1.2.2.2.1.1 Zuordnung der Rechte und Pflichten

Scheidet der Komplementär durch Tod aus, so wird der Kommanditist im Regelfall nicht dessen Erbe sein. In der mehrgliedrigen KG wächst der Komplementäranteil am Gesamthandsvermögen den bisherigen Anteilen der Kommanditisten an. Dabei handelt es sich nicht um Nachfolgen in ein dingliches Recht. Vielmehr erweitern sich die bestehenden Kommanditanteile nur um den Komplementäranteil. Der Anteil des Komplementärs setzt sich allein in dem entstehenden Abfindungsanspruch des Komplementärs bzw. seines Erben fort. Die Kommanditisten halten weiterhin nur einen Anteil. Die Gesellschaft besteht fort. Bei der zweigliedrigen KG hingegen kann der Komplementäranteil am Gesamthandsvermögen dem Kommanditisten nicht anwachsen. Denn das Vermögen, an dem der zur Übertragung anstehende Komplementäranteil besteht, steht nicht mehr der Gesamthand, sondern allein dem Kommanditisten als ihrem Rechtsnachfolger zu. Die Gesamthand ist durch das Ausscheiden ihres vorletzten Mitglieds erloschen. Eine gesamthänderische Berechtigung einzelner Gesellschafter kann nicht mehr bestehen. Dadurch ändert sich die dingliche Inhaberschaft des Vermögens. Rechtsträger ist der verbleibende Kommanditist.

1.2.2.2.1.2 Haftung

Haftungsrechtlich ergibt sich folgendes: Die Erben des Komplementärs haften gemäß § 128 HGB i.V.m. § 1967 Abs. 2 BGB. Die Haftung ist nach § 160 HGB begrenzt.[1022] Aufgrund der Beendigung der KG und dem dadurch notgedrungen erfolgenden Ausscheiden des Kommanditis-

1021 Für die mehrgliedrige KG vgl. Kap. 2, 3.3.5.2.2.
1022 Vgl. MünchKomm-HGB/*K. Schmidt*, Bd. 2, § 160, Rn. 20.

ten unterliegt auch dieser der Nachhaftung gemäß §§ 171 ff., § 160 HGB. Daneben haftet er grundsätzlich unbeschränkt mit seinem gesamten Vermögen für die auf ihn übergegangenen Verbindlichkeiten der Gesellschaft.

1.2.2.2.2 Ausscheiden mit Beerbung durch den Kommanditisten

1.2.2.2.2.1 Zuordnung der Rechte und Pflichten

Verstirbt der Komplementär und wird er ausnahmsweise vom Kommanditisten beerbt, ergibt sich folgendes: Fehlt eine Nachfolgeklausel und ist der Komplementäranteil damit nicht vererblich gestellt, scheidet ein Anteilserwerb durch den Kommanditisten aus.[1023] Dieser erbt lediglich den durch das Ausscheiden des Komplementärs entstandenen Abfindungsanspruch. Entsprechend der Darstellung zum Ausscheiden ohne Beerbung durch den Kommanditisten erhöht sich auch nicht die bislang bestehende Berechtigung des Kommanditisten am Gesamthandsvermögen um den Wert der Komplementärbeteiligung. Denn auch im Falle der Beerbung ist die Gesamthand erloschen und deren Vermögen auf den Kommanditisten übergegangen.[1024] Besteht dagegen eine Nachfolgeklausel, erwirbt der Kommanditist den Komplementäranteil. Er kann diesen Anteil wegen des Grundsatzes der Einheitlichkeit der Beteiligung aber nicht gesondert neben seinem bereits bestehenden Anteil halten. Die Anteile vereinigen sich schon deshalb. Aufgrund des Wegfalls der Gesamthand kommt wiederum keine Anwachsung der Komplementärberechtigung an der Gesamthand in Betracht. Es tritt vielmehr Vollbeendigung der KG wegen Vereinigung sämtlicher Anteile in seiner Person ein, so dass der Kommanditist das Vermögen der KG erwirbt.

1.2.2.2.2.2 Haftung

Entsprechend ist bei der Haftung des Kommanditisten zu differenzieren.[1025] Sofern eine Nachfolgeklausel fehlt, kommt eine sog. Eigenhaftung des Kommanditisten als Komplementär nicht in Betracht. Der Kommanditist haftet nur kraft seiner Erbenstellung nach §§ 1967 ff. BGB für die Verbindlichkeiten des Komplementärs, die im Zeitpunkt des Aus-

---

1023 Vgl. Kap. 2, 2.4.2.3.2.1.
1024 Vgl. Kap. 3, 1.2.2.2.1.1
1025 Vgl. schon Kap. 2, 2.4.2.3.2.

scheidens bestanden. Ihm stehen die Vorschriften über die Beschränkung der Haftung auf den Nachlass aus §§ 1975 ff. BGB zu. Besteht eine Nachfolgeklausel, haftet der Kommanditist nach §§ 128, 130 HGB ohne die erbrechtlichen Möglichkeiten der Haftungsbeschränkung.[1026] Denn jedenfalls für eine logische Sekunde erwirbt der Kommanditist den Komplementäranteil, bevor dieser wegen der Vollbeendigung der KG ebenfalls entfällt und das KG-Vermögen auf den Kommanditisten übergeht. Die Komplementärhaftung besteht dann als Nachhaftung fort. Da auch die Kommanditbeteiligung erlischt, unterliegt der Kommanditist, unabhängig vom Bestehen einer Nachfolgeklausel, der Nachhaftung aus §§ 171 ff. Bezüglich jedweder gesellschafts- und erbrechtlicher Haftung des Kommanditisten für Verbindlichkeiten aus §§ 128, 171, 130 HGB i.V.m. §§ 1967 ff. BGB gilt § 160 HGB. Schließlich besteht, wiederum unabhängig vom Bestehen einer Nachfolgeklausel, die grundsätzlich unbeschränkte Haftung des Kommanditisten in seiner Eigenschaft als Gesamtrechtsnachfolger der KG.

1.2.2.3 Unzureichender Gläubigerschutz

Die Anwendung der erbrechtlichen Vorschriften über die Haftungsbeschränkung schützt den Kommanditisten. Fraglich ist, ob sie auch die Gesellschaftsgläubiger hinreichend schützt.

1.2.2.3.1 §§ 1990 ff. BGB

Die entsprechende Anwendung der Regelungen über die Dürftigkeitseinrede aus §§ 1990 ff. BGB ist jedenfalls nicht sachgerecht. Denn sie führt zu keiner Sonderung des übergehenden Gesellschaftsvermögens vom Privatvermögen des Kommanditisten zu Gunsten der ehemaligen Ge-

---

1026 Für Anwendbarkeit des § 130 HGB wohl auch Baumbach/*Hopt*, HGB, § 130, Rn. 4. Der durch eine Nachfolgeklausel erstrebte Zweck, nämlich die Fortsetzung der Gesellschaft mit dem Erben anstelle der Liquidation, kann wegen der durch das Ausscheiden des vorletzten Gesellschafters ohnehin bewirkten Vollbeendigung zwar gar nicht erreicht werden. Dennoch kann die Klausel gewollt sein, um (Abfindungs-)Ansprüche nicht nachfolgeberechtigter Erben zu vermeiden, durch die dem Unternehmen zur Fortsetzung nötiges Kapital entzogen würde, vgl. dazu die Nachweise in Fn. 593.

sellschaftsgläubiger.[1027] Dem Kommanditisten steht es daher anders als bei entsprechender Anwendung der Nachlassverwaltung und Nachlassinsolvenz frei, zu welchen Gunsten er über die Vermögensgegenstände der Gesellschaft verfügt. Es besteht die Gefahr, dass er dies mehrheitlich zu Gunsten seiner Privatgläubiger tut und somit den ehemaligen Gläubigern der KG Haftungsmasse entzieht.[1028] Es entsteht ein Konkurrenzverhältnis zwischen ehemaligen Gesellschaftsgläubigern und Privatgläubigern des Kommanditisten. Die Situation ersterer wird dadurch verschärft, dass ihnen kein unbeschränkt haftender Rechtsträger gegenüber steht.[1029]

1.2.2.3.2 § 27 Abs. 2 HGB

Auch der insbesondere in der Rechtsprechung vorzufindende Ansatz, die Haftungsbeschränkung des Kommanditisten könne sich aus § 27 Abs. 2 HGB analog ergeben, überzeugt nicht. Denn die Vorschrift gewährt entsprechend der überwiegenden Auffassung keine Haftungsbeschränkung, sondern sieht lediglich eine Sonderregelung für die Haftungsbeschränkung des Erben in Bezug auf Geschäftsverbindlichkeiten vor, welche die Möglichkeit der Haftungsbeschränkung des Erben zum Schutz der Gläubiger in zeitlicher Hinsicht einschränkt.[1030] Die Vorschrift stellt eine aus unternehmerischen Gründen erforderliche Zusatzregelung zu den §§ 1975 ff. BGB dar, welche auch auf den Übergang von Geschäftsverbindlichkeiten Anwendung finden. Der Erbe, der seine Haftung gegenständlich auf den Nachlass nach §§ 1975 ff. BGB beschränken möchte, soll dies zeitnah tun, damit eine Trennung der Vermögensmassen, die Vermögenssonderung, noch durchführbar ist.[1031] Die Einstellung des Geschäftsbetriebs genügt also allein nicht zur Herstellung der Haftungsbeschränkung. Sie ist lediglich Voraussetzung für die Anforderungen aus §§ 1975 ff. BGB, die ihrerseits Voraussetzungen der Haftungs-

---

1027 Zum Ausbleiben der Vermögenssonderung allgemein statt vieler Palandt/*Weidlich*, BGB, § 1990, Rn. 6, § 1991, Rn. 1.

1028 I.d.S. *Bork/Jacoby*, ZGR 2005, 611, 638; so auch *Schlottmann*, Komplementärwegfall, S. 223 f., 226, 233 f.

1029 Vgl. eingehend *Schlottmann*, Komplementärwegfall, S. 224 f., 233 f.

1030 So auch *Schlottmann*, Komplementärwegfall, S. 221 f.; *Seeger*, Komplementärausscheiden, S. 149 f., 156 f., der eine Lösung allein nach § 27 Abs. 2 HGB zudem wegen des Ausbleibens eines Sonderung des ehemaligen KG-Vermögens vom Privatvermögen des Kommanditisten kritisiert.

1031 Statt vieler *Reuter*, ZHR 135 (1971), 511 ff.; *Lieb*, FS-Börner, S. 747, 760.

beschränkung sind.[1032] Mit anderen Worten: Lässt der Erbe die Frist aus § 27 Abs. 2 HGB verstreichen, ohne den Geschäftsbetrieb einzustellen, ist ihm der Zugriff auf die Haftungsbeschränkungsmöglichkeiten aus §§ 1975 ff. BGB versperrt. Er haftet unbeschränkt.

1.2.2.3.3 §§ 1975 ff. BGB, § 27 Abs. 2 HGB

Ob die Vorschriften aus §§ 1975 ff. BGB sowie § 27 Abs. 2 HGB auch auf die Haftung des Kommanditisten für die übergegangenen KG-Verbindlichkeiten anwendbar sind, erscheint fraglich. Denn es bestehen Unterschiede zwischen der Situation des erbrechtlichen und der des gesellschaftsrechtlichen Gesamtrechtsnachfolgers. Diese ergeben sich aus den Unterschieden im Hinblick auf die Haftungslage von Erblasser und KG.

1.2.2.3.3.1 Haftung der natürlichen Person

Erblasser kann nur eine natürliche Person sein. Diese ist grundsätzlich verpflichtet, unbeschränkt für ihre Verbindlichkeiten zu haften. Das Erbrecht erlaubt es ausnahmsweise, die unbeschränkte Haftung für die übergegangenen Verbindlichkeiten gegenständlich auf den Nachlass zu beschränken. Dies ist hinnehmbar, denn auch zu Lebzeiten des Erblassers waren dessen Gläubiger wegen des Grundsatzes der unbeschränkten Vermögenshaftung nur dahingehend schutzwürdig, dass ihnen das Erblasservermögen haftet. Der Grundsatz der unbeschränkten Vermögenshaftung zeigt sich auch an anderer Stelle. Eine gegenständliche oder summenmäßige Haftungsbeschränkung desjenigen, der Altverbindlichkeiten seines Rechtsvorgängers übernimmt, ist nämlich nur dann gerechtfertigt, wenn der Rechtsvorgänger unbeschränkt weiterhaftet. So steht sowohl dieser als auch sein Nachfolger gemäß § 25 HGB grundsätzlich unbeschränkt für die Erfüllung der Verbindlichkeiten ein. Zwar kann der Nachfolger seine Haftung für Altverbindlichkeiten nach § 25 Abs. 2 HGB gänzlich ausschließen. Tut er dies, haftet der Vorgänger jedoch unbeschränkt weiter, ohne dass er sich auf die Enthaftungsregelung des § 26 HGB berufen kann. Denn diese gilt nur, wenn der Nachfolger unbeschränkt haftet. Es ist somit stets gewährleistet, dass entweder

---

1032 Vgl. *Schlottmann*, Komplementärwegfall, S. 221 f.

der Rechtsvorgänger oder sein Nachfolger mit jeweils dem gesamten Vermögen haftet.

1.2.2.3.3.2 Haftung der Personengesellschaft

Gleiches gilt für die Personengesellschaft. Auch sie haftet unbeschränkt mit ihrem gesamten Vermögen. Indes muss darüber hinaus zwingend ein zusätzlicher Rechtsträger, ein Gesellschafter, vorhanden sein, der summenmäßig unbeschränkt mit seinem gesamten Vermögen für die Gesellschaftsverbindlichkeiten einsteht. Bei Anwendung der erbrechtlichen Haftungsbeschränkungen auf den verbleibenden Kommanditisten, der den Komplementär nicht beerbt, geht diese Gesellschafterhaftung verloren. Denn nur das Gesellschaftsvermögen dient als Haftungsmasse zur Befriedigung der Altverbindlichkeiten. Allenfalls können die Gesellschaftsgläubiger zudem auf das Vermögen des Kommanditisten zugreifen, wenn infolge der Vollbeendigung der KG die Rückzahlung der Einlage an den Kommanditisten angenommen wird.[1033] Der Kommanditist haftet zwar gegenständlich unbeschränkt mit seinem gesamten Vermögen, aber lediglich summenmäßig beschränkt in Höhe der übernommenen Haftsumme. Mithin besteht keine (gegenständlich) unbeschränkte Gesellschafterhaftung. Zwar unterliegt der Komplementär bzw. bei todesbedingtem Ausscheiden dessen Erbe einer Nachhaftung. Diese ist aber nur begrenzt[1034] und birgt Unwägbarkeiten, etwa die fehlende Präsenz des Komplementärs bzw. des Erben zwecks Vollstreckung.[1035] Sie ist schon in der Situation des Ausscheidens aus der mehrgliedrigen KG nicht ausreichend. Gleiches muss in der zweigliedrigen KG gelten. Man setzte sich zum numerus clausus der Rechtsformen in Widerspruch, wonach der Verbleib nur der Kommanditisten trotz Nachhaftung des Komplementärs den KG-Gläubigern nicht zumutbar sein kann, würde man die

---

1033 Vgl. dazu Kap. 3, 1.1.2.3.1.2.

1034 Zur Geltung der Enthaftung nach § 160 HGB für gemäß §§ 1922, 1967 BGB auf den Erben übergegangene Verbindlichkeiten des Komplementärs aus § 128 HGB MünchKomm-HGB/*K. Schmidt*, Bd. 2, § 160, Rn. 20.

1035 Die zeitlich beschränkte Nachhaftung des Komplementärs kann auch nicht mit dem Argument für ausreichend gehalten werden, dass im Falle eines letztverbleibenden Gesellschafters mit unbeschränkter Haftung, etwa bei Ausscheiden des vorletzten oHG-Gesellschafters, diese ebenfalls beschränkt wäre. Dieser kann sich nämlich gerade nicht auf eine Enthaftung nach gewisser Zeit gemäß §§ 159, 160 HGB berufen, MünchKomm-HGB/*K. Schmidt*, Bd. 2, § 159, Rn. 19; Koller/Roth/Morck/*Koller*, HGB, § 123, Rn. 3 f., § 140, Rn. 4, § 160, Rn. 2.

auf das Gesellschaftsvermögen beschränkte Haftung nach §§ 1975 ff. BGB analog ausreichen lassen. Eine dauernde Haftung mit dem Komplementärvermögen bleibt nur in dem Ausnahmefall erhalten, wonach der Kommanditist den Komplementär beerbt. Denn nur dann haftet der Kommanditist den Gesellschaftsgläubigern sowohl mit dem Vermögen der KG als auch mit dem gleichsam auf ihn übergegangenen Komplementärvermögen, wobei bei Bestehen einer Nachfolgeklausel die Haftung des Kommanditisten nach §§ 128, 130 HGB im Raum stünde.[1036] Daher kann allenfalls in diesem Ausnahmefall die Anwendung der §§ 1975 ff. BGB, § 27 HGB in Betracht kommen.

1.2.2.4 Beschränkung der Haftung für Altverbindlichkeiten

Die entsprechende Anwendung der erbrechtlichen Vorschriften gewährt dem Kommanditisten die Möglichkeit der Haftungsbeschränkung bezüglich der im Zeitpunkt der Gesamtrechtsnachfolge bestehenden KG-Verbindlichkeiten, der Altverbindlichkeiten. Im Rahmen der Unternehmensbeendigung ist es aber meist unerlässlich, neue Verbindlichkeiten einzugehen. Der Kommanditist wird also regelmäßig gezwungen sein, Neuverbindlichkeiten zur Durchführung der Liquidation einzugehen, um nicht mit der Liquidation zu scheitern und als werbend tätiger Einzelkaufmann unbeschränkt zu haften. Auch die Haftung des Kommanditisten für solche Verbindlichkeiten muss beschränkt sein, weil die Interessen des Kommanditisten nur durch umfassende Vermeidung unbeschränkter Haftung gewahrt werden können[1037] und die Eingehung neuer Verbindlichkeiten unmittelbar auf dem Ausscheiden des Komplementärs beruht. Insofern geht die entsprechende Anwendung der §§ 1975 ff. BGB jedoch ins Leere, da sie auf neu eingegangene Verbindlichkeiten des Kommanditisten gerade nicht anzuwenden sein soll. Die Analogie zu den erbrechtlichen Vorschriften führt deshalb zu keiner umfassenden Lösung des Haftungskonflikts des Kommanditisten.

1036 Vor dieser Haftung bedarf der Kommanditist allerdings keines Schutzes, weil er durch Verweigerung der Nachfolgeklausel in seiner Eigenschaft als Gesellschafter die Haftung hätte vermeiden können, vgl. auch Kap. 3, 1.2.2.1.

1037 Vgl. dazu bereits Kap. 2, 2.4.2.2.

1.2.3 Keine Haftungsbeschränkung aufgrund anderer Vorschriften

1.2.3.1 § 25 Abs. 2 HGB

Zudem scheidet eine entsprechende Anwendung des § 25 Abs. 2 HGB aus, wonach Veräußerer und Erwerber eines Handelsgeschäfts die Haftung des Erwerbers für Altverbindlichkeiten aus § 25 Abs. 1 HGB durch Vertrag gänzlich ausschließen können.[1038] Zwar kann argumentiert werden, die Möglichkeit der Haftungsbeschränkung müsste erst Recht dem unfreiwillig allein verbleibenden Kommanditisten zustehen, wenn bereits der willentlich zum Rechtsnachfolger gewordene Einzelkaufmann seine Haftung für die auf ihn übergegangene Verbindlichkeiten vollends ausschließen kann. Doch wird eine solche Betrachtungsweise – unabhängig von ohnehin schon gegenüber § 25 HGB bestehenden Bedenken –[1039] den unterschiedlichen Interessenlagen nicht gerecht. Denn § 25 Abs. 2 HGB gewährt einen vollumfänglichen Ausschluss der Haftung des Rechtsnachfolgers für die vor dem Rechtsübergang vom Rechtsvorgänger eingegangenen Verbindlichkeiten. Dieser Haftungsausschluss ist nur deshalb zu rechtfertigen, weil der Rechtsvorgänger unabhängig von der haftungsrechtlichen Situation des Rechtsnachfolgers forthaftet, ohne dass er seine Haftung beschränken kann. Dies ist hier gerade nicht gegeben, denn die Haftung der KG ist aufgrund ihrer Vollbeendigung entfallen.

1.2.3.2 § 419 BGB a.F.

Die entsprechende Anwendung des § 419 Abs. 2 BGB a.F. kommt ebenfalls nicht in Betracht. § 419 Abs. 1 BGB a.F. sah vor, dass derjenige, der durch Vertrag das Vermögen eines anderen übernimmt, von dessen Gläubigern bezüglich bis zum Vermögensübergang entstandener Ansprüche grundsätzlich unbeschränkt mit seinem gesamten Vermögen

---

1038 Im Ergebnis so auch E/B/J/S/*Zimmer*, HGB, Bd. 1, § 25, Rn. 35; E/B/J/S/*Lorz*, HGB, Bd. 1, § 140, Rn. 40, nach dem die Gesamtrechtsnachfolge den mit § 25 HGB bezweckten Verkehrsschutz besser gewährleistet; *Albertus/Fischer*, ZInsO 2005, 246, 248; dagegen offenbar OLG München NJW-RR 1996, 228, 229; *Dißars*, DStR 1996, 345, 348; *Marotzke*, ZHR 156 (1992), 17, 30.

1039 Zur rechtspolitischen Kritik an § 25 HGB vgl. *Canaris*, FS-Frotz, S. 11, 42; *dens.*, HandelsR, § 7 I, S. 98 ff.

einstehen musste. Allerdings konnte der Vermögensübernehmer seine Haftung gegenständlich auf das übernommene Vermögen beschränken. Durch § 419 BGB a.F. sollte dieses Vermögen, das regelmäßig die Vertrauensgrundlage für die vertragliche Bindung des Schuldners an die Gläubiger bildet, zu deren Gunsten bei einer Vermögensübernahme als Zugriffsobjekt fortbestehen.[1040] Eine Analogie zu dieser Vorschrift scheitert aber bereits daran, dass sie durch Art. 33 Nr. 16 EGInsO m.W.v. 1.1.1999 aufgehoben wurde. Sie kann somit nicht mehr als Teil des gesetzgeberischen Regelungsplans dienen, der einer Analogie zu Grunde liegt. Eine Analogie wäre jedoch auch dann nicht angebracht, würde die Vorschrift noch Geltung beanspruchen. Denn nach Eintritt des Vermögensübergangs nach § 419 BGB a.F. bliebe – wie schon bei § 25 HGB – der Rechtsvorgänger und damit zugleich dessen Haftung erhalten.[1041] § 419 BGB a.F. sieht eine gesetzliche Schuldmitübernahme vor, wodurch Schuldner und Übernehmer zu Gesamtschuldnern gemäß §§ 421 ff. BGB werden.[1042]

1.3 Stellungnahme und eigener Ansatz

Angesichts der Kritik an den vorgeschlagenen Lösungswegen ist die bereits bei der mehrgliedrigen KG dargestellte Lösung auf die Situation in der zweigliedrigen KG zu übertragen. Die teleologische Reduktion bei gleichzeitiger Auflösung der KG wahrt die Belange der Gläubiger durch den Fortbestand unbeschränkter Haftung des Komplementärs. Gleichzeitig bleibt der Kommanditist von dieser verschont, sofern die KG liquidiert wird. Dies ist nicht unzumutbar. Denn ihm bleibt die Möglichkeit, einen neuen Komplementär zu finden, der zur werbenden Fortführung der KG bereit ist. Die Auflösung ist anders als der Eintritt der unbeschränkten Haftung umkehrbar.

Dabei ist es angebracht, denjenigen zu belasten, der – sei es in bestimmten Fällen nur in geringem Maße – den Verursachungsbeitrag für die haftungsrechtliche Konfliktlage gesetzt hat. Dies ist der Kommandi-

---

1040 Vgl. MünchKomm-BGB[3]/*Möschel*, Bd. 2, § 419, Rn. 1, 39; *K. Seibert*, Haftung wegen Vermögensübernahme, S. 1, 61; *Kauffer*, Schutz des Vermögensübernehmers, S. 33 ff.

1041 *Timmann*, Vor- und Nacherbschaft, S. 76 f.; *Kauffer*, Schutz des Vermögensübernehmers, S. 42.

1042 MünchKomm-BGB[3]/*Möschel*, Bd. 2, Vor § 414, Rn. 9 f., § 419, Rn. 2; *Commandeur*, Vermögensübernahme[1], S. 215, 229.

tist, denn dieser hat sich seinerzeit zusammen mit dem Komplementär zu einer KG vereinigt, ohne Vorkehrungen für den Fall zu treffen, dass der Komplementär ersatzlos aus der Gesellschaft ausscheidet. In den Fällen der § 131 Abs. 3, S. 1, Nr. 5, 6 oder § 140 HGB ist der Verursachungsbeitrag des Kommanditisten in Bezug auf das Ausscheiden des Komplementärs sogar von solchem Gewicht, dass die teleologische Reduktion zu unterbleiben hat. Der Kommanditist wird unbeschränkt haftender Einzelkaufmann bzw. Kleingewerbetreibender.[1043]

Die gegen die teleologische Reduktion vorgebrachten Bedenken entbehren entweder einer Begründung[1044] oder beinhalten im Ergebnis keine tragfähigen Argumente.[1045] So wird die teleologische Reduktion teilweise mit der Begründung abgelehnt, diese sei nicht vom Wortlaut des § 131 HGB gedeckt.[1046] Dies überzeugt nicht, denn es ist, wie gezeigt, gerade Voraussetzung der teleologischen Reduktion, dass das Gesetz seinem Wortlaut nach einen Fall erfasst, der nach Sinn und Zweck der Norm nicht erfasst sein soll.[1047]

1.4 Ergebnis

§ 131 Abs. 3, S. 1, Nr. 1 - 4, § 139 Abs. 2 HGB sind auch beim Ausscheiden des Komplementärs aus der zweigliedrigen KG teleologisch zu reduzieren. Gleichzeitig ist die KG aufgelöst. In den übrigen Ausscheidensfällen kommt es weder zur teleologischen Reduktion noch zur Auflösung der Gesellschaft.

1043 Zur entsprechenden Situation in der mehrgliedrigen KG vgl. Kap. 2, 3.3.5.2.2.

1044 So die Beiträge von E/B/J/S/*Lorz*, HGB, Bd. 1, § 131, Rn. 30; MünchKomm-HGB/*K. Schmidt*, Bd. 2, § 131, Rn. 55.

1045 Zur teleologischen Reduktion bei der mehrgliedrigen KG vgl. Kap. 2, 2.3. und Kap. 2, 3.3.

1046 So VGH Hessen ZIP 2010, 880, 882; *Köhler*, FS-Spiegelberger, S. 793; so auch E/B/J/S/*Lorz*, HGB, Bd. 1, § 131, Rn. 46; ebenso *Albertus/Fischer*, ZInsO 2005, 246, 248. Gegen die teleologische Reduktion auch Baumbach/*Hopt*, HGB, § Anh 177a, Rn. 45; *Seeger*, Komplementärausscheiden, S. 139.

1047 Vgl. auch *K. Schmidt*, ZIP 2010, 1621, 1626.

2 Besonderheiten bei Simultaninsolvenz von KG und Komplementär

Auch der Ausscheidensgrund aus § 131 Abs. 3, S. 1, Nr. 2 HGB ist Teil der allgemeinen Diskussion über die haftungsrechtlichen Folgen des Ausscheidens des einzigen Komplementärs.[1048] Doch damit nicht genug. Darüber hinaus bestehen insolvenzrechtliche Besonderheiten, die das Ausscheiden des einzigen Komplementärs sowohl aus der zwei- als auch aus der mehrgliedrigen KG betreffen. Dabei geht es um Fälle der sog. (vertikalen)[1049] Simultaninsolvenz von KG und Komplementär. Eine solche Insolvenz liegt vor, wenn zeitgleich das Insolvenzverfahren über das Gesellschaftsvermögen und das Vermögen des Komplementärs eröffnet wird oder wenn im Zeitpunkt der Eröffnung des Insolvenzverfahrens über das Komplementärvermögen bereits der Antrag auf Verfahrenseröffnung über das KG-Vermögen gestellt ist und dieser zur Verfahrenseröffnung führt.[1050]

Neben der allgemeinen haftungsrechtlichen Problematik stellen sich zwei weitere Probleme. In der zweigliedrigen KG stellt sich die Frage, welchen Einfluss die Insolvenz des Komplementärs und dessen von § 131 Abs. 3, S. 1, Nr. 2 HGB angeordnetes Ausscheiden aus der Gesellschaft auf das zuvor über das Vermögen der KG eröffnete Insolvenzverfahren hat.[1051] Zum zweiten ist sowohl in der mehr- als auch in der zwei-

---

1048 I.d.S. *Albertus/Fischer*, ZInsO 2005, 246, 247.

1049 So die jüngste Nuancierung von MünchKomm-HGB/*K. Schmidt*, Bd. 2, § 131, Rn. 76a; Anh § 158, Rn. 66. Dagegen besteht horizontale Simultaninsolvenz bei Insolvenz sämtlicher Gesellschafter bzw. bei Insolvenz von KG, Komplementär(en) und Kommanditist(en), *ders.*, ZIP 2008, 2337, 2346.

1050 Scholz/*K. Schmidt/Bitter*, GmbHG, Bd. 3, Vor § 64, Rn. 164. Hingegen handelt es sich um eine sog. Sukzessivinsolvenz, wenn zunächst die Eröffnung des Insolvenzverfahrens über das Vermögen des Komplementärs erfolgt und erst später das Verfahren bezüglich der KG eröffnet wird, Scholz/*K. Schmidt/Bitter*, GmbHG, Bd. 3, Vor § 64, Rn. 158, 161. Bei einer GmbH & Co. KG wird die vorherige Insolvenz der Komplementär-GmbH nur dann erfolgen, wenn die GmbH eigenaktiv ist, sich ihre Tätigkeit also nicht in der Komplementärrolle erschöpft, vgl. MünchKomm-HGB/*K. Schmidt*, Bd. 2, Anh § 158, Rn. 63. Ist letzteres aber der Fall, wird es zu einer Simultaninsolvenz kommen, da die Gesellschaftsgläubiger zunächst auf das Vermögen der KG und erst bei deren Zahlungsunfähigkeit auf das GmbH-Vermögen zugreifen werden.

1051 Dies erkennen auch *Albertus/Fischer*, ZInsO 2005, 246, 247 sowie *Liebs*, ZIP 2002, 1716 f. als Problematik.

gliedrigen Gesellschaft zu untersuchen, ob die ausscheidensbedingte Trennung des Komplementärs von der Gesellschaft zur insolvenzrechtlichen Abwicklung beider Rechtsträger sinnvoll ist oder ob nicht besser eine konzertierte Unternehmensinsolvenz erfolgen sollte.

Fälle der Simultaninsolvenz treten insbesondere in typischen GmbH & Co. KG auf.[1052] Diese sind dadurch gekennzeichnet, dass die GmbH alleinige Komplementärin ist.[1053] Es wird ein Unternehmen durch die Einsetzung zweier miteinander verwobener Rechtsformen, der KG sowie der GmbH, betrieben.[1054] Die Häufigkeit des Eintritts der Simultaninsolvenz bei diesen Gesellschaften ergibt sich daraus, dass die Gesellschaftsgläubiger verstärkt die Komplementär-GmbH in Anspruch nehmen, wenn die Gesellschaft selbst zahlungsunfähig oder überschuldet ist. Dies zieht dann meist die Insolvenz der GmbH nach sich, da diese finanziell nur mäßig ausgestattet ist und oftmals als Vermögenswert lediglich den Anteil an der insolventen KG hält.[1055] Schließlich geht der ihr nach § 110 HGB zustehende Erstattungsanspruch gegenüber der insolventen KG regelmäßig ins Leere.[1056]

In der bisherigen Gerichtspraxis und in den Beiträgen der Literatur treten Fälle der Simultaninsolvenz insbesondere bei zweigliedrigen Gesellschaften auf, an der eine GmbH als Komplementär beteiligt ist.[1057] Dies mag daran liegen, dass sich die Frage nach dem Schicksal des Insolvenzverfahrens über das KG-Vermögen grundsätzlich nur in der zweigliedrigen Gesellschaft stellt. Denn hier ist die KG als Insolvenzschuldner gemäß § 11 Abs. 2, Nr. 1 InsO liquidationslos vollbeendigt,

---

1052 Natürlich ist die Simultaninsolvenz in jeder KG, also nicht nur in der GmbH & Co. KG denkbar. Letztere soll hier als Beispiel dienen.

1053 Dies steht im Mittelpunkt der Ausführungen von *K. Schmidt*, vgl. dazu eingehend *dens.*, GmbHR 2002, 1209 ff.

1054 Vgl. *Bork/Jacoby*, ZGR 2005, 611, 650.

1055 Vgl. *Albertus/Fischer*, ZInsO 2005, 246, 247; *Kammeter/Geißelmeier*, NZI 2007, 214, 216; *Bork/Jacoby*, ZGR 2005, 611, 650; MünchHdb/*Gummert*, Bd. 2, § 55, Rn. 2; *Görg*, FS-Runkel, S. 313, 314; *Schlitt*, NZG 1998, 701, 705; *Zattler*, Gesellschaftsverträge in GmbH & Co. KG, S. 157; *Schmittmann*, ZInsO 2005, 1314; *Löser*, ZInsO 2010, 799, 800; *Seeger*, Komplementärausscheiden, S. 84; *K. Schmidt*, GmbHR 2002, 1209, 1211.

1056 Hesselmann/Tillmann/Mueller-Thuns/*Lüke*, Hdb.GmbH&Co.KG, § 10, Rn. 104; *Zattler*, Gesellschaftsverträge in GmbH & Co. KG, S. 157; *Seeger*, Komplementärausscheiden, S. 84.

1057 Vgl. *Albertus/Fischer*, ZInsO 2005, 246 f.; Scholz/*K. Schmidt/Bitter*, GmbHG, Bd. 3, Vor § 64, Rn. 158, 161 ff., 164 ff.

wenn der Komplementär aus der Gesellschaft ausscheidet.[1058] Dies zieht die Frage nach sich, ob das Insolvenzverfahren über das Vermögen der KG einzustellen ist oder ob es nunmehr über das Vermögen des Kommanditisten als ihr Gesamtrechtsnachfolger fortgesetzt wird.

2.1 Bestandsaufnahme

2.1.1 Rechtsprechung

Nach der Rechtsprechung scheidet der Komplementär auch dann gemäß § 131 Abs. 3, S. 1, Nr. 2 HGB aus der KG aus, wenn eine Simultaninsolvenz von Komplementär und KG besteht.[1059] Die liquidationslose Vollbeendigung der KG führe zwar dazu, dass die KG gemäß § 11 Abs. 3 InsO nicht mehr Insolvenzschuldner sein könne.[1060] Die Vollbeendigung habe aber nicht das Ende des Insolvenzverfahrens über das Gesellschaftsvermögen zur Folge.[1061] Auch müsse kein neues Insolvenzverfahren über das Vermögen des Kommanditisten als Rechtsnachfolger der KG eröffnet werden.[1062] Denn das Verfahren könne als Partikularinsolvenzverfahren nach §§ 11 Abs. 2, Nr. 2, 315 f., 354 ff. InsO beschränkt auf das übergegangene Gesellschaftsvermögen in der Hand des Kommanditisten fortgesetzt werden.[1063] Durch dieses Partikularin-

---

1058 Vgl. *Binz/Sorg*, GmbH & Co. KG, § 12, Rn. 38. Allerdings kann auch die mehrgliedrige KG liquidationslos vollbeendet werden. Dies ist dann der Fall, wenn sämtliche Gesellschafter bis auf einen zeitgleich ausscheiden, MünchHdb/*Piehler/Schulte*, Bd. 2, § 36, Rn. 31.

1059 OLG Hamm ZIP 2007, 1233, 1236; VGH Hessen ZIP 2010, 880, 882; vgl. BFH DStR 2006, 2168, 2170.

1060 LG Dresden ZIP 2005, 955, 956.

1061 OLG Hamm ZIP 2007, 1233, 1236.

1062 Das LG Dresden ZIP 2005, 955, 956 weist darauf hin, dass die Fortsetzung oder Neueröffnung eines Insolvenzverfahrens über das Vermögen des Kommanditisten als Gesamtrechtsnachfolger schon wegen der nach der Rechtsprechung des BGH gegenständlich auf das übergegangene KG-Vermögen beschränkten Haftung des Kommanditisten nicht in Betracht komme. Zustimmend OLG Hamm ZIP 2007, 1233, 1238.

1063 OLG Hamm ZIP 2007, 1233, 1238; VGH Hessen ZIP 2010, 880, 882; vorgehend VG Frankfurt Az. 1 E 3941/06, Rn. 39 (zitiert nach juris); eingehend LG Dresden ZIP 2005, 955, 956; vgl. auch AG Hamburg ZInsO 2005, 838, 839 f.; in Bezug auf das Ausscheiden sämtlicher Kommanditisten AG Köln NZI 2009, 621.

solvenzverfahren bestehe eine Trennung der Vermögen der KG einerseits und des verbleibenden Gesellschafters andererseits. So konkurrierten nur die Gesellschaftsgläubiger um den Zugriff auf das Vermögen der KG, während nur den Privatgläubigern des verbleibenden Gesellschafters dessen Vermögen zur Verfügung stehe.[1064] Entsprechend der Rechtslage im Nachlassinsolvenzverfahren sei für das Partikularinsolvenzverfahren kein gesonderter Antrag nötig. Das Insolvenzverfahren setze sich im Zeitpunkt der Vollbeendigung der KG automatisch an dem Sondervermögen fort.[1065] Eine Beendigung und anschließende Neueröffnung des Insolvenzverfahrens sei nicht angebracht, da dies zeitweise zu einer Aufhebung des Insolvenzbeschlags führe und damit den durch das Insolvenzrecht gerade zu vermeidenden „Wettlauf der Gläubiger" ermögliche.[1066] Die Rechtsprechung lässt offen, ob eine teleologische Reduktion auch dann nicht eingreifen soll, wenn sämtliche Gesellschafter insolvenzbedingt ausscheiden.[1067]

2.1.2 Literatur

2.1.2.1 §§ 11 Abs. 2, Nr. 2, 315 ff. InsO analog

Eine verbreitete Auffassung innerhalb der Literatur stimmt der Rechtsprechung zu. Sie weist darauf hin, dass die Einstellung des Insolvenzverfahrens einen Wettlauf der Gläubiger zur Folge hätte, da wegen des gleichsam nach § 89 InsO wegfallenden Zwangsvollstreckungsschutzes keine geordnete Verwertung des Gesellschaftsvermögens mehr erfolge.[1068] Das Gesellschaftsvermögen falle mit dem Vermögen des Kommanditisten zusammen, so dass dessen Privatgläubiger und die Gesell-

---

1064 Vgl. AG Köln NZI 2009, 621.

1065 Allenfalls sei die automatische Fortsetzung durch Beschluss im Insolvenzverfahren klarzustellen, OLG Hamm ZIP 2007, 1233, 1238; AG Köln NZI 2009, 621 f.

1066 OLG Hamm ZIP 2007, 1233, 1238.

1067 VGH Hessen ZIP 2010, 880, 882; vgl. dazu auch OLG Hamm DB 2003, 2381, 2382 = GmbHR 2003, 1361, 1362 = DZWIR 2004, 35, 36, das bei insolvenzbedingtem Ausscheiden sämtlicher Gesellschafter aus der insolventen KG (Simultaninsolvenz sämtlicher Gesellschafter sowie der KG) deren liquidationslose Vollbeendigung verneint, weil kein Gesellschafter vorhanden sei, auf den das Gesellschaftsvermögen im Wege der Gesamtrechtsnachfolge übergehen könne.

1068 *Albertus/Fischer*, ZInsO 2005, 246, 247; *Reiswich*, ZInsO 2010, 1809, 1814.

schaftsgläubiger konkurrierten.[1069] Allerdings führe die Vollbeendigung der KG nicht zwingend zur Einstellung des Insolvenzverfahrens. Denn dieses könne – wie nach Ansicht der Rechtsprechung – als Verfahren über ein Sondervermögen entsprechend den Vorschriften über das Nachlassinsolvenzverfahren aus §§ 11 Abs. 2, Nr. 2, 315 ff. InsO betrieben werden. Dabei handele es sich um ein Partikularinsolvenzverfahren über das Vermögen des Kommanditisten, das allerdings auf das ehemalige Vermögen der KG beschränkt sei.[1070]

§ 131 Abs. 3, S. 1, Nr. 2 HGB soll aber dann teleologisch zu reduzieren sein, wenn KG, Kommanditist und Komplementär simultan insolvent seien. Denn hier sei kein verbleibender Gesellschafter mehr vorhanden, auf den das KG-Vermögen übergehe und der die Unternehmenskontinuität sichern könne.[1071] Das insolvenzbedingte Ausscheiden sämtlicher Gesellschafter stelle einen ungeschriebenen Auflösungsgrund dar, welcher jedoch entfiele, wenn einer der Gesellschafter die Insolvenz beseitige. Denn in dem Fall könnte dieser das Unternehmen ohne die insolventen Gesellschafter betreiben.[1072]

1069 Vgl. *Gundlach/N. Schmidt/Schirrmeister*, DZWIR 2004, 449, 451.

1070 *Albertus/Fischer*, ZInsO 2005, 246, 249 f.; *Bork/Jacoby*, ZGR 2005, 611, 643 f., 650 f.; MünchKomm-InsO/*Ott/Vuia*, Bd. 1, § 11, Rn. 71 b; Braun/*Bußhardt*, InsO, § 11, Rn. 8; HdbPersGes/*Wertenbruch*, Bd. 1, § 42, Rn. 1614 [Dezember 2009]; *Schlottmann*, Komplementärwegfall, S. 304 ff.; Hesselmann/Tillmann/Mueller-Thuns/*Lüke*, Hdb.GmbH&Co.KG, § 10, Rn. 107; *Marotzke*, ZInsO 2009, 590, 591 ff.; *Schmittmann*, ZInsO 2005, 1314, 1316; so wohl auch E/B/J/S/*Lorz*, HGB, Bd. 1, § 131, Rn. 46; Oetker/*Kamanabrou*, HGB, § 131, Rn. 32; OLG Hamm ZIP 2007, 1233 begrüßend *Herchen*, EWiR § 93 InsO 2/2007, 527, 528, nach dem die Fortsetzung des Insolvenzverfahrens die zu bemängelnde Praxis beendet, „entweder die Abweisung mangels Masse jahrelang aufzuschieben oder die gesellschaftsrechtliche Inexistenz des Schuldners „totzuschweigen“.“

1071 *Albertus/Fischer*, ZInsO 2005, 246, 250 unter Bezugnahme auf den der Entscheidung OLG Hamm GmbHR 2003, 1361 = DZWIR 2004, 35 zu Grunde liegenden Sachverhalt; ebenso *Bork/Jacoby*, ZGR 2005, 611, 652; so auch E/B/J/S/*Lorz*, HGB, Bd. 1, § 131, Rn. 46; Koller/Roth/Morck/*Koller*, HGB, § 131, Rn. 23; Hesselmann/Tillmann/Mueller-Thuns/*Lüke*, Hdb.GmbH&Co.KG, § 10, Rn. 107; dazu auch *H. P. Westermann*, FS-Röhricht, S. 655, 671; in Bezug auf die Situation in der oHG *Reiswich*, ZInsO 2010, 1809, 1816 f.

1072 *Bork/Jacoby*, ZGR 2005, 611, 652.

2.1.2.2 Teleologische Reduktion von § 131 Abs. 3, S. 1, Nr. 2 HGB

Nach einer insbesondere von *K. Schmidt* vertretenen Gegenauffassung ist § 131 Abs. 3, S. 1, Nr. 2 HGB im Falle der (vertikalen)[1073] Simultaninsolvenz von typischer GmbH & Co. KG und Komplementär-GmbH teleologisch zu reduzieren.[1074] Dies gelte sowohl für die zwei- als auch für die mehrgliedrige KG.[1075] Dabei wird unter einer typischen GmbH & Co. KG eine Gesellschaft verstanden, die nicht am Kapital der KG beteiligt ist, deren Funktion sich in der Komplementäreigenschaft in der KG erschöpft und deren Geschäftsanteile von allen Kommanditisten oder wenigstens von einzelnen Kommanditisten gehalten werden.[1076]

2.1.2.2.1 Insolvenzrechtliches Argument

Wesentliche Grundlage dieser Auffassung ist die Ansicht, dass eine typische GmbH & Co. KG trotz der gesellschaftsrechtlichen Trennung von KG und GmbH ein einheitliches Unternehmen darstellt.[1077] Da die GmbH nur die Aufgabe habe, Komplementärin der KG zu sein und somit gemäß § 128 HGB akzessorisch für die Verbindlichkeiten der KG zu haften,

---

1073 Zur teleologischen Reduktion bei horizontaler Simultaninsolvenz vgl. jüngst MünchKomm-HGB/*K. Schmidt*, Bd. 2, § 131, Rn. 76a; Anh § 158, Rn. 66.

1074 Scholz/*K. Schmidt/Bitter*, GmbHG, Bd. 3, Vor § 64, Rn. 158 ff.; *K. Schmidt*, ZIP 2010, 1621, 1626 f.; *ders.*, JZ 2008, 425, 434; *ders.*, ZIP 2008, 2337, 2344; *ders.*, GmbHR 2003, 1404 ff.; *ders.*, GmbHR 2002, 1209 ff.; MünchKomm-HGB/*ders.*, Bd. 2, § 131, Rn. 76 f., Anh § 158, Rn. 67; zustimmend *Görg*, FS-Runkel, S. 313, 326 ff.; Staub/*Schäfer*, HGB, Bd. 3, § 131, Rn. 92; Koller/Roth/Morck/*Koller*, HGB, § 131, Rn. 23; Henssler/Strohn/*Klöhn*, HGB, § 131, Rn. 53; *Seeger*, Komplementärausscheiden, S. 83 ff.; *H. P. Westermann*, FS-Röhricht, S. 655, 671; *Binz/Sorg*, GmbH & Co. KG, § 12, Rn. 38; wohl auch *Zimmermann*, WuB II G. § 131 HGB 1.04, 686; *Frey/v. Bredow*, ZIP 1998, 1621 ff.; in Bezug auf die zweigliedrige KG offenbar auch *Habersack*, Reform des Handelsstandes und der Personengesellschaften, S. 73, 90, dortige Fn. 92.

1075 *K. Schmidt*, ZIP 2010, 1621, 1626; *ders.*, GmbHR 2003, 1404, 1406; *ders.*, GmbHR 2002, 1209, 1214; MünchKomm-HGB/*ders.*, Bd. 2, § 131, Rn. 76 f.

1076 *K. Schmidt*, GmbHR 2002, 1209.

1077 Vgl. *K. Schmidt*, GmbHR 2002, 1209.

könne ihre mögliche Insolvenz in der Regel[1078] nur auf Verbindlichkeiten beruhen, die nach § 124 HGB auch gegenüber der KG bestehen.[1079] Die Komplementär-GmbH und die KG seien derart zu einem Unternehmen miteinander verbunden, dass sie im Falle gleichzeitiger Insolvenz konsolidiert abgewickelt werden müssten und dazu die insolvente GmbH in der KG verbleiben müsse.[1080] Zwar würden zwei Insolvenzverfahren über zwei voneinander zu trennenden Vermögensmassen eröffnet werden, da das Gesetz kein Einheitsinsolvenzverfahren für die GmbH & Co. KG vorsehe.[1081] Doch seien diese Verfahren „organisatorisch und abwicklungstechnisch miteinander verzahnt".[1082] Es bestehe ein Konflikt zwischen „der wirtschaftlichen Notwendigkeit einer einheitlichen Unternehmensinsolvenz und [...] der rechtlichen Vorgabe des Trennungsprinzips"[1083].

Ein Partikularinsolvenzverfahren über das ehemalige Gesellschaftsvermögen neben dem Verfahren über das GmbH-Vermögen sei nicht sachgerecht.[1084] Die Koordination der Insolvenzverfahren sei schon deshalb geboten, weil die Verfahren in KG und GmbH der Befriedigung desselben Gläubigerkreises dienten und die Forderungsanmeldung nach § 93 InsO einzig beim Insolvenzverwalter der KG erfolge.[1085] Außerdem sei die von § 131 Abs. 3, S. 1, Nr. 2 HGB bezweckte Unternehmenskontinuität durch Ausscheiden der insolventen Gesellschafterin nicht mehr zu erreichen, weil die KG nach § 131 Abs. 1, Nr. 3 HGB selbst aufgelöst sei.[1086] Auch könne nicht der Normzweck erreicht werden, die Trennung privater und geschäftlicher Sphären zu Gunsten der Unternehmenskon-

---

1078 Eigengläubiger der GmbH sind ausnahmsweise auch bei der typischen GmbH & Co. KG vorhanden, etwa wegen Körperschaftsteuer, Beratung oder Kontoführung, vgl. *K. Schmidt*, GmbHR 2002, 1209, 1216.

1079 Vgl. *K. Schmidt*, GmbHR 2002, 1209, 1214.

1080 *K. Schmidt*, JZ 2008, 425, 434; *ders.*, GmbHR 2002, 1209, 1214; Staub/*Schäfer*, HGB, Bd. 3, § 131, Rn. 92.

1081 Zum Trennungsprinzip hinsichtlich der Insolvenzverfahren von KG und GmbH vgl. Sudhoff/*Salger*, GmbH & Co. KG, § 48, Rn. 6; MünchHdb/*Gummert*, Bd. 2, § 55, Rn. 2 f.; *Schlitt*, NZG 1998, 701, 702.

1082 Scholz/*K. Schmidt/Bitter*, GmbHG, Bd. 3, Vor § 64, Rn. 165; *K. Schmidt*, GmbHR 2002, 1209, 1210.

1083 *K. Schmidt*, GmbHR 2002, 1209, 1211.

1084 *K. Schmidt*, ZIP 2008, 2337, 2344.

1085 *K. Schmidt*, JZ 2008, 425, 434; *ders.*, GmbHR 2002, 1209, 1210, 1214, nach dem derselbe Insolvenzverwalter mit der Durchführung beider Verfahren betraut werden sollte; *ders.*, GmbHR 2003, 1404, 1406.

1086 Vgl. Staub/*Schäfer*, HGB, Bd. 3, § 131, Rn. 92.

tinuität zu erreichen. Denn bei der Simultaninsolvenz von KG und Komplementärin, die auf den Geschäftsverbindlichkeiten der KG beruhe, seien ausschließlich geschäftliche nicht aber private Verbindlichkeiten der Komplementärin vorhanden.[1087] Die teleologische Reduktion der § 131 Abs. 3, S. 1, Nr. 2 HGB sei ferner aus steuerrechtlichen Gründen geboten und der Annahme eines Sonderinsolvenzverfahrens über das Vermögen der KG in der Hand des Kommanditisten vorzuziehen. Denn Steuerschuldner könne nicht ein Sondervermögen sein. Bei Befürwortung des Sonderinsolvenzverfahrens habe dies zur Folge, dass der verbleibende Kommanditist Steuerschuldner werde, was zu beträchtlichen Schwierigkeiten führen würde.[1088]

2.1.2.2.2 Allgemeine Argumente

Neben diesem insolvenzrechtlichen Argument wird darauf hingewiesen, dass der Verbleib der GmbH in der zweigliedrigen typischen GmbH & Co. KG zum Fortbestand der KG in ihrer Eigenschaft als Insolvenzschuldnerin und zur Erhaltung der Kommanditistenhaftung führe. Denn durch die Vermeidung des Ausscheidens des vorletzten Gesellschafters könne die Vollbeendigung der KG und damit die Gesamtrechtsnachfolge des Kommanditisten vermieden werden. Dadurch bliebe zum einen der Fortfall der Insolvenzschuldnerin, zum anderen der Eintritt der grundsätzlich unbeschränkten Haftung des Kommanditisten aus.[1089]

2.1.2.3 Fortbestand als zweigliedrige KG

Nach anderer Auffassung soll das Insolvenzverfahren über das Vermögen der zweigliedrigen GmbH & Co. KG durch den Fortbestand der KG als Insolvenzschuldnerin trotz Ausscheidens der Komplementär-GmbH

1087 Vgl. Staub/*Schäfer*, HGB, Bd. 3, § 131, Rn. 92; *Zattler*, Gesellschaftsverträge in GmbH & Co. KG, S. 157; *Seeger*, Komplementärausscheiden, S. 84.

1088 *Görg*, FS-Runkel, S. 313, 327 f., nach dem zudem methodische Gründe, nämlich die erforderliche Vielzahl von Analogieschlüssen, gegen die Annahme eines Sonderinsolvenzverfahrens sprechen.

1089 *K. Schmidt*, JZ 2008, 425, 434; *ders.*, GmbHR 2003, 1404, 1406; *ders.*, GmbHR 2002, 1209, 1214; *Zattler*, Gesellschaftsverträge in GmbH & Co. KG, S. 158 in Bezug auf die GmbH und Co. KG, in welcher der Alleingesellschafter der Komplementär-GmbH zugleich einziger Kommanditist ist, sog. Einpersonen-GmbH & Co. KG.

erhalten bleiben.[1090] Die Verfügungsbeschränkungen der Insolvenzschuldnerin aus § 21 Abs. 2, Nr. 2, §§ 24, 81, 82 InsO verhinderten die Gesamtrechtsnachfolge.[1091] Zur Begründung wird auf den Fall der Verschmelzung der insolventen AG auf eine andere Gesellschaft verwiesen, bei dem die Verfügungsbeschränkungen die Gesamtrechtsnachfolge verhinderten. Zwar unterscheide sich die Gesamtrechtsfolge bei der Verschmelzung von jener beim Ausscheiden aus der GmbH & Co. KG nach § 131 Abs. 3, S. 1, Nr. 2 HGB, da sie im ersten Fall aufgrund Rechtsgeschäfts und im zweiten Fall von Gesetzes wegen erfolge. Doch auch im Falle des Todes eines Schuldners bewirkten die Verfügungsbeschränkungen die Fortführung des Insolvenzverfahrens als Nachlassinsolvenzverfahren und damit das Ausbleiben einer nicht auf Rechtsgeschäft beruhenden Gesamtrechtsnachfolge.[1092]

2.1.2.4 Fortbestand als Einpersonen-Personengesellschaft

Nach *Haas* und *Holla* soll die Gesellschaft mit dem verbleibenden Gesellschafter als Einpersonen-Personengesellschaft fortgeführt werden, damit das über das Gesellschaftsvermögen eröffnete Insolvenzverfahren fortgeführt werden könne.[1093]

1090 *Liebs*, ZIP 2002, 1716, 1718. Dagegen sei die Vermeidung der Gesamtrechtsnachfolge nicht zur Verhinderung des Eintritts der unbeschränkten Haftung des Kommanditisten erforderlich, denn der Kommanditist könne entsprechend der Entscheidung BGHZ 113, 132 seine Haftung durch § 27 HGB analog beschränken.

1091 *Liebs*, ZIP 2002, 1716, 1718; ähnlich *Gundlach/Frenzel/N. Schmidt*, DStR 2004, 1658, 1661 meinen, dass § 131 Abs. 3, S. 1, Nr. 2 HGB durch § 11 Abs. 3 InsO als lex specialis verdrängt werde, damit das Verfahren über das Gesellschaftsvermögen fortgesetzt werden könne und der Kommanditist nicht der unbeschränkten Haftung ausgesetzt werde. Denn § 11 Abs. 3 InsO sehe vor, dass das Insolvenzverfahren über das Vermögen einer KG so lange andauere bis es zu Gunsten der Gläubiger verteilt sei. So auch *Gundlach/N. Schmidt/Schirrmeister*, DZWIR 2004, 449, 451 f.

1092 *Liebs*, ZIP 2002, 1716, 1718.

1093 So ausdrücklich in Bezug auf die GbR *Haas/Holla*, DStR 2001, 1264.

2.2 Kritische Analyse und Stellungnahme

Die Simultaninsolvenz von KG und Komplementär wirft sowohl in der mehr- als auch in der zweigliedrigen KG in vielerlei Hinsicht Fragen auf.

2.2.1 Ursachen der Sonderbehandlung bei Simultaninsolvenz

Der Streitstand über die gesonderte Behandlung der Simultaninsolvenz von KG und Komplementär gegenüber den übrigen Fällen des Ausscheidens des einzigen Komplementärs beruht auf zwei insolvenzspezifischen Gründen. Zum einen geht es um die Gewährleistung des Fortbestands des Insolvenzverfahrens über das Vermögen der KG, zum anderen um das Bedürfnis der Konzertierung beider Insolvenzverfahren.

2.2.1.1 Vermeidung unbeschränkter Haftung

Die gesonderte Behandlung ergibt sich hingegen nicht aus dem zweifellos bestehenden Bedürfnis, die unbeschränkte Haftung des bzw. der Kommanditisten zu vermeiden. Denn dieses ergibt sich grundsätzlich bei allen Fällen des Ausscheidens des einzigen Komplementärs. In haftungsrechtlicher Hinsicht besteht kein Unterschied darin, ob es sich um eine Simultan- oder eine Sukzessivinsolvenz oder um einen anderen Ausscheidensgrund handelt. Ebenso wenig kommt es darauf an, ob der Komplementär und die KG einer mehrgliedrigen oder einer zweigliedrigen KG insolvent sind. Denn die Frage nach der Haftung des oder der verbleibenden Kommanditisten stellt sich immer dann, wenn der einzige Komplementär aus welchen Gründen auch immer aus der KG ausscheidet. Die Vermeidung unbeschränkter Haftung des Kommanditisten darf daher nicht mittels insolvenzspezifischer Lösungsansätze erstrebt werden. Es bedarf vielmehr eines generell für das Ausscheiden des einzigen Komplementärs geltenden Ansatzes.[1094] Gleichwohl begründen mehrere Autoren innerhalb der Literatur ihre jeweilige Auffassung hinsichtlich der Simultaninsolvenz mit dem Bedürfnis der Vermeidung der unbeschränkten Haftung des Kommanditisten.[1095] Dazu wurde bereits feststellt, dass die Vermeidung der unbeschränkten Haftung des Kommanditisten nur

1094 Vgl. dazu Kap. 2, 3.3, Kap. 2, 3.5 und Kap. 3, 1.3.

1095 So etwa *Gundlach/Frenzel/N. Schmidt*, DStR 2004, 1658, 1661.

dann in Einklang mit den Haftungsinteressen der ehemaligen Gesellschaftsgläubiger steht, wenn sie durch teleologische Reduktion und insbesondere nicht durch entsprechende Anwendung der §§ 1975 ff. BGB erreicht wird. Damit stehen schon haftungsrechtliche Gesichtspunkte einer entsprechenden Anwendung der Vorschriften über die Nachlassinsolvenz nach §§ 11 Abs. 2, Nr. 2, 315 ff. entgegen. Vielmehr bewirkt die teleologische Reduktion des § 131 Abs. 3, S. 1, Nr. 2 HGB das Ausbleiben der unbeschränkten Haftung des Kommanditisten bei ihrem Fortbestand sowohl bei der Gesellschaft als auch beim Komplementär.

2.2.1.2 Fortbestand des Gesellschaftsinsolvenzverfahrens

2.2.1.2.1 §§ 11 Abs. 2, Nr. 2, 315 ff. InsO analog

Das Interesse der Gesellschaftsgläubiger an unbeschränkter Haftung wenigstens eines Gesellschafters muss unabhängig davon geschützt sein, auf welche Art und Weise sich das Ausscheiden des einzigen unbeschränkt haftenden Gesellschafters vollzieht. In haftungsrechtlicher Hinsicht sind keine Gründe ersichtlich, aufgrund derer bei der Simultaninsolvenz von KG und Komplementär hiervon abgewichen werden sollte. Die insolvenzrechtlichen Besonderheiten vermögen hieran nichts zu ändern. Dies gilt zunächst für die Simultaninsolvenz von zweigliedriger KG und Komplementär. Ist die Gesellschaft insolvent und scheidet der Komplementär aus, stellt sich die Frage nach dem Schicksal des Insolvenzverfahrens über das Gesellschaftsvermögen. Dabei spielt es keine Rolle, auf welche Art und Weise es zum Ausscheiden des Komplementärs kommt. Denn Auslöser für die Vollbeendigung der KG wegen des Verbleibs nur eines Gesellschafters kann nicht nur das insolvenzbedingte Ausscheiden des vorletzten Gesellschafters sein. Die Frage nach dem Schicksal des Insolvenzverfahrens stellt sich also zum einen unabhängig davon, ob der Komplementär durch Insolvenz oder wegen eines anderen Grundes ausscheidet, zum anderen ob es sich bei dem Komplementär um eine natürliche oder eine juristische Person handelt.[1096]

1096 So auch *Schlottmann*, Komplementärwegfall, S. 300. Dagegen will *Seeger*, Komplementärausscheiden, S. 159 beim (nicht insolvenzbedingten) Ausscheiden des Komplementärs das Ende des Insolvenzverfahrens über das KG-Vermögen durch §§ 315 ff. InsO und demgegenüber bei der Simultaninsolvenz durch teleologische Reduktion des § 131 Abs. 3, S. 1, Nr. 2 HGB verhindern. Zu letzterem vgl. Kap. 3, 2.1.2.2.

Wie durch entsprechende Anwendung der Regelungen über die Nachlassinsolvenz wird durch teleologische Reduktion des § 131 Abs. 3, S. 1, Nr. 1 HGB im Ergebnis vermieden, dass ein Insolvenzverfahren über das Vermögen der KG beendet wird. Beiden Lösungsvorschlägen liegen unterschiedliche Lösungswege zu Grunde. Die Nichtanwendung des § 131 Abs. 3, S. 1, Nr. 1 HGB sorgt dafür, dass das Insolvenzverfahren durch den Fortbestand des Rechtsträgers der Insolvenz erhalten bleibt. Hingegen nimmt die Gegenauffassung den Untergang des Insolvenzschuldners hin, lässt aber das Insolvenzverfahren über das Gesellschaftsvermögen, das auf den Kommanditisten als Rechtsnachfolger übergegangen ist, entsprechend der Situation des Todes einer natürlichen Person fortlaufen.[1097]

Beide Lösungswege verfolgen ein richtiges Ziel. Denn es darf weder dazu kommen, dass das Insolvenzverfahren nunmehr als Verfahren über das gesamte Vermögen des Kommanditisten als Rechtsnachfolger der KG fortgesetzt wird. Noch kann es sein, dass das Insolvenzverfahren über das KG-Vermögen ersatzlos endet. Letzteres würde dazu führen, dass die Insolvenzbefangenheit des Gesellschaftsvermögens aufgehoben würde und die Gläubiger nunmehr in den Wettlauf um die Befriedigung ihrer Forderungen träten.[1098] Zudem unterläge der Kommanditist keinen Verfügungsbeschränkungen hinsichtlich des zuvor insolvenzbefangenen Gesellschaftsvermögens.[1099] Dabei ist von vornherein klar, dass weder sämtliche Forderungen noch jede Forderung in ihrer Gesamtheit mit Erfolg geltend gemacht werden kann. Einen derartigen Wettlauf will das Insolvenzrecht verhindern. Denn nach § 1 InsO bezwecken die Vorschriften des Insolvenzrechts, dass die Gläubiger im Rahmen eines geordneten Verfahrens zumindest die theoretische Aussicht auf Befriedigung wenigstens eines Teils ihrer Forderungen haben.[1100]

1097 Nach diesem Lösungsweg ist die Durchführung eines Partikularinsolvenzverfahrens nicht auf Fälle der Simultaninsolvenz beschränkt. Es findet, wie bereits im Rahmen der allgemeinen Darstellung des Ausscheidens des Komplementärs aus der zweigliedrigen KG gezeigt, auch bei der Sukzessivinsolvenz statt. Scheidet der Komplementär aus, geht das Vermögen auf den Kommanditisten über und reicht es zur Befriedigung der Gesellschaftsschulden nicht aus, wird ein Partikularinsolvenzverfahren unter entsprechender Anwendung der Vorschriften über die Nachlassinsolvenz eröffnet, vgl. Kap. 3, 1.1.2.3.1.1.

1098 So auch OLG Hamm ZIP 2007, 1233, 1238.

1099 Darauf weist *Schlottmann*, Komplementärwegfall, S. 303 f. m.w.N. hin.

1100 Vgl. Braun/*Kießner*, InsO, § 1, Rn. 2.

Der Insolvenzbefangenheit des gesamten Vermögens des Kommanditisten als Rechtsnachfolger der KG steht andererseits entgegen, dass – wenn auch im geordneten Insolvenzverfahren – die Privatgläubiger des Kommanditisten mit den Gesellschaftsgläubigern in Konkurrenz um die Verteilung des Kommanditistenvermögens treten.[1101] Dies ist allenfalls gerechtfertigt, wenn es sich bei dem Gesamtrechtsnachfolger um einen GbR- oder oHG-Gesellschafter oder um einen Komplementär handelt. Denn deren Privatgläubiger müssen angesichts der unbeschränkten Haftung des Gesellschafters für Verbindlichkeiten der Gesellschaft mit der Konkurrenz der Gesellschaftsgläubiger rechnen. Der Kommanditist haftet hingegen gemäß § 171 Abs. 1 HGB nicht, sofern er seine Hafteinlage gegenüber der Gesellschaft geleistet hat. Selbst wenn man – wie in der Literatur vorgeschlagen –[1102] bei der Nachfolge des Kommanditisten in die Rechte und Pflichten der KG von einer Rückgewähr der Einlage gemäß § 172 Abs. 4 HGB ausgeht, haftet der Kommanditist jedenfalls nicht unbeschränkt, sondern nach § 172 Abs. 1 HGB beschränkt auf die im Handelsregister verlautbarte Haftsumme. Die Konkurrenz der Gesellschaftsgläubiger zu den Privatgläubigern wäre somit allenfalls begrenzt. Im Ergebnis ist festzuhalten, dass die entsprechende Anwendung der Vorschriften über die Nachlassinsolvenz zwecks Vermeidung der Beendigung des Insolvenzverfahrens auch deshalb nicht sachgerecht ist, weil die insolvenzrechtlichen Besonderheiten kein anderes Ergebnis als die in haftungsrechtlicher Hinsicht einzig überzeugende teleologische Reduktion erforderlich machen.

2.2.1.2.2 § 11 Abs. 3 InsO als lex specialis

Der Vorschlag, ein Ausscheiden des insolventen Komplementärs bleibe deswegen aus, weil § 11 Abs. 3 InsO als lex specialis § 131 Abs. 3, S. 1, Nr. 2 HGB vorgehe, führt ebenso wie die teleologische Reduktion zum Ausbleiben des Ausscheidens. Die Lösungswege unterscheiden sich allerdings in methodischer Hinsicht. Während die teleologische Reduktion ein Mittel der Rechtsfortbildung darstellt,[1103] beruht die vorrangige Anwendbarkeit des § 11 Abs. 3 InsO auf der systematischen Auslegung

---

1101 Vgl. auch *Schlottmann*, Komplementärwegfall, S. 306.

1102 Vgl. *Lieb*, ZGR 1991, 572, 574; *Köhler*, FS-Spiegelberger, S. 791, 793.

1103 Vgl. *Larenz*, Methodenlehre der Rechtswissenschaft, S. 391 ff.

dieser Vorschrift.[1104] Käme man durch Auslegung zu dem Ergebnis, dass ein Ausscheiden nach § 131 Abs. 3, S. 1, Nr. 2 HGB nicht erfolge, bliebe für eine Rechtsfortbildung durch teleologische Reduktion kein Raum. Denn es würde keine Regelungslücke bestehen.[1105] Demnach setzt die teleologische Reduktion des § 131 Abs. 3, S. 1, Nr. 2 HGB bei der Simultaninsolvenz von zweigliedriger KG und Komplementär voraus, dass § 11 Abs. 3 InsO nicht als lex specialis vorgeht.

In der Tat ist nicht von der Spezialität des § 11 Abs. 3 InsO auszugehen.[1106] Denn die Auslegung des § 11 Abs. 3 InsO führt nicht zu dem Ergebnis, dass es bei der Simultaninsolvenz von zweigliedriger KG und Komplementär nicht zum Ausscheiden des Komplementärs und infolgedessen nicht zur Gesamtrechtsnachfolge durch den Kommanditisten kommt. Schon der Wortlaut der Vorschrift streitet nicht für die Annahme, das Insolvenzverfahren bestehe über das Vermögen einer KG, so lange bis dieses zu Gunsten der Gläubiger verteilt ist. Der Formulierung lässt sich gerade nicht entnehmen, dass das Ende des Insolvenzverfahrens die Verteilung des Gesellschaftsvermögens voraussetzt, also ein Insolvenzverfahren nicht durch Vollbeendigung wegen Fortfalls des vorletzten Gesellschafters beendet werden kann. Der Gesetzestext beschreibt lediglich, dass die Gesellschaft bis zu ihrer Vollbeendigung und noch in der Liquidationsphase insolvenzfähig ist.[1107] Der Wortlaut bestimmt aber gerade nicht positiv, unter welchen Umständen es an der Insolvenzfähigkeit fehlt.

Außerdem entspricht es nicht dem Sinn und Zweck des Gesetzes, dass ein Insolvenzverfahren zwingend bis zur endgültigen Verteilung des Gesellschaftsvermögens mit ein und demselben Insolvenzschuldner fortdauern muss. Denn die Fortsetzung eines über das Vermögen einer natürlichen Person eröffneten Insolvenzverfahrens wird nach deren Tod als Insolvenzverfahren über den Nachlass mit dem Erben als Insolvenzschuldner fortgesetzt. Es ist nicht ersichtlich, weshalb hiervon bei der personengesellschaftsrechtlichen Gesamtrechtsnachfolge infolge Vollbeendigung abzuweichen ist.

1104 Zum Zusammenhang von lex specialis und systematischer Auslegung vgl. *Larenz*, Methodenlehre der Rechtswissenschaft, S. 267 f.

1105 Zum Merkmal der Regelungslücke als Voraussetzung der Rechtsfortbildung vgl. Kap. 1, 1.1.2.2.3.

1106 So im Ergebnis auch *Reiswich*, ZInsO 2010, 1809, 1812.

1107 So auch OLG Hamm ZIP 2007, 1233, 1238; MünchKomm-InsO/*Ott/Vuia*, Bd. 1, § 11, Rn. 71 b; *Schlottmann*, Komplementärwegfall, S. 302.

Schließlich darf nicht dadurch die Sicht auf das eigentliche Problem verstellt werden, dass die Befürworter der Anwendung des § 11 Abs. 3 InsO das Ende des Insolvenzverfahrens durch Vollbeendigung der Gesellschaft nur im Rahmen der Simultaninsolvenz von GmbH & Co. KG und Komplementär-GmbH erörtern.[1108] Vielmehr erscheint es unpassend, dass der Sinn und Zweck des § 11 Abs. 3 InsO das Ausscheiden des Komplementärs und die Vollbeendigung der KG als Ursachen der Beendigung des Insolvenzverfahrens verdrängen kann. Denn bei der Vollbeendigung infolge Ausscheidens des vorletzten Gesellschafters handelt es sich um einen Problemkreis des allgemeinen Personengesellschaftsrechts. Hingegen ist § 11 Abs. 3 InsO auf das Insolvenzrecht beschränkt.

2.2.1.2.3 §§ 21 Abs. 2, Nr. 2, 24, 81, 82 InsO

Liebs' Ansicht, wonach die Verfügungsbeschränkungen aus §§ 21 Abs. 2, Nr. 2, 24, 81, 82 InsO der Gesamtrechtsnachfolge entgegenstünden, ist nicht überzeugend.[1109] Denn die Rechtsnachfolge des Kommanditisten führt nicht zur Masseschmälerung zum Nachteil der Gläubiger, deren Verhinderung Regelungszweck der Vorschriften über die Verfügungsbeschränkungen ist. Es erfolgt lediglich ein Wechsel in der Person des Insolvenzschuldners.[1110] Einem derartigen Wechsel kann eine Verfügungsbeschränkung – wie der Tod des insolventen Erblassers zeigt – nicht entgegenstehen.[1111]

2.2.1.3 Konzertierte Insolvenzabwicklung

Das Argument der konzertierten Insolvenzabwicklung betrifft die Simultaninsolvenz von KG und Komplementär sowohl bei der mehr- als auch bei der zweigliedrigen KG, weil in beiden Konstellationen ein insolventer Komplementär und eine insolvente KG vorhanden sind, deren insolvenzrechtliche Abwicklung aufeinander abgestimmt werden sollen. Die Nichtanwendung der Ausscheidensregel im Falle der Simultaninsolvenz von KG und Komplementär gewährleistet die konzertierte Unternehmensin-

---

1108 So *Gundlach/Frenzel/N. Schmidt*, DStR 2004, 1658 ff.

1109 Im Ergebnis ebenso *K. Schmidt*, GmbHR 2002, 1209, 1214; MünchKomm-HGB/*ders.*, Bd. 2, § 131, Rn. 75; *Reiswich*, ZInsO 2010, 1809, 1813.

1110 So zu Recht *Schlottmann*, Komplementärwegfall, S. 303.

1111 Überzeugend OLG Hamm ZIP 2007, 1233, 1238.

solvenz. Die Komplementär-GmbH verbleibt in der KG und kann in Abstimmung mit der Gesellschaft abgewickelt werden. Mag es umstritten sein, ob das Argument der abgestimmten Insolvenzverfahren zur Begründung der teleologischen Reduktion trägt,[1112] so dürfte bei der für sachgerecht angesehenen generellen teleologischen Reduktion nichts gegen das Vorhaben sprechen, die Abwicklung von KG und Komplementär durch dessen Verbleib in der Gesellschaft zu optimieren. Ob der Verbleib des Komplementärs in der KG der konzertierten Abwicklung beider Rechtsträger nicht nur nicht schädlich ist, sondern insofern tatsächlich einen Vorteil gegenüber dem Ausscheiden bringt, mag offen bleiben.[1113]

2.2.2 Keine entgegenstehende Unternehmenskontinuität

Der teleologischen Reduktion steht auch nicht der Grundsatz der Unternehmenskontinuität entgegen. Dies gilt schon deshalb, weil im Falle der Simultaninsolvenz der Grund für die Auflösung der KG in ihrer Insolvenz und nicht in der des Komplementärs besteht. Die Gesellschaft ist demzufolge bereits aufgelöst, wenn es zum Ausscheiden des Komplementärs kommt. Folglich kann der Sinn und Zweck der Unternehmenskontinuität durch das Ausscheiden anstelle der Auflösung nicht mehr erreicht werden. Der Problemkreis ist damit Teil einer generellen für alle Ausscheidensgründe gleichermaßen geltenden Frage. Es geht darum, ob die Anwendung der Ausscheidensgründe aus § 131 Abs. 3 HGB auch in den Fällen angebracht ist, in denen der Zweck der Unternehmenskontinuität wegen der bereits eingetretenen Auflösung der KG nicht mehr erreicht werden kann. Hierzu wird zutreffend darauf hingewiesen, dass ein Ausscheiden – zumindest aus Gründen der Unternehmenskontinuität – gerade nicht erforderlich erscheint.[1114]

1112 Vgl. insbesondere die Kritik bei *Bork/Jacoby*, ZGR 2005, 611, 651 f.; *Schlottmann*, Komplementärwegfall, S. 311 ff.

1113 Zweifelnd *Bork/Jacoby*, ZGR 2005, 611, 651 f.; *Schlottmann*, Komplementärwegfall, S. 311 ff.

1114 E/B/J/S/*Hillmann*, HGB, Bd. 1, § 156, Rn. 12; MünchHdb/*Klein/Lindemeier*, Bd. 2, § 40, Rn. 9; Staub/*Schäfer*, HGB, Bd. 3, § 131, Rn. 110; Henssler/Strohn/*Klöhn*, HGB, § 131, Rn. 40; a.A. *Bork/Jacoby*, ZGR 2005, 611, 650; Baumbach/*Hopt*, HGB, § 156, Rn. 5; so wohl auch MünchKomm-HGB/*K.*

2.3 Ergebnis

§ 131 Abs. 3, S. 1, Nr. 2 HGB ist auch im Falle der Simultaninsolvenz von KG und Komplementär teleologisch zu reduzieren, weil nur dadurch das Interesse der Gesellschaftsgläubiger an der unbeschränkten Haftung wenigstens eines Personengesellschafters geschützt werden kann und die Haftungsbeschränkung der Kommanditisten fortbesteht. Daneben kann der Verbleib des insolventen Komplementärs in der gleichsam insolventen KG einer effektiveren Abwicklung beider Rechtsträger dienen.

Schmidt, Bd. 2, § 156, Rn. 35; bezüglich § 131 Abs. 3, S. 1, Nr. 1-4 HGB auch Koller/Roth/Morck/*Koller*, HGB, § 156, Rn. 1.

Zusammenfassung der Ergebnisse

Zusammenfassend ist festzuhalten, dass das Ausscheiden des einzigen Komplementärs aus der Gesellschaft für die verbleibenden Kommanditisten regelmäßig eine unzumutbare Härte bedeutet. Denn die Gesellschaft besteht im Zeitpunkt des Ausscheidens aufgrund gesellschaftsrechtlichen Rechtsformzwangs als GbR oder oHG fort, so dass sie nach §§ 128, 130 HGB (analog) unbeschränkt mit ihrem gesamten Privatvermögen für die bis dahin entstandenen und die neu entstehenden Verbindlichkeiten der Gesellschaft haften. Die Vermeidung dieser Folge bei gleichzeitiger Wahrung der Interessen des Komplementärs, der Kommanditisten und Dritter, insbesondere der Gesellschaftsgläubiger, kann nur durch teleologische Reduktion der einzelnen Ausscheidensgründe bei gleichzeitiger Auflösung der Gesellschaft erreicht werden. Dies gilt auch bei der Simultaninsolvenz von KG und Komplementär.

Ausnahmsweise liegt aber dann keine unzumutbare Härte für die Kommanditisten vor, wenn den Kommanditisten die Einflussnahme auf das Ausscheiden möglich war. In diesen Fällen, namentlich denen gemäß § 131 Abs. 3, S. 1, Nr. 5, 6, § 140 HGB hat eine teleologische Reduktion der Ausscheidensgründe zu unterbleiben. Diese gelten dann auch für den einzigen Komplementär. Somit haften die ehemaligen Kommanditisten nunmehr als GbR- bzw. oHG-Gesellschafter unbeschränkt gemäß §§ 128, 130 HGB (analog).

www.ingramcontent.com/pod-product-compliance
Ingram Content Group UK Ltd.
Pitfield, Milton Keynes, MK11 3LW, UK
UKHW021237031026
15588UKWH00001B/129

9 783631 626092